本書爲國家古籍整理出版專項經費資助項目

道教典籍選刊

仙苑編珠
三洞群仙録

上

〔五代〕王松年 撰
〔南宋〕陳葆光 撰
李　靜 點校

中華書局

圖書在版編目(CIP)數據

仙苑編珠/(五代)王松年撰;李靜點校. 三洞群仙録/(南宋)陳葆光撰;李靜點校. —北京:中華書局,2025.5. —(道教典籍選刊). —ISBN 978-7-101-17148-8

Ⅰ. B933

中國國家版本館 CIP 數據核字第 2025EG6436 號

封面題簽:徐　俊
特約編輯:朱立峰
責任編輯:劉浜江
封面設計:周　玉
責任印製:陳麗娜

道教典籍選刊
仙苑編珠　三洞群仙録
(全二册)
〔五代〕王松年　〔南宋〕陳葆光 撰
李　靜 點校

*

中華書局出版發行
(北京市豐臺區太平橋西里 38 號　100073)
http://www.zhbc.com.cn
E-mail:zhbc@zhbc.com.cn
河北品睿印刷有限公司印刷

*

850×1168 毫米 1/32 · 24⅞印張 · 4 插頁 · 430 千字
2025 年 5 月第 1 版　2025 年 5 月第 1 次印刷
印數:1-2000 册　定價:148.00 元

ISBN 978-7-101-17148-8

道教典籍選刊緣起

道教是我國土生土長的宗教，歷史悠久，可以溯源到戰國時期的方術，甚至更古的巫術，而正式形成於東漢時期。它是我國傳統文化的重要組成部分，對我國人民的思維方式、生活方式，對古代科學、技術的發展，都產生過重大影響，並波及社會政治、經濟等各方面。

道教典籍極爲豐富，就道藏而言，多達五千餘卷，是有待進一步發掘、清理和利用的文化遺産之一。爲便於國内外學術界對道教及其影響的研究，便於廣大讀者瞭解道教的概貌，我們初步擬訂了道教典籍選刊的整理出版計劃。其中既有道教最基本的典籍，也包括各種流派的代表作，有不少書與哲學、思想史關係密切。所有項目，都選用較好的版本作爲底本，進行校勘標點。

由於我們缺乏經驗，工作中難免有失誤之處，亟盼關心此項工作的專家和廣大讀者給以指導與幫助。

中華書局編輯部

一九八八年二月

總目録

仙苑編珠

目録

仙苑編珠前言

仙苑編珠，爲一部採摘各書仙道人物傳記的匯編文獻。該書所記從遠古迄於唐末五代的神仙或得道者三百餘人，可謂宋前仙道傳記和道教研究資料的淵藪。

一、作者王松年之生平及著作

本書作者自序和卷中、卷下，都出現「天台山道士王松年撰」的署名字樣。王松年，未見有傳，僅知其爲天台山道士〔一〕。關於王松年，四庫全書總目提到，「文獻通考作唐人，然書中有梁開成二年（筆者按：「開成」當爲「開平」之誤）事，則已入五代矣」〔二〕。據本書卷下「沖寂焚香」條，謝沖寂於梁開平三年二月清晨「乘雲而去」。故本書當成於後梁開平三

〔一〕明釋傳燈（無盡）天台山方外志卷九神仙考（白化文、劉永明、張智主編中國佛寺志叢刊第八一册據一九二二年上海集雲軒鉛印線裝本影印，揚州：江蘇廣陵古籍刻印社，一九九六年）、清張聯元天台山全志卷八（續修四庫全書第七二三册據上海圖書館藏清康熙刻本影印，上海：上海古籍出版社，一九九五年）均有收録唐五代及宋代的居天台山的道士名號及小傳，但均無王松年。

〔二〕清永瑢等總裁，清紀昀等總纂四庫全書總目，臺北：藝文印書館，一九六四年，第二九〇七頁下。

年（九〇九）之後。陳國符據此則考定作者爲五代或宋人〔一〕。有學者認爲王松年爲宋人，如丁培仁說：「王松年，過去學者多以爲唐人或唐末五代時人。考此書題『天台山道士王松年撰』，卷下『法善月宮』條稱『賈嵩有賦』。賈嵩，宋人。松年另撰有上清天中真鏡録三卷（已佚），即南宋初陳葆光三洞群仙録所引真鏡録（共五條）。據此推斷，王松年當爲北宋天台山道士。」〔二〕。然而，仙苑編珠卷下「法善月宮」條中爲葉法善引唐玄宗遊月宮一事作賦的賈嵩，其實是唐人，而非宋代撰華陽陶隱居内傳三卷的賈嵩（號薛蘿孺子）〔三〕。實際上，有關王松年的生平資料甚少，是否入宋，未可遽定。

關於王松年的著作，除了仙苑編珠以外，通志略道家類、國史經籍志著録王松年又撰有上清天中真鑑録一卷〔四〕。是書見於道藏闕經目録，作「上清天中真境録」，著録爲三卷。

〔一〕陳國符道藏源流考附録一引用傳記提要，北京：中華書局，一九六三年，第二三八頁。

〔二〕秋月觀暎著，丁培仁譯中國近世道教的形成——淨明道的基礎研究第一章注十三譯者按語，北京：中國社會科學出版社，二〇〇五年，第三七頁。

〔三〕參拙撰唐宋二賈嵩考辨，周裕鍇主編新國學第二十卷，成都：四川大學出版社，二〇二一年，第一三二—一四三頁。

〔四〕宋鄭樵撰，王樹民點校通志二十略藝文略第五，北京：中華書局，一九九五年，第一六一九頁；明焦竑國史經籍志卷四上，續修四庫全書第九一六册據復旦大學圖書館藏明徐象橒刻本影印，上海：上海古籍出版社，二〇〇二年，第三九四頁上。

丁培仁認爲該書即三洞群仙録所引真鏡録。筆者認爲不然。三洞群仙録所引爲真境録，而非真鏡録。真境録，全名大滌真境録，所記爲大滌山一境（大滌洞天真境）之山川風土人物，尤其是洞霄宫（位於浙江餘杭）之歷史及人物，故「境」不能寫作「鏡」。是書爲宋政和中唐子霞撰，不傳，然在後來宋鄧牧所撰洞霄宫志卷六卻保留了一篇舊序，以「舊真境録後序」爲題，爲餘杭縣丞吴興成作於宣和五年（一一二三），其中明確提到：「右大滌真境録，道士唐子霞撰，予借觀，愛其善叙事。而知宫金凝妙、副宫吴觀妙諉予是正，予頗附益以所遺。」〔一〕唐子霞撰真境録雖然不傳，然内容多爲後來的鄧牧洞霄宫志所取。檢今所見於三洞群仙録中的引文，幾乎都能在洞霄宫志中找到相對應的内容。故王松年所撰上清天中真鑑録，非宋人唐子霞所撰真境録。但二書均已佚。既然上清天中真鑑録見於道藏闕經目録，而道藏闕經目録是明正統十年（一四四五）正統道藏編成時，與元道藏對比而確定的正統道藏失收的書目〔二〕，則上清天中真鑑録當於明代編道藏時已經亡佚。

〔一〕宋鄧牧洞霄圖志卷六，叢書集成初編第三一六七—三一六八册據知不足齋叢書本影印，上海：商務印書館，一九三六年，第八九頁。

〔二〕陳垣南宋初河北新道教考，收入氏著明季滇黔佛教考（外宗教史論著八種），石家莊：河北教育出版社，二〇〇〇年，第五九五頁。

二、仙苑編珠之版本及著録

南宋以來著録仙苑編珠者很多，而卷數則有一卷、二卷、三卷的差異。在宋元的書目中，通志藝文略、玉海、宋史藝文志都録爲一卷〔一〕，郡齋讀書志、文獻通考則著録爲兩卷〔二〕，遂初堂書目亦著録而不題卷數〔三〕。明清的書目中，除明祁承㸁澹生堂藏書目曾著録一個一卷一册的本子〔四〕外，清代的書目著録則爲二卷或三卷。世善堂藏書目録、鐵琴銅劍樓藏書目録均著録爲二卷本〔五〕，天一閣書目、文選樓藏書記均著録一個三卷的抄

〔一〕宋鄭樵撰，王樹民點校通志二十略藝文略第五，第一六一八頁。

〔二〕分別見宋晁公武撰，孫猛校證郡齋讀書志校證卷一四類書類，上海：上海古籍出版社，一九九〇年，第六七四頁；元馬端臨撰，上海師範大學古籍研究所、華東師範大學古籍研究所點校文獻通考卷二二五經籍考五十二，北京：中華書局，二〇一一年，第六一九九頁。

〔三〕宋尤袤遂初堂書目道家類，叢書集成初編第三二册據海山仙館叢書本排印，北京：中華書局，一九八五年，第一八頁。

〔四〕明祁承㸁著，鄭誠整理澹生堂藏書目子部二道家，上海：上海古籍出版社，二〇一五年，第五〇五頁。

〔五〕分別見明陳第世善堂藏書目録卷下，叢書集成初編第三四册據知不足齋叢書本排印，北京：中華書局，一九八五年，第七〇頁；清瞿鏞編，瞿果行標點，瞿鳳起覆校鐵琴銅劍樓藏書目録卷一八子部六，上海：上海古籍出版社，二〇〇〇年，第四七五頁。

本〔一〕。四庫全書總目亦著録了一個三卷的「舊本」。

上述著録中的二卷本，筆者未見。現存版本，筆者見到四種，分別是道藏本、明刻本及明抄本和清抄本。其中，明刻本不分卷，或者説是一卷本；另外的三種，包括道藏本和明抄本、清抄本，均爲三卷本。但一卷本和三卷本，在内容上並無大異，一卷本只是未分卷而已。宋代的書目著録則未見三卷，除了郡齋讀書志著録爲兩卷外，均録爲一卷。有鑒於現存版本之間差別不大，比較定型，因此，元以後的書目所著録之二卷或三卷，很可能亦僅是分卷之差異，在内容上應無太大分別。

筆者所見第一種刻本爲正統道藏本（洞玄部記傳類），分三卷，有王松年自序，亦是最通行之本。四庫全書將仙苑編珠列入存目，續修四庫全書、四庫存目叢書均收有本書，而均據道藏本影印。

第二種刻本爲明萬曆四十三年（一六一五）朱國盛（號澄觀道人，卒於一六四五年）刻本，不分卷，藏於中國國家圖書館。但在王松年序之頁上有兩方鈐印，一方爲「北京圖書館

〔一〕分別見清范邦甸等撰，江曦、李婧點校天一閣書目卷三之二，上海：上海古籍出版社，二〇一〇年，第三一九頁；清阮元撰，王愛亭、趙嫄點校文選樓藏書記卷一，上海：上海古籍出版社，二〇〇九年，第九八頁。

藏」,另一方則是「傳沅叔藏書記」,表明該藏本原爲傅增湘(一八七二——一九四九)收藏。檢傅增湘雙鑑樓善本書目曾著録兩種仙苑編珠的抄本,均爲二卷本,一爲袁氏貞節堂抄本,單獨著録爲「仙苑編珠二卷」,稱是「袁氏貞節堂鈔本,有查氏子伊珍藏印」〔一〕;另一種著録在「道藏彙鈔十二種」下,稱「舊抄本,十行二十字,有『堇齋藏書』印」。該「道藏彙鈔十二種」包括了十洲記、録異記、仙苑編珠等十二種道書,應均抄自道藏。另外,傅增湘藏園群書經眼録亦著録一個仙苑編珠的抄本,則云是「仙苑編珠三卷,唐天台山道士王松年撰,藍格寫本,十行二十一字,版心有『袁氏貞節堂鈔本』七字」,又因「每卷有『惟四』、『惟五』、『惟六』等字」,傅增湘認爲這一抄本出自道藏本〔二〕。從以上傅增湘的著録看,三種抄本中,有兩種抄本都是袁氏貞節堂抄本(但又有二卷和三卷的差别),第三種則爲道藏舊抄本。不過,貞節堂抄本中的三卷本,據其描述,應也是抄自道藏。袁氏指的是袁廷檮,清吴縣人,字又愷,號綬階或壽階,又曾名廷壽,室名貞節堂、三研齋、五研樓〔三〕。但是,上述三種抄本似都與印有「傅沅叔藏書記」的明刻本無關。筆者推測,該明刻本雖曾爲傅增湘收

〔一〕傅增湘雙鑑樓善本目録卷三子部,臺北:廣文書局,一九六九年,第一五七頁。
〔二〕傅增湘藏園群書經眼録,北京:中華書局,一九八三年,第九一〇頁。
〔三〕參曹曉帆清代蘇州萬卷藏書家的抄書活動及其功績,圖書情報工作第五十卷第六期(二〇〇六),第一四三頁。

藏，但傳並未爲之撰寫題跋。

該明萬曆刻本前有二序，第一篇序爲朱國盛撰，第二篇序爲王松年自撰。松年序同道藏本。朱國盛序中述本書來歷，稱「趙榮祿仙苑編珠善本，乃王松年所撰，張伯雨所遺」。趙榮祿即趙孟頫（一二五四—一三二二）。二序後有一則題記，爲趙孟頫所撰，稱此書乃至治元年（一三二一）孟頫得之於張伯雨（一二八三—一三五〇），與朱國盛序所述相合。檢本書正文開頭在仙苑編珠標題下有「松雪齋」三字，更表明本書與趙孟頫（號松雪主人）的關係，故本書當出自趙孟頫無疑。該刻本後又有二跋。其中，第二篇跋文題署曰「孟頫誌」，當出自趙孟頫，曰「此篇乃唐高士王松年所撰，尚取阮倉、劉向、葛洪所傳神仙，更取經記中梁以後神仙若干人，比事屬辭，效蒙求體，俾後學不失進修之功云」。第一篇跋文，題署曰「許宣傳」，曰：「百王之後，三古之前，成真得道，何啻億千。未顯經傳，難尋簡編，輒隨所見，比韻成篇。仰塵聖鑒冀。」該許宣，則生平不明。

因此，此明刻本仙苑編珠當最早源自張伯雨，至治元年（一三二一）趙孟頫得之於張，後則輾轉爲朱國盛所得。朱國盛（？—一六四五），字敬韜，號雲來，松江府華亭人，明萬曆三十八年（一六一〇）韓敬榜進士。朱國盛早年爲官頗有政聲，尤其表現於天啓年間漕儲參政任上對於南河的治理。其疏浚通濟新河，使大運河得以暢通的情况記載於明史河渠志〔一〕。朱本人則撰有南河志。但崇禎二年（一六二九），朱則因攀附閹黨而去職，回鄉閑居，未再出仕。朱國盛生平事跡見清初鄒漪啓禎野乘二集所收朱太常傳〔二〕。

朱國盛（或其後人）將此趙孟頫本仙苑編珠刊刻。朱國盛序文最後云「萬曆乙卯澄觀道人朱國盛書於拜山齋」，故刻板之年在萬曆四十三年（一六一五）後。序文最後有朱國盛三個鈐印，分别爲「朱國盛印」、「澄觀子」、「庚戌御士」。最後一個鈐印合乎朱國盛爲萬曆庚戌年（三十八年，一六一〇）韓敬榜進士之事。另正文開頭又有「孫士昌刻」四字，當爲刻書者姓名。按此明刻本雖然不分卷，但内容基本同於道藏本。

筆者所見兩種抄本，均藏於中國國家圖書館。第一種抄本一册三卷，當抄於明代，抄者不明，前有王松年序（序文内容同道藏本），後有抄校者跋一篇，云：「仙苑編珠，簡而不雜，但楮墨有限，未免遺漏太多。暇日築一室於蒼松白石間，披閲道藏，再爲補葺，統名曰

〔一〕清張廷玉等撰，李克和等校點明史，長沙：岳麓書社，一九九六年，第一二三六頁。

〔二〕清鄒漪啓禎野乘二集卷六，四庫禁燬書叢刊史部第四一册據清康熙十八年金閶存仁堂、素政堂刻本影印，北京：北京出版社，二〇〇〇年，第一八二頁下—一八三頁下。另，朱國盛生平考證亦可參張則桐晚明家樂班主朱雲來考略，浙江藝術職業學院學報第十三卷第二期（二〇一五），第二三—二七頁。

蕊闕仙班，則予之大願也。丙午十月十二立冬後一日書於晙壽堂之東廠。」此抄校者身份待考。此明抄本，内容亦基本同道藏本。

第二種抄本亦三卷，分成二册，當爲清初抄本，前亦有王松年序一篇，内容同道藏本。序文之前有題記，云：「仙苑編珠三卷，宋天台山道士王松年著，舊抄本，二册，自序「四字比韻，箋注於下，一百三十二人」。有沈、香上禪居、寐叟、海日樓鈐密。海日樓舊藏。」此題記當爲藏者自記。按其中提到「海日樓舊藏」，而檢該本有上述與沈曾植有關鈐印，故此抄本曾爲沈曾植（一八五〇——一九二二）所藏。但沈氏當非最早收藏者。查每卷開頭均有「聚星堂藏書」印，然印中有點污，故沈曾植之前應曾爲聚星堂（乾隆時書肆）所收藏。另外，卷中開頭還有「堇齋藏書」印，堇齋乃富察昌齡〔一〕之號，故或亦曾爲富察昌齡收藏。該清抄本與道藏本亦無大異，而僅有一些文字上的筆誤或異體字。

仙苑編珠此次整理，以道藏本爲底本，以明刻本、明抄本、清抄本作校本，先於每條之後考證注明文獻來源，再開列校勘記。由於仙苑編珠採摘、改編自其他文獻，與原始文獻文句差距很大，所以，本書的校勘，以版本校爲主，僅在詩詞韻文及一些關鍵人名、地名、道

〔一〕昌齡，號謹齋，富察氏，傅鼐之子，妻爲曹寅妹。

教術語等處酌情予以他校。歷代著録信息、萬曆刻本序跋及參考文獻收作附録。

三、仙苑編珠之體例及内容

仙苑編珠這部書首次採取了唐李瀚（一作「翰」）蒙求的體例。序文自稱：「伏以誥傳文繁，卒難尋究，松年輒學蒙求，四字比韻，撮其樞要，箋注於下，目爲仙苑編珠。」全書三卷，共一百五十五個條目，每個條目均以一對四字韻語作爲標題，每標題下包括兩條（偶爲一條），内容乃採編自其他書籍的仙人或道士的故事。在仙傳當中，本書是第一次採用蒙求體例結構成書的，故這種體例後來也被稱作「編珠體」。南宋初紹興間成書的陳葆光三洞群仙録，也是採取這種體例，而增帙到二十卷。

本書所記始於大道之初，終於後梁開平三年（九〇九）謝沖寂沖天（見「沖寂焚香」條引靈驗傳），故雖卷帙不多，卻仍可作通史來看。本書所記仙道人物，全部統計下來，有三百餘人。而作者自序稱：「抱朴子云：秦大夫阮倉所記，有數百人；劉向撰列仙傳，止於七十一人。葛洪復撰神仙傳，有一百一十七人。松年伏按登真隱訣及元始上真記、道學傳，自開闢以來，皆是聖帝明王作神仙宗，爲造化祖。何者？如盤古爲元始天王，天皇氏爲扶桑大帝，伏羲氏爲青帝，祝融氏爲赤帝，軒轅氏爲黄帝，少昊氏爲白帝，顓頊氏爲黑帝；至於高辛、唐、虞、夏禹、周穆、漢文，並在仙籍。松年又尋真誥、樓觀傳、靈驗傳、八真傳、十二真君傳，近自唐梁以降，接於聞見者，得一百三十二人。」另外，玉海稱「自唐以來一百二十八人」，郡齋讀書志稱「取阮倉、劉向、葛洪所傳神仙，又取傳記中梁以後神仙百二十八人」〔一〕，都與松年自序所述人數有四人的差異。文獻通考延續了郡齋讀書志的說法。文獻通考說：「鼂氏曰：……取阮倉、劉向、葛洪所傳神仙，又取經記中梁以後神仙百二十八人。」〔二〕

四庫全書總目已提出這一仙道人數不相吻合的問題，云：「是書以古來聖帝明王並在仙籍，與後世修真好道者並數得三百餘人。……通考作二卷，又序文及通考所舉人數，皆與今書不符。或後人有所附益歟？」〔三〕

關於四庫館臣的問題，首先，四庫總目提到的通考所舉人數「與今書不符」的問題固已

〔一〕分別見宋王應麟玉海卷五八，清康熙二十六年刊本影印本，京都：中文出版社，一九八六年，第八頁下；晁公武撰，孫猛校證郡齋讀書志校證卷一四類書類，第六七四頁。

〔二〕元馬端臨撰，上海師範大學古籍研究所、華東師範大學古籍研究所點校文獻通考卷二二五經籍考五十二，第六一九九頁。

〔三〕清永瑢等總裁，清紀昀等總纂四庫全書總目，第二九〇七頁下。

有之，來自郡齋讀書志，不是到通考才出現；其次，四庫總目所關注的人數的差別，主要針對的並不是序文和通考之間的四人的差異，而是通考（一百二十八人）、序文（一百三十二人）與實際上全書總數三百餘人的差異。

在四庫館臣看來，序文作一百三十二人，通考作一百二十八人（來自於郡齋讀書志），而實際上全書是三百餘人。所以，四庫總目猜測後人有所附益。在筆者看來，之所以有此疑問，是因爲四庫館臣未能理解序文與郡齋讀書志的計算邏輯。

從序文看，由於王松年已將列仙傳、神仙傳所收傳數羅列於前，故後面所謂「松年又尋」真誥等書，「得一百三十二人」，當不包括列仙、神仙所録。另外，序文又説，「松年伏按登真隱訣及元始上真記、道學傳，自開闢以來，皆是聖帝明王作神仙宗，爲造化祖」。故所謂的聖帝明王轉化而成的「神仙宗祖」，如序文所列舉的「盤古爲元始天王，天皇氏爲扶桑大帝，伏羲氏爲青帝，祝融氏爲赤帝，軒轅氏爲黄帝，少昊氏爲白帝，顓頊氏爲黑帝；至於高辛、唐、虞、夏禹、周穆、漢文」，也不包括在後面的一百三十二人中。因此，從「松年又尋」開始的所列舉傳記及其人物，才是被計算的範圍。（不過，需要注意的是，這裏雖然提及了真誥、樓觀傳、靈驗傳、八真傳、十二真君傳等，但應該只是概舉〔一〕。）

據筆者統計，將大道（第一條「大道自然，混沌之先」）、聖帝明王（包括盤古、天皇氏、伏羲氏、軒轅氏、顓頊氏、高辛、虞舜、夏禹、周穆王、漢文帝等）排除，也將引自列仙、神仙的仙傳排除，實際得出仙道人數爲一百二十八人，也就是玉海和郡齋讀書志所提出的人數，後來亦爲文獻通考所沿襲。那麼，爲什麼王松年自序中會提出一百三十二人這個數目呢？筆者推測，有這樣的可能：如果加上卷下「道輿得詩」條中降羊權的蕚緑華、卷下「楊君獲棗」條中降楊羲的九華安妃和紫微夫人、卷下「盱烈藥神」條中提到的盱母這四位女仙，就是一百三十二人了。當然，這一點也僅是猜測。

這樣算下來的一百三十二人，若加上仙苑編珠所引列仙傳的六十一人、神仙傳的一百一十一人，則全書所提及人物在三百人以上，數目是非常可觀的。

由於不明白王松年在序文中計算人數的原則，後來的著録者和研究者都有誤解。如整理本文選樓藏書記稱，「是書纂上古迄唐、梁以降修真學道者三百三十二人」。這裏的三

〔一〕檢本書，引真誥二十一條，有二十一人；樓觀傳二十六條，共二十五人；靈驗傳十二條，十二人；八真傳當指張道陵傳、于吉傳、葛仙公傳、王君傳、魏夫人傳、蘇君傳、周君傳和裴君傳，共八傳八人；十二真君傳十二條，十二人。以上按所謂「松年又尋」之後所提各書，共得七十八人。故「松年又尋」所提及的書，應該是概舉。

百三十二人中的第一個「三」字顯然是錯誤的。可是，根據校記可知，藏書記的原文其實是「二」（「三」實則也不對，應當是「一」），「三」是據山大本改來的。其改動的依據便是四庫總目，是因爲「四庫總目亦稱得三百餘人」〔一〕。這樣的問題，便是没有搞明白三百餘人和一百三十二人之間的差别是計算原則不同造成的。

四、仙苑編珠之文獻價值及影響

仙苑編珠雖然引書的數目並不算多，總共只有道德經、莊子、列子、列仙傳、神仙傳、道學傳、真誥、登真隱訣、十二真君傳、靈驗傳等三十二種，但所引條數卻頗爲可觀。如列仙傳引六十一條，涉及六十一人的傳記（其中「稷丘進諫、武帝還宫」條，雖有兩個小標題，但引文僅一條，涉及稷丘公一傳）。神仙傳引一百十一條（其中「九鼎王長、七試趙昇」，算一條）。不過，其中有六條不能確定出自神仙傳，分别是「張桑雄黄」、「巢許桂英」、「商丘桃膠」、「青烏九精」、「離婁竹汁」、「白兔黄精」條。但即便不算這六條，引神仙傳也有一百零五條之多，涉及一百零六傳，一百十一人（長陵三老、商山四皓各作爲一個群體，而各算作

〔一〕清阮元撰，王愛亭、趙嫄點校文選樓藏書記卷一，第九八頁。

一傳）。因此，仙苑編珠在保存古籍原貌方面具有極高價值，特别在保存傳主名單上，功勞顯著。尤其是神仙傳，在輯佚和考證時應用本書作參考。

另外，有三種書，樓觀傳、十二真君傳及靈驗傳，均已亡佚，乃因本書徵引方可得知書之大概。如本書引樓觀傳二十六條，共二十五人（其中宋倫、杜沖各在兩條中出現，而「馮長遇彭」、「彭宗師杜」兩條包括了馮長、彭宗、杜沖三人傳記）。樓觀傳久佚，雖然元代朱象先所撰終南山説經臺歷代真仙碑記記載唐代尹文操撰樓觀先師傳（即樓觀傳），共收尹軌到田仕文三十人，但並没有宋以前的樓觀傳版本流傳下來，而且終南山説經臺歷代真仙碑記畢竟是經過了朱象先的整理。本書卻引有二十五人，從而可知唐代樓觀傳之大略。倘將本書二十五人名單與碑記所引對比，本書缺少的傳主有李翼、王子年、王延，但本書所稱出自樓觀傳的焦曠卻不見於碑記。故碑記應還是經過後來的整理，故有可待考證的空間。

十二真君傳，恰如樓觀傳，乃因本書而可知唐代所謂十二真君的名號和簡略事跡。同樣，靈驗傳，若非本書，幾乎失去蹤跡。而本書存十二人的傳記，人各一事，均未見他書徵引，故功莫大焉。李劍國據本書述靈驗傳於唐五代志怪傳奇叙録中。

除此之外，本書還引道學傳八條，涉及八人傳記；登真隱訣四條，涉及七人傳記（其中「三茅弟兄」、「二許子父」各涉及三人及兩人）；真誥二十一條，涉及二十一人傳記。值得一提的是，本書卷中「許邁山林」條有引自道學傳的内容，因夾在引真誥的兩條内容之間，而爲陳國符道學傳輯佚失輯；同卷「廣信小白」條引有一條出自登真隱訣的内容，王家葵登真隱訣輯校失輯。

總之，仙苑編珠一書雖然篇幅僅得三卷，但卻具有非常重要的文獻輯佚價值。還需要指出的是，學界向來重視杜光庭在蜀所作仙傳之纂述，而同時代在浙江天台山的王松年、在南唐編撰續仙傳的沈汾（一作「玢」），均爲仙傳整理或纂述，然或因編撰之規模、作者之名氣皆不如杜光庭，向來不爲學者注意。但考慮到當時之分裂局面，不同地區的仙傳整理和新撰，實則均有保存典籍之功，且有互補之效。另外，松年自序中對書中所記修道成仙者的統計，將「聖帝明王」排除在外，顯然是有意去除仙傳人物的神話色彩，而更重視普通人修道成仙的例子，顯示出重視凡常人修道實踐的發展趨向。這都是值得關注的。

李靜

仙苑編珠序

天台山道士王松年撰

松年竊詳：三古之前，百王之後，修真學道、證果成仙者，何代無人。抱朴子云：秦大夫阮倉所記，有數百人；劉向撰列仙傳，止於七十一人。葛洪復撰神仙傳，有一百一十七人。松年伏按登真隱訣及元始上真記、道學傳，自開闢以來，皆是聖帝明王作神仙宗，爲造化祖。何者？如盤古爲元始天王，天皇氏爲扶桑大帝，伏羲氏爲青帝，祝融氏爲赤帝，軒轅氏爲黄帝，少昊氏爲白帝，顓頊氏爲黑帝；至於高辛、唐、虞、夏禹、周穆、漢文，並在仙籍。松年又尋真誥、樓觀傳、靈驗傳、八真傳、十二真君傳，近自唐梁以降，接於聞見者，得一百三十二人。伏以諸傳文繁，卒難尋究，松年輒學蒙求，四字比韻，撮其樞要，箋注於下，目爲仙苑編珠。謹序。

仙苑編珠卷上

大道自然　混沌之先

道經云：有物混成，先天地生。寂兮寥兮，獨立不改，周行不殆，可以爲天下母。吾不知其名，字之曰道。

本條見道德經第二十五章。

莊子云：夫道，有情有信，無爲無形；神鬼神帝，生天生地。在太極之先而不爲高，在六極之下而不爲深，先天地生而不爲久，長於上古而不爲老。

本條見莊子内篇大宗師第六。

一氣凝化　盤古生焉

元始上真記云：昔二儀未分，溟涬濛澒，日月〔一〕未具，狀如雞子，混沌玄黄。乃有盤古真人，天地之精，自號元始天王，遊乎其中。天形如巨蓋，上無所係，下無所根。玄玄太虛，無響無聲。元炁浩浩，如水之形。若無此炁，天地不生。天地既分〔三〕，相去三萬六千里。元始天王在天脊膂中住〔三〕，名曰玉京山。山中有宫殿並金玉，常呼〔四〕吸天炁，俯飲地泉。忽生太玄玉女，在石間〔五〕，出能言，人形具足，天姿絶妙，號曰太元聖母。元始君下遊見之，乃招還上宫。

本條見元始上真衆仙記。

〔一〕日月：衆仙記作「天地日月」。

〔二〕天地既分：衆仙記作「二儀始分」。

〔三〕脊膂中住：衆仙記作「中心之上」。

〔四〕呼：衆仙記作「仰」。

〔五〕石間：衆仙記作「石澗積血之中」。

天皇東立　王母西旋

自元始天王、太元聖母還上宫之後，經一劫乃生天皇氏，治世三萬六千年，受書爲扶桑大帝，居東極扶桑宫〔一〕，爲東王公。今世間皇太子居東宫，象此也。又生九光玄女，號曰太真西王母，居西極崑崙山〔三〕。故曰：木公、金母，天地之尊神也。

本條見元始上真衆仙記。

〔二〕居東極扶桑宮：衆仙記無。

〔三〕居西極崑崙山：衆仙記無。

伏羲八卦　軒后五篇

莊子云：伏羲得道，以襲氣母。書云：伏羲治世，感神龜負圖而出〔一〕，乃畫八卦，造書契。得道爲東方青帝〔二〕。

本條前半引自莊子的内容見莊子内篇大宗師第六，云：「夫道，有情有信……伏羲得之，以襲氣母；……黃帝得之，以登雲天；顓頊得之，以處玄宮。」後半引自書的内容見尚書序，云：「古者伏犧氏之王天下也，始畫八卦，造書契，以代結繩之政，由是文籍生焉。」這裏化用莊子原文，改「之」爲「道」；後文「軒后五篇」條「黃帝得道」、「顓頊元輦」條「顓頊得道」同此處理。

〔一〕感神龜負圖而出：尚書無。

〔二〕得道爲東方青帝：尚書無。

莊子云：黃帝得道，以登雲天。經云：軒轅黃帝登峨嵋山，遇天真皇人，授以靈寶五符。治世三百年，乃鑄鼎荆山，鍊丹，丹成，有黄龍下迎，群臣同昇者七十二人。以符藏於苑委山。

本條前半引自莊子的内容見上條題解。後半云引自經的内容，部分見太上靈寶五符序卷下，部分見列仙傳。

顓頊元輩　帝嚳龍輧

道學傳云：顓頊高陽氏，乘結元之輦，北巡幽陵，南巡交阯，西巡遊沙，東巡蟠木。山水之神，動植之類，日月所照，莫不屬焉。周旋八卦〔一〕，諸有洞臺之山、陰宫之丘，帝召四海神，使運安息國天市山寶玉封而鎮之，鑄羽山銅爲寶鼎，各獻一所於有洞之山。

本條陳國符輯入道藏源流考附録道學傳輯佚。

〔一〕卦：明刻本作「外」。

莊子云：「顓頊得道，以處玄宫。」帝嚳高辛氏感九天真王、三天真皇，乘九龍雲輿，降牧德之臺，授以靈寶五符〔一〕。帝用之得道。後封此符於鍾山。

本條前半引莊子的内容見「伏羲八卦」條題解，後半内容見太上靈寶五符序卷上。

〔一〕靈寶五符：五符序作「九天真靈經、三天真寶符、九天真金文」。

虞舜得藥　夏禹道川

真誥云：虞舜感北戎長胡大王獻白銀〔一〕之霜、十轉紫華，服之而成仙。

本條見真誥卷一四稽神樞第四，亦見三洞群仙録卷一四「長胡獻霜」條引真誥、類説卷三三「龍奏靈阿鳳鼓雲池」條引真誥。

〔一〕銀：真誥作「琅」。

吴越春秋云：禹平洪水，其功不就。乃按黄帝中經〔一〕，聖人所記，在乎九山東南，號曰苑〔二〕委，承以文玉，覆以盤石，其書金簡，青玉爲字，編以白銀。禹乃南〔三〕巡，登衡山，血白馬以祭。不幸所求，乃仰天而歎。因夢赤繡衣男子云：「欲得我治水之方、御龍之術，可齋乎黄帝之嶽，峻巖之下，金簡之書在矣。」禹乃退齋。季庚之日〔四〕，登苑委之山，發石，果得金簡玉書。用以治水，鑿龍門，通百川，天下有賴其功大矣。今道門靈寶五符，即此書也。其探符處，在會稽山，禹穴是也。

本條見吴越春秋越王無餘外傳。

〔一〕經：本字後吴越春秋多一「曆」字。

〔二〕苑：吴越春秋作「宛」。下同。

〔三〕南：吴越春秋作「東」。

〔四〕季庚之日：吴越春秋作「三月庚子」。

老君無極　籛祖長年

孔子曰：竊比於我老彭。葛仙公云：老子體自然而然，生乎太無〔一〕之先，起乎無因，經歷天地終始，不可稱載，終乎無終，窮乎無窮，極乎無極〔二〕也。又云：世人謂老子當始於周代，老子之號，始於無數之劫。其杳杳冥冥，渺邈久遠矣。

孔子語見論語述而。「葛仙公云」之後文字見老子道德經序訣，題葛玄造。

〔一〕太無：明刻本作「大元」。

〔二〕極乎無極：本句後序訣多出「故無極」三字。

莊子疏云：彭祖，姓籛，諱鏗，顓頊玄孫，善養性，能調鼎，進雉羹於堯，封於彭城。其道可祖，故謂之彭祖。神仙傳、列仙傳並云：歷夏經殷，七百六十歲而不衰老。後西之游沙，莫知其終也。故羅隱碑文云：水運降靈，始分輝於玄帝；仙源啓祚，乃襲慶於彭墟。星辰浮濮渚之陽，雲鶴度游沙之境也。

本條中引莊子疏的內容部分見莊子內篇逍遥遊第一「彭祖乃今以久特聞，衆人匹之，不亦悲乎」

句成玄英疏，云引自神仙傳、列仙傳的内容部分見神仙傳「彭祖」條(漢魏本卷一、四庫本卷一)。

廣成高卧　尹喜精研

莊子云：黄帝詣崆峒山，謁廣成子，問以理身奈何。廣成子曰：「善哉，問乎！吾語汝：『至道之精，杳杳冥冥，至道之極，昏昏默默。無視無聽，神將自正〔一〕。無〔二〕勞汝形，無摇汝精，乃可長生。故我修之千二百歲矣，而形未嘗衰。』」

本條見莊子外篇在宥第十一。

〔一〕神將自正：莊子作「抱神以静，形將自正」。

〔二〕無：本字前莊子多出「必静必清」。

本起傳並西昇經並云：關令尹喜受老子道德五千言，精研萬遍，於蜀郡青羊肆隨老子白日昇天，遊四海，登三清，下化八十一國焉。

盧敖遊海　若士沖天

神仙傳云：盧敖者，燕人也。秦時遊北海，至於蒙谷之山，見若士焉，方迎風而舞。顧見敖，曰：「吾與汗漫期於九陔之上，不可久。」乃竦身入雲中。

本條見四庫本神仙傳卷一「若士」條，漢魏本無。

赤松行雨　甯封隨煙

列仙傳云：赤松子者，神農雨師也，服水玉以教神農。能入火〔一〕，隨風雨上下。高辛時，復爲雨師。今之雨師復〔二〕是焉。

本條見列仙傳卷上「赤松子」條。

〔一〕火：本字後列仙傳多出「自燒」二字。

〔二〕復：列仙傳作「本」。

甯封子者，爲〔一〕黄帝陶正。有人能出五色煙，以教封。封乃積火自燒，隨煙上下焉。

本條見列仙傳卷上「甯封子」條。

〔一〕爲：本字前列仙傳多出「也傳」二字。

黄山數百　白石三千

神仙傳云：黄山君者，修彭祖之術，年數百歲，猶有少容也。

本條見神仙傳「黄山君」條（漢魏本卷一〇、四庫本卷一）。

白石先生者，中黄大夫〔一〕弟子也。至彭祖時，年已三〔二〕千歲矣。嘗於白石山煮白石爲糧，故號白石先生。

本條見神仙傳「白石先生」條（漢魏本卷二、四庫本卷一），四庫本作「白石生」。

〔一〕大夫：神仙傳作「丈人」。

〔二〕三：神仙傳作「二」。

瑶水周穆　槐山偓佺

列子云：周穆王乘八駿，日行萬里，至於崑崙之山，與王母宴於瑶池。王母唱白雲之謡，王和之也。

本條見列子卷三周穆王篇，云：「遂宿於崑崙之阿，赤水之陽。別日升於崑崙之丘，以觀黄帝之宫，而封之，以詒後世。遂賓於西王母，觴於瑶池之上。西王母爲王謡，王和之，其辭哀焉。」

列仙傳云：偓佺者，槐山采藥人也，好食松實。形體生毛，長數寸。兩目正方。能飛，行逐走馬。

本條見列仙傳卷上「偓佺」條。

醫龍師皇　釣魚寇先

列仙傳云：馬師皇者，黄帝馬醫也。有龍下，向之張口，皇曰：「此龍有疾。」乃針其唇下，以甘草湯飲之而愈。後數數有龍出陂〔一〕，告而治之。一旦乘龍而去。

本條見列仙傳卷上「馬師皇」條。

〔一〕陂：列仙傳作「其波」。

寇先者，宋人也，以釣魚爲業。得魚，或賣或放，或自食。好種薜荔〔一〕，食其葩實。宋景公問其術，不告，遂殺之。數年後，踞宋城門，鼓琴而去。

本條見列仙傳卷上「寇先」條。

〔一〕薜荔：列仙傳作「荔枝」。

弄玉鳴鳳　蕭史同仙

列仙傳云：蕭史者，秦穆公時善吹簫，能致孔雀白鶴〔一〕。穆公有女，曰弄玉，好之，公遂妻焉。教弄玉作鳳鳴，鳳止其〔二〕臺上。一旦乘鳳同去。

本條見列仙傳卷上「蕭史」條。

〔一〕鸛：列仙傳作「鶴」。

〔二〕其：明刻本無本字。

李文黃白　沈太紅泉

神仙傳云：沈文太者，九嶷人也。得紅泉神丹法〔一〕，土符還年返命之道，欲之崑崙，駐安息〔二〕二千餘年，以傳於李文淵。以竹根汁煮黃〔三〕丹，並黃白術〔四〕、去三屍法，出此二人矣。

本條見神仙傳「沈文泰」條（漢魏本卷一〇、四庫本卷一），亦見雲笈七籤卷一〇九神仙傳「沈文泰」條。

〔一〕法：原作「去」，據漢魏本神仙傳校改。

〔二〕息：原作「心」，據明抄本及漢魏本神仙傳、七籤校改。

〔三〕黃：漢魏本神仙傳、七籤無本字。

〔四〕術：漢魏本神仙傳、七籤無本字。

宋倫遊空　葛洪兀然

樓觀傳云：宋倫字德玄，年二十二，日誦五千文，服黃精白朮，感老君降授〔一〕中景〔二〕

之道、通真之經。倫行之，望巖申步，日行三千里，凌波涉險，不由津路也。

本條内容見雲笈七籤卷一〇四太清真人傳，又見歷世真仙體道通鑑卷九宋倫傳。宋倫事亦見本書卷下「宋倫六甲」條引樓觀傳、三洞群仙録卷二「朱倫駕煙」條引丹臺新録（朱倫當作宋倫）。

〔一〕授：明刻本無本字。

〔二〕中景：七籤、仙鑑均作「景中」。

道學傳云：葛洪字稚川，讀書萬卷。求勾漏令，意在丹砂。著内外篇凡一百一十六篇，碑誄詩賦百卷，檄章牋表三十卷，神仙傳十卷，良史傳十卷，隱逸傳十卷，集異傳十卷，抄五經、史、百家之言、方伎雜事三百一十卷，金匱藥方百卷，肘後要方四卷。年八十一，兀然若睡而蜕。

本條陳國符輯入道藏源流考道學傳輯佚。

鄭遠養虎　涓子剖鮮

鄭思遠，葛洪之師也。嘗於山巖間收得虎子兩頭，其母已死。君餧飼之，長大。俄有一雄虎來菴前，乃二虎之父也。三虎出入相隨，駝藥囊經書。隱於括蒼山，仙去。

本條陳國符輯入道藏源流考道學傳輯佚。

列仙傳云：涓子，齊人，餌朮三百年。釣於荷澤，得鯉魚，剖之，腹内得符，能致雲雨。

本條見列仙傳卷上「涓子」條。

少翁拜山　宋萊掃市

真誥云：昔婁少翁入華山中，拜山二十年，遂一旦見西嶽仙〔一〕人，授以仙道也。

本條見真誥卷一二稽神樞第二，作「劉少翁」。

〔一〕仙：真誥作「丈」。

楚莊公時，市長宋萊子恒灑掃一市，忽遇一乞食公唱歌，萊子知是仙人，乃隨之。積十三年，遂得仙道，爲中嶽仙人。

本條見真誥卷九協昌期第一。宋萊子事亦見三洞群仙録卷三「宋萊灑掃」條引真誥。

永伯七星　王遥篋子

神仙傳云：陳永伯得七星散方，服之二十八〔一〕日，忽不知所在。有兒年十一〔二〕，服之二十八日，亦不知所在。本方云：服之三十日，自得仙去。

本條見神仙傳「陳永伯」條（漢魏本卷一〇、四庫本卷八）。

〔二〕八：神仙傳作「一」。

〔三〕有兒年十一：神仙傳作「有兒子年十七」。

王遥字伯遼，與人治病，無不愈者。並不用針藥，但令坐一布帕上，須臾自愈。有一竹篋子，長數寸，有一弟子姓錢。忽一夜大雨，命弟子以九節竹杖擔此篋子，雨中行，衣不濕。登山，入一石室中，中有二人同坐。遥發篋子，取玉舌簧〔一〕三枚，三人對鼓之。良久，收簧内篋中，卻擔迴。二人謂遥曰：「早來，莫久戀人間。」後百餘日，遥復自擔篋子，一去不復還。後三十年，弟子見在馬蹄山也。

本條見神仙傳「王遥」條（漢魏本卷三、四庫本卷八），亦見太平廣記卷一〇神仙十「王遥」條引神仙傳。

〔一〕玉舌簧：神仙傳、廣記均作「五舌竹簧」。

介君竹杖　左慈木履

神仙傳：介象字元則，會稽人，甚有道術。吴太帝禮重之，使作變化，種瓜果，皆立生，可食。帝思鯔魚鱠，象於殿庭作一方坎，著水，象垂釣於坎中，得魚。帝曰：「蜀薑不可得。」象曰：「請差人買。」與五百錢，象書符，置竹杖中，令使人騎之，閉目，唯聞風聲。到蜀買薑迴，厨人切鱠未了〔一〕。

本條見神仙傳「介象」條（漢魏本卷九、四庫本卷九）。介象事亦見太平廣記卷一三神仙十三、卷四六水族三引神仙傳。

〔一〕切鱠未了：漢魏本神仙傳作「切鱠適了」，四庫本作「鱠始就矣」。

左慈字元放，有道術。孫策欲殺之，驅於前。慈著木履，竹杖，徐徐而行，孫公奔馬追之，常相去百步。後曹公殺之，唯見一束草也。

本條見神仙傳「左慈」條（漢魏本卷五、四庫本卷八）。

老父光白　剡都氣紫

神仙傳：漢武帝東巡，見泰山下老父，頭上有白光，高數尺。帝問之，老父曰：「臣年八十五時衰老，有道士教絶穀，服朮飲水，並作神枕，用藥三十二味。臣今年一百八十矣，日行三百里。」

本條見神仙傳「泰山老父」條（漢魏本卷五、四庫本卷八），亦見太平廣記卷一一神仙十一「泰山老父」條引神仙傳。

剡子都〔一〕，漢武帝出遊，見其頭上有紫氣，高丈餘。問之，對曰：「臣今已年一百三十八，所行者彭祖之道也。」帝傳之，不能行。子都年二百餘歲，服朮〔二〕，白日昇天。

本條見神仙傳「巫炎」條（漢魏本卷五、四庫本卷八）。

〔一〕剡子都：漢魏本神仙傳作「巫炎字子都」，四庫本作「巫炎者，字子都」。

〔二〕服朮：神仙傳作「服餌水銀」。

河上傳經　漢文得旨

葛仙公云：河上公者，莫知其姓名也。漢孝文皇帝時結草爲菴于河之濱，常讀老子道德經。文帝好老子之言，有所不解數句，遣使問，不告。帝親詣問之：「普天之下，莫非王土；率土之賓，莫非王臣。子雖有道，猶〔一〕朕民，不能自屈，何乃高乎？朕足使人富貴貧賤。」須臾，河上公乃拊掌坐躍，冉冉在虛空之中，去地數十丈，而答帝曰：「余上不至天，中不累人，下不居地，何民之有？陛下焉能令余富貴貧賤？」帝乃稽首禮謝，河上公遂授注解道德經〔二〕二卷與文帝。

本條見老子道德經序訣，題葛玄造。

〔一〕猶：原作「由」，據序訣校改。

〔二〕注解道德經：序訣作「素書老子道德經章句」。

婁政變化　墨子朱英

神仙傳：婁〔一〕政治墨子五行記，服朱英丸，年八百餘歲，色如童子。能化一人爲百人，百人爲千，千人作萬。能立起風雲，步行水上，令水中魚鼈盡上岸。能口吐五色氣，方十里，上連天。能騰身虛空，無所不至。

本條見神仙傳「劉政」條（漢魏本卷八、四庫本卷四）。

〔一〕婁：漢魏本作「劉」。

墨子名翟，宋大夫也。著書曰墨子。善戰守之具〔一〕，巧與公輸班較機變，以雲梯不足攻宋而〔二〕止。後入狄山中學道，有神仙〔三〕授以〔四〕翟朱英丸方、通靈〔五〕、五行變化，凡二十五卷。因遊五嶽，不知其終也。

本條見神仙傳「墨子」條（漢魏本卷八、四庫本卷四）。

〔一〕具：原作「且」，據明刻本校改。

〔二〕而：原作「面」，據明刻本校改。

〔三〕仙：明刻本作「人」。

〔四〕以：明刻本無本字。

〔五〕通靈：神仙傳作「道靈教戒」。

孫博同道　班孟異名

神仙傳：孫博治墨子五行〔一〕術，能令草木、金石、人物盡成猛火。他人以水沃之，終不滅。須博自止之，乃滅。物皆如故，不焦。又能引數百衆，步行水上，不沾不没，或布席坐於水上，飲宴作樂。又能從石中來去。後入林慮山合丹，仙去。

本條見神仙傳「孫博」條（漢魏本卷八、四庫本卷四）。

〔一〕五行：漢魏本神仙傳作「之」。

班孟者，是女子，能飛行，坐空入地，飛屋瓦，指地成井。能含墨噴紙，成篇章。飲酒餌丹四百餘歲，後入天台〔一〕山去也。

本條見神仙傳「班孟」條（漢魏本卷一〇、四庫本卷四）。

〔一〕天台：漢魏本神仙傳作「大冶」，四庫本作「大治」，似以「天台」爲是。

王綱二氣　章震五行

神仙傳：天門子姓王名綱，善補養之法，行玄素之道〔一〕，年一百八十歲，有童女之色〔二〕。乃服珠醴仙去，入玄洲〔三〕。

本條見神仙傳「天門子」條（漢魏本卷八、四庫本卷四）。

〔一〕行玄素之道：神仙傳無。

〔二〕有童女之色：四庫本神仙傳作「色如童子」，漢魏本本句唯「女」字作「子」。當以「子」爲是。

〔三〕玄洲：四庫本神仙傳同，漢魏本作「玄洲山」。

章震者，玉〔一〕子也，師桑子，精於五行之意，以養性治病消災，立起風雲雷雨，化草芥瓦石爲六畜龍虎。能分形爲數百千人，步行江海。能噴水成珠玉，不變。能丸泥爲馬，日行千里。能吐五色氣，能投符召魚鼈，能使人見千里外物，能咒水治病立愈。入崆峒山合丹，白日昇天。

本條見神仙傳「玉子」條（漢魏本卷八、四庫本卷四）。

〔一〕玉：原作「王」，據神仙傳校改。

九靈卻禍　北極貴精

神仙傳：九靈子姓皇名化，得還年卻老胎息〔一〕之道，又得五行之要，能辟五兵虎狼，伏千殃，消萬禍。專行此道，大得其效。在人間五百歲，服丹仙去。

本條見漢魏本神仙傳卷一〇「皇化」條、四庫本卷四「九靈子」條。九靈子事又見三洞群仙録卷一七「皇化卻老」條引抱朴子（誤，當出神仙傳），及歷世真仙體道通鑑卷五皇化傳。

〔一〕息：本字後漢魏本神仙傳多出「内視」二字。

北極子姓陰名恒，得保神養性貴精之道。其要曰：「以金治金〔一〕謂之真，以人治人謂之神。」後服神丹仙去。

本條見神仙傳漢魏本卷一〇「北極子」條、四庫本卷四「陰恒」條。

〔一〕以金治金：漢魏本神仙傳作「以鐵治鐵」。

太陽華髮　絶洞長生

神仙傳：太陽子者，姓離名明，得玉子之道。好酒恒醉，玉子責之，對曰：「晚學性剛，俗態未除，故以酒消其驕慢耳。」善修五行之道。在人間五百年，肌膚光潤，面目輝華，而鬢髮皓白也。著七寶之術，深得其要，服丹而仙。

本條見神仙傳「離明」條（漢魏本卷一〇、四庫本卷四）。

絶洞子者，姓李名脩，其術曰：「弱能制强，陰能弊陽。常若臨深履薄，長生之道也。」年四百歲，顔色不衰。著書三十篇，服還丹而仙。

本條見神仙傳「李修」條（漢魏本卷一〇、四庫本卷四）。

陽女得妙　陰女亦成

神仙傳：太陽女姓朱名翼，增益五行之道，其驗得妙〔一〕。年二百八十歲，色如桃花，如十七八人也。得神丹，仙去〔二〕。

本條見四庫本神仙傳卷四「太陽女」條，漢魏本無。

〔一〕得妙：明刻本作「甚速」。

〔二〕色如桃花如十七八人也得神丹仙去：明刻本作「奉絶洞子，丹成昇天」，疑有闕文。

太陰女者，姓盧名金，好玉子之道，未得其妙。乃當鑪沽酒，遇太陽子過之，遂教以補養之術、蒸丹之方，服而仙去。

本條見四庫本神仙傳卷四「太陰女」條，漢魏本無。

玄女行厨　南極通靈

神仙傳：太玄女者，姓頊〔一〕名和，少喪夫，乃學道。治玉子之術，坐置行厨，變化無所不至。

本條見神仙傳「太玄女」條（漢魏本卷七、四庫本卷四）。

〔一〕頊：漢魏本作「顓」。

南極子者，姓柳名融，能含粉成雞子，如真。能呪杯成龜，鱉殼呪水成美酒。服雲霜丹，仙去也。

本條見神仙傳「柳融」條（漢魏本卷一〇、四庫本卷四）。

奉林閉氣　周君誦經

真誥云：婁奉林者，學道於嵩山，積四百年。能閉氣三日不息。服黄連，以致不死也。

本條見真誥卷五甄命授第一，惟「婁」作「劉」。

周君兄弟三人，學道於常山中九十七年。遇老人授以真經七卷，三人共讀之。忽有白鹿見，二弟放經看之。周君獨不看，數滿萬遍，翻然沖天。二弟爲看鹿，經忽火起，焚之，不得沖天，爲心不定也〔一〕。

本條見真誥卷五甄命授第一。

〔一〕爲心不定也：真誥無。

伯真心正　季道天青

真誥云：姜伯真行道采藥，遇仙人，使平立於日中，其影偏。仙人曰：「子心不正。」因教以日出三丈時，披心向日〔一〕，覺心中暖，即正也。伯真旦旦行之，得道也。

本條見真誥卷五甄命授第一。

〔一〕披心向日：真誥作「以日當心」。

徐季道學仙，遇神仙教云：「子欲學道，當巾〔一〕天青，詠天曆，躡雙白，徊二赤也。」行之得道。

本條見真誥卷五甄命授第一。

〔一〕巾：原作「中」，據真誥校改。

劉安接士　八仙降庭

神仙傳：淮南王劉安好道，聞有術之士，不遠千里，卑辭厚禮以迎之。時感八仙降焉。一人能坐致風雨，立起雲霧。一人能束縛虎豹，召致蛟龍。一人能分形易貌，坐在立亡。一人能乘虛步空，越海淩波。一人能入火不灼，入水不濡。一人能千變萬化，恣意所爲。一人能防災度厄，長生久視〔一〕。一人能煎泥成金，凝汞〔二〕爲銀也。

本條見漢魏本神仙傳卷四「劉安」條，事亦見四庫本卷六「淮南王」條，而内容不同。

〔一〕一人能防災度厄長生久視：漢魏本神仙傳無。

〔二〕汞：漢魏本神仙傳作「鉛」。

丁鶴人語　蘇鹿牛形

飛天仙人經云：丁令威七歲入山求道，千年化鶴歸鄉，下華表柱頭，歌曰「我是昔日丁令威，學道千年今始歸」也。

飛天仙人經，不詳。丁令威事見載於搜神後記卷一，另見三洞群仙録卷三「令威仙鶴」條引搜神記。

蘇君傳：蘇耽者，彬州人也。小時牧牛，牛化爲白鹿，得道。後歸鄉，駐牛脾山上。州縣官吏同往禮謁。日暮，君展黄庭經，化爲大橋，直跨城門，官吏登橋而還也。

漢魏本神仙傳卷九有「蘇仙公」條，四庫本無。太平廣記卷一三有神仙十三「蘇仙公」一條，云出神仙傳。二本所記，與本條事略同。蘇耽事亦見三洞群仙録卷二「蘇母思鮓」條引蘇仙傳、卷四「蘇菴兩竹」條引郴江集、卷八「蘇耽鶴櫝」條引郴江集、卷一六「仙君橘井」條引郴江集。

大足地黄　唐鳳石蜜

神仙傳：大足服地黄得道。唐鳳服中嶽石蜜得道。

本條未見今本神仙傳。

墨容黄連　羡門青實

神仙傳：墨容公服黄連得道。羡門子服甘菊、青實散得道。

本條未見今本神仙傳。

三老錬氣　四皓餌漆

神仙傳：長陵三老服陰錬氣，乃得成道。又云：商山四皓，服九加散，餌漆得道。

本條未見今本神仙傳。

妙真入洞　暨琰飛棺

道學傳：女真錢妙真，幼而學道，居句曲洞山。年八十三，誦黃庭經數滿，乃與親友告別，服黃白色藥了，乃入燕洞。經宿，明晨，女冠、道士競往候之。忽聞洞有雷霆之聲，見龍鳳之車，自西北而來，載以昇天也。

本條輯入陳國符道藏源流考道學傳輯佚。錢妙真事亦見太平御覽卷六六六道部八「道士」條引道學傳、老氏聖紀，六七四道部十六「理所」條引道學傳，及三洞群仙録卷八「錢真飛練」條引茅山記。燕洞，御覽作「鷰口洞」。

暨慧琰，居於潛天目山學道。蟬蛻之後，依俗禮葬之。數年中，忽有紫雲〔一〕蓋山，訇然如雷霆之聲。鄉人往看，見棺版飛空，上片落南村，今爲上版〔二〕村；底版落北村，今爲下版村；兩邊版同在一處，今爲版同村。因此昇天也。

本條在明刻本中有錯簡，置於「蘇鹿牛形」條下。暨慧琰事亦見三洞珠囊卷一救導品引道學傳，云：「暨慧琰，吳興餘杭人也，幼出家爲比丘尼，後捨尼爲女道士，遂入居天目山，斷穀服食。人有疾急，施一符，莫不立愈也。」陳國符據珠囊及本條輯入道藏源流考道學傳輯佚。

〔一〕紫雲：原作「聞山」，據明刻本及明抄本校改。

〔二〕版：原作「片」，據明刻本校改。

遇藥朱璜　盜術女丸

列仙傳：朱璜，廣陽〔一〕人，病毒瘕〔二〕。道士阮丘與七物藥，日服九丸，百病癒〔三〕。教以誦黄庭經。隨丘入浮陽山，八十年，髭髮俱黑，仙去。

本條見列仙傳卷下「朱璜」條。

〔一〕陽：列仙傳作「陵」。

〔二〕瘕：列仙傳作「瘕」。

〔三〕百病癒：列仙傳作「百日病下」。

女丸者，陳市上沽酒婦人也。仙人過之，寄素書五卷。丸乃盜寫其文，得養性之道，不衰不老。棄家而去，不知所之。

本條見列仙傳卷下「女丸」條。

常生止雨　方回印關

列仙傳：平常生者，數死復生，在穀城鄉。忽大水出，所害非一。生乃登缺門山，大呼言：「常生在此，雨水五日必止。」如其言。後數十年，復爲華陰門卒。

本條見列仙傳卷上「平常生」條。

方回者，堯時隱人也，鍊食雲母。夏啓末，爲宫〔一〕士，爲盜所劫，閉之室中。回化身而出，更以方回印封其户。時人曰：「得回一丸泥，關可開也。」

本條見列仙傳卷上「方回」條。

〔一〕宫：列仙傳作「宦」。

仇生木正　子先竹竿

列仙傳：仇生者，湯時爲木正。食松脂，自〔一〕作石室，仙去〔二〕。周武王幸其室而祀之。

本條見列仙傳卷上「仇生」條。

〔一〕自：本字前列仙傳多出「在尸鄉」三字。

〔二〕仙去：列仙傳無。

呼子先者，卜師也，壽百餘歲。夜有仙人持竹竿至，呼子先乃與酒家嫗各騎一竹，乃龍也，上華陰山，仙去〔一〕。

本條見列仙傳卷下「呼子先」條。

〔一〕仙去：列仙傳無。

朱仲販珠　任光賣丹

列仙傳：朱仲，會稽人，常於市上販珠。高后時求三寸珠，仲獻之，賜五百金。魯元公主私以七百金，仲獻四寸珠。景帝時復獻三寸珠數十枚而去，不知所在。

本條見列仙傳卷上「朱仲」條。

任光者，上蔡人，善餌丹，賣於都里間。趙簡子聘之於柏梯山。三世，不知所在。

本條見列仙傳卷上「任光」條。

牧豕商丘　鑄治陶安

商丘子胥者，高邑人，好牧豕、吹芋。服朮、菖蒲〔一〕，飲水，不飢不老。人世世見之三百年，不知所之〔二〕。

本條見列仙傳卷下「商丘子胥」條。

〔二〕蒲：本字後列仙傳多一「根」字。

〔三〕不知所之：列仙傳無。

陶安公者，六安鑄冶師也。一旦火散上，紫色衝天，須臾朱雀止冶上，曰：「安公〔一〕與天通，七月七日，迎汝以赤龍。」至期，赤龍到，大雨，安騎之而昇天。

本條見列仙傳卷下「陶安公」條。

〔一〕公：本字後列仙傳多出「安公冶」三字。

黄真武陵　劉阮桃源

傳云：漁人黄道真，武陵人，棹漁舟，忽入桃源洞，遇仙。

傳，不詳爲何傳。宋祝穆方輿勝覽卷三〇湖北路常德府「山川」條引伍安貧武陵記云：「晉太康中，武陵漁人黄道真，泛舟自沅泝流而入。道真既出，白太守劉歆，歆與俱往，則已迷路。與陶記略同。」事亦見三洞群仙録卷五「秦避桃源」條引桃源記。

劉晨、阮肇，剡縣人也，採藥於天姥岑，迷入桃源洞，遇諸仙，經半年卻歸，已見七代孫子。

劉晨、阮肇入天台故事最早見幽明録，見引於法苑珠林卷三一、藝文類聚卷七山部上「天台山」條、白氏六帖事類集卷二、太平御覽卷四一地部六「天台山」條引幽明録及卷九六七果部四「桃」條引幽冥録、事類賦注卷二六。六帖、御覽卷九六七作幽冥録。太平廣記卷六一女仙六「天台二女」條亦載此事，談本云出神仙記，明鈔本云出搜神記。事亦見三洞群仙録卷一二「天台劉阮」條引神仙傳。

初平松脂　鳳綱花卉

神仙傳：皇〔一〕初平，丹谿人也。年十五，家遣牧羊，遇道士，將入金華山四十年。其兄初起尋之，相遇，問羊，云在東山。往看，盡是白石。初平叱之，悉化爲羊。兄弟二人共服松脂茯苓，至萬日，坐在立亡，同昇天。初平改姓赤氏，號松子。初起號赤須子〔二〕。今婺州赤松觀是其地也。

本條見神仙傳「黄初平」條（漢魏本卷二、四庫本卷二），亦見太平廣記卷七神仙七「皇初平」條引神仙傳、雲笈七籤卷一〇九神仙傳「黄初平」條。皇初平事亦見太上靈寶五符序卷中。

〔一〕皇：四庫本神仙傳、廣記、七籤同，漢魏本神仙傳、五符序作「黄」。

〔二〕號赤須子：神仙傳、廣記、七籤均作「改字爲魯班」，五符序作「改字爲赤魯班」。

鳳綱者，元〔一〕陽人也。常採百草花，水漬泥封，埋之百日，丸之。死者以一丸内口中，立活。綱服藥，不老，仙去。

本條見神仙傳「鳳綱」條（漢魏本卷八、四庫本卷一），亦見太平廣記卷四神仙四「鳳綱」條引神仙傳，另見三洞群仙録卷三「鳳綱百草」條引廣記、歷代名醫蒙求卷上「鳳綱不老」條引仙傳、太平御覽卷七二四方術部五「醫四」條引神仙傳、歷世真仙體道通鑑卷三四鳳綱傳。

〔一〕元：神仙傳、廣記均作「漁」，群仙録作「漢」。

吕恭遇仙　沈建寄婢

吕恭字文敬，少好服食。於太行山採藥，忽見三仙人，曰：「子好長生乎？吾一人姓吕，字文起，公與吾同姓，合得長生。」乃隨仙人去。經二日，遂授祕方一首，曰：「汝隨吾二日，已二百年也。」乃還鄉，已見十餘代孫吕習者，作道士，涕泣拜迎，遂傳其方。其家世世無有老死者，皆得仙去。

本條見神仙傳「吕恭」條（漢魏本卷六、四庫本卷二），亦見太平廣記卷九神仙九「吕文敬」條引神仙傳。

沈建者，丹陽人，得導引服食之術。凡有病者，見〔一〕之即愈。嘗遠行，寄二〔二〕婢、三奴、一驢、十羊，各與藥一丸，經三年，並不飲食。建既還，乃各與一丸藥喫，飲食如故。建乃舉身飛行，或去或還。三百年後，不知所在。

本條見神仙傳「沈建」條（漢魏本卷六、四庫本卷二），亦見太平廣記卷九神仙九「沈建」條引神仙傳、雲笈七籤卷一〇九神仙傳「沈建」條。從文字看，本條更合乎漢魏本神仙傳和廣記。

〔一〕見：漢魏本神仙傳、廣記作「治」。

〔二〕二：漢魏本神仙傳、廣記作「一」。

華生易皮　樂長童子

神仙傳：華子期者，師角〔一〕里先生，得靈寶隱方〔二〕，合而服之，日行五百里，力舉千斤。每一歲十度易皮。後乃仙去。

本條見四庫本神仙傳卷二「華子期」條，亦見雲笈七籤卷一〇九神仙傳「華子期」條。華子期傳亦見太上靈寶五符序卷上。

〔一〕角：七籤同，四庫本神仙傳作「禄」。

〔二〕靈寶隱方：四庫本神仙傳作「隱仙靈寶方」，太上靈寶五符序作「仙隱靈寶方」。

樂子長者，齊人也，遇霍林仙人，授巨勝赤松散方，曰：「蛇服成龍，人服成童。」子長服之，年百八十歲，色如少女。妻子九人皆服之，老者少壯，少者不老。登勞盛山仙去。

本條見四庫本神仙傳卷二「欒子長」條，漢魏本無。

叔卿不臣　伯陽示死

神仙傳：中山衛叔卿服雲母得仙。漢武帝閑居殿上，忽見一人乘雲〔一〕駕白鹿，集於殿前。帝驚問爲誰，答曰：「我中山衛叔卿也。」帝曰：「子非我臣乎？」叔卿不對，忽失所在也。帝甚悔恨。

本條見神仙傳「衛叔卿」條（漢魏本卷八、四庫本卷二）、太平廣記卷四神仙四「衛叔卿」條引神仙傳。衛叔卿事亦見三洞群仙録卷三「梁伯求衛」條引神仙傳、卷五「叔卿白鵠」條引神仙傳。

〔一〕雲：本字後漢魏本神仙傳、廣記均多一「車」字。

魏伯陽，吴人也。入山作神丹，將三弟子、一白犬。丹成，飼犬，犬死。乃自服，又死。一弟子姓虞，服之亦死。二弟子棄之而出。伯陽乃起，將服丹弟子並白犬而去。逢樵人，乃作書寄鄉里並二弟子。伯陽作參同契、五相類凡二卷，盡神丹之旨也。

本條見神仙傳「魏伯陽」條（漢魏本卷一、四庫本卷二），亦見太平廣記卷二神仙二「魏伯陽」條引神仙傳、雲笈七籤卷一〇九神仙傳「魏伯陽」條。

方朔歲星　傅説箕尾

登真隱訣云：東方朔字曼倩，仕漢武，服初神丸。至宣帝時，棄官，於會稽賣藥。後昇爲歲星。

本條僅見此引。王家葵據本條輯入登真隱訣輯校。

又莊子云：傅説得道，以相武丁，奄有天下，乘東維，騎箕尾，而比於列星。

本條見莊子内篇大宗師第六。

沈羲三車　安世二士

神仙傳：吴郡沈羲，學道於蜀，但能消災除病，救濟百姓，功德感天。因與妻共載，路逢白鹿車、青龍車、白虎車，騎從皆朱衣，執矛仗劍，告羲曰：「君有功於民，黄老今遣仙官下迎。」有三仙人，以白玉版、青玉界〔一〕、丹玉字授羲，遂載昇天。

本條見神仙傳「沈羲」條（漢魏本卷八、四庫本卷三），亦見太平廣記卷五神仙五「沈羲」條引神仙傳、雲笈七籤卷一〇九神仙傳「沈羲」條。沈羲事亦見三洞群仙録卷二「徐福白鹿」條引廣記、卷三「沈羲龍虎」條引抱朴子。

〔二〕界：七籤同，神仙傳、廣記均作「介」。

陳安世爲灌叔本客，每行，見鳥獸，皆下道避之，未嘗殺物。年十三，叔本好道，忽有二仙人化爲書生，詣叔本。叔本不悟，待之不至。乃謂安世曰：「汝好道，可教。」乃與藥二丸服之，不復飲食。叔本乃反師之。安世臨昇天，乃傳其道。叔本亦仙而去。

本條見神仙傳「陳安世」條（漢魏本卷八、四庫本卷三），亦見太平廣記卷五神仙五「陳安世」條引神仙傳。灌叔本，漢魏本神仙傳作「權叔本」，四庫本神仙傳作「灌叔平」，然太平御覽卷六六二道部四「天仙」條引神仙傳、元和姓纂卷九均云「灌叔本」，當以本書爲是。

八百歷代　李阿丐市

神仙傳：李八百，蜀人，莫知其名，時人計其數已八百歲，故呼之。遊行不定。知唐公房〔一〕可教，乃託瘡痍試之，百藥不可，云須人舐之。房乃令三〔二〕婢舐之，不可。房乃自爲舐之，不可。又令妻舐之。云：「須得美酒三斛浴之。」浴訖，體如凝脂。遂令公房並妻、三婢並入酒中浴之，並顔如童子。乃以丹經授公房，房合服，仙去。

本條見神仙傳「李八百」條（漢魏本卷二、四庫本卷三），亦見太平廣記卷七神仙七「李八百」條引神仙傳、雲笈七籤卷一〇九神仙傳「李八百」條。李八百事亦見三洞群仙録卷一三「公房舐瘡」

條引神仙傳、卷一七「李脱石玉」條引野人閑話。

〔一〕房：七籤同，神仙傳、廣記均作「昉」。下同。

〔二〕三：原作「二」，諸本均作「三」，據改。本條後文亦曰「三婢」，故當以「三」爲是。

李阿者，蜀人，世世見之，不老。常乞食於市。有古强者，常隨之。强時年十八，見阿如五十許人。至强年八十餘，阿亦如故。忽告人曰：「崑崙召吾，當去。」遂不復還也。

本條見神仙傳「李阿」條（漢魏本卷二、四庫本卷三），亦見太平廣記卷七神仙七「李阿」條引神仙傳、雲笈七籤卷一〇九神仙傳「李阿」條。

仙苑編珠卷中

天台山道士王松年撰

犢子易貌　桂父變容

列仙傳：犢子者，鄴人，服松子、茯苓百年，時壯時老，時好時醜。忽牽一黄犢來，過沽酒陽都家。女悦之，隨犢子出，取桃李，味皆甘美。邑人伺而逐之，共牽黄犢耳而走，不能追也。數十年見在潘山下，冬賣桃李也。

本條見列仙傳卷下「犢子」條。

桂父者，象林人，色黑，時白，時黄，時赤。常服桂並葉〔一〕，以龜腦和之千丸〔二〕。至今荆州南有桂丸也。一旦飄然入雲而去。

本條見列仙傳卷上「桂父」條，亦見藝文類聚卷八九木部中「桂」條引列仙傳。

〔一〕並葉：藝文類聚作「皮葉」，列仙傳作「及葵」。

〔二〕以龜腦和之千丸：列仙傳作「以龜腦和之，千丸十斤桂」。

務光蒲韭　阮丘薤葱

務光，夏時人，耳長七寸，好琴，服蒲韭根。湯讓天下，不受，負石身投蓼水以自溺。後四百年，至武丁時復見也。

本條見列仙傳卷上「務光」條。

阮丘者，睢〔一〕山上道士，被髮，耳長七寸，口中無齒，日行四百里。常種葱薤，百餘年，人不知之。

本條見列仙傳卷下「黄阮丘」條。

〔一〕睢：原作「蛆」，據列仙傳校改。

赤斧餌丹　毛女餐松

赤斧者，巴戎人也，爲碧雞祠主簿。餌丹與消石，服之三十年，反如童子，毛髮生，皆赤，掌中有赤斧文〔一〕焉。

本條見列仙傳卷下「赤斧」條。

〔一〕文：列仙傳無本字。

華山中毛女，字玉姜，自言秦宮人，避難入山，道士〔一〕教食松葉，遂不飢寒，身生緑毛也。

本條見列仙傳卷下「毛女」條。

〔一〕士：本字後列仙傳多出「谷春」二字。

王喬控鶴　陵陽釣龍

王〔一〕喬字子晉，好吹笙，作鳳鳴。道人〔二〕浮丘公接上嵩山，三十年後，以七月七日於緱氏山控鶴沖天。仙經云，仙位爲侍帝晨，領五嶽司桐柏真人，治天台金庭洞。

本條「仙經云」之前大致見於列仙傳卷上「王子喬」條，之後有關文字可見真誥卷一運象篇第一「桐柏真人右弼王領五嶽司侍帝晨王子喬」。

〔一〕王：本字後列仙傳多一「子」字。

〔二〕人：列仙傳作「士」。

陵陽子明者，好釣魚。釣得白魚，腹中有書，教服食法。遂上黄山，採五〔一〕脂服之，三年龍來，迎上陵陽山也。

本條見列仙傳卷下「陵陽子明」條。

〔一〕五：本字後列仙傳多一「石」字。

谿父瓜子　騎鳴守宮

谿父者，南郡人，居山間。仙人來買瓜，教以練瓜子，與桂附、芷實〔一〕共藏，至春分食之。二十餘年，能飛行也。

本條見列仙傳卷下「谿父」條，亦見藝文類聚卷八七菓部下「瓜」條引列仙傳。

〔一〕桂附芷實：藝文類聚作「附子、桂實」，列仙傳作「桂附子、芷實」。

騎龍鳴者，渾亭人，年二十，於池中求得龍子，狀如守宮者，千餘頭。養飼，草廬以守之。龍長大，稍稍而去。後五十年，水壞其舍而去。一旦騎龍來，至渾亭。

本條見列仙傳卷下「騎龍鳴」條。

季主長安　辛玄吳越

道學傳：司馬季主賣卜於長安市。時宋忠、賈誼爲中大夫，見之，謂曰：「先生業何卑乎？」對曰：「夫内無飢寒之累，外無劫奪之憂，處上無殺，居下無害，斯君子之道也。鳳凰不與燕雀爲群，公等何知！」後宋忠抵罪，賈誼感結也。竟不知季主所在。登真隱訣云，受西靈劍解之法，在委羽山大有宫，服明丹之華，挹扶晨之暉，貌如女子，鬚長三尺也。

本條僅見此引。本條前半（自「司馬季主賣卜」至「竟不知季主所在」）陳國符據以輯入道藏源流考道學傳輯佚，後半（自「登真隱訣云」至「鬚長三尺也」）王家葵據以輯入登真隱訣輯校。

辛玄子好遊山，志願憑子晉以昇虚，侣陵陽以步玄，故名玄子，字延期。自序云：「西王母見苦行，北酆帝愍道心，於今二百年矣。而大〔一〕帝且令領東海侯，爲吴越神靈之司，未得振翠衣於九霄，舞雲翔於十方也。」

本條承前爲引登真隱訣，王家葵據以輯入登真隱訣輯校。

〔一〕大：明刻本作「太」。

許邁山林　龍威洞穴

真誥云：「許邁小名阿映。」道學傳云：「志在往而不返，故自改名遠遊。弱冠詣郭璞，筮告曰：『君元吉自天，宜學昇遐之道。』乃師鮑靚。後與同志東遊名山，餌朮斷穀，能閉氣千息。初止桐廬、新城、臨安，所在作樓閣，開後門，上山采藥，經月不返。每言：『映好山林，猶魚得水也。』」真誥云：「師王世龍，服玉液，朝腦精也。」

本條前引真誥卷二〇翼真檢第二，云：「先生名邁，字叔玄，小名映。」又卷四運象篇第四云：

「阿映遂能絶志山林，勤心道味，淨神注精，研澄虛鏡。」後引道學傳内容（「道學傳云」之後）僅見此引，爲陳國符道藏源流考道學傳輯佚漏輯。許邁事又見三洞珠囊卷三服食品引道學傳、太平御覽卷四〇九人事部五十「交友四」條及六六九道部十一「服餌上」條引道學傳。陳國符據珠囊、御覽輯入道學傳輯佚。後引真誥内容亦見真誥卷四運象篇第四，云：「昔又入在臨海赤山中。赤山一名燒山，遇良友王世龍、趙道玄、傅太初者。……映遂師世龍，授解束之道，修反行之法，服玉液，朝腦精。二三年中，面有光華，還顏反少，極爲成道。」

龍威丈人者，包山得道人也，莫知其姓，號曰隱居。吴王闔閭登包山，令隱居極洞穴之源，乃入洞，經百七十四日而返，云約行七千餘里，忽見千逕百路，處處如一，有金城玉〔一〕屋，闃爾無人，城門牌曰「天后別宫」。玉房之中有一卷赤書，拜而取之，以爲信。既出，以示吴王，乃夏禹所藏靈寶五符也。

本條見太上靈寶五符序卷上。

〔一〕玉：原作「王」，據明刻本校改。

賢安甘草　伯玉松屑

魏夫人傳：夫人字賢安，少多疾，清虛王真人告曰：「夫學道，先去病除疾，五藏充盈，肌澤髓滿，耳目聰明，乃可修習。」因授甘草丸方〔一〕。按而服之，百痾悉愈。後得道，爲南嶽上真司命紫虛元君也。

本條部分内容見太平廣記卷五八女仙三「魏夫人」條引魏夫人傳。

〔一〕甘草丸方：廣記作「甘草穀仙方」。

褚伯玉，錢塘人也。年十六，家爲娶婦，婦乘車而入，先生踰垣而出，隱於天台中峰二十年。樵人見之，在重巖之下，顔色怡怡，左右惟有松屑二裹。由是遠近知之。齊高帝徵之，不起，乃移居大霍山，仙去。

褚伯玉事見三洞珠囊卷四絶粒品引道學傳、太平御覽卷六六六道部八「褚伯玉」條引道學傳，亦見三洞群仙録卷六「伯玉娶婦」條引珠囊。

神丹馬明　方術葛越

神仙傳：馬明〔一〕生，臨淄人也，本姓和，字君賢。少爲賊所傷，在路遇神人〔二〕，與藥救之，再生。乃師安期先生〔三〕，因遊天下，勤苦備經。遂授與太清金液丹經〔四〕，入山修鍊，藥成，未樂昇天，乃服半劑爲地仙。展轉九州五百餘年，乃白日昇天。

本條見神仙傳「馬鳴生」條（漢魏本卷二、四庫本卷五）。

〔一〕明：神仙傳作「鳴」。
〔二〕神人：四庫本神仙傳作「道士」。
〔三〕乃師安期先生：神仙傳無。
〔四〕太清金液丹經：漢魏本神仙傳作「太陽神丹經」，四庫本作「太清神丹經」。

葛越者，號黄盧子，有病者千里寄名與之，皆愈。禁虎狼百蟲飛鳥，皆不得動，使水逆上一二里。天下大旱，能召龍致雨。力舉千斤，行逐奔馬。頭上有五色氣，高丈餘。年二百八十歲，一旦乘龍而去。

本條見漢魏本神仙傳卷一〇「葛越」條、四庫本卷四「黄盧子」條，亦見三洞群仙録卷一四「葛起千斤」條引抱朴子（「起」字當「越」字之誤）。

嘯父乘火　師門發煙

列仙傳：嘯父者，少北〔一〕曲周市上補履。人不知年幾，唯見不老。有人求其術，不告也。唯梁母得其作火法。因上三亮山，與梁母别，乘數十炬火而昇天也。

本條見列仙傳卷上「嘯父」條。

〔一〕北：列仙傳作「在」。

師門者，嘯父弟子也，得火術，好食桃李花。爲夏孔甲龍師，孔甲殺而埋之。一旦風雨迎去，而山林間煙火自發也。

本條見列仙傳卷上「師門」條。

偉道心定　黄觀試全

真誥云：金〔一〕偉道者，學仙在嶓嵱〔二〕山十二年。仙人試之，以石重十萬斤，以白髮懸於空中，使偉道卧於下。偉道心定無疑，卧其下十二年。遂賜神丹，白日沖天。

本條見真誥卷五甄命授第一。

〔一〕金：真誥作「劉」。

〔二〕嵱：真誥作「蒙」。

黄觀子者，少好道，朝朝禮拜，求長生，積四十九年。後入嶕〔一〕山中，仙人以百四十事試之，皆全，遂得金丹，而誦大洞真經，白日昇天。

本條見真誥卷五甄命授第一。

〔一〕嶕：真誥作「焦」。

子主傭僱〔一〕　瑕丘棄捐

列仙傳：子主者，楚語而細音。詣江都王言：「甯先生僱〔一〕我客作三百年。」問甯先生所在，云：「在龍眉山上。」遣使往見，先生毛身廣耳，被髮鼓琴，謂曰：「子主是吾比舍九世孫也。」

本條見列仙傳卷下「子主」條。

〔一〕僱：原作「顧」，據列仙傳校改。下同。

瑕丘仲者，甯人也。賣藥於甯百餘年。忽地動舍壞，數十家屋臨水，皆敗。仲死，人取其屍棄於水中，收其藥賣之。仲乃被裘詣之，取藥棄仲屍者叩頭求哀。仲曰：「吾恨汝使人知我耳，吾去矣。」後卻爲胡王驛使，來至甯。北方謂之謫仙人也。

本條見列仙傳卷上「瑕邱仲」條。

陰生丐乞　酒客萬錢

陰生者，渭橋下乞人也。常於市中乞，市人厭之，以糞灑之，衣且不汙。長史試收，繫之以桎梏，而復在市中乞。俄而灑糞家屋自壞。故人歌曰：「見乞兒，與美酒，以免破屋之咎。」

本條見列仙傳卷下「陰生」條。

酒客者，梁市上酒家釀酒人也。酒美，日收萬錢。酒客佯作過失，酒家逐之而酒酸敗。賈人多以女迎之。或去或來百餘歲，卻來爲梁丞，教民種菜。云三年當大飢，果如其言。忽解印綬而去焉。

本條見列仙傳卷上「酒客」條。

王質柯爛　徐公醉眠

傳云：王質者，西安鄉里人也，性頗好棋。因入山採樵，見二仙人於石橋下棋，質乃以斧柯磚坐觀棋。局終乃起，斧柯已爛。歸家，數百載矣。今衢州爛柯山是也。

王質事見於六朝多種志傳體筆記，較早者如太平御覽卷四七地部十二「會稽東越諸山」條引袁山松郡國志、水經注卷四〇漸江水引宋鄭緝之東陽記等。本條所謂傳，不詳何書。

徐公者，金華鄉里人也。入山見數人道士飲酒，乃與公一杯，飲訖，醉卧。覺來，見其地成一湖水。歸家，已數代孫子。至今金華山中有徐公湖也。

徐公事見於多書，如唐歐陽詢藝文類聚卷九水部下「湖」條引宋鄭緝之東陽記、宋樂史太平寰宇記卷九七江南東道九引郡國志等。

商仙遊火　太一浮蓮

仙傳云：商丘開者，晉人也。幼好道，居姑射山，能蹈水火而身不焦溺。或救覆舟，或噀水而滅大火。善丹青，然身常貧。客隱范氏家，諸客見商丘開，莫不狎侮欺詒。范氏一朝家大火，諸客莫能救，商丘開獨入火，取錦往還，埃不漫，身不焦。火大熾，而復對諸客噀水即滅。衆方疑其神人，慙謝於商丘開。後入嵩山，不出。

本條内容見明傳梅嵩書卷八黄裔篇「商丘開」條。商丘開事亦見列子卷二黄帝篇。

又太一者，漢遺史云：武帝元狩中，有日者奏太一星不見。時帝召東方朔問其由，朔奏曰：「是星不見，則遊於世，爲君民福壽。」帝又問：「何以驗焉？」朔奏曰：「陛下使人於巽方江海之濱，設禮祭而迎之。或乘舟，或控鶴，特異於世人者，則爲驗。見則斫竹建壇，醮謝上帝。」帝如朔奏而迎之。是月果有會稽郡守奏：「海中有一人，丫角，面如玉色，美髭髯，裸身而腰蔽槲葉，乘一葉紅蓮，約長丈餘，偃卧其中，手執一黄書，自東北浮來。臣等焚香迎拜，俯及百步，俄爲雲霧所遮。後霧散，而不知所之。遺其黄書，飄至岸側，獲之，略不濡濕。其字光明，皆天篆也，莫有識者。」遂進於帝。帝令朔驗之，曰：「此上界火珠經也。或曰連珠。」

本條見天中記卷二五引漢遺史。

李生服玉　桂子癩痊

李生者，名仲甫，豐邑中陽〔一〕人也。學道於弘農〔二〕王君，得服玉法〔三〕，行遁甲、隱形步斗術〔四〕。年百餘歲，每與客對語，但聞聲而不見其形。後入西嶽，不復出。

本條見漢魏本神仙傳卷三「李仲甫」條（四庫本無），亦見太平廣記卷一〇神仙十「李仲甫」條引神仙傳。

〔一〕陽：漢魏本神仙傳、廣記均作「益里」。

〔二〕弘農：漢魏本神仙傳、廣記均無此二字。

〔三〕得服玉法：漢魏本神仙傳、廣記均作「服水丹有效」。

〔四〕隱形步斗術：漢魏本神仙傳、廣記均作「能步訣隱形」。

又桂子〔一〕者，不知名，任徐州刺史。病癩十餘年，衆醫不愈。冥心念道，後遇道人于君〔二〕，使休官，爲于君役者，養馬三年，心不退。君與其丹及書一百五十卷。桂服之，癩愈，年百九十歲，色若童子。自貨藥於成都。復歸西嶽，不出。

本條見三洞珠囊卷一救導品引神仙傳卷九，亦見本書同卷「桂君養馬」條引神仙傳。

〔一〕子：珠囊、本書同卷「桂君養馬」條均作「君」。

〔二〕于君：本書同卷「桂君養馬」條作「干吉」，珠囊作「干君」。

方平道蔡　子玄師涓

神仙傳：王遠字方平，得道。在太尉陳耽家三十餘年，一旦託形蟬蛻。後東入括蒼，過胥門蔡經家，知經有仙分，遂告以要言而去。經亦蟬蛻。後十年，卻還家，以七月七日，王君後來，神仙音樂儀仗，羽蓋雲車，排空而至。王君既坐，遣人召麻姑。姑既至，各進行厨，金盤玉盃，餚膳多是，諸花香氣聞於内外。擘脯而行之，云是麟脯也。麻姑自叙接侍已來，見東海三爲桑田。適來蓬萊水乃淺一半也，當復爲陸地乎？酒盡，乃命使者往餘杭阿母求酒。使迴，得一壺，五斗許。麻姑鳥爪，經心中云：「好爬背。」聞空中行鞭，鞭經背也。

本條見神仙傳「王遠」條（漢魏本卷二、四庫本卷三），又見雲笈七籤卷一〇九神仙傳、太平廣記卷七「王遠」條引神仙傳。

蘇君傳云：君字子玄，初師琴高。又師仇先生，授以松脂方，云：「吾服已二千七百歲也。」後師涓子，授以制屍蟲方，行三一之道，守泥丸九宮之要。以漢元帝神爵二年三月六日，乘雲駕龍，望西北而昇天，爲玄洲上卿矣。涓子即剖魚獲字者。

本條内容大致見於雲笈七籤卷一〇四玄洲上卿蘇君傳，唯「授以松脂方，云吾服已二千七百歲也」一句不見於七籤。

三茅弟兄　二許子父

登真隱訣云：大茅君字叔申，年十八，入恒山學道，師西城王君。詣龜山，得九轉還丹。至漢元帝時，仙官下降，授玉皇九錫，爲太元真人東嶽上真卿吳越司命君，治天台赤城洞。弟字季偉，服太極九轉丹，爲吴越定録君。弟字思和，所學與中茅同，爲三官保命君，封掌川源，監植芝英也。

晉護軍長史許穆字玄一，南嶽元君使楊君授上清諸法，得道爲左卿仙侯上清真人。子名翽，字道翔，亦楊君授經，得道爲侍帝晨上清真人。

以上兩條王家葵輯入登真隱訣輯校佚文匯綜。

茅濛駕龍　蕭貞驅虎

道學傳：茅濛字初成，即三茅君之高祖也，師鬼谷先生。以秦始皇三十一年，於華山乘雲駕龍，白日昇天也。

陳國符據本條輯入道藏源流考道學傳輯佚。本條亦見太平廣記卷五神仙五「茅濛」引洞仙傳。

蕭廉貞入遺山學道，年四十，唯餌柏葉，採諸花爲丸。又取桑葉，雜黃精、朮煎等服。年八十，白髮黑，落齒生。常誦黃庭經，每有虎伏在床前，欲起，先以杖子驅虎，如犬前行。

陳國符據本條輯入道藏源流考道學傳輯佚，然同書卷二〇據三洞珠囊卷三服食品引道學傳卷二〇輯有「蕭貞」條，云：「女官蕭貞，東海丹徒人也，少離家入遺山學道，唯餌柏葉也。」由内容看，蕭貞和蕭廉貞當爲一人。

馮長遇彭　彭宗師杜

樓觀傳：馮長字延壽，周宣王辟爲柱下史。年四十一，退官入道，誦五千文，服天門冬。居終南山，遇彭真人駕白虎降於道室，授以太上隱書。以平王時〔一〕昇天，爲西嶽真人。

本條見歷世真仙體道通鑑卷九馮長傳，彭真人即下文彭宗。馮長事亦見三洞群仙録卷一三「馮長回黄」條引真誥。

〔一〕時：仙鑑作「二十年庚寅春三月」。

彭宗字法先，年二十，師於杜君，授丹經、五千言、雌〔一〕一之道。修之有應，常有神燈數枝，浮空照室。能三日三夜通爲一息，能一氣誦五千言兩遍。年一百五十歲，厲王時〔二〕昇天，爲太清真人。

本條見歷世真仙體道通鑑卷九彭宗傳，杜君即下文杜沖。彭宗事亦見三洞群仙録卷一一「彭蛇盤躃」條、卷一四「法先神燈」條引丹臺新録。

〔一〕雌：仙鑑作「玄」。

〔二〕時：仙鑑作「十三年丙申正月」。

杜君諱沖，字玄逸，聞尹真人得道，後乃居其宅舍〔一〕，於此修行。二十餘載，感展真人降於寢室，授以仙方，合而服之，身生玉光。周穆王〔二〕時〔三〕，年一百二十歲，昇天，爲太極真人者也。

本條見雲笈七籤卷一〇四太極真人傳，亦見歷世真仙體道通鑑卷九杜沖傳。杜沖事亦見三洞群仙録卷一三「杜沖寢室」條引丹臺新録，及本書卷下「杜沖九華」條引樓觀傳。

〔一〕舍：本字後原有「二十五」三字，當爲衍文，此删。

〔二〕穆王：七籤、仙鑑作「懿王」。

〔三〕時：七籤作「己亥歲」，仙鑑作「十二年己亥」。

王探雲昇　周亮禽舞

王探字養伯，漢文帝稱爲逸人。時年三十六，恒誦五千文。每散金帛，拯濟飢寒，投財要路，谿〔一〕是含〔二〕生皆沾惠潤。感趙真人化作狂人，累歲求乞，心無厭怠。真人哀之，授以神方。又於終南遇太玄仙〔三〕女，授以藏景化〔四〕形之術，遂能與日月同光，雲霞合變。有故人謂曰：「聞法師善於變化，試爲一戲乎？」乃化身爲一樹，其人乃持斧斫。又化爲石，復以火燒之。又化爲波水，復以土壅之。又化爲火，復以水沃之。又化爲一鳥，復以網罥之。又化爲猛虎，復以刃擊之。又化爲死人，故人懼而走。至數里閒，復見探如舊，乃禮謝之。復化爲浮雲高昇，莫測其道也。

本條内容略見歷世真仙體道通鑑卷九王探傳。王探事亦見三洞群仙録卷一三「王探投簪」條引丹臺新録。

〔一〕繇：原作「預」，據明抄本校改。

〔二〕舍：原作「舍」，據明刻本、明抄本校改。

〔三〕仙：仙鑑作「玉」。

〔四〕化：仙鑑作「録」。

周亮字太宜，母孕，經十五月而生。年十九，身長八尺。師姚坦，得道術〔一〕。王子晉召與鼓琴吹笙，同遊伊洛，響金振玉，百禽率舞。年一百九十，周烈王時昇天。本條内容見歷世真仙體道通鑑卷九周亮傳。周亮事亦見三洞群仙録卷五「太宜寶洞」條引丹臺新録。

〔一〕得道術：仙鑑作「授五千文及八素真經」。

東海麻姑　餘杭阿姥

事具王遠、蔡經篇中。

葛仙靈寶　王君上清

靈寶經云：葛仙公名玄，年十八，於天台山精思念道，感三真人降授靈寶諸經，金籙、黄籙〔一〕齋法。今修齋所請三師，即是此降經三真人也。

〔一〕黄籙：明抄本同，明刻本無此二字。

上清經云：王君名褒，字子登。父楷，爲漢殿三老君。年三十一，入華山學道，感西梁真人降授青精飳飯方。後入西城山，師總真王君授上清諸法，得道爲清虚真人。

天師正一　于吉太平

正一經云：張天師諱道陵，學道於蜀鶴鳴山。時蜀中人鬼不分，災疾競起。感太上老君降授正一盟威法，以分人鬼，置二十四治，至今民受其福。有戒鬼壇見在。

神仙傳：于吉，北海人也。患癩瘡數年，百藥不愈，見市中有賣藥公，姓帛名和，因往告之。乃授以素書二卷，謂曰：「此書不但愈疾，當得長生。」吉受之，乃太平經也。行之，疾愈。乃於上虞釣臺鄉高峰之上演此經，成一百七十卷，至今有太平山干谿在焉。

神仙傳有「帛和」條（漢魏本卷七、四庫本卷七），然現存二本均未提及于吉事。本條見藝文類聚卷八九木部中「木蘭」條引神仙傳、太平御覽卷九五八木部七「木蘭」條引神仙傳。

九鼎王長　七試趙昇

神仙傳：王長，張天師入室弟子也。天師告諸弟子：「爾等俗態未除，其九鼎之要唯付王長也。」又有趙昇，求爲弟子。天師乃以七事試之，皆過，遂得入室。後與王長俱昇太清天中也。

本條見神仙傳「張道陵」條（漢魏本卷四、四庫本卷五）。

少君委化　伯道丹成

神仙傳：李少君聞漢武好道，故往見之。乃密作神丹，丹成，謂武帝曰：「陛下不能絶奢侈，遠聲色，殺伐不止，喜怒不除，萬里有不歸之魂〔一〕，市朝有漂血之刑，神丹大藥未可得成。」乃託疾而化。帝恨求少君不勤也。

本條見神仙傳「李少君」條（漢魏本卷六、四庫本卷六）。

〔一〕魂：明抄本同，明刻本作「鬼」。

真誥云：毛伯道、婁〔一〕道恭、謝稚堅、張兆期共合神丹。丹成，毛先服而死。婁次服，又死。謝、張見之，棄丹而出。迴顧，見毛、婁二人行在山上，謝、張悲愕。告之，得茯苓方，服之皆數百歲，無復昇天也。

本條見真誥卷五甄命授第一。

〔一〕婁：真誥作「劉」。

桂君養馬　尹軌辟兵

神仙傳：桂君〔一〕者，徐州刺史也。忽病癩，醫不愈。聞干吉〔二〕得道，乃導從數百人詣之。吉曰：「子欲病瘉，乃可盡去將從，駐養馬，乃可。」桂君乃去官，駐養馬。三年，並不見醫治，不知病之愈也。乃授以道術，年一百九十仙去。

本條見三洞珠囊卷一救導品引神仙傳卷九，亦見本書同卷「桂子癩痊」條。

〔一〕君：本書同卷作「子」。

〔二〕干吉：本書同卷作「于君」，珠囊作「干君」。下同。

尹軌字公度，常服黄精花〔一〕，日三合。世人累代見之，計已千歲。晉永康中，過洛陽，投宿。明旦，謂主人曰：「明年當有大兵，死者過半。與卿一丸藥，帶之可免。」明年果有趙王之亂，死者數萬，此人獨免也。

本條見神仙傳「尹軌」條（漢魏本卷九、四庫本卷九）。

〔一〕花：四庫本神仙傳無本字。

郭文探虎　婁馮盜驚

東晉郭文字文舉，隱餘杭大辟〔一〕山。嘗有一虎來文前，大張其口，文知其鯁，以手入喉中，探去其骨也。

本條見太平廣記卷一四神仙十四「郭文」條引神仙拾遺（當爲仙傳拾遺之誤），三洞群仙録卷四「郭文馴虎」條引仙傳拾遺。郭文，晉書卷九四有傳。

〔一〕辟：廣記作「壁」，群仙録作「壁」。

神仙傳：婁馮學於稷丘子，服石桂英、中嶽石〔一〕黄，年三百歲，尤精禁術〔二〕。於路逢諸賈客被劫賊數百圍合，馮謂賊曰：「汝徒急散，不爾當殺汝輩。」賊不聽，大放弓箭，射諸賈客。馮乃喝箭，皆反中賊身。須臾大風拔樹，飛砂走石，天地陡暗，賊衆一時頓地，反手背上。賊乃求哀乞命。馮即敕天兵放之而去。

本條見漢魏本神仙傳卷五「劉憑」條，四庫本無。

〔一〕石：本字後漢魏本神仙傳多一「硫」字。

〔二〕術：漢魏本神仙傳作「氣」。

孔安有志　范蠡易名

神仙傳：孔安〔一〕常行氣，服鉛丹，年三百歲，色如童子。嘗謂弟子曰：「吾昔事海濱漁父，乃越相范蠡也。蠡數易姓名，哀我有志，授我秘方五篇〔二〕，以得度世也。」

本條見漢魏本神仙傳卷九「孔安國」條，四庫本無。

〔一〕安：本字後漢魏本神仙傳多一「國」字。

〔二〕五篇：漢魏本神仙傳作「服餌之法」。

李根眼方　子皇齒生

神仙傳：李根字子元〔一〕，人世世見之，不老。壽春吴太文師之，得作金銀法。又能變化，入水火，致行厨。太文常説根兩眼瞳子正方。仙經云八百歲〔二〕也。

本條見神仙傳「李根」條（漢魏本卷一〇、四庫本卷一〇）。

〔一〕元：神仙傳作「源」。

〔二〕歲：本字後漢魏本神仙傳多出「人童子方」四字，四庫本同，唯「童」作「瞳」。

陳子皇者，年七十餘，髮白齒落。乃依方餌朮，斷穀三年，髮盡黑，齒更生。年二百三十仙去。

本條見漢魏本神仙傳卷一〇有「陳子皇」條，四庫本無。

御妾婁景　燒炭嚴青

婁景[一]者，漢文帝侍郎也。從張君學道，得雲母朱英丸方，服之，百三十歲，如年三十人。傳其丸[二]與王公子[三]，年七十，服之，御八十妾，生二十兒。日行三[四]百里，飲一斗酒，年二百歲。

本條見神仙傳「劉京」條（漢魏本卷一〇、四庫本卷七）。

〔一〕婁景：神仙傳作「劉京」。

〔二〕其丸：漢魏本神仙傳作「九子丸」，四庫本作「雲母九子丸」。

〔三〕王公子：漢魏本神仙傳作「王公」，四庫本作「皇甫隆」。

〔四〕三：明刻本作「二」。

嚴青[一]者，會稽人。家貧，常在山中燒炭。忽遇仙人云：「汝骨相合仙。」乃以一卷素書與之，令以淨器盛之，置高處，兼教青服石腦法。青遂以淨器盛書置高處，便聞左右[二]常有十數人侍之。每載炭出，此神便爲引船，他人但見船自行。後斷穀，入小霍山去。

本條見漢魏本神仙傳卷七「嚴清」條、四庫本卷七「嚴青」條。

〔二〕青：漢魏本神仙傳作「清」。

〔三〕右：原作「左」，據四庫本神仙傳校改。

常在娶婦 仲甫變形

李常在者，蜀人也。少學道，人世世見之，計已四百歲而不老。每娶婦，有兒乃去。去後三十餘年，人見在地肺山，更娶婦，有兒後七十餘年，又忽去。人見在虎壽山下，依前娶婦，有兒也。

本條見漢魏本神仙傳卷三「李常在」條，四庫本無。

李仲甫，豐邑人也。師王君，服水玉〔一〕，行遁甲，能〔二〕隱形。年三百歲，轉少壯。其隱形或百日，或一年。與人相對飲食，但聞其聲，不見其形。有相識人，相去五百里，以張羅爲業，一旦羅得大鳥，視之，乃仲甫也。在人間三百年，入西嶽仙去。

本條見漢魏本神仙傳卷三「李仲甫」條，四庫本無。

〔一〕玉：漢魏本神仙傳作「丹」。

〔二〕能：本字後漢魏本神仙傳多出「步訣」二字。

帛和視壁　趙瞿降靈

帛和字仲理，師董先生，行氣斷穀，服朮。又詣西城山，師王君。君謂曰：「大道之訣，非可卒得。吾暫往瀛洲，汝於此石室中，可熟視石壁，久久當見文字。見則讀之，得道矣。」和乃視之，一年了無所見，二年似有文字，三年，了然見太清中經、神丹方、三皇文、五圖〔一〕。和誦之上口。王君迴，曰：「子得之矣。」乃作神丹，服半劑，延年無極。以半劑作黃金五千斤，救惠貧病也。

本條見神仙傳「帛和」條（漢魏本卷七、四庫本卷七），文字近四庫本神仙傳。

〔一〕五圖：漢魏本神仙傳作「五嶽真形圖」，四庫本作「五嶽圖」。

趙瞿字子榮，得癩病，將死。其家恐相傳染，乃以糧食送於深山石室中棄之。瞿晝夜涕泣。百餘日，忽見三人入石室中。瞿號泣求救，神人乃以松子、松脂各五斗賜之，告曰：「服此不但疾愈，當得長生。」瞿乃服之，疾愈。服至二年，夜間滿室有光如晝。夜卧，見面上美女二人，長三寸。至三年，長大如人，常在左右。又聞琴瑟之音。三百年，入霍山仙去。

本條見神仙傳「趙瞿」條（漢魏本卷三、四庫本卷七），文字近漢魏本神仙傳。

甘始門冬　黄敬赤星

甘始者，善行氣，不食，服天門冬。在世一百八十六年，入王屋山仙去。

本條見神仙傳「甘始」條（漢魏本卷一〇、四庫本卷一〇）。

黄敬，字伯嚴，學道於霍山。思赤星在腦中〔一〕，如火，以周一身。二百餘年仙去。

本條見神仙傳「黄敬」條（漢魏本卷一〇、四庫本卷一〇）。

〔一〕腦中：神仙傳作「洞房前」。

陳長祭水　宫嵩著經

陳長者，在苧〔一〕嶼山六百年。每四時設祭，亦不飲食，亦無所修。人有病者，與祭水飲之，皆愈也。

本條見神仙傳「陳長」條（漢魏本卷一〇、四庫本卷六）。

〔一〕苧：四庫本神仙傳同，漢魏本作「紵」。

宫嵩者，大有文才，著道書二百餘卷。服雲母，得地仙道。後入苧〔一〕嶼山中仙去。

本條見神仙傳「宫嵩」條（漢魏本卷一〇、四庫本卷七）。

〔一〕苧：四庫本神仙傳同，漢魏本作「紵」。

太賓鼓琴　傅生鑽石

真誥云：周太賓有才藝，善鼓琴。昔教麋長生、孫廣田，獨弦子彈而成八音，真奇事也。得仙，今在蓬萊爲左卿。

本條見真誥卷一三稽神樞第三。

昔有傅先生，少好道，入焦山石室中七年，遇太極老君，與之木鑽，使穿一盤石，厚五尺許，云：「此石穿，便得道。」生乃晝夜鑽之。積四十七年，鑽盡石穿，得金〔一〕丹，昇天〔二〕爲南嶽真人。

本條見真誥卷五甄命授第一。

〔一〕金：真誥作「神」。

〔二〕天：真誥作「太清」。

伯微崑崙　廣信小白

真誥云：莊伯微者，少好道〔一〕，常以日入時正西北坐，閉目〔二〕，存見崑崙山，積二十一年，服食學道〔三〕，存之不已。又十年，閉目乃見崑崙，仙人授金液方，得道也。

本條見真誥卷五甄命授第一。

〔一〕道：真誥作「長生道」。

〔二〕目：本字後真誥多出「握固」二字。

〔三〕服食學道：真誥作「後服食，入中山學道」。

趙廣信，魏時居剡小白山，每日往長安市賣藥救人，暮歸小白。時人云「朝離小白，暮返長安」也。登真隱訣云：受服〔一〕氣法，守〔二〕玄中之道，七十八年。後合九華丹，一服，太一遣雲駕下迎，在東華宫。

本條前半有部分内容見真誥卷一四稽神樞第四；後半引登真隱訣的部分，王家葵輯入登真隱訣輯校佚文匯綜，在真誥中也有對應内容。

〔一〕服：本字前真誥多出「李法成」三字。

〔二〕守：本字前真誥多出「又受師左君」五字。

餌朮玄賓　善嘯成伯

真誥云：張玄賓者，師西河蒯〔一〕公，受餌朮方。後遇真人樊子明，授以遯變隱景之道。昔在天柱山，今來華陽洞爲理禁伯，主雨水也。

本條見真誥卷一三稽神樞第三。

〔一〕蒯：真誥作「薊」。

趙成伯者，善嘯，嘯如百鳥鳴，或如風激衆林，或雲翔其上，或冥霧飆合，或零雨其濛矣。今在洞中，主五芝金玉草。

本條見真誥卷一三稽神樞第三。趙成伯，真誥作「趙威伯」。

仕文降棗　王喬飛舄

樓觀傳：田法師名仕文，年十九〔一〕入道，師韋君〔二〕，受三洞經法，挹氣吞霞，兼餌白朮。每遇節值庚申〔三〕，常捧香登山朝謁。嘗設醮〔四〕，天降棗數枚，長二寸，甘美異常。年七十五，有旛花自空來迎，去入南宮福堂也。

本條內容多見歷世真仙體道通鑑卷二九田仕文傳。田仕文事亦見三洞群仙録卷八「田師降棗」條引高道傳。仙鑑田仕文傳多合高道傳。

〔二〕年十九：仙鑑作「隋文帝開皇七年」。

〔三〕韋君：仙鑑作「韋節法師」。

〔三〕節值庚申：仙鑑作「八節十直庚申日」。

〔四〕嘗設醮：仙鑑作「陳綱常請設醮」，群仙録作「陳綱嘗請作醮」。

漢王喬者，仙人也，混跡爲鄴令，夜會仙府，朝返莅事，人不知之。忽一旦廳吏見雙鳧飛入廳，吏以箒擊之墮地，乃喬雙舃也。

此王喬事見搜神記卷一「葉令王喬」條、雲笈七籤卷一一一洞仙傳「王喬」條、仙傳拾遺卷一「王喬」條、王氏神仙傳「葉令王喬」條等，亦見三洞群仙録卷一一「王喬玉棺」條引王氏神仙傳、卷一七「葉令雙鳧」條引王氏神仙傳，當原出後漢書卷八二上王喬傳、應劭風俗通義正失第二「葉令祠」條。

子陽桃皮　高丘金液

真誥云：黄子陽者，學道在傳〔一〕落山九十餘年，但食桃皮，飲石中黄水。遇司馬季主授以仙方〔二〕，得道〔三〕。

本條見真誥卷五甄命授第一，又見類説卷三三「食桃皮飲石中黄水」條引真誥，另亦見太平御覽卷六六二道部四「天仙」條引神仙傳。太平御覽有異。黄子陽事亦見三洞群仙録卷九「子陽桃皮」條引真誥。

〔一〕傅：真誥、類説均作「博」。

〔二〕仙方：真誥、類説均作「導仙八方」。

〔三〕得道：明刻本無此二字。

高丘子學道，入陸景山。五百二十年，但讀黄素道經，服朮，合鴻丹，以得地仙。二百年後，得金液一服，而昇太清，爲中嶽真人也。

高丘子事見真誥卷一四稽神樞第四，亦見太平御覽卷六六一道部三「真人下」條引三一經，後者文字更近本條。

來子紅泉　洛下夜芝

神仙傳云：肯來子服紅泉而仙，洛下公服赤烏夜光芝而仙。

本條僅見此引。

張常門冬　飛盂四時

張常服天門冬仙去，飛盂子服四時散，俱得仙。

本條僅見此引。

邢子好犬　木羽因兒

列仙傳云：邢〔一〕子者，蜀人也，好犬。犬走〔二〕入山穴，邢隨犬入。十餘宿，行數百里，上出山頂，有臺殿宫府，青松森然。仙吏侍衛與邢符一函，令送與城都令喬〔三〕君。喬發函，皆魚子也，池中養之，一年，皆成龍。邢復隨犬往來百餘年，乃上山，不還也。

本條見列仙傳卷下「邗子」條。

〔一〕邢：列仙傳作「邗」。

〔二〕走：明刻本無本字。

〔三〕喬：列仙傳作「橋」。

木羽者，母常爲人看産。有人産子，見母而大笑。遂夜夜夢大冠素幘者守此兒，云：「是司命君也，當令汝子木羽得仙。」母果生兒，遂名木羽。忽一夜有車馬來，呼木羽，遂俱仙去也。

本條見列仙傳卷下「木羽」條。

馬約神降　侯楷奉師

樓觀傳：馬法師名儉，字元約，師孫君〔一〕，受五符真文、三皇大字。能命召萬靈，制御群邪，凡所施用，立皆有驗。忽降天神，告曰：「法師宿有功德，名在仙録，何煩祈禱，役使神靈？」法師乃祕諸法術，抱一凝玄。年九十八，忽有白雲從西北來，直赴寢室。弟子往看，已見白雲南舉，漸遠，不知所詣。

本條見歷世真仙體道通鑑卷三〇馬儉傳。馬儉事亦見三洞群仙録卷七「馬儉制邪」條引丹臺新録。

〔一〕孫君：仙鑑作「孫徹」。

侯法師名楷，字法先，年十四，師陳寶熾，傳受真訣。謂曰：「爾身佩經法，正宜入山，勿失時也。」對曰：「入山雖得妙之本，背師乃犯科之深，願終侍奉。」年五十二，方遂所修，感靈泉吐液，奇樹含煙。年八十六，仙去。

本條内容略見歷世真仙體道通鑑卷三〇侯楷傳。侯楷事亦見三洞群仙録卷四「侯觀三松」條、卷一一「侯楷同塵」條引高道傳。

母先禽聚　陳熾虎隨

母法師名始先，年十一，師牛先生受道。朝野英賢，咸慕其德。所得信施，皆訪貧老，密放其家，不告姓名。又冬月常淨地一畝，布撒穀米，以救禽鳥，鳥皆群聚於庭。

本條僅見此引。

陳先生字寶熾，年二十一，能琴善棋。初事王法師〔一〕，後於華陰師陸景真先生〔二〕，以授玄秘。每清晨朝禮，恒有白虎馴其左右，隨逐往來。後有群虎來擊樹，以警惡人，有暴虎來，亦擊樹。時人號爲考虎樹也。

本條見歷世真仙體道通鑑卷三〇陳寶熾傳。陳寶熾事亦見三洞群仙録卷九「陳虎咆哮」條引高道傳。本條標題中「熾」字，明刻本作「子」。

〔一〕王法師：仙鑑作「王道義」。

〔二〕陸景真先生：仙鑑作「陸景真人」。

梁諶入雲　孫徹拂衣

梁諶字考〔一〕誠，年十七，師鄭法師受道。視地而行，恐傷含氣。有鳥獸當路，常下路避之。年七十七，忽見雲氣彌林，乃竦身入雲而去。

本條内容略見三洞群仙録卷一〇「孝成束帶」條引丹臺新録。梁諶事亦見群仙録卷一六「梁諶夢遊」條引高道傳及歷世真仙體道通鑑卷三〇梁諶傳。

〔一〕考：群仙録引高道傳、仙鑑同，群仙録引丹臺新録作「孝」。

孫徹字仲宣，年十八，師王先生。或宿空樹，或坐幽房，編葛爲席。時有問者，但觀其顔色，即知吉凶，不必更陳言語。年七十，忽告弟子曰：「吾須暫行。」乃拂衣而出，莫知所之。同道〔一〕思之，乃取其葛席置静室中，每聞席邊有人語聲。友人聞之，又分其席也。

本條内容略見歷世真仙體道通鑑卷三〇孫徹傳。

〔一〕同道：仙鑑作「其友馬儉」。

王義天卹　尹通人歸

王法師字道義，凝神白雲之外，注心丹柱之下，重興觀宇，再啓玄門，精誠所致，遂多洞感。曾降天卹，倉庫自滿，隨取隨盈，終無耗竭。常以施人，兼營功德，遠近貧病，皆沾惠潤。年六十三，忽一旦白鹿入其庭院，或隱或見，由是而蜕。

本條内容略見歷世真仙體道通鑑卷三〇王道義傳。王道義事亦見三洞群仙録卷三「道義馴鹿」條引高道傳、道門通教必用集卷一歷代宗師略傳「王道義」條引高道傳。

尹通字靈鑒，年二十六，師馬先生〔一〕受道。服黄精、天門冬，餌雄黄丸。由是賢愚慕其至德，車馬駢闐；道俗挹其清風，冠蓋相望。荷恩之輩，皆厚禮之。通悉用修諸功德，廣濟飢寒，一無所積。年一百一歲仙化，常有神燈照室也。

本條内容略見歷世真仙體道通鑑卷三〇尹通傳。尹通事亦見三洞群仙録卷一七「尹失恃怙」條引高道傳。

〔一〕馬先生：仙鑑作「馬儉法師」。

蓬萊尼公　太白歧暉

道學傳：陳尼公者，蓬萊仙人也。服磁母石、銀蜚通、千秋耳。有弟子十二人，皆得其方而仙度也。

陳國符據本條輯入道藏源流考道學傳輯佚。

樓觀傳：歧〔一〕法師名暉，字平定。唐高祖初取天下，法師與道士八十人有濟國之功，授金紫光禄大夫，已下皆授銀青。後爲國設醮，感黄雲覆壇，與香煙交合。又有兩隻白鹿，鳴叫而去。乃謂弟子曰：「仙經云：欲爲仙客入太白。」遂與弟子登太白山，頗有雲霞之志焉。

本條内容略見歷世真仙體道通鑑卷二九岐暉傳。岐暉事又見三洞群仙録卷一八「岐暉返室」條引高道傳。

〔一〕岐：群仙録、仙鑑均作「岐」。下同。

仙苑編珠卷下

天台山道士王松年撰

奇哉伯山　哀矣甥女

神仙傳：伯山甫者，入華山精思服食，不老。比歸鄉里，見外甥女年老多病，乃與藥。女服之，年七十，返少，色如桃花。漢使見一女子笞一老翁，翁跪受杖。使怪而問之，曰：「此是妾子，昔舅氏伯山甫與藥，不肯服，今年老，行不如妾，故笞之。」問年幾，云：「妾年一百四十，兒年八十七矣。」

本條見神仙傳「伯山甫」條（漢魏本卷二、四庫本卷三）。

劉綱火焚　樊妻雨止

劉綱者，上虞縣令也，與妻樊夫人俱得道術。二人俱坐床上，綱作火燒屋，從東邊起，夫人作雨，從西邊上，火滅。

本條見四庫本神仙傳卷六「劉綱」條，漢魏本無。

聖母踰獄　孔元近水

東陵聖母者，杜氏妻也。學劉綱術，坐在立亡。杜氏不信，誣以姦淫，告官付獄。聖母入獄，即從窗中飛出，入雲中而去。

本條見神仙傳「東陵聖母」條（漢魏本卷七、四庫本卷六）。

孔元〔一〕者，常服松脂、茯苓、松實，年更少壯，已一百七十餘歲。人或飲酒，請元作酒令，元乃以杖柱地倒立，頭向下，持酒倒飲，人不能爲之也。乃於水邊鑿岸作一穴，方丈餘，止其間，斷穀，或一月兩月而出。後入西嶽得道也。

本條見漢魏本神仙傳卷六「孔元方」條、四庫本神仙傳卷六「孔元」條。

〔一〕元：本字後漢魏本神仙傳多一「方」字。下同。

涉正眼光　王烈石髓

涉正字玄真，巴東人，説秦皇時事如目前。常閉目，行亦不開。弟子數十年莫見其〔一〕開目者。有一弟子固請開之，正乃爲開目，有聲如霹靂，光如電，弟子皆匐地。李八百呼爲四百歲小兒也。

本條見神仙傳「涉正」條(漢魏本卷一〇、四庫本卷六)。

〔一〕見其:明刻本作「有見」。

王烈字長休,邯鄲人,常服黄精,並鍊鉛。年二百三十八歲,有少容,登山如飛。少爲書生,嵇叔夜與之游。烈嘗入太行山,聞山裂聲,往視之,山斷數百丈,有青泥出如髓,取摶之,須臾成石,如熱臘之狀。食之,味如粳米。仙經云:「神山五百歲輒一開,其中有髓。得服,與天地齊畢。」

本條見神仙傳「王烈」條(漢魏本卷六、四庫本卷六)。

焦先施薪　孫登穴處

焦先字孝然,河東人。常服白石,以分人,熟如煮芋也。日日伐薪,以施與人。冬常單衣。有火焚其菴,坐不動,火過菴盡,衣不焦。大雪,屋多壞,人往看之,不見菴,乃共抄起菴,乃卧在雪下,氣如甑中。或老或少,如此二百年,與人别,不知所往。

本條見漢魏本神仙傳卷六「焦先」條。四庫本神仙傳卷六亦有「焦先」條,然除了第一句(「焦先字孝然,河東人」)外,其餘文字均不同本條。

孫登者，止山間，穴地而處。好彈琴讀易，冬夏單衣。天大寒，但以髮自覆，髮長丈餘。或市中乞錢，隨以與貧人。謂嵇叔夜才優於逸倫，識少於保身也。或彈一弦琴，以成音曲。亦不知其終也。

本條見漢魏本神仙傳卷六「孫登」條。四庫本神仙傳卷六亦有「孫登」條，文字多異。

葛由綏山　王真女几

列仙傳：葛由者，羌人也。周成王時，好刻木爲羊賣之。一旦，騎羊入蜀，上綏山，王侯貴人隨之，不復還，皆仙去。

本條見列仙傳卷上「葛由」條。

神仙傳：上黨王真，年七十九學道，三十年〔一〕，貌少而色美，徐行追奔馬。魏武與相見，似三十許人。以蒸丹〔二〕法授郗元〔三〕節。鄉里計真已四百餘歲。乃將三少妾登女几山去。

本條見神仙傳「王真」條（漢魏本卷一〇、四庫本卷六）。

〔一〕年七十九學道三十年：漢魏本神仙傳作「年七十九乃學道……斷穀三十餘年」，四庫本作「年七十乃好道……斷穀二百餘年」。

〔二〕丹：本字後神仙傳多出「小餌」二字。
〔三〕元：四庫本神仙傳作「孟」。

噀酒欒巴　施金陰氏

神仙傳：欒巴，蜀人也，太守請爲功曹，以師事之。請試術，乃平坐，入壁中去。壁外人叫虎，虎還，乃巴也。遷豫章太守，有廟神，能與人言語。巴到，推社稷，問其蹤由，乃走，往齊，爲書生。太守以女妻之，生一男。巴往齊，敕一道符，乃化爲貍。後徵巴爲尚書。正旦，會群臣飲酒，巴乃含酒起，望西南噀之，奏云：「臣本鄉成都市失火，故爲雨救之。」帝馳驛往問之，云正旦失火，食時有雨自東北來滅火，雨皆作酒氣也。

本條見神仙傳「欒巴」條（漢魏本卷五、四庫本卷五）。

陰長生者，新野人，聞馬明〔一〕生有道，乃事之，執奴僕之禮十餘年。乃將入青天〔二〕山中，示以太清丹〔三〕。藥成，服半劑，與天相畢。乃以半劑煮黄土，成黄金數千斤，以施天下貧病者。在人間一百七十年，色如少女，著丹經九篇，乃白日昇天也。

本條見神仙傳「陰長生」條（漢魏本卷四、四庫本卷五）。

〔一〕明：神仙傳作「鳴」。

〔二〕天：神仙傳作「城」。

〔三〕示以太清丹：神仙傳作「煮黄土爲金以示之」。

子訓青騾　琴高赤鯉

蒯子訓，齊人也，人莫知其道。常以信讓於人。二百餘年不老。鄉里有書生到京，諸朝貴欲一見子訓，子訓皆許。去京千里，同時到門，計二十三家，家家皆到，言語如一。諸朝貴欲駐子訓，子訓乘青騾而出郊外，奔馬追之，常相去半里。

本條當出神仙傳（漢魏本卷五、四庫本卷七）。「蒯子訓」，神仙傳作「薊子訓」，然白氏六帖事類集卷一八「蒯陌」條引神仙傳亦作「蒯子訓」，云：「蒯子訓少嘗仕，郡人莫知其道。三百餘年，顏色不老。及死，殯之宿昔，棺轜然作雷霆音，光照宅宇，見棺蓋飛於中庭，棺中無復有人，但餘履耳，須臾聞陌上有人馬簫鼓之音。」

列仙傳：琴高者，趙人也，善鼓琴，爲宋康王舍人。行涓、彭之道，二百餘年，後涿郡水中〔一〕與弟子期，乘赤鯉而仙去。

本條見列仙傳卷上「琴高」條。

〔一〕後涿郡水中：列仙傳作「後辭，入涿水中」。

壺公賣藥　長房掾市

神仙傳：壺公者，不知其姓名也，汝南費長房爲市掾，時見此公來賣藥。藥無二價，百病皆愈。得錢數十萬，隨以乞貧凍者。常懸一空壺於座前，日入之後，乃跳入壺中。人莫之見，唯長房於樓上見之，知其非常人也，乃朝朝掃灑，再拜進食，公受之而不謝。如此積久，長房不怠。忽一日謂長房曰：「待日暮更來。」長房如其言而往。謂長房曰：「見我跳入壺，汝便隨我入。」長房得入壺，但見樓觀，五色重門，日月明朗，侍者甚衆。謂長房曰：「我仙人也，卿可教，故見我。」長房隨事，三試不過，謂曰：「子不得仙道也，今以子爲主者耳。」乃以一竹杖與之，遣歸，如飛空。到家，即投於葛陂中。自此爲人除邪魅，救水旱，無所不應也。

本條見神仙傳「壺公」條（漢魏本卷五、四庫本卷九）。

董奉活燮　劉根見鬼

董奉字君異，侯官縣人。時士〔一〕燮爲交州刺史，死經三日。奉到南中，乃以三丸藥内燮口中，食頃卻活，半日能坐。云：「死時如夢中，見數十黑衣人收入大珠〔二〕門付獄，入一户中，以土從外封之，不見光明也。忽聞人語云『太一使者召士爕』，乃聞掘土聲，引出登車而覺。」奉住一年，稱疾示死。後往廬山種杏數萬株。在人間百年，乃白日昇天。

本條見神仙傳「董奉」條（漢魏本卷六、四庫本卷一〇）。

〔一〕士：神仙傳作「杜」。

〔二〕珠：神仙傳作「赤」。

劉根字君安，京兆人也。少學道，入嵩山石室中。冬凍無衣，身生緑毛，長一二尺。後潁川高太守到官，人民大疫，死者太半。遣使乞除疫之術，根令於太歲洩地，上埋朱硃〔一〕。當時疫氣消。後張使君到，以根爲妖，遣人召來，欲大辱之。謂根曰：「君有道，令人見鬼乎？」根曰：「能。」乃請筆硯並奏版一枚，書符，扣案前，鏘然作聲，忽聞四五百人傳呼避道，擁一科車至廳前，乃使君父母也。父母責使君不合犯神仙，致吾困辱。使君叩頭謝罪，忽失所在。根後居洞庭山毛公壇，身生緑毛耳。

本條見神仙傳「劉根」條（漢魏本卷三、四庫本卷八）。

〔一〕令於太歲洩地上埋朱硃：漢魏本神仙傳作「於太歲宫氣上，掘地深三尺，以沙着其中，及酒沃之」，四庫本基本同漢魏本。另，「硃」，明刻本作「砂」。

宋倫六甲　杜沖九華

樓觀傳：宋倫字德玄，年二十二，以周厲王時學道，誦五千文，服黄精、白朮，積二十年，感老君降授靈飛六甲、素奏丹符。倫行之，通感如神，言無不驗，望巖申步，日行三千里，凌波涉險，不由津路。年九十餘，以景王時昇仙，下司嵩山。

本條見雲笈七籤卷一〇四太清真人傳、歷世真仙體道通鑑卷九宋倫傳。宋倫事亦見本書卷上「宋倫遊空」條引樓觀傳、三洞群仙録卷二「朱倫駕煙」條引丹臺新録。群仙録作「朱倫」，當誤。

杜沖字玄逸，年二十五，學道祈真，静神守一。二十餘載，感展真人降授九華丹方，告曰：「老君與尹真人於東海八渟山，召太帝，集群真，有地司舉子之勤，故敕我付爾仙方。」沖服之，身生玉光。以周穆王時〔一〕，年一百二十歲，授書爲太極真人。

本條見雲笈七籤卷一〇四太極真人傳、歷世真仙體道通鑑卷九杜沖傳。杜沖事亦見本書卷中「彭宗師杜」條引樓觀傳、三洞群仙録卷一三「杜沖寢室」引丹臺新録。

〔一〕穆王時：七籤作「懿王己亥歲」，仙鑑作「懿王十二年己亥」。

道憐貝葉　姚坦銀花

道學傳：女真王道憐，七歲知道，市香油供養。甘蔬素，不衣繒綵。受三洞經，晝夜習誦。初入龍山，造宫宇，號曰「玄耀」，有若神。三壇東南，忽生一樹，狀如籠蓋，周蔭一壇，五葉相對。時人莫識，呼爲貝葉。又有玉函降於壇上，有光。誦經滿萬，有雲輿來迎，迅雷烈風，香氣滿空也。

王道憐事亦見上清道類事相卷二樓閣品引道學傳、初學記卷二三引道學傳。陳國符據本條及事相卷二引文輯入道藏源流考道學傳輯佚。

樓觀傳：姚坦字元泰，平陽人。年十九，以平王元年學道。誦五千文，有驚風崩山，大張口，終無怖懼。服鍊松脂。有神人〔一〕授玄白回形之道、天關三圖飛行之經，坦行之，目有神光，開如飛電。年二百一十歲，以簡王時〔二〕五月，風雨晦冥，雷電激揚，天雨銀花，繽紛滿地，受書爲玄洲真人。

本條見歷世真仙體道通鑑卷九姚坦傳。姚坦事亦見三洞群仙録卷七「元泰龍軒」條、卷一七「姚坦銀花」條引丹臺新録。

〔一〕神人：群仙録作「許真人」，仙鑑作「靈人許君」。

〔三〕時：仙鑑作「十二年丙戌夏」。

呂尚地髓　王柱神砂

列仙傳：呂尚避紂之亂，隱於遼東。適周，釣於磻谿。常服澤芝地髓，年二百告亡。葬而無屍，唯有玉鈐六篇。

本條見列仙傳卷上「呂尚」條。

王〔一〕柱者，與道士共上宕山，云此有丹砂，可得數萬斤。長吏知而封之，砂飛出如火，乃聽取之。與邑令章君明餌砂三年，得神砂飛雪，服之五年，飛行。乃俱仙去。

本條見列仙傳卷下「主柱」條。

〔一〕王：列仙傳作「主」。下同。

負局磨鏡　服閭擔瓜

列仙傳：負局先生者，常負磨鏡局，於吳市中磨鏡。每一錢與磨之，又問主人有疾否，輒出紫丸藥與之，莫不皆愈。數年後，得藥活者計萬，不取一錢矣。人乃知仙人也。後上吳山絶崖頭，懸藥下與人，乃語人曰：「吾還蓬山，爲汝下神水。」一旦崖頭有水自懸下，人服多愈也。

本條見列仙傳卷下「負局先生」條。

服間者，常止莒，往來海邊。遇三仙人博瓜，令擔黄白瓜數十箇，教閉目。良久乃在蓬萊山南方丈山上。後還莒，常往取方丈山珍寶珠玉下賣，不知其往也。

本條見列仙傳卷下「服閭」條。

祝雞聚禽　玄俗下蛇

祝雞公者，洛人也，居尸鄉北山下，養雞百餘年。雞皆有名字，千餘，暮棲晝放，每呼即至。賣雞並子，得錢千萬，皆置之而去。後昇吴山，白鶴、孔雀數百常止其傍也。

本條見列仙傳卷上「祝雞翁」條。

玄俗者，自言河間人也。常餌石英〔一〕，賣藥都市，七丸一錢，治百病。河間王病瘕，服之，下蛇十餘條而愈。或云俗無影，王乃命於日中，果無影。王以女妻之，中夜而去，不知所之。

本條見列仙傳卷下「玄俗」條。

〔一〕石英：列仙傳作「巴豆」，文選卷六左思魏都賦李善注引作「巴豆雲英」。

陸通楂實　文賓菊花

陸通者，楚狂接輿也。好養性〔一〕，食桃楂實〔二〕，遊諸名山。蜀峨嵋山上，世世見之，歷數百年，不知其終。

本條見列仙傳卷上「陸通」條。

〔一〕性：列仙傳作「生」。

〔二〕桃楂實：列仙傳作「槖盧木實及蕪菁子」。

文賓者，太丘鄉人也，賣履爲業。常娶婦，十餘年輒棄之。後逢故嫗，年九十餘，告賓。賓乃教服菊花、地膚子、桑寄生〔一〕、枳〔二〕子。嫗乃服之，復少壯也。

本條見列仙傳卷下「文賓」條。

〔一〕桑寄生：列仙傳作「桑上寄生」。

〔二〕枳：列仙傳作「松」。

紫陽登山　清靈遇道

紫陽真人周君傳云：君字季通，周勃七世孫。年十六，師蘇君受道，遊行天下，但是名山，無不登涉。得道，受書爲紫陽真人，位列上清。

本條見雲笈七籤卷一〇六紫陽真人周君内傳。

清靈真人裴君傳云：君字玄仁，年十二，遇道人支子元，授以真訣五首，按而行之，五年得見日月之精，五星降房，受書爲清靈真人，位列上清。

本條見雲笈七籤卷一〇五清靈真人裴君傳。

道輿得詩　楊君獲棗

真誥云：羊權字道輿，降女仙萼緑華，授詩數篇，兼遺火浣布手巾、金玉條脱。云此女是九嶷山中羅郁也，宿世有過，謫在人間也，九百歲矣。

本條見真誥卷一運象篇第一。

楊君諱羲，爲晉簡文相府舍人。棄官，學道於茅山，降紫微夫人、九華安妃，贈詩兼贈棗一枚。至太元十二年，乘雲駕龍，白日昇天，受書爲侍帝晨、東華上佐司命君，主司吴越神民也。

本條散見於真誥卷一運象篇第一、卷二運象篇第二及卷二〇翼真檢第二。

焦曠青禽　于章白烏

樓觀傳：茅山道士焦曠，字大度，周武欽仰，拜爲帝師。於華陰造宫，巖間湧土，用足乃盡。以石甕貯油，油盡而自滿。每有外人來謁，常有青鳥二頭來報。山靈守護，猛獸衛門也。

于法師名章，字長文，年七歲時，讀〔一〕道德經。年十一，師侯法師出家，受三洞經法，手寫天文秘符一百三十六首，逆知吉凶。年八十二而蜕。臨窆之際，有白烏一隻，騰空而翥也。

本條見歷世真仙體道通鑑卷三〇于章傳。于章事亦見三洞群仙録卷九「于章剪祟」條引高道傳。

〔一〕讀：本字前明刻本多一「請」字。

靈壽少壯　東郭光明

神仙傳：靈壽光者，扶風人也。年七十，得朱英丸方，合〔一〕服之，轉更少壯，如年二十。時至建安元年，已二百二十歲矣。

本條見神仙傳「靈壽光」條（漢魏本卷一〇、四庫本卷七）。

〔一〕合：明刻本作「令」。

東郭延年者，山陽人也，服靈飛散〔一〕，能夜書，在暗室中，身生光明，照耀左右。又能見數十里内小物，知其形。在鄉里四百餘歲，不老。一旦有數十人乘虎豹來迎，昇崑崙也。

本條見神仙傳「東郭延」條（漢魏本卷一〇、四庫本卷七）。

〔一〕靈飛散：漢魏本神仙傳作「雲散」。

李意萬里　王興健行

李意期者，蜀人也。人有遠行欲速到者，以符與之，並書其人兩腋〔一〕下，則千里萬里，不盡日而還。

本條見神仙傳「李意期」條（漢魏本卷三、四庫本卷一〇）。

〔一〕腋：四庫本作「足」。

王興者，陽城人也，並不知書，亦不知學道。漢武帝登嵩高山，見一人長二丈許，耳垂至肩。帝問之，曰：「吾九嶷人也，聞中嶽有菖蒲，一寸九節，可以長生，故採之。」忽失所程偉妻者，能通神變化。偉當從駕，無時衣，甚憂。妻乃置繒兩匹，從空而至偉前。偉好作黄白，經年不成。妻乃出囊中藥少許投之，食頃，汞乃成銀。

本條見神仙傳「程偉妻」條（漢魏本卷七、四庫本卷七）。

飛散元綱　玄素容成

婁元綱服靈飛散得道。容成公行玄素之道，延壽無極。

本條婁元綱事僅見此引；容成公事見四庫本神仙傳卷七「容成公」條，漢魏本無。

張桑雄黄　巢許桂英

桑子林、張虚並服雄黄，巢父、許由並服石桂英，得道。

本條僅見此引。

郝容鹿角　秀眉茯苓

神仙傳：郝容公服鹿角，秀眉公餌茯苓，得仙。

本條郝容公事僅見此引；秀眉公事見太平御覽卷九八九藥部六「伏苓」條引神仙傳。另抱朴子内篇卷一三極言提及彭祖弟子有秀眉公，云：「又彭祖之弟子青衣烏公、黑穴公、秀眉公、白兔公子、離婁公、太足君、高丘子、不肯來，七八人皆歷數百歲，在殷而各仙去。」

商丘桃膠　青烏九精

商丘公服桃膠，青烏公服九精散，成仙。

上條題解引抱朴子内篇卷一三極言提及彭祖弟子有高丘子、青衣烏公，或分别爲此條的商丘公、青烏公。

女生鹿白　君達牛青

魯女生，長樂人，服胡麻、餌朮八十年，日行三百里，走過麋鹿。故人與女生相别五十年，於華山廟遇見女生，乘白鹿，從玉女數十人也。

本條見神仙傳「魯女生」條（漢魏本卷一〇、四庫本卷一〇）。

封君達者，隴西人也，服黄精，兼服鍊銀。百年還鄉，如年三十許人。常騎青牛，人不知姓氏，故號爲青牛道士也。在世二百年，乃入玄丘山，得道也。

本條見神仙傳「封衡」條（漢魏本卷一〇、四庫本卷一〇）。

離婁竹汁　白兔黄精

離婁公服竹汁，白兔公服黄菁〔一〕，而俱得道。

抱朴子内篇卷一三極言提及彭祖弟子有離婁公、白兔公子，參本書本卷「秀眉茯苓」條題解。

〔一〕黄菁：疑爲「黄精」的異寫。

嚴達聽琴　國珍振屋

樓觀傳：嚴法師名達，字道通，扶風人也。師侯法師。年十二，日誦萬言。年二十，備參經法。以隋開皇初重修宫宇，度道士滿一百二十員。至大業五年三月七日，坐聽彈琴，乃曰：「音韻入神，乃有神降，可更奏一曲。」曲未終，奄然而蜕。時年九十五也。

本條見歷世真仙體道通鑑卷三〇嚴達傳。嚴達事亦見三洞群仙録卷八「田谷十老」條、卷一一「嚴議優劣」條引高道傳。

巨法師名國珍，武功人。年三十，捨家入道。師游法師，備受道要。自爾一味蔬餐，幽居帶索，飢無責〔一〕味，寒不思衣。口常誦經，心恒守一。年六十，弟子侍側，忽聞車馬之聲，不見人物，屋宇大振，奄然而蜕也。

本條部分内容見歷世真仙體道通鑑卷三〇巨國珍傳。巨國珍事亦見三洞群仙録卷六「國珍晝寢」條引高道傳。仙鑑巨國珍傳多合高道傳。

〔一〕責：明刻本作「貪」。

張皓雲鶴　尹澄猿鹿

張皓字文明，汝南人。年二十，以漢安永初二年入道。乃遇封衡真人，三試皆過，遂授青腰紫書並神丹半兩。入赤城山，勤修真道。道成，或變爲白鶴，搏空而上，或化爲飛雲，浮遊八外。年一百三十八，以魏明帝太和元年九月，仙官下迎，受書爲太清高仙矣。

本條部分内容見歷世真仙體道通鑑卷二一張皓傳。張皓事亦見三洞群仙録卷一二「張皓登真」條引高道傳。仙鑑張皓傳多合高道傳。

又尹澄字初默，汾陰〔一〕人。年二十八，恒市香燈，列於壇靜。一旦香盡，靈熏自生；油盡，玄光自照。曾入山，遇鹿傷足，乃爲合藥與封。後入山，遭滯雨，絕食。忽有群鹿相依，飢則吮其乳，寒則卧其身，累日得返。又入山，過野火，飛飆滿谷，欲避無路。有群猿連臂而下，攜至山頂。又入山，遇石芝有光，服方寸匕〔二〕，乃日行六七百里。又入山，遇仙人宋君，授三皇文、九丹訣。年三百四十歲，以漢昭帝時，仙官下迎，受書爲太清仙人〔三〕。

本條見歷世真仙體道通鑑卷九尹澄傳。尹澄事亦見三洞群仙録卷三「尹澄憫鹿」條引丹臺新録。

〔一〕汾陰：仙鑑作「汾陽」。

〔二〕匕：原作「已」，據仙鑑校改。

〔三〕太清仙人：仙鑑作「太微真人」。

稷丘進諫　武帝還宫

列仙傳：稷丘君者，泰山道士也。漢武帝時以道術受賞，能令髮白返黑，齒落更生。還鄉後，遇武帝東巡泰山，稷君乃冠章甫，擁琴出迎武帝，諫曰：「勿上山，上必傷足。」帝不聽，果傷足指而還。

本條見列仙傳卷上「稷邱君」條。

鹿皮閣險　鈎翼棺空

鹿皮公者，少爲府小吏，木工〔一〕，能舉手成器。岑山上有神泉，不能至，遂白府君，請木工斤斧三十人作轉輪懸閣，梯道四間。遂止其巔，餌芝，飲神泉。後菑水泛漲，人得以免。

本條見列仙傳卷下「鹿皮公」條。

〔一〕工：明抄本、清抄本同，明刻本作「巧」。

鈎翼夫人者，齊人，姓趙，右手常拳，不展。漢武收之，其手乃展，得一玉鈎。遂生昭帝。後武帝害之。昭帝更葬，棺空，唯履在焉。

本條見列仙傳卷下「鈎翼夫人」條。

谷春卻活　山圖絶蹤

谷春，櫟陽人也，成帝時爲郎。託病而亡，其屍不寒，家人不敢下釘。三年，卻更冠幘，坐縣門樓上。邑人大驚，開棺，有衣無屍也。駐門上，三日而去。

本條見列仙傳卷下「谷春」條。

山圖者，隴西人也。因乘馬，蹋〔一〕，折脚。遇道士，教服地黄、當歸、羌活、獨活、苦參散，一年而愈。乃隨道士採藥，六〔二〕十年一歸家。復去，莫知所之。

本條見列仙傳卷下「山圖」條。

〔一〕踴：列仙傳作「馬踴之」。

〔二〕六：原作「云」，據列仙傳校改。

壺丘變水　禦寇馭風

列子云：壺丘子林者，列子之師也。鄭有神巫，知人吉凶、存亡、壽夭，如神。列子引見壺子，壺子示以波水三變，不能測而走。

本條前半（「壺丘子林者，列子之師也」）見列子卷一天瑞篇中張湛注。

列子者，鄭人也，名禦寇。得風仙之道，乘風而行。旬有五日而一返，受號沖虚真人。

本條前半（「列子者，鄭人也，名禦寇。得風仙之道，乘風而行」）見南華真經注疏卷一逍遥遊第一「列子御風而行，泠然善也」一句成玄英疏。

馮夷河伯　文子漁翁

馮夷者，華陰人也，服水玉，得水仙之道，爲河伯也。

本條見文選卷一三謝惠連雪賦「粲兮若馮夷剖蚌列明珠」一句李善注云「莊子曰：夫道，馮夷得之，以遊大川。抱朴子釋鬼篇曰：馮夷，華陰人，以八月上庚日渡河，溺死，天帝署爲河伯」，亦見太平御覽卷一六四州郡部十「關西道」條引博物志。

文子者，周平王時人，老君弟子也，著書十二篇，泛三江五湖，號漁父〔一〕。受號通玄真人。

〔一〕父：本字後明刻本有「即屈原所遇者」一句。

莊周鯤化　桑楚年豐

莊周字子休，宋人，著書三十三篇，其首云：「北溟鯤魚，不知幾千里，化而爲鵬，翼若垂天之雲，擊水三千里，一舉九萬里，至於南溟也。」受號南華真人也。

本條中引文見莊子内篇逍遥遊第一。

庚桑子，名楚，老君弟子。居羽山三年，俗無疵癘而仍穀熟也。受號洞靈真人。

本條部分内容見亢倉子全道篇第一，亦見洞靈真經卷一。

昌容紫草　安期赤舄

列仙傳：昌容者，常山道人也。往來上下，人見者二百餘年，而顔色如二十許人。能致紫草，賣與染家，得錢，以遺孤老也。

本條見列仙傳卷下「昌容」條。

安期先生者，瑯琊人也，賣藥於東海邊，人皆言千歲翁。秦始皇東巡見之，與語三日三夜，賜金璧千萬。出，皆置之而去。注書並赤玉舄一量爲報，曰：「後年求我於蓬萊山也。」

本條見列仙傳卷上「安期先生」條。

馬丹迴風　脩羊化石

馬丹者，晉耿人也。文〔一〕侯時爲大夫。獻公滅耿，丹入趙。至宣子時，乘安車入晉。靈公欲仕之，逼不以禮，有迅風發屋，丹入迴風中去也。

本條見列仙傳卷上「馬丹」條。

〔一〕文：原作「父」，據列仙傳校改。

脩羊公者，魏人也，止華陰石室中，卧石榻〔一〕上，石穿陷而不食，時餌黄精。以道干景帝，帝禮之數歲，道不可得。有詔問：「何日發？」語未訖，床上化爲白石羊，題其脅曰「脩羊公」。乃置於通陵臺，復失所在。

本條見列仙傳卷上「修羊公」條。

〔二〕榻：原作「塌」，據文意校改。

赤須知災　崔文除疫

赤須子者，豐人也。人世世見之。數言豐界内災害水旱，十〔一〕不失一。好食松實、天門冬、石脂，齒落更生，髮落更出。後往吴山下，不知所之。

本條見列仙傳卷下「赤須子」條。

〔一〕十：明刻本作「千」。

崔子文者，太山人也。好道，賣藥都市。自三百年後，有疫氣，民死者萬計。長史有所請，文乃擁朱旛，繫黄散藥以救民。飲者即愈，所愈萬計。後去蜀，賣黄藥〔一〕如初。

本條見列仙傳卷上「崔文子」條，與此處人名「崔子文」不同。

〔一〕藥：列仙傳作「散」。

神魚子英　巨繭園客

子英者，舒鄉人，善入水捕魚。得一赤鯉，愛其異，乃將歸池中，以食餧之。一〔一〕年，長丈餘，生角，有翅翼。子英遂拜之，魚言：「我來迎汝。」遂大雨，子英上魚背，昇騰而去。

本條見列仙傳卷下「子英」條。

〔一〕一：原闕，據列仙傳校補。

園客者，濟陰人也。常種五色香草，積十數年，食其實。一旦有五色蛾止其草上。客以布薦之，生桑蠶焉。至蠶時，有女夜至，自稱客妻，與客養蠶。得一百二十箇繭，如甕大。每繅一繭，六十日始盡。訖則俱去，莫知所之。故濟陰人蠶時世世祠之。

本條見列仙傳卷下「園客」條。

赤將花紅　卯疏乳白

赤將子輿者，黄帝時人。不食五穀，而噉百草花。至堯時，爲木工，能隨風雨上下。

本條見列仙傳卷上「赤將子輿」條。

卯疏者，周封史也，能行氣練形。煮石髓而服之，謂之石鍾乳。數百年，入少〔一〕室山中矣。

本條見列仙傳卷下「邛疏」條，與此處人名「卯疏」不同。

〔二〕少：列仙傳作「太」。

親葛鮑靚　祐蘇幼伯

道學傳：鮑靚乃葛洪妻父，於羅浮山俱得道。

本條輯入陳國符道藏源流考道學傳輯佚。

列仙傳：幼伯子者，蘇氏客也，冬常單衣，夏常綿袴。年多益壯，時人莫知。世世來祐蘇氏，子孫得其福力也。

本條見列仙傳卷上「幼伯子」條。

展公白李　姜茂五辛

真誥曰：高辛時有仙人展上公者，於伏龍地植李，彌滿林谷。今爲九宫右保司〔一〕。常言云：「昔在華陽食白李，果美，憶之。未久，忽已三千年已。」

本條見真誥卷一三稽神樞第三。

〔一〕保司：真誥作「司保」。

巴陵侯姜叔茂者，又於山下種五果並五辛菜。叔茂以秦孝王時封侯，今名此地爲姜巴者，因此也。此人今在蓬萊爲左卿。

本條見真誥卷一三稽神樞第三。

許遜拔宅　時荷登晨

十二真君傳：許君名遜，字敬之，爲蜀旌陽縣令。師諶母，受孝道明王法，與吴君於鍾陵洞斬蛟蜃。以晉永康〔一〕二年八月十五日，四十二人拔宅昇天。

本條部分内容（「許君名遜，字敬之，爲蜀旌陽縣令」及「以晉永康二年八月十五日，四十二人拔宅昇天」）見太平廣記卷一四神仙十四「許真君」條引十二真君傳。許遜事亦見三洞群仙録卷四「敬之射鹿」條、卷一一「炭婦許遜」條、卷一四「真君牛鬭」條、卷一六「童子錦帷」條引西山記。

〔一〕永康：廣記作「孝武帝太康」。

時君名荷，字道揚，四明山道士也。許君昇天時，持龍節前驅於雲路。

時荷事亦見三洞群仙録卷二「時荷一食」條引西山真君傳。

吴猛白鹿　甘戰彩麟

吴君名猛，字世雲，晉永嘉三年九月十五日，乘白鹿與弟子四人一時昇天。

本條部分内容見太平廣記卷一四神仙十四「吴真君」條引十二真君傳。吴猛事亦見三洞群仙録卷六「吴符止風」條、卷六「丁義神方」條、卷九「世雲乘船」條引西山記。

甘君名戰，字伯武，許君弟子。長持齋戒，尤尚符術，偏得許君之道。以陳天建元年正月七日，乘綵麟之車白日昇天。

甘戰事亦見三洞群仙録卷三「甘君仙藥」條引西山記。

持幢周廣　執羽陳勳

周君名廣，字惠常，事許君，執僮僕之禮。元康中，執麾幢前，引許君歸舊宅，即遊帷觀也。

周廣事亦見三洞群仙録卷一二「周驅邪魅」條引西山記。

陳君名勳，字孝舉，慕許君之道，託爲旌陽縣吏，因得師於許君，爲入室弟子。許君拔宅日，執羽旌導於前。

曾亨骨秀　盱烈藥神

曾君名亨，字國興。孫登常指云：「此人骨秀，可學昇天。」遂事許君。至許君昇天日，從車駕與昇。舊宅爲真陽觀也。

盱君名烈，字道微，早孤，從母依於許君。許君上昇時，盱君母子悲泣，乞得隨駕。許君乃與神藥，因得隨駕部署，合宅四十二人焉。

盱烈事亦見三洞群仙録卷三「盱真母部」條引西山記。

施峰委付　彭抗親姻

施君名峰，字大玉，小字道乙。常從許君除滅妖魅。許君凡有經典，悉皆委付。許君昇天後，忽一日見東方日中童子執素書飛下，云：「真人〔一〕召汝。」乃隨童子聳身入空。

〔一〕人：明刻本作「君」。

彭君名抗，永康中棄官事許君，君以長女妻之。永和二年八月十五日，全家二十六人白日上昇。舊宅爲宗〔一〕華觀。

〔一〕宗：明刻本作「宋」。

黄輔龍騎　鍾嘉碧輪

黄君名輔，字邕，晉陵人。許君知輔之異，遂以次女妻之，傳付妙道。後爲青州從事。每夜，常乘龍歸。眷屬伺之，乃一竹杖耳。後乃沖天。宅爲祈仙觀。

黄輔事亦見三洞群仙録卷三「黄君父屬」條引西山記。

鍾君名嘉，字超本，許君仲妹之子。少孤，得仙舅之要。許君上昇後，以十月十五日日中，乘碧霞之輦而昇。宅爲丹陵觀。十二真君事盡於此。

鍾嘉，當爲「鍾離嘉」之省略。鍾離嘉事亦見三洞群仙録卷三「公陽鸑鶴」條引西山記。

婁慶雲舉　韋儁龍躍

靈驗傳云：婁善慶常賣赤白二藥，不言其價，有疾皆愈。得金帛，以施孤貧。武德中，於西蜀市中，足下雲生，白日輕舉。

韋善儁亦賣藥愈疾於人間。常將以黑犬相隨。以則天如意年中過嵩嶽少林寺，請齋飯餧犬。僧怒，善儁乃含水一噀，犬化爲黑龍，乘以沖天。

韋善儁，一作「韋善俊」。本條見太平廣記卷四七神仙四十七「韋善俊」條引仙傳拾遺、三洞群仙録卷五「善俊烏龍」條引高道傳及歷世真仙體道通鑑卷三六韋善俊傳。

洞玄騰身　道合蜕殼

女真邊洞玄，年八十，忽一旦髮白返黑，齒落更生。以開元二十七年，於冀州紫雲宫乘彩雲白日沖天。

邊洞玄事原出廣異記，雲笈七籤卷一一六墉城集仙録「邊洞玄」條亦載。

婁道合，屍解於并州太一宫，腦後有坼，身如蟬蜕也。

歷世真仙體道通鑑卷二九劉道合傳有「骸骨拆，若蟬蜕者」之語，似爲一人。劉道合事亦見三洞群仙録卷一八「道合蝗消」條引高道傳。

法善月宫　果老北嶽

葉天師名法善，字太素，引唐玄宗遊月宫。賈嵩有賦。

葉法善事亦見太平廣記卷二六神仙二十六「葉法善」條引仙傳拾遺。

張果老，開元二十二年春，自恒州徵到，賜號通玄先生，授銀青光禄大夫。秋，請入恒州，錫賜衣服雜彩，放還北嶽。其神通變化，不可備陳，云九度見黄河青。飲酒數斛，而不知醉也。

張果老事原出明皇雜録卷下、續仙傳卷中「張果」傳。

沖寂焚香　道華偷藥

謝沖寂者，華嶽道士也。志好焚香，增至三百鑪，旦夕不闕。無香，多以松柏子代之。以梁開平三年二月清晨，有二青童乘紫雲下迎，云上帝召謝沖寂，乃乘雲而去。

侯道華者，中條山道静院道士也，師事鄧天師。天師藥成，而疑不敢服，道華竊而服之，以大中五年五月〔一〕上昇。具在唐記。

侯道華事原出侯真人降生臺記、宣室志卷九，續仙傳卷上「侯道華」條、神仙感遇傳亦載。

〔一〕月：本字後明刻本多出「寅時」二字。

可交登舟　歸真畫鵲

王可交者，華亭縣人也。眼有神光，夜行如晝。乃灸眉後小空中，而光斷。以咸通十年十一月一日，與鄰人同出，顧會草市河次，見一艘舫子，有童子唤云：「王五叔要見。」乃下船中，見二三道士對棋，云：「可惜一具仙骨，灸破卻也。」乃與栗子一箇，喫一半，味如棗，云：「且上岸去，更十年後與子相見。」足纔踏岸，乃在天台山下瀑布寺前。問時日，已是十一月二十七日。

王可交事原出續仙傳卷中「王可交」條，神仙感遇傳卷二亦載。

厲歸真者，天台縣人也，性嗜酒，冬夏常衣單衣。妙於水墨，見屋壁即畫鵲。時人不知其得道也。以天祐三年十一月於河中府中條山白日沖天。告時人曰：「吾本台州唐興縣人也，有弟在彼。」乃脱下破布衫，服星簪羽袂而輕舉，雲中寥寥有蕭管之聲也。

厲歸真事亦見太平廣記卷二一三畫四「厲歸真」條引玉堂閒話。

馬真昇天　馮妻降鶴

馬真人名自然，鹽官人也，有篇什在世。唯縱酒於鄽市間，或眠積雪，或卧深水，無所不爲。咸通末，於蜀梓州酒樓上白日沖天。

馬自然事亦見續仙傳卷上「馬自然」條。

河中少尹馮徽妻薛氏，於道門修行二十餘年，以中和三年三月尸解，有鶴三十六隻降所居宅院内，紫氣滿空，玄髮重生也。

薛氏事亦見雲笈七籤卷一一六墉城集仙録「薛玄同」條。

附録一　歷代著録信息

遂初堂書目

劉向列仙傳、續仙傳、葛洪神仙傳、高道傳、仙苑編珠。

郡齋讀書志卷一四類書類

仙苑編珠二卷，右唐王松年撰，取阮倉、劉向、葛洪所傳神仙，又取傳記中梁以後神仙百二十八人，比事屬辭，效蒙求體爲是書。

通志卷六七藝文第五道家二

仙苑編珠一卷，王松年撰。

玉海卷第五八藝文

王松年仙苑編珠一卷，自唐以來一百二十八人。

文獻通考卷二二五經籍考五十二

仙苑編珠二卷。鼂氏曰：「唐王松年撰，取阮倉、劉向、葛洪所傳神仙，又取經記中梁以後神仙百二十八人，比事屬辭，效蒙求體爲是書。」

宋史卷二〇五藝文志一五八

王松年仙苑編珠一卷。

四庫全書總目卷一四七子部道家類存目

仙苑編珠三卷，浙江汪啓淑家藏本。舊本題唐王松年撰。松年，天台道士，文獻通考作唐人，然書中有梁開成〔一〕二年事，則已入五代矣。是書以古來聖帝明王並在仙籍，與後世修真好道者並數，得三百餘人，仿蒙求體，以四字比韻，撮舉事要，而附箋注于下。通考作二卷，又序文及通考所舉人數，皆與今書不符。或後人有所附益歟？

文選樓藏書記卷一

仙苑編珠三卷，宋天台道人王松年著，抄本。是書纂上古迄唐梁以降修真學道者二百三十二人，學蒙求，四字比韵成文，各爲之注。

〔一〕「成」，爲「平」字之誤。

世善堂藏書目録卷下

仙苑編珠二卷，王松年。

澹生堂藏書目

仙苑編珠一卷一册，唐王松年。

天一閣書目卷三之二子部

仙苑編珠三卷，藍絲闌鈔本，後唐王松年撰。

鐵琴銅劍樓藏書目録卷一八子部六

仙苑編珠二卷，疑仙傳三卷，舊鈔本。

仙苑編珠題唐天台山道士王松年撰，以列仙事衍爲四言韻語而詳注其事蹟。疑仙傳題「隱夫玉簡」撰，專記道家神術。二書與江淮異人録合裝一册，舊爲停雲館藏本，後歸毛氏，卷末有文待詔題語曰：「戊午新秋雨天，焚香莊誦一過。」書法秀勁，其親筆也。卷首末有文印「徵明」、「子晉」「汲古主人」諸朱記。

汲古閣珍藏秘本書目

仙苑編珠二本，精抄，一兩二錢。

附録二　萬曆刻本仙苑編珠序跋

序

太素之金而歸之於太極之土，故生天生地生萬物，其變無窮。世尊與螻蟻等胎，兜率洎鐵圍同境。人生之初，誰不濯形太陽？誰無虚無一竅？本來具足，而性月難明，情雲易蔽，坌火焚和，淫心蠱善，識習芸芸，莫必其命，殊可愍也。大道死而伏羲泣，不周崩而女媧嗚。神農髮氈，爰啓圖策；大禹足胝，厥遇雲華。聖匠應籙御世，剖大混之一樸，發元始之溟濛，封九域而制邦國，挈太古以定蟻民，大闡性命，匪落荒唐。列真代興，愍世應化，反覆教人以修煉，不離性命之中，跳出天地之外，只此靈光不壞，歷劫依然長生，父母目前自見。而今之修煉者，乃溺乎注想，服食燒煉，搬運容成御女之左道，而性命以蝕。予甚惜之。

因思夫絲長歲月，運轉乾坤，銀入鋁中，一鎔一銷，人入輪中，一來一墮。智人須作不來之計，識者宜返未生之前。每風清月白，露生空庭，與一二道侣，仰層漢，數星辰，冷然於廣漢之遊，恍白雲之有信，將黄鶴之可招。小休歇時，偶得趙榮禄仙苑編珠善本，乃王松年所撰，張伯雨所遺，上下千古，帝王之尊，山澤之臞，燦然合軌。得是書而印焉，迴照本來面目，覓自己本命元辰，是黿臺如陟而李枝復生也。顧於紅塵五濁而指末玉一輪，不將驌爰居乎？善乎許都仙之爲教，曰淨明忠孝，而學首明德，本先孝弟，吾儒亦津津言之，則安見人道邇，仙道遠也？夫道一而已矣，學者宜不作二觀。

萬曆乙卯澄觀道人朱國盛書於拜山齋。

趙孟頫題記

至治元年十一月九日，余過杭州車橋寓舍。羽士張伯雨攜此書見訪，即借觀，乃惠然不我吝。是使獲覩列仙於千古之下也，曷勝感佩。謾志以留閒玩。

趙氏子昂

跋

百王之後，三古之前，成真得道，何啻億千。未顯經傳，難尋簡編，輒隨所見，比韻成篇。仰塵聖鑒冀。

許宣傳

此篇乃唐高士王松年所撰，尚取阮倉、劉向、葛洪所傳神仙，更取經記中梁以後神仙若干人，比事屬辭，效蒙求體，俾後學不失進修之功云。

孟頫誌

附録三　參考文獻（首字筆畫排序）

三洞珠囊，唐王懸河撰，道藏第二五册，北京：文物出版社、上海：上海書店、天津：天津古籍出版社，一九九八年。

三洞群仙録，宋陳葆光撰，道藏第三二册。

上清道類事相，唐王懸河修，道藏第二四册。

天一閣書目，清范邦甸等撰，江曦、李婧點校，上海：上海古籍出版社，二〇一〇年。

天中記，明陳耀文撰，明陳文燭補，臺北：文海出版社，一九六四年。

天台山方外志，明釋傳燈撰，白化文、劉永明、張智主編中國佛寺志叢刊第八一册據一九二二年上海集雲軒鉛印線裝本影印，揚州：江蘇廣陵古籍刻印社，一九九六年。

天台山全志，清張聯元輯，續修四庫全書第七二三册據上海圖書館藏清康熙刻本影印，上海：上海古籍出版社，一九九五年。

元始上真衆仙記，晉葛洪撰，道藏第三册。

太上靈寶五符序，道藏第六册。

太平御覽，宋李昉等撰，北京：中華書局，一九六〇年。
太平廣記，宋李昉等編，北京：中華書局，一九六一年。
太平寰宇記，宋樂史撰，王文楚等點校，北京：中華書局，二〇〇七年。
中國近世道教的形成——淨明道的基礎研究，日秋月觀暎著，丁培仁譯，北京：中國社會科學出版社，二〇〇五年。
文選，梁蕭統撰，唐李善注，上海：上海古籍出版社，一九八六年。
文選樓藏書記，清阮元撰，王愛亭、趙嫄點校，上海：上海古籍出版社，二〇〇九年。
文獻通考，元馬端臨撰，上海師範大學古籍研究所、華東師範大學古籍研究所點校，北京：中華書局，二〇一一年。
亢倉子，唐王士元補亡，叢書集成初編第五三七册據子匯本影印，上海：商務印書館，一九三九年。
方輿勝覽，宋祝穆撰，宋祝洙增訂，施和金點校，北京：中華書局，二〇〇三年。
水經注，北魏酈道元著，王先謙校，光緒二十三年（一八九七）新化三味書室重刊本影印本，成都：巴蜀書社，一九八五年。
玉海，宋王應麟撰，清康熙二十六年刊本影印本，京都：中文出版社，一九八六年。

世善堂藏書目録，明陳第撰，叢書集成初編第三四册據知不足齋叢書本排印，北京：中華書局，一九八五年。

四庫全書總目，清永瑢等總裁，清紀昀等總纂，臺北：藝文印書館，一九六四年。

白氏六帖事類集，唐白居易撰，臺北：新興書局，一九九六年。

白孔六帖，唐白居易撰，宋孔傳續撰，臺北：新興書局，一九六九年。

老子道德經序訣，見王卡點校老子道德經河上公章句附録，北京：中華書局，一九九三年。

老子道德經，魏王弼注，世界書局諸子集成本影印本，上海：上海書店，一九八六年。

列子集釋，楊伯峻撰，北京：中華書局，一九七九年。

列仙傳，漢劉向撰，清王照圓校，鄭國勳輯龍谿精舍叢書第九八册，潮陽鄭氏刻本，一九一八年。

杜光庭記傳十種輯校，羅爭鳴輯校，北京：中華書局，二〇一三年。

吴越春秋，漢趙曄撰，宋徐天祜音注，叢書集成初編第三六九六册據古今逸史本影印，上海：商務印書館，一九三七年。

初學記，唐徐堅等著，北京：中華書局，一九六二年。

事類賦注，宋吴淑撰注，冀勤、王秀梅、馬蓉校點，北京：中華書局，一九八九年。

抱朴子內篇校釋，王明撰，北京：中華書局，一九八五年。

尚書正義，漢孔安國傳，唐孔穎達等正義，黄侃經文句讀，清同治六年（一八六七）江西書局重校宋版十三經注疏本影印本，上海：上海古籍出版社，一九九〇年。

明季滇黔佛教考（外宗教史論著八種），陳垣著，石家莊：河北教育出版社，二〇〇〇年。

明皇雜録，唐鄭處誨撰，田廷柱點校，北京：中華書局，一九九四年。

法苑珠林校注，唐釋道世著，周叔迦、蘇晉仁校注，北京：中華書局，二〇〇三年。

南華真經注疏，晉郭象注，唐成玄英疏，南宋刊本及正統道藏補印本影印本，臺北：成文出版社，一九八二年。

洞霄圖志，宋鄧牧撰，叢書集成初編第三一六七—三一六八册據知不足齋叢書本影印，上海：商務印書館，一九三六年。

洞靈真經，宋何粲注，四部叢刊三編據常熟瞿氏鐵琴銅劍樓藏宋刊本影印，上海：商務印書館，一九三六年。

洞靈真經，宋何粲注，道藏第一六册。

宣室志，唐張讀撰，張永欽、侯志明點校，北京：中華書局，一九八三年。

神仙感遇傳，五代杜光庭撰，道藏第一〇册。

神仙傳，晉葛洪撰，四庫全書第一〇五九册，上海：上海古籍出版社，一九八七年。

神仙傳，晉葛洪撰，明程榮、明何允中、清王謨輯精校大字漢魏叢書九十六種（第十一卷），上海：大通書局，民國期間刻。

郡齋讀書志校證，宋晁公武撰，孫猛校證，上海：上海古籍出版社，一九九〇年。

莊子集釋，清郭慶藩輯，王孝魚整理，北京：中華書局，一九六一年。

真誥，梁陶弘景編撰，道藏第二〇册。

晉書，唐房玄齡等撰，北京：中華書局，一九七四年。

通志二十略，宋鄭樵撰，王樹民點校，北京：中華書局，一九九五年。

國史經籍志，明焦竑撰，續修四庫全書第九一六册據復旦大學圖書館藏明徐象橒刻本影印。

啓禎野乘二集，清鄒漪撰，四庫禁燬書叢刊史部第四一册據清康熙十八年金閶存仁堂、素政堂刻本影印，北京：北京出版社，二〇〇〇年。

雲笈七籤，宋張君房編，李永晟點校，北京：中華書局，二〇〇三年。道門通教必用集，宋吕太古集，道藏第三二册。

道藏源流考，陳國符著，北京：中華書局，一九六三年。

遂初堂書目，宋尤袤撰，叢書集成初編第三二册據海山仙館叢書本排印，北京：中華書局，一九八五年。
登真隱訣輯校，梁陶弘景撰，王家葵輯校，北京：中華書局，二〇一一年。
嵩書，明傅梅撰，續修四庫全書第七二五册據上海圖書館藏明萬曆刻本影印。
新輯搜神後記，宋陶潛撰，李劍國輯校，北京：中華書局，二〇〇七年。
墉城集仙録，五代杜光庭撰，道藏第一八册。
廣異記，唐戴孚撰，方詩銘輯校，北京：中華書局，一九九二年。
論語注疏，魏何晏注，宋邢昺疏，黄侃經文句讀，清同治六年(一八六七)江西書局重校宋版十三經注疏本影印本，上海：上海古籍出版社，一九九〇年。
歷世真仙體道通鑑，元趙道一撰，道藏第五册。
澹生堂藏書目，明祁承爜著，鄭誠整理，上海：上海古籍出版社，二〇一五年。
藏園群書經眼録，傅增湘撰，北京：中華書局，一九八三年。
藝文類聚，唐歐陽詢撰，汪紹楹校，上海：上海古籍出版社，一九八二年。
雙鑑樓善本書目，傅增湘撰，臺北：廣文書局，一九六九年。
斷裂與建構：淨明道的歷史與文獻，許蔚著，上海：上海書店出版社，二〇一四年。

類說，宋曾慥輯，北京：文學古籍刊行社，一九五五年。

鐵琴銅劍樓藏書目録，瞿鏞編纂，瞿果行標點，瞿鳳起覆校，上海：上海古籍出版社，二〇〇〇年。

續仙傳，五代沈汾撰，道藏第五册。

三洞群仙録

目録

三洞群仙録卷之三……二六九

三洞群仙録卷之四……二九九

三洞群仙録卷之十二

三洞群仙録卷之十七……六六七

三洞群仙録卷之十八……六九五

三洞群仙録前言

三洞群仙録二十卷，南宋紹興間陳葆光編纂。是書採集一千餘名得道者的傳奇故事，每個故事用四字麗語概括，兩個故事合爲一則。與五代王松年所編仙苑編珠一樣，三洞群仙録亦可以視作一部特殊體例的仙道傳記通史。

一、陳葆光的生平和三洞群仙録的成書

三洞群仙録原書署名爲「正一道士陳葆光撰集」。有關作者陳葆光的生平事跡，資料寥寥。就目前所見，單獨的小傳只見於（咸淳）重修毗陵志，云：「陳葆光，受業天慶觀，夢真武舉白璧授之，遂善符篆，治病輒愈。撰神仙蒙求三卷。晚住茅峰，主章醮，天燈嘗示現云。」〔一〕另有零星信息見於三洞群仙録的一篇序和一篇跋。

〔一〕宋史能之（咸淳）重修毗陵志卷二五仙釋晉陵，續修四庫全書第六九九册據北京圖書館藏明刻本影印，上海：上海古籍出版社，二〇〇二年，第二二九頁上。陳葆光傳亦見於乾隆武進縣志卷一〇人物志方外，然應是沿襲（咸淳）重修毗陵志而來，見故宮博物院編故宮珍本叢刊第九〇册，海口：海南出版社，二〇〇一年，第三六七頁下。

序，指的是三洞群仙録書前之序，乃林季仲作於宋紹興甲戌（二十四年，一一五四）。林季仲，字懿成，號竹軒〔一〕，永嘉人（光緒永嘉縣志有傳〔二〕），生於宋元祐三年（一〇八八）〔三〕；宣和三年（一一二一）何涣榜上舍出身；紹興五年（一一三五）爲祠部員外郎，累遷太常少卿〔四〕；紹興八年御史常同劾之，罷爲直龍圖閣，主管洪州玉隆觀；後起復，爲左朝奉郎、知婺州，尋改處州，然又以直秘閣奉祠，遂不再赴，以至於終〔五〕。林季仲撰有竹軒雜著十五卷（現存六卷）。據考，其卒年當在紹興二十七年（一一五七）至三十一年（一一六

〔一〕見宋徐光溥自號録：「竹軒：林季仲，懿成。」（叢書集成初編第三三〇九册據十萬卷樓叢書本排印，上海：商務印書館，一九三七年，第一四頁）

〔二〕見光緒永嘉縣志卷一四人物志名臣志，續修四庫全書第七〇八册據華東師範大學圖書館藏清光緒八年刻本影印，上海：上海古籍出版社，二〇〇二年，第三一五頁上—三一六頁上。

〔三〕林季仲生年考證，參尹波林季仲小考，四川大學學報一九九八年第三期，第六四頁；潘猛補林季仲生年考辨，文獻二〇〇五年第一期，第一九一頁。

〔四〕見宋陳騤南宋館閣録卷七官聯上「秘書郎・紹興以後二十七人」條著録（叢書集成續編第五三册，臺北：新文豐出版公司，一九八九年，第六一五頁下）及宋陳振孫直齋書録解題卷一八（徐小蠻、顧美華點校，上海：上海古籍出版社，一九八七年，第五三三頁）。

〔五〕參清陸心源輯撰宋史翼卷一〇林季仲傳，光緒三十二年（一九〇六）初刊朱印本影印本，北京：中華書局，一九九一年，第一〇八頁上下。

一）間〔一〕。三洞群仙録序文之撰，當在其晚年奉祠期間。

跋，則是宋代孫覿（一〇八一—一一六九）所撰，題曰跋陳道士群仙蒙求，並未收録在三洞群仙録，僅存於孫覿的鴻慶居士集。孫覿跋文主要稱讚了陳葆光的博學，云：「今世道士能讀醮儀一卷中字，歌步虚詞二三章，便有供醮祭，衣食足了一生矣，然猶有不能者。常州天慶觀道士陳君葆光，好古嗜學，蓋超然出於其徒數千百輩中者。讀通藏，道儒書，與夫傳記小説，靡不記覽。著書二十卷，號三洞群仙録，貫穿古今，屬辭比事，以類相從，雖老師宿學者不如；偶儷精切，協比聲律，悉成韻語，雖章句之儒有不逮。」〔二〕

關於陳葆光的身份籍貫，林季仲在序文之末題曰「紹興甲戌中元日嚳里竹軒書」，按林季仲爲永嘉人〔三〕，而他自稱爲葆光「嚳（同）里」，則葆光當亦爲永嘉人。相比之下，在跋文中孫覿（晉陵人）只稱葆光爲「常州天慶觀道士陳君葆光」。或由此判斷，陳葆光只是在常

〔一〕參尹波林季仲小考，四川大學學報一九九八年第三期，第七六頁。

〔二〕宋孫覿鴻慶居士集卷三二，叢書集成續編第一二七册據常州先哲遺書本影印，臺北：新文豐出版公司，一九八九年，第二六七頁下。

〔三〕林季仲，見光緒永嘉縣志卷一一選舉志進士（續修四庫全書第七〇八册，第二四五上頁），而不見於平陽縣志選舉志，而且光緒永嘉縣志卷二一古蹟志名勝有「林季仲宅」條（續修四庫全書第七〇八册，第四八六頁上）。尹波林季仲小考謂林爲「浙江平陽人」（四川大學學報一九九八年第三期，第六四頁），當不確。

州和江陰一帶活動，但並非常州人。

陳葆光的生平經歷，除了史能之毗陵志稱其「受業天慶觀」外，孫覿跋文亦云陳葆光爲「常州天慶觀道士」。但林季仲序文提及他是「江陰靜應庵道士」，孫覿和史能之均未提及他與靜應庵的關係。陳葆光到底是先住江陰靜應庵，還是常州天慶觀，似未可定。孫覿是晉陵人（晉陵爲常州府治），史能之雖非常州人，但其撰述毗陵志的時候是在常州知府任上（咸淳四年，一二六八），因此，他們具有「常州立場」，他們的表述要顯示陳葆光與常州的關係，而不能或不願涉及其他（如陳葆光與江陰靜應庵的關係）。若林季仲爲陳之同鄉，他的指認或應不會有誤，但很可能，靜應庵是很小的一個庵堂，而且除此以外並未見有任何記載。

不過，陳葆光與常州天慶觀的關係亦是不容忽視的。陳葆光在書中徵引了大量與道士、仙傳有關的書籍，他需要良好的圖書資源。而毗陵志記載，此觀在南宋紹定年間（一二二八—一二三三）修建了藏殿，「層簷傑棟，爲吴中道宫之冠」〔三〕。既然修建藏樓，説明這裏貯存有道藏。所以，這裏的道書資料應該是非常豐富的，可以方便陳葆光利用。

〔二〕宋史能之（咸淳）重修毗陵志卷二五觀寺宫觀州「天慶觀」條，續修四庫全書第六九九册，第二三一頁下。

毗陵志小傳還提到陳葆光晚年留住茅山的重要經歷。但具體何時轉往茅山，則時間不詳。而孫覿跋文仍稱陳葆光爲常州天慶觀道士，可知在孫覿撰跋文的時候陳應仍未離開常州。孫覿跋文標題下有「己卯」二字，標明該文當作於紹興己卯年（二十九年，一一五九），即三洞群仙録成書五年後〔一〕。前引孫覿跋文表彰了陳葆光的博學，或許這也是他能轉往茅山的原因。從常州天慶觀轉到茅山，這一經歷與同時代的傅霄（卒於一一五九年）相同〔二〕。二人當相識，或爲師承關係也未可知。

毗陵志小傳也記録了陳葆光的特別異事，稱他在天慶觀的時候「夢真武舉白璧授之，遂善符篆，治病輒愈」，可見他善於治病；另外又稱他在茅山的時候主持章醮，感得天燈示現，又知他也是上章和醮儀等方面的儀式專家。天慶觀有真武像，這一點毗陵志亦有記

〔一〕三洞群仙録序文作於紹興二十四年（一一五四），詳後。

〔二〕元劉大彬編撰，明江永年增補，王崗點校茅山志卷九道山册載：「傅霄，字子昂，晉陵人。博古明經，善書，尤精隸古。由儒入道，隸居常州天慶觀。高宗召主太一宮祠。乞還茅山，賜號『明真通微先生』，領山門都道正，住持玉晨觀，建雷平院。往來山中四十年。……重編隱居集，修茅山舊記。著作惜多無傳。紹興二十九年己卯正月立春日化。」（上海：上海古籍出版社，二〇一六年，第二六一—二六二頁）道藏第二三册存華陽陶隱居集二卷，題「昭臺弟子傅霄編集」。

載,云「天聖五年重修,六年上遣内璫賜真武象一,偃衛道器稱是」〔一〕,即真武像是天聖六年(一〇二八)御賜的。

另外再多説一點。林季仲序文的還做出了陳葆光亦將成仙的預言,云:「陳君神氣虚静,德性粹和。佩三洞之靈文,神飛碧落;窺九清之秘岌,名籍丹臺。他日繼列仙而授位,載雲氣而上浮。五帝校籍,三官策勳,所以酬著書之勤,而警夫偷墮之士,使知有補於世者,天必有以報也。」按林季仲此番對陳葆光將爲神仙之揄揚,是在序文前段用大量篇幅探討了「神仙可學」還是「稟之自然」之後。雖未明言,但林季仲顯然更接受「神仙可學」論。而且他稱陳葆光之昇仙,是對他「著書之勤」的酬報,因爲「有補於世者,天必有以報也」。然而成書於宋末元初的歷世真仙體道通鑑,並未有陳葆光的名字。這一點不同於北宋哲宗朝撰寫高道傳的賈善翔,他的傳記被收入仙鑑中。當然,仙鑑之所以能收有賈善翔傳,首先便是因爲有文獻可徵。如宋王象之輿地紀勝中便有賈善翔的小傳,置於「蓬山十二仙」條下,爲十二仙之一〔二〕。輿地紀勝的記録,或者還有更早的來源,不管怎樣,有來自鄉

〔一〕宋史能之(咸淳)重修毗陵志卷二五觀寺宫觀州「天慶觀」條,續修四庫全書第六九九册,第二三一頁下。
〔二〕見宋王象之輿地紀勝卷一八八,清咸豐五年(一八五五)南海粤雅堂刻本影印本,臺北:文海出版社,一九六二年,第九〇二頁上下。

人的推動是肯定的〔一〕。但陳葆光顯然並没有得到這樣的待遇。

三洞群仙録林季仲序文作於宋紹興二十四年（一一五四），書亦當成於此年。檢三洞群仙録，書中明確出現的最後記事年代爲北宋徽宗崇寧（一一〇二—一一〇六），見卷一六「天寵金鑰」條引閒中雜記，記南康軍進士彭天寵得道士贈金銀鑰匙返家事。另外，本書引用了幾部南渡後才成書的典籍，如皇朝類苑、墨客揮犀、古今詩話、武夷山記等。而值得一提的是本書卷一二「袁玘銅棺」條引袁府君祠堂記。該祠又名漢袁府君廟，位於宜興。該記作者爲宋單子發，（咸淳）重修毗陵志明確記載該記撰於南宋紹興八年（一一三八）〔二〕。綜合上述引書和徵引内容看，三洞群仙録成於一一五四年是可信的。

在三洞群仙録成書前的三年，即紹興二十一年（一一五一），曾慥集仙傳成書。集仙傳雖已佚，但其作者自序和目録仍保存於説郛。根據目録可知，是書包括了唐五代十六人、宋代一百二十七人（另有十九人無名氏）得道者的小傳〔三〕。在紹興年間，幾乎同時，兩部

〔一〕參拙撰高道傳輯考，道教研究學報（宗教、歷史與社會）第九期（二〇一七年），第四八—五〇頁。

〔二〕宋史能之（咸淳）重修毗陵志卷二九，續修四庫全書第六九九册，第二五八頁下。

〔三〕曾慥在集仙傳目録中稱「予作集仙傳，凡一百四十有四人，不知姓名者十有六人」，數目與目録顯示有出入（見明陶宗儀編，張宗祥校説郛卷四三，北京：中國書店，一九八六年，第三〇頁上）。

不同體式的仙傳得以撰成，也是一件罕事。

二、三洞群仙録的卷數和版本

二十卷應當就是原書卷數。首先，道藏中的三洞群仙録爲二十卷，而且附有林季仲的序文。其次，前引三洞群仙録成書五年後孫覿所作的跋陳道士群仙蒙求也説陳葆光「著書二十卷，號三洞群仙録」〔二〕，足可證明完書即爲二十卷。

在紹興二十四年（一一五四）三洞群仙録成書之前，似曾有過一個三卷本，名「神仙蒙求」。前引毗陵志卷二五陳葆光小傳云「陳葆光……撰神仙蒙求三卷。晚住茅峰，主章醮，天燈嘗示現云」，明確記載陳葆光在其晚年去往茅山之前，撰有神仙蒙求三卷。然而，這部三卷本的神仙蒙求，除了毗陵志之外，並無其他文獻的記録。因此，我們無法確知它是否是今二十卷本三洞群仙録的初稿。紹興二十九年（一一五九），在林季仲爲三洞群仙録作序五年後，孫覿爲該書所作跋文，儘管題目稱該書爲「群仙蒙求」，但正文依然稱之爲「三洞群仙録」。

〔一〕宋孫覿鴻慶居士集卷三二，叢書集成續編第一二七册，第二六七頁下。

因此，目前没有任何證據證明陳葆光另撰有一部三卷本的三洞群仙録（或群仙蒙求、神仙蒙求），也無法確證毗陵志所謂的三卷本神仙蒙求是否爲三洞群仙録定稿前的草稿。第一，這個三卷的神仙蒙求，未見有傳本行世。第二，「神仙蒙求」、「群仙蒙求」，應都只是三洞群仙録的不同名稱。如孫覿將二十卷三洞群仙録稱爲「群仙蒙求」，當因三洞群仙録採用了近乎蒙求的體例，猶如宋周應合所撰歷代名醫蒙求亦以「蒙求」爲題。故但凡用蒙求體例者，均可稱爲「某某蒙求」。

三洞群仙録的刻本現存兩個版本，一爲正統道藏本，一爲道藏輯要本。然道藏輯要也是從道藏本翻刻而來。經核對，除極少數文字不同外，道藏輯要本基本同於道藏本。

除了刻本以外，不同書目還著録了幾種抄本。四庫全書總目和鐵琴銅劍樓藏書目録各著録一種二十卷的抄本，天一閣書目著録一種十卷的抄本，文選樓藏書記則著録一種三卷的抄本。

四庫全書總目所著録「三洞群仙録二十卷」，爲浙江吴玉墀家藏本，未見。又，清瞿鏞鐵琴銅劍樓藏書目録卷一八曾著録一個二十卷的舊抄本，謂「書中『真』字減筆，當從宋刻傳録。後附成化辛丑彭華寶極觀記」〔一〕。中國國家圖書館藏一「清抄本」，有恬裕齋印，後附有寶極觀記，當即此也；然謂爲清抄本，似不確也。

中國國家圖書館藏三洞群仙録抄本，書前扉頁印有「三洞群仙録舊抄捌本」字樣，下有「恬欲齋藏」四字。「恬裕齋」是「鐵琴銅劍樓」之舊名，並且序文和每卷開頭都有鐵琴銅劍樓藏書印。另外，該抄本除前有林季仲序（同道藏本）外，後有彭華成化年間撰寶極觀記一篇，符合鐵琴銅劍樓藏書目對三洞群仙録二十卷舊抄本的描述，可見國圖藏該抄本即瞿鏞鐵琴銅劍樓藏書目録中所載舊抄本。然最後云「書中『真』字減筆，當從宋刻傳録」，不能遽定。而抄本既有成化辛丑（十七年，一四八一）彭華寶極觀記，可見最大可能當抄於成化年間，不知道國圖爲何稱之爲清抄本。另外，書前封面印有「乾隆三十八年月兩淮鹽政李質穎送到三洞群仙録一部，計書捌本」字句，可見爲四庫採進書。但查檢四庫全書總目，其撰寫提要所據爲吴玉墀家藏本，或許本抄本未得録用。

又，清范邦甸天一閣書目還著録一個十卷的抄本〔二〕，文選樓藏書記則著録一種三卷

〔一〕清瞿鏞編纂，瞿果行標點，瞿鳳起覆校鐵琴銅劍樓藏書目録卷一八，上海：上海古籍出版社，二〇〇〇年，第四七七頁。

〔二〕清范邦甸等撰，江曦、李婧點校天一閣書目卷三之二，上海：上海古籍出版社，二〇一〇年，第三二一頁。

的抄本[一]。這兩種本子筆者均未見。

本次整理，以正統道藏本爲底本，用道藏輯要本（簡稱「輯要本」）、國圖藏鐵琴銅劍樓藏舊抄本（簡稱「國圖舊抄本」）作校本，先於每條之後考證注明文獻來源，再開列校勘記。經核對可以發現，三洞群仙録在引用的時候，常常會做一些删略甚至是改動，與原始文獻文句差距很大。所以，本書的校勘，以版本校爲主，僅在詩詞韻文及一些關鍵人名、地名、道教術語等處酌情予以他校。有關作者資料、歷代著録信息和序跋及參考文獻收作附録。

三、三洞群仙録的體例和引書

如上文所述，三洞群仙録將一千多人之小傳彙爲一書。其材料的採擇，在時間上係從遠古直到成書前，故可作爲一部仙道傳記通史來看。

三洞群仙録共二十卷，每卷篇幅基本等同，大部分每卷爲二十八條，只有四卷例外，即卷四有二十四條，卷一五、卷一九有十七條，而卷二〇爲二十二條。本書採用蒙求的體例，以四字韻語排列成對，合爲一條，這樣每一條下均包括兩小條，各述一事。顯然，本書受到

〔一〕清阮元撰，王愛亭、趙嫄點校文選樓藏書記卷五，上海：上海古籍出版社，二〇〇九年，第四〇七頁。

王松年仙苑編珠的影響。但仙苑編珠僅三卷，本書卻卷帙增廣到二十卷之多，而且全書體例更爲統一，每小條所附故事也篇幅大致均等。

三洞群仙録引書達一百八十三種之多，删除重複，也有一百七十六種。所謂重複者，如前漢列傳、漢隱逸傳，實則均指班固漢書；後漢逸史、後漢隱逸傳、西漢逸史，實則均指南朝宋范曄後漢書，鄭洪傳（注引會稽記）也是後漢書的一篇；晉逸史、晉隱逸傳、晉隱逸，等實則均指晉書隱逸傳，而方術傳引文，經查也是出自晉書；另外，唐隱逸傳、唐逸史實則均爲後晉劉昫舊唐書隱逸傳。

三洞群仙録中引用條數達十條以上者，有十七種書，依照被引條數多少，從高到低分别爲：神仙傳，八十四條；高道傳，八十三條；仙傳拾遺，六十八條；真誥，六十六條；太平廣記，四十八條；列仙傳，四十六條；丹臺新録，三十三條；王氏神仙傳，二十八條；續仙傳，二十四條；抱朴子，十九條；拾遺記，十九條；郡閣雅談，十六條；西山記，十五條；墉城集仙録，十五條；晉逸史，十四條；括異志，十三條；本傳，十三條。

從引書的年代分佈看，編者非常重視近代的仙道傳記。在一百八十三種書目之中，成於唐五代的書目有五十九種，成於宋代的書有七十四種（包括成書於唐宋間不能明確歸屬的四種）；另外，成於漢之前的書目有十二種，三國兩晉南北朝的書目爲三十四種，不能明確年代的書目有四種。故唐宋間的書目總數爲一百三十三種，佔到總數的百分之七十二强，而宋代的書目則佔到全部書目的百分之四十强。特别值得一提的是，雖然本書成於紹興二十四年（一一五四），距離南渡（一一二七）僅二十七年，而可確定爲南渡以後才成書的書目居然有五種之多，即江少虞皇朝類苑、彭乘墨客揮犀、單子發袁府君祠堂記，以及不詳撰人的古今詩話和很可能是祝穆編的武夷山記。其中，單子發袁府君祠堂記，撰於南宋紹興八年（一一三八），當爲本書所引最晚一部書。

對近代的書目之重視，也反映到引文較多的書目上。上述引十條以上的十七種書目之中，有十一部都是唐宋間的書。具體是，成於唐代的有一部，即唐房玄齡等撰晉書（引作晉逸史、晉隱逸傳、晉隱逸）；成於五代的有四部，即南唐沈汾續仙傳，前蜀杜光庭仙傳拾遺、王氏神仙傳、墉城集仙録；成於宋代的有五部，即宋李昉太平廣記，宋夏有章撰丹臺新録，宋賈善翔撰高道傳，宋潘若沖撰郡閣雅談，宋張師正撰括異志；成於唐宋間的有一部，即不明撰人的西山記等。

四、三洞群仙録的文獻價值

三洞群仙録引書達一百八十餘種，其中超過三分一的書籍已然散佚。無論在保存文獻方面，還是在提供唐宋道教史料、道士傳記資料方面，三洞群仙録都是一部值得重視的作品。

（一）三洞群仙録在唐宋仙道傳記方面輯佚和文獻保存上的價值

據以上介紹，首先值得强調的便是三洞群仙録對於文獻輯佚的意義。例如，在唐宋間的仙傳和道傳的保存上，北宋賈善翔高道傳、五代杜光庭仙傳拾遺和王氏神仙傳等書，皆因三洞群仙録而得以保存大部分或部分内容。

高道傳作爲少見的一部以道傳命名的高道傳記，惜已佚失，而該書主要賴三洞群仙録得以保存。在高道傳的輯佚方面，最早有嚴一萍先生輯四卷，編入其道教研究資料中，而這一輯佚工作，主要依賴三洞群仙録引文得知傳主名單，並與歷世真仙體道通鑑對照，得八十餘傳。仙鑑固然録全文，但遺憾的是未注出處。所以，幸賴三洞群仙録注明出處，我們才能得知有哪些傳主出高道傳，進而由此據仙鑑輯出傳文。另外，道門通教必用集卷一也列有十六條，非常珍貴，但數量顯然不能與三洞群仙録相比。由此可看，陳葆光對高道傳的大量引用（達八十三條之多），起到了巨大的保存作用〔一〕。

〔一〕有關高道傳的文獻考證及輯佚工作總結，參拙文高道傳輯考，道教研究學報（宗教、歷史與社會）第九期（二〇一七年），第四一—七五頁。

與上述情況類似的是仙傳拾遺。中興書目云原書四百二十九事，而今僅存一百二十八事。三洞群仙録則引達六十八條之多，佔到存文的一半。這六十八條中，有十八條是三洞群仙録和太平廣記都有徵引（三洞群仙録較略），有一條是除三洞群仙録外，另有續事始和事物紀原所徵引，而其他的四十九條則只有三洞群仙録徵引，佔現存一百二十八條的近百分之四十。以上所述六十八條，尚不包括本書以太平廣記的名義徵引，而出自仙傳拾遺的引文。

杜光庭王氏神仙傳，本五十五人（據郡齋讀書志著録），今存三十九人，而三洞群仙録引三十三條，合共二十九人。由此可知，王氏神仙傳主要賴本書（及類説）得以保存。

除此以外，還有一部宋初道書丹臺新録，較少引人注意，也幸賴三洞群仙録而保存部分面貌。丹臺新録作者爲北宋道士夏有章（號青霞子），目前筆者所見該佚書亦主要因三洞群仙録和宋李昉（九二五—九九六）撰歷代宫殿名兩書的徵引而保存了部分内容。

（二）三洞群仙録在唐前仙道傳記方面輯佚和文獻保存的價值

在唐前道傳和仙傳的保存上，三洞群仙録也值得注意。筆者特别留意到的是葛洪的神仙傳和抱朴子。本書引神仙傳八十四條，抱朴子十九條。若考慮到葛洪這兩部書的現存本亡佚實多，本書的引文不能不説是一筆豐厚的資源。不過，這當中還有一些複雜的情況。比如，全書引神仙傳八十四條（其中卷三「茅君雞子」條曰出神仙録）中，只有四十六條能在現存神仙傳中找到相對應的文字。而另外的三十八條之中，七條見於列仙傳，五條見於續仙傳，兩條出野人閑話，兩條出神仙感遇傳，仙傳拾遺、王氏神仙傳、續玄怪録、幽明録、蘇君傳、集異記各出一條，另有五條所記顯然是唐宋間人，十一條不明出處，顯然都不會出自葛洪神仙傳。固然，不能排除的一個情況是，現存的神仙傳實際已非全帙，所以無法找到所有能與三洞群仙録的引文對應的内容，但也有可能是，三洞群仙録在引用時對葛洪的神仙傳和其他「神仙傳」未加嚴格區分。

這一現象也存在於對抱朴子的引用中。三洞群仙録全書引抱朴子十九條，其中只有五條（卷五「趙明燃屋」、卷一〇「曼卿流霞」、卷一三「張蒼吮乳」、卷一六「梁須徹視」、卷一七「蔡誕鋤芝」）見於今存抱朴子内篇，其他的十四條中，有一條（卷四「琴高控鯉」）不明出處（琴高出列仙傳，然未有本書引文内容），而其餘十三條則均見於神仙傳。同樣，固然有抱朴子現存本僅爲原本十之六七，從而不能遽定原本中是否有這些引文這樣一種情況，但更有可能是，三洞群仙録的編者在編撰的時候，未對出自同一作者的抱朴子和神仙傳嚴格加以區分。

在這種情況下，可以發現，葛洪神仙傳的輯佚還有一些空間。比如在三洞群仙録題出抱朴子的條目中，其實有不少出於神仙傳。另外，經過比對，三洞群仙録引神仙傳（也確實出自葛洪神仙傳）和明引抱朴子、實引神仙傳的内容，大多符合漢魏叢書本神仙傳和太平廣記引神仙傳。這一點也符合於學界對廣記引文、漢魏叢書本神仙傳基本是宋本的認識。不過，迄今爲止尚未有一部完整的主要依據宋本而整理的神仙傳。

除上文所述本書引神仙傳、抱朴子多有實不符名的情況外，又如列仙傳，全書共引四十六條，但其中有十七條乃出自他書，計有神仙傳四條（卷一「景純無成」條記郭璞事，卷九「馬明救病」記馬明生事，卷一七「玉女投壺」條、卷一八「方平蟬蜕」記王方平事）、漢武洞冥記二條（卷四「黄安坐龜」，卷七「黄安舌耕」）、真誥一條（卷五「郗鑒司直」記郗鑒事）、續仙傳一條（卷七「許尋偃月」記許碏事）、神仙感遇傳一條（卷一〇「静之龜鶴」記蕭静之事）、仙傳拾遺三條（卷一一「白雲仙籙」條記劉白雲、「月支獻獸」條記月支使者事，卷一六「仙官馬周」條記馬周事）、集仙録一條（卷一二「真多朝元」條記李真多事）等，另有四條不明出處，分别爲卷一一「淳于典柄」條記淳于事，卷一二「王向分影」條記王向事，卷一「子房萬户」條記張良事，卷一六「張碩羽帔」條記張碩事。

除此以外，書中還有出處倒置的問題。例如，卷一八「丘公鶴跡」、「方平蟬蜕」兩條，分别云出神仙傳和列仙傳，卻恰恰是顛倒的，應當是浮丘公出列仙傳，王方平出神仙傳。

除上述列仙傳、神仙傳等存在的問題外，還有一些複雜多樣的情況。如書中引「本傳」十三條，實際上見於不同出處。故筆者認爲，所謂的「本傳」原非一書。如所引「本傳」十三條中，出正史者有四條，即卷一「昭微隱逸」條出北史，卷四「廖扶北郭」條出後漢書，卷一四「龜蒙散人」條出新唐書，卷一七「鄧郁觀鳥」條出南史；出類書者有兩條，即卷七「淮陽一老」條出白氏六帖事類集和錦繡萬花谷，卷一七「穆王八駿」條出太平廣記；出單傳者有四條，即卷一八「賢安紫榛」條出魏華存傳，卷二「天師三境」、「道君授劍」、「玉女獻環」三條均出張道陵傳；出筆記者一條，即卷六「洞源鳴鐘」條出江淮異人録；出方志者一條，即卷一四「道源推步」條見淳熙新安志；不明出處者兩條，即卷三「稚川金闕」、「公遠碧落」兩條。

（三）三洞群仙録對其他文獻輯佚和保存的價值

上面所介紹的情況，是三洞群仙録引用十條以上者。但引用條數不多的，也有不少具較大輯佚價值。據粗略統計，三洞群仙録所引已佚之書有八十種左右。有一些佚書，如修真秘訣、真境録、小仙傳、郴州記、玉仙傳等，雖在本書僅得一條，然因他書亦所引無多，故亦屬彌足珍貴。

除此之外，三洞群仙録對已整理的古籍也有個別的校正意義，略舉兩例：

如三洞群仙録卷一四「王母瑶池」條引穆天子傳，提及穆天子見西王母，「獻錦組百純，白組三百純」。洪頤煊根據諸本校定穆天子傳，作「獻錦組百純，□組三百純」〔一〕。其中「白」字闕，可據三洞群仙録校補。

又如南朝陳馬樞撰道學傳，本爲一部重要的早期道士傳記專書，可惜已佚。陳國符將佚文搜羅殆盡，輯爲道學傳輯佚，附於道藏源流考。然筆者發現三洞群仙録中仍有部分條目，未輯入輯佚中。如卷一「黄帝道宗」條出道學傳，不見於道學傳輯佚，可補陳先生之闕。

李靜

〔一〕晉郭璞注，洪頤煊校穆天子傳卷三，臺北：臺灣中華書局，一九七八年，第一頁上。

三洞群仙録序

正一道士陳葆光撰集

闕〔一〕地求泉，雖至愚知其可得；錬形致仙，雖賢者不能篤信。故神仙顯跡，昭示世人，使錬炁存真，保命養神，以祈度世，脱囂塵，超凡穢，而游乎八極之外，其利物濟人之意弘矣。然仙凡異質，淨穢志殊。人之生也，資形以棲神，資物以養生。其弊也，役神以養形，逐物以喪真，自壯而老，自老而衰，自衰而死，骨肉復土，形神離矣。仙者，養形以存〔二〕生也，氣專志一，不以好惡累其心，不以得喪汩其和，游心於澹，合氣於漠。其至也，心靜而神完，德全而不虧，故能出入虚無，獨與道俱，壽同天地，飛升太虚，而爲真仙矣。然嵇康謂神仙禀之自然，非積學所致，吴筠謂神仙可學而成，二人矛盾如此。

僕謂神仙苟非積學所致，則上帝之詔旌陽也，曰：「學仙童子許遜，卿在多劫之前，積修至道，勤苦備嬰，萬法千門，罔不師歷，救災扞難，除害盪妖，功濟生靈，名刊仙籍，衆真保舉，宜有甄升，可授九州高明太史。」又詔曰：「學仙童子許遜，脱子前世貪殺匿、不祀先祖之罪，録子今生咒水行藥治病，伐惡馘毒之功，仰灊山司命君傳金丹於下界，閉債封形，回子身及家口厨宅百好歸三天。」兩詔皆曰「學仙童子」，又曰「積修至道，勤苦備嬰」，是神仙果可學而致也。茅盈未生也，秦始皇三十一年，其祖初成於華山乘雲，白日昇天，邑民歌之曰：「神仙得者茅初成，駕龍上升入太清，時下玄洲戲赤城，繼世而往在我盈，帝若學之臘嘉平。」按盈内傳及盈九錫碑言：「盈生於漢景帝中元五年。」蓋未生前七十二年，始皇世已謡當仙矣。漢哀帝元壽二年，上帝授位太元真人東嶽上卿司命神君，時年一百四十有五歲。如此，則神仙豈非禀之自然？二百一十七年，盈胎未兆前，已謡當仙，實讖於未然，審爾豈積學所致也？末學之夫，謂神仙非積學所致，而怠於勤修者，自賊其身者也；謂可學而能致者，欲磨磚爲鏡，坐禪成佛者也。夫忠信之道無他，誠一而已。誠之與一，入水不溺，入火不焦，金石爲開，虎豹莫賊。如商丘開，如吕梁丈夫，彼一而猶若是。況神仙者，形神俱妙，與道合真，其坐在立亡，分形散體，倏忽萬變，飛行八極，宜矣。

修真之士，虚緣葆真，抱一沖素，以慈爲寶，以静爲基，朝徹見獨，昭曠混冥，其要不離於老子莊周之書。捨是皆矯誣之論，非聖之書也。黄帝之遺玄珠，七聖迷道而象罔獨得；儵忽之遇混沌，日鑿一竅而返致其死。是明道者當遺形去智，虚無寂淡，静一而不變，純粹而不雜，此養形神、反造化之本也。秦漢之君，侈於嗜慾，蕩於紛華。慕神仙之術，欲長年而保其尊榮；信金丹之説，資藥力以濟其荒淫。於是方士並出，而幻譎變化之術始彰。乃有合鉛汞、結丹砂而名大藥，嚥津氣、存龍虎以爲内丹，木公金母之名，姹女嬰兒之號，黄芽白雪之稱，七返九還之訣。其上則玄都絳闕之異，赤明龍漢之紀，三洞符籙之科，九壇齋醮之式，下逮尸解鑑形、投胎奪舍、飛符布炁、劾鬼治邪之術，悉由恍惚而立象，從虛無以課有，千門萬户，錯出旁門。及其成功，則殊途同歸，百慮而一致也。天下之士，無本不立，無文不成。虚緣葆真，抱一沖素，本也；變化飛升，尸解布炁，末也。故曰：本立而末自應，始質而文成，自然之理也。

江陰靜應庵道士陳葆光，憤末學之夫怠於勤修，果於自棄，生存行尸，死爲下鬼，乃網羅九流百氏之書，下逮稗官俚語之説，凡載神仙事者，裒爲此書，以曉後學，使知夫列仙修真之勤，濟物之功，奉天之嚴，得法之艱，如此之勤苦勞勩，卒能有成，丕顯其光，與天爲徒也。昔司馬子微著坐忘樞，陳碧虚作混元鑑，以啓後人，皆旨趣深遠，初學蒙叟無自而入。今陳君集仙之行事，揚高真之偉烈，以明示向道者，使開卷洞然，知神仙之可學，歷世聖賢之跡，萃於目前，如視諸掌。激之勸之，使憤悱奮發，踴躍精進，以祈度世，如置尊通衢，人人可以酌取自飫，則其導迷翊教，濟物利人，豈淺淺者？陳君神氣虛靜，德性粹和，佩三洞之靈文，神飛碧落，窺九清之秘岌，名籍丹臺，他日繼列仙而授位，載雲氣而上浮，五帝校籍，三官策勳，所以酬著書之勤，而警夫偷墮之士，使知有補於世者，天必有以報也。

紹興甲戌中元日，霅里竹軒書。

〔一〕闕：輯要本作「掘」。

〔二〕存：本字後國圖舊抄本多一「真」字。

三洞群仙録卷之一

正一道士陳葆光撰集

盤古物祖　黄帝道宗

述異記：盤古氏，天地萬物之祖也。其没也，頭爲五嶽，目爲日月，脂膏爲江海，毫髮爲草木。一云頭爲東嶽，腹爲中嶽，左臂爲南嶽，右臂爲北嶽，足爲西嶽，泣爲江河，氣爲風雷〔一〕，喜爲晴，怒爲陰。

又徐整三五曆記云：天地渾沌如雞子，盤古在〔二〕其中。萬八千歲〔三〕，天地開闢，陽清爲天，陰濁爲地。盤古在其中，一日九變，神於天，聖於地，天日高一丈，地日厚一丈，盤古日長一丈。如此萬八千歲，天數極深，地數極厚，盤古極長。後乃有三皇，數起於一，立於三，成於五，盛於七，處於九，故天去地九萬里。

又真書曰：二儀未分，溟涬洪濛，未有成形。日月〔四〕未具，狀如雞子，渾沌玄黄。已有盤古真人，天地之精，自號元始天王。

本條所引述異記内容大致可在梁任昉述異記卷上第一、二條中找到，有關文字隨庵叢書本、漢魏叢書本與百子全書本相同，亦見類説卷八「盤古氏」條引述異記。三五曆記，吴徐整撰，書已佚，清馬國翰據藝文類聚、太平御覽、開元占經等書中引文輯爲一卷，收入玉函山房輯佚書。清王仁俊又據五行大義、法苑珠林等書中引文輯得三條，收入玉函山房輯佚書補編。本條中三五曆記引文見於玉函山房輯佚書第一條。真書，出自元始上真衆仙記，存於正統道藏，雖題葛洪枕中書，然文中提及許穆、許玉斧等人，或出在葛洪及東晉上清降經之後。

〔一〕氣爲風雷：三本述異記均作「氣爲風，聲爲雷，目瞳爲電」。

〔二〕在：玉函山房輯佚書及藝文類聚、開元占經、方輿勝覽、太平寰宇記諸書引文均作「生」。

〔三〕萬八千歲：藝文類聚同，玉函山房輯佚書、開元占經於「萬」字前多一「一」字，方輿勝覽、太平寰宇記作「八萬四千歲」。下「萬八千歲」同。

〔四〕日月：元始上真衆仙記作「天地日月」。

道學傳：黄帝，少典之子，姓公孫，號帝〔一〕鴻氏，一號歸藏氏。又有縉雲之瑞，亦號縉雲氏。赤多白少曰縉。又有土德之瑞，故號曰黄帝。弱而能言，聖而預知。好道希妙，故爲道家之宗也。

道學傳，南朝陳馬樞撰，已佚。三洞珠囊有多處引用。本條陳國符道藏源流考附録道學傳輯佚失收，亦未見他處引用。

〔二〕帝：原作「常」，據太平御覽卷七九皇王部四「黄帝軒轅氏」條引帝王世紀、册府元龜卷一帝王部帝系、雲笈七籤卷一〇〇軒轅本紀、通志卷一三皇紀黄帝等校改。

少昊歌瑟　顓帝錫鍾

拾遺記：少昊以金德王天下。皇娥處璇宫而夜織，或乘桴木而晝遊，經歷窮桑滄茫之浦。時有神童，容貌絶俗，稱爲白帝之子，即太白精，降乎水際，與皇娥讌戲。又云西海之濱有孤桑之木，直上千尋，葉紅椹紫，萬歲一實，食之後天而老。帝子與皇娥泛於海上，帝子與皇娥並坐，撫桐峰紫瑟。皇娥倚瑟而清歌，曰：「天清地曠浩茫茫，萬象回薄化無方。浛天蕩蕩望滄滄，乘桴輕漾著日傍。當期何所至窮桑，心知和樂悦未央。」白帝子答歌曰：「四維八埏眇難極，驅光逐影窮水域。璇宫夜靜當軒織，桐峰之梓千尋直。伐梓作器成琴瑟，清歌流暢樂難極，滄湄海浦來棲息。」及皇娥生少昊，號曰窮桑氏，亦曰桑丘氏。

拾遺記，晉王嘉撰。本條見拾遺記卷一少昊。

又顓帝，高陽氏，黄帝孫，昌意子。昌意出河濱，遇黑龍負玄玉圖。時有一老叟謂昌意云：「生子必叶水德而王。」至十年，顓帝生，手有文如龍，亦有玉圖之象。其夜昌意仰視天，北辰下化爲老叟。及帝即位，奇祥衆祉，莫不總集。不稟正朔者，越山航海而皆至也。帝乃揖四方之靈，群后執珪以禮，百辟各有班序。受文德者，錫以鐘磬；受武德者，錫以干戈。有浮金之鐘，沉羽之磬，以羽毛拂之，聲振百里。

本條見拾遺記卷一顓頊。

唐堯鳴鶴　夏禹乘龍

拾遺記：唐堯在位，聖德光洽。河洛之濱得玉版方赤〔一〕，圖天地之形。又獲金璧之瑞，文字炳烈〔二〕，記天地造化之始。四凶既誅，善人來服，分職設官，彝倫攸叙。乃命大禹疏川瀦澤，有吴之鄉，有北之地，無有妖災。沉翔之類，自相馴擾。幽州之墟，羽山之北，有善鳴之禽，其聲似鐘磬笙竽也。世語：青鸖鳴，時太平。

本條見拾遺記卷一唐堯。

〔一〕赤：拾遺記作「尺」。

〔二〕烈：拾遺記作「列」，當是。

又南潯之國有洞穴陰源，其下通地脉。中有毛龍，時蜕骨於曠澤之中，魚龍同穴而處。

其國獻毛龍，一雌一雄，放置豢龍之宫。至夏代，豢龍不絶，因以命族。至禹導百川，乘此龍。及四海攸同，乃放河汭。

本條見拾遺記卷一虞舜。

伯陽帝師　仲尼真公

廣記：老子名耳〔一〕，字伯陽，楚國苦縣曲仁里人也。其母感大流星而有娠。或云老子先天地而生，或云天之精魂，蓋神靈之屬。剖母左腋而生，生而白首，故謂之老子。伏羲時出爲師，號元化子，教示伏羲，推舊法，演陰陽，正八方，定八卦。神農時出爲師，號大成子，教神農嘗百草，種五穀，與民播殖。祝融時出爲師，號廣成子，教修三綱，齊七政。黄帝時出爲師，號力牧子，消息陰陽，作道誡經。以至少皡、高辛、堯、舜、禹、湯，老君皆出爲帝師，各有其號，各傳其經，各授其道，千變萬化，不可窮詰。昭王時出關，化導西胡。至幽王時，却還中夏。故孔子適周而問乎禮，曰：「吾今日見老子，其猶龍乎？」老子知禮樂之原，則道德之歸，真吾師也。

本條前半，自「老子名耳」至「故謂之老子」，見太平廣記卷一神仙一「老子」條引神仙傳。

〔一〕耳：本字前廣記多一「重」字。

史記：「丘云字仲尼，姓孔氏。」拾遺記：「孔子生之夜，有二蒼龍自天而下，有二神女擎香露於空中，以沐浴徵在。天帝下奏鈞天之樂，有五老列於庭，則五星之精也。先是，有麟吐玉書於闕里人家，云水精之子，系衰周而素王。故二龍遶室，五星降庭。徵在以繡衣〔一〕繫麟角。及夫子將終，乃抱麟，解紱而泣。」丹臺新録云：「孔子爲太極上真公，治九嶷山。」

本條所引史記、拾遺記的内容分别見史記卷四七孔子世家、拾遺記卷三周靈王。丹臺新録，通志藝文略著録曰：「丹臺新録九卷，夏有章撰。」道藏闕經目録有著録，則此書明刊道藏時已佚。本條云引自丹臺新録的内容亦見元始上真衆仙記，或爲丹臺新録此條記載之來源。

〔一〕衣：拾遺記作「紱」。

傅説比星　鄒屠夢日

莊子曰：傅説得之以相武丁，奄有天下，乘東維，騎箕尾，而比於列星。

本條見莊子内篇大宗師第六。

拾遺記：帝嚳之妃，鄒屠氏之女也。黄帝去蚩尤之兇，遷其民善者於鄒屠之地，遷惡者於有北之鄉。其先以地命族，分爲鄒氏、屠氏。女行不踐地，常履風雲，游於伊洛，帝乃期焉，納以爲妃。妃常夢吞日，則生一子。凡經八夢，則生八子。世謂爲「八神」，亦謂「八翌」，翌，明也。亦謂「八英」，亦謂「八力」。言〔一〕其神力英明，翌成萬象，億兆流其神睿焉。

本條見拾遺記卷一高辛。

〔一〕言：原闕，據拾遺記校補。

公孫撫琴　師延吹律

晉逸史：公孫鳳隱于九域〔一〕山，冬則單衣，寢處土床。夏則并食于器，令臭，然後食之。每撫琴吟詠，陶然自得，人皆異之。

本條見晉書卷九四隱逸公孫鳳傳。

〔一〕域：晉書作「城」。

拾遺記：師延者，商之樂人。師延精述陰陽，曉明象緯，莫測其爲人。總修三皇五帝之樂，撫一絃琴則地祇皆升，吹玉律則天神俱降。當黃帝時，已數百歲。又能奏清商流徵滌角之音、迷魂淫魄之曲。

本條見拾遺記卷二殷湯。

子房萬户 涉正一室

列仙傳：張良字子房，佐漢高祖功成，乃曰：「余以三寸舌爲帝者師，封萬户，位列侯。此布衣之極，於良足矣。願棄人間事，欲從赤松子游耳。」

現存列仙傳未見張良事。本條見史記卷五五留侯世家和漢書卷四〇張良傳。

神仙傳：涉正，巴東人，説秦始皇時事，了了若親見。嘗閉目行，弟子隨之數十年，莫有見其開目者。有人固請之，正乃開目，有光如電，照耀一室。李八百呼爲千[一]歲小兒。

本條見神仙傳「涉正」條（四庫本卷六、漢魏叢書本卷一〇），及雲笈七籤卷一〇九神仙傳。三本比較，兩本神仙傳「涉正」條均似爲七籤本節略，其中漢魏本近於七籤。

〔一〕千：七籤、四庫本神仙傳作「四百」。

馬底肥遁 昭微隱逸

仙傳拾遺：馬底子者，不知何許人。與何丹陽隱居蜀鶴鳴山，修八道望雲之法，肥遁歷年。後於洞府探石函，得黄帝金鼎之訣，鍊丹於山上。丹成，服之昇天。

仙傳拾遺，五代杜光庭撰，已佚。太平廣記與本書徵引此書最夥。本條未見他處引用。羅爭嗚據本書輯入杜光庭記傳十種輯校仙傳拾遺。

本傳：隋李昭微志好隱逸，慕葛洪之爲人，尋師訪道，不遠千里。爲高唐尉，大業中，將妻子隱於嵩山。時號黄冠子。

本條見北史卷二七李先傳。李昭微，北史作李昭徽，李景儒子。

簡狄聖子　蘭公仙王

王子年拾遺：商之始也，有神女簡狄，遊於桑野，見黑鳥遺卵於地，有五色文，作「八百」字。簡狄拾之，貯於玉筥，覆以朱紱。夜夢神女謂之曰：「爾懷此卵，即生聖子，以繼金德。」狄乃懷卵，一年而有娠，經十四月而生契，祚以八百，叶卵之文也。雖遭旱厄，後嗣興焉。

王子年拾遺，即晉王嘉拾遺記。本條見拾遺記卷二殷湯。

廣記：蘭公，兖州人，家有百餘口，精專孝行，感動神明〔一〕。一日遇月〔二〕中真人下降其室，自稱孝悌明〔三〕王，云：「子〔四〕居日中爲仙王，居〔五〕月中爲明王，居人間〔六〕爲孝悌王。夫孝至於天，日月爲之明；孝至於地，萬物爲之生；孝至於民，王道爲之成。且三才肇分，始於三氣。三氣者，乃玉清三天也。吾於上清托化人間，示陳孝悌之教。晉有許真人〔七〕傳吾孝道之宗，得爲衆仙之長。今授汝祕旨。」言訖而不見〔八〕。蘭公頓悟真機，道成，白日昇騰。

本條見太平廣記卷一五神仙十五「蘭公」條引十二真君傳。

〔一〕神明：廣記作「乾坤」。
〔二〕月：廣記作「斗」。
〔三〕明：廣記無此字。
〔四〕子：廣記無此字。
〔五〕居：廣記無此字。
〔六〕居人間：廣記作「斗中」。
〔七〕晉有許真人：廣記作「後晉代當有真仙許遜」。
〔八〕言訖而不見：廣記無。

虞舜玉琯　漢武錦囊

廣記：虞舜即位，西王母遣使授舜白玉環，又授以益地之圖，遂廣黄帝九州爲十二州。王母又遣使獻舜白玉琯，吹之以和八風。

本條見太平廣記卷五六女仙一「西王母」條引集仙録。集仙録即墉城集仙録，五代杜光庭撰，原本十卷，見於崇文總目道書類、通志略道家類、宋志道家類著録，現有道藏所收殘本六卷，凡三十七人；雲笈七籤卷一一四至一一六亦收此書節本，共二十七人。本條亦見道藏本墉城集仙録卷一金母元君、雲笈七籤卷一一四墉城集仙録「西王母傳」條。

漢武内傳：武帝見西王母巾箱中有一卷小書，盛以紫錦囊〔一〕。帝見瞻覽〔二〕，母曰：「此五嶽真形圖也。昨青城諸仙就我請求，乃三天太上所出，其文祕禁，豈汝穢質所宜佩乎？」

本條見漢武帝内傳。

〔一〕紫錦囊：内傳作「紫金之囊」。

〔二〕帝見瞻覽：内傳作「帝問此書是仙靈之方邪，不審其目，可得瞻眄否」。

子恭祕術　長桑禁方

賢己集：杜子恭有祕術。嘗就人借瓜刀，其主求之。子恭曰：「當即相還耳。」既而刀主行至嘉興，有魚躍入船中，破魚得瓜刀。其爲神效，往往如此。

賢己集，書已佚，宋李端彦撰。李端彦，史能之咸淳重修毗陵志卷一七人物有傳，云：「李端彦字相之，武進人。父鎮，舉進士，官至奉議郎，著天潛集，有『古木直無巢，野泉清絶釣』之句，爲時人膾炙。端彦以崇寧二年登第，臚唱丙科。祐陵覽其對，親灑宸翰云：『直諒可嘉，特與升甲。』博學多聞，其賢己集行於世。官至宗學博士。」另高似孫緯略卷一「燒香」條、吴曾能改齋漫録卷一「焚香始於漢」條均提及李相之賢己集。

本條見北堂書鈔卷一二三武功部十一「刀三十五」條、太平御覽卷三四五兵部七十六「刀上」條引晉中興書，太平寰宇記卷九一江南東道三引吴地記，亦見晉書卷一〇〇孫恩傳，當爲賢己集所本。

史記：扁鵲者，渤海郡鄭人也，姓秦氏，名越人。少時爲人舍長。舍客長桑君過，扁鵲獨奇之，常謹遇之。長桑君亦知扁鵲非常人也。出入十餘年，乃呼扁鵲私坐，間與語曰：「我有禁方，年老，欲傳與公，公毋泄。」扁鵲曰：「敬諾。」乃出懷中藥予扁鵲，曰：「飲是以上池之水，三十日當知物矣。」乃悉以其禁方書盡與扁鵲，忽然不見，殆非人也。扁鵲以其言飲藥三十日，視見垣一方人。以此視病，盡見五藏癥結，特以診脉爲名耳。

本條見史記卷一〇五扁鵲倉公列傳。

竇遷金液　嵩叟玉漿

神仙傳：竇遷者，扶風人也。當西晉懷、愍之時，王室寖微，中原振擾。年將筮仕，痛此亂離，遂慕羨門、松喬之跡，奇峰邃洞，靡不栖託，凝思至道，累經試難。一夕，神光照室，異香滿谷，天樂漸近，侍官數百，有一真仙，項佩圓明，乘車而下，二女扶翊，群官後從，年三十餘，虬髯鶴質，自稱平都山陰長生也，愍以勤苦，授金液九丹之訣，盟傳告誓，禮畢而去。

本條未見於神仙傳。

廣記：嵩叟，嵩山老叟也，晉人。因墮嵩山洞穴中，巡穴而行。見穴中一物如青泥，叟食之不飢。遂巡穴出〔一〕，忽到家〔二〕。問張華，曰：「此乃洞府也，所食者玉漿〔三〕也。子其仙乎？」

本條見太平廣記卷一四神仙十四「嵩山叟」條引神仙拾遺。按，神仙拾遺即五代杜光庭撰仙傳拾遺。羅爭鳴據廣記輯入杜光庭記傳十種輯校仙傳拾遺。

〔一〕遂巡穴出：廣记作「乃出蜀青城山」。

〔二〕忽到家：廣记作「因得歸洛下」。

〔三〕所食者玉漿：廣記作「所飲者玉漿，所食者龍穴石髓」。

惠超拔俗　元素遁跡

仙傳拾遺：唐胡惠超，拔俗，有道之士也。處衆人中，則頭出衆人之上，雖至長者，纔及其肩，時人謂之胡長仙。善能役使鬼神。

本條僅見此引。胡惠超傳亦見歷世真仙體道通鑑卷二七。羅争鳴據本書輯入杜光庭記傳十種輯校仙傳拾遺。

宣室志：昭慶民駱玄素，爲小吏，一日遁跡而去。令怒，分捕甚急。遂匿身山中，忽遇一老翁，策杖立於長松之下，召素訊之，曰：「爾安得至此耶？」素以實對，望翁見容。引玄素入深山，僅行十餘里，見一茅齋，前臨積水，珍木奇花，羅列左右。侍童二人，年甚少，居于西齋。其東齋有一藥竈，命玄素候火。老翁自稱東真，以藥數粒，令素餌之，且曰：「可以療飢矣。」自是玄素絶粒。僅歲餘，授以符術及吸氣之法，盡得其妙。一日謂素曰：「子可歸矣。」既而送玄素至縣南數十里，執手而别。玄素自此以符術聞里中，神效不可具紀。

宣室志，唐張讀撰，原帙已不存，今傳明抄本和稗海本，均十卷，另補遺一卷。中華書局一九八三年張永欽、侯志明點校本以稗海本爲底本，校以明抄本等，末附輯佚六十五條（但仍有佚文）。本條見太平廣記卷七三道術三「駱玄素」條引宣室志；點校本據廣記輯入輯佚，題「駱玄素符術」。

知古金魚　安期玉舄

高道傳：道士劉知古，字光玄，睿宗召見，問道家〔一〕，稱旨，特加崇錫。開元中天災流行，疾疫者十有八九，上召知古治之，乃歎曰：「大德曰生，至人亦病。下法錬藥，上醫察聲，至於針艾，不其遠矣。」遂以色代脉，用氣蠲痾，故能膏肓河決，腠理雪散〔二〕，其精妙至如此。上寵錫皆不受。東陽伏牛山下有古觀，因葺而居之。忽室中有光，産丹芝一莖，扣之有金玉〔三〕聲。夢神人謂曰：「後山壁中有金魚，跨之可以沖天。非此芝扣石不可致。」遲明，訪金魚，茫然不知其所。是夕，復夢曰：「滴泉之下是也。」既至，以芝扣，如風雷之震，巨石迸裂。得金魚，長三尺許，乘之飛空，雲霧旋擁而去。

高道傳，北宋道士賈善翔撰，明以來，其書不傳。本書採録九十九條，分屬於八十三傳，均係刪節。宋曾慥類説卷三節録六條，其中「蘅薇香」、「化出玉局」兩條屬於張道陵傳，「白驢」、「白蝙蝠精」兩條屬於張果傳，「絳雪丹」一條屬於王（一作申）元之傳，「小兒誦經聲」一條屬於司馬承禎傳，共得四人。説郛輯録七條，分屬於七傳（司馬承禎、張果、蘇校書、朱桃椎、袁起、李生、郄法遵）。元趙道一歷世真仙體道通鑑多引仙傳，據群仙録所引與之核對，得七十三人，當出原書。另外南宋道士吕太古道門通教必用集卷一歷代宗師略傳小序云：「自東漢而下，訖聖朝之初，蓬丘子賈善翔集以斯道鳴世者百餘人，爲高道傳。爰掇其尤者十數，去繁取要，著於經訓之末，俾吾徒知所矜式焉。」則其道門通教必用集卷一所存十六人傳記，亦本自高道傳。不過，亦爲刪略。

本條亦見歷世真仙體道通鑑卷三二劉知古傳及道門通教必用集卷一歷代宗師傳略「劉知古」條。

〔一〕家：必用集作「業」，本字後仙鑑多一「事」字。

〔二〕故能膏肓河決腠理雪散：必用集作「民賴以安十有八九」。

〔三〕金玉：必用集同，仙鑑作「金石」。

列仙傳：安期先生者，瑯琊阜鄉人也。賣藥海邊，時人皆言千歲。秦始皇請見之，與語，賜金璧數千萬。出於阜鄉亭，置去，留書，以赤玉舄爲報，曰：「千歲求我於蓬萊山下。」

本條見列仙傳卷上「安期先生」條。

壽光少容　玉真美色

神仙傳：靈壽光，年七十餘，遇異人〔二〕，得服食之訣〔三〕，顏容更少，如二十許人。至建安元年，已二百餘歲。解化，殯之，開棺無尸，唯一履存焉。

本條見神仙傳「靈壽光」條（漢魏本卷一〇、四庫本卷七）。而雲笈七籤卷八六尸解亦有「靈壽光」條，注引自「神仙傳第十」。故此篇原當處於神仙傳卷一〇。七籤合於漢魏本神仙傳。

〔二〕遇異人：神仙傳、七籤均無。

〔三〕服食之訣：神仙傳作「朱英丸方」。

又玉〔一〕真，年七十九歲，方知學道。得胎息之法，斷穀三十餘年，肉〔二〕少而色美，行及奔馬。武帝召見，如二十許人。問其里人，皆言四百餘歲。帝奉之如神。辭歸，日行三百里。

本條見神仙傳「王真」條（漢魏本卷一〇、四庫本卷六），四庫本較詳。廣記無此條。

〔一〕玉：神仙傳作「王」。

〔二〕肉：漢魏本神仙傳作「容」。

景純無成　子年略得

列仙傳：郭璞字景純。又西山記云：真君許遜見晉室衰亂，干戈屢起，思有以弭其未然，乃與吳君往詣王敦。時郭璞先在敦府，與之有舊，乃俱見敦。敦謂真君曰：「予夢以〔一〕木破天，先生其占之。」先生曰：「木上破天，未字也。公未可妄動乎？」敦復令郭璞筮之，璞曰：「無成。」敦不悦，曰：「予壽幾何？」璞曰：「公若舉事，禍將不久；還〔二〕武昌，壽不可測。」敦大怒，曰：「君壽幾何？」璞曰：「壽盡今日日中。」敦令武士擒璞，將殺之。真君以酒杯擲起，化爲白鴿，飛繞梁上。敦方舉首，已失二君所在矣。後敦竟不免。

本條云引自列仙傳的内容「郭璞字景純」，見漢魏叢書本神仙傳卷九，亦見太平廣記卷一三神仙十三「郭璞」條引神仙傳。四庫本神仙傳無郭璞。疑本書誤神仙傳爲列仙傳。西山記，不明何書。根據本書引文，當非西山群仙會真記（題施肩吾撰、李竦編）所引之西山記，或爲宋余卞撰西山十二真君傳。本條見歷世真仙體道通鑑卷二六許遜傳。

〔二〕以：仙鑑作「一」。

〔三〕還：本字前國圖舊抄本、仙鑑多一「若」字。

晉書：王嘉字子年，不食五穀，不衣美麗，不與世人交游，隱于東陽谷。人候之者，至心則見，或不至心，則隱形不見。姚萇欲殺符堅〔一〕，問嘉，嘉曰：「略得之。」萇怒曰：「得當云得，何略之有？」遂斬之。先此，釋道安謂嘉曰：「世故方殷，可以行矣。」嘉曰：「卿其先行，吾負債，未果去。」俄而道安亡。至是而嘉戮死。至萇子興，字子略，方殺堅，「略得」之謂也。嘉之死日，人有隴上見之。

本條見晉書卷九五王嘉傳。

〔一〕堅：晉書作「登」，下同，是。

范飲桂水　張賜腴膏

列仙傳：范蠡字少伯，徐州人也。事周師太公，好服桂飲水，爲越大夫。勾踐破吴後，乘輕舟入海，變姓名，又適齊爲鴟夷子皮〔一〕。後百餘年，見於陶，居累億萬，號陶朱公。後棄之，蘭陵賣藥。後人世世見識之。

本條見列仙傳卷上「范蠡」條。

〔一〕皮：列仙傳、歷世真仙體道通鑑作「更」。然考之史記等書，亦作「鴟夷子皮」。

仙傳拾遺：張雲靈修道於南嶽招仙觀，精思感通，天降真密，授其内養元和、默朝大帝之道。行之十三年，神遊太無〔一〕，面朝皇極大帝，賜以瓊腴琅膏、混神合景之液。受而服之，變化恍惚，神用無方。建興元年九月三日昇天。

本條僅見此引。羅爭鳴據本書輯入杜光庭記傳十種輯校仙傳拾遺。

〔一〕太無：輯要本作「太玄」，國圖舊抄本作「大元」。或原當作「太玄」，「無」、「元」，均避諱也。

靈簫握棗　王粲得桃

真誥：九華真妃字靈簫，時同紫陽〔一〕夫人降楊真人之室。夫人問楊曰：「世上曾見此人否？」楊曰：「靈尊高秀，無以爲喻。」夫人大笑。妃握棗三枚，令人各食之。真妃曰：「君師南嶽〔二〕夫人，司命秉權，道高妙備，實良德之宗也。」楊云棗無核，其味有似於梨也。

本條見真誥卷一運象篇第一。

〔一〕陽：真誥作「微」。
〔三〕嶽：真誥作「真」。

王氏神仙傳：王粲昔爲王屋令，誦黄庭經，每欲詮注而未曉玄理，已誦六千餘遍。時棄官入洞，尋真訪道，誓不期返。一日深入洞中，見石床几案之上有經，旁有神人，告之曰：「子其志乎？吾乃仙人王太虚也，注此經已七百年矣。今授於子。」仍將一桃與之，曰：「此桃非中土所有，汝今得之。食之者白日飛昇。」

王氏神仙傳，全稱緱嶺會真王氏神仙傳，五代杜光庭撰，原書四卷，今僅有節本存，見於三洞群仙録、類説卷三（節十六條）、説郛卷七（節一條）。本條名「王粲得桃」，然本書卷四引王氏仙傳，題「琭服桃核」，所述爲一事，文字有異。本條僅見此引，其中「粲」當爲「琭」之誤。太平廣記卷四六神仙四十六「王太虚」條引仙傳拾遺亦提及此事，亦作「王琭」。卷四「琭服桃核」條另見類説卷三「桃核大如數斗」條載，而「琭」作「蜍」。

妙想謁舜　良卿薦堯

集仙録：王妙想，蒼梧女道士也，辟穀服氣，想念丹府，由是感通，常有光景雲物之異。靈香郁烈，天樂之音，震動林壑，須臾千乘萬騎，垂空而下。儀衛數千，人皆長丈餘，執戈戟兵仗、旌幢。良久，乃見鵠〔一〕蓋鳳車，導九龍之輦，下于壇前。有一人冠劍曳履，陞殿而坐，身有五色光，群仙擁從，亦數百人。妙想即往視謁，大仙謂妙想曰：「吾乃帝舜耳，昔勞厭萬國，養道此山。每欲誘教後進，使世人知，無可教授者〔二〕。且夫道在於內，不在於外，道在爾身，不在他人。玄經所謂修之身，其德乃貞〔三〕，非他所能致也。吾覩地司奏，汝於此山三十餘歲，初終如一，守道不邪，汝亦至矣。」於是命侍臣以道、德二經及駐景靈丹授之而去。如是一年或三五降於黄庭觀。數年後，妙想上昇。

集仙録，即五代杜光庭墉城集仙録，原本十卷，道藏本殘存六卷，凡三十七人；雲笈七籤卷一一四至一一六收節本三卷，凡二十七人，與前者重複僅二人；另有佚文散見於太平廣記、太平御覽諸書。本條見太平廣記卷六一女仙六「王妙想」條引集仙録。另有節引見江漢叢談卷一舜陵。

〔一〕鵠：廣記作「鶴」。

〔二〕知：本字後廣記多一「道」字。

〔三〕貞：廣記作「具」，並於該字後多出「此該修之自己，證仙成真」一句。

括異志：陳良卿，景祐四年，自永州隨鄉書赴禮部試。十月至長沙，夢一人引導入巨艦中，見一道士，自稱青精先生，與之談論，辭語高古。謂陳曰：「吾已薦子於堯，爲直言極諫臣。」陳曰：「堯今何在？」曰：「見司南嶽。」陳曰：「堯之由古聖君也，安可在公侯之列？」先生曰：「堯，人間之帝也，秉火德而王，棄天下而神，位乎南方，子何疑焉？」陳辭以名宦未立，俟他日應，乃許以十年爲期。既寤，甚惡之，爲異夢録以自寬。明年，登甲第，調全州判官，道出嶽州南驛。偶晝寢，夢使者持檄來召。遽驚覺，喟曰：「豈堯命乎？」同行相勉以夢不足信。後執書秩，臥讀之。晚，食具，呼之，已逝矣。

括異志，一題括異記，北宋張師正撰，本前志十卷，後志十卷，今前志存，後志佚。本條見括異志卷九「陳良卿」條。

何知沙麓　裴憶藍橋

仙傳拾遺：何丹陽，隴右人，仕於漢季，爲尚書郎。哀、平間，王室陵夷，謂人曰：「今日之事非人力所制，蓋世數有之。昔沙麓傾，有知數者云：『五百年後，齊有聖女興。』今丞相齊國田氏之後，聖后當其運。革漢之命，興齊之業，在此時矣。」遂放志山林，以求度世耳。常服松花，身輕目明，乃棄官隱遁，居蜀之名山。太平上真降授以攀魁乘龍之道，後上升。

本條僅見此引。羅爭鳴據本書輯入杜光庭記傳十種輯校仙傳拾遺。

傳記：裴航傭舟于襄〔一〕漢，同舟樊氏夫人，國色也。航賂婢裊煙，達詩曰：「同舟〔二〕胡越猶懷思〔三〕，況遇天仙隔錦屏。儻若玉京朝會去，願隨鸞鶴入青冥〔四〕。」夫人曰：「妾有夫在漢南，幸無以諧謔爲意。與郎君小有因緣，他日必爲姻懿。」答詩曰：「一飲瓊漿百感生，玄霜搗盡見雲英。藍橋便是神仙窟，何必崎嶇上玉京〔五〕。」後經藍橋驛，渴甚，茆舍老嫗緝麻，揖之求漿。嫗曰：「雲英，擎一椀漿來。」航接飲之，真玉液也。航謂嫗曰：「小娘子豔麗驚人，願娶，如何？」嫗曰：「老病有此女孫，神仙遺藥一刀圭，得玉臼杵，搗一百日，方就。欲娶此女，但得玉臼杵，其餘金帛，吾無所用。」航恨恨而去。月餘，果獲臼杵，挈抵藍橋。嫗襟帶間解藥，航即爲搗之。嫗夜收藥，航窺之，有玉兔持杵，雪光曜室。百日足，嫗吞藥，曰：「吾入洞爲裴郎具帷帳。」俄見大第，仙童侍女引航入帳，諸親皆神仙中人。有一女子，云是妻姊，曰：「不憶鄂渚同舟抵襄漢乎？」左右云是雲翹夫人，劉綱天師之妻，爲玉皇女史。航將妻入玉峰〔六〕洞中，餌絳雪瑶英之丹，超爲上仙。

本條見太平廣記卷五〇神仙五十「裴航」條引傳奇。傳記，當爲傳奇之誤。傳奇，唐裴鉶撰，已佚，輯存三卷。李劍國唐五代志怪傳奇叙録輯得三十四條。

〔一〕襄：廣記作「湘」。

〔二〕舟：廣記作「爲」。

〔三〕思：廣記作「想」。

〔四〕冥：廣記作「雲」。

〔五〕京：廣記作「清」。

〔六〕峰：原作「蜂」，據國圖舊抄本及廣記校改。

武宿鳥巢　端窺螺殼

湘山野録：祖宗潛耀日，嘗與一道士游於關河，無定姓名，自曰混沌武〔一〕。每有乏，則探囊金，愈探愈出。三人者每劇飲爛醉。生善歌步虚爲戲，能引其喉於杳冥間，作清徵〔二〕之聲，時或二句隨天風飄下，唯祖宗聞之，曰：「金猴虎頭四，真龍得真位。」至醒，詰之，則曰：「醉夢語耳，豈足憑耶？」至膺圖受禪之日，乃庚申正月初四日也。自御極，不再見，下詔草澤遍訪之。或見於轘轅道中，或嵩洛間。後十六載，乃開寶乙亥歲也，時上巳祓禊，駕幸西沼，生醉坐於岸木陰下，笑揖太祖曰：「別來喜安？」上大喜，亟遣中人密引至後掖，恐其遁，急回蹕，與見之，一如平時抵掌浩飲。上曰：「我久欲見汝，决刻一事，無他，壽還得幾多在？」生曰：「祖〔三〕今年十月二十夜晴，則可延一紀，不爾，則當速措置。」上酷留之，俾泊後苑。苑吏或見宿於樹末鳥巢中。

湘山野録，宋釋文瑩撰。本條見於湘山野録續録「太宗即位」條。

〔一〕武：湘山野録作「或又曰真無」。

〔二〕徵：湘山野録點校本所據底本津逮秘書本同，但點校本據學津討原本、張氏刊本、有正書局本及宋史卷一二六樂志、續資治通鑑長編卷一七改作「徵」。

〔三〕祖：湘山野録作「但」。從文意看，當以「但」爲是。

搜神記：謝端於邑下得一大螺，取以歸，貯瓮中。一日窺其家，見一少女從瓮中出，至竈下燃火。端問之，答曰：「我天漢中白水素女，天帝哀卿少孤，恭慎自守，故使我權相爲守炊烹。數年中使卿居富得婦，自當還去。而卿無故竊相伺掩，吾形已見，不宜復留，當相委去。留此殼以貯米穀，常可不乏。」端請留，不肯，時天忽風雨，翕然而去。

本條見干寶搜神記卷七「白水素女」條。

採訪下宫　成子中嶽

廣異記：唐玄宗夢神仙羽衛千乘萬騎自空中而下。有一朱衣金冠神人，前謁於帝曰：「我九天採訪使。欲於廬山西〔一〕置一下宫，自有木植基址，但須工力而已。」帝悟，遣使者詣山，果有基址，巨木千萬段，自然而至。云是九江王採作宫殿，神人運來，以供所用。帝即時詔造殿宇〔二〕，不旬月畢工，一如化成。今江州太平觀是也〔三〕。

廣異記，唐戴孚撰，志怪傳奇集，本二十卷，現存六卷。然本條見太平廣記卷二九神仙二十九

「九天使者」條引録異記。録異記，五代杜光庭撰，本十卷，殘存八卷，有道藏本、祕册彙函本、津逮秘書本、説庫本等。本條見録異記卷一仙「九天使者」條，三洞群仙録蓋誤寫録異記爲廣異記。

〔一〕西：録異記、廣記均作「西北」。

〔二〕帝即時詔造殿宇：録異記、廣記均無此句。

〔三〕一如化成今江州太平觀是也：録異記、廣記均無此句。

抱朴子：成子者，姓容，不知何許人。每多與巢父、許由相會，今在中岳，服三黄而得神仙。三黄者，雄黄、雌黄、黄芩〔一〕是也。

本條不見於抱朴子内外篇，而初學記卷二七寶器部金第一、太平御覽卷八一一珍寶部十「金下」條俱引神仙傳曰：「容成公服三黄得仙，所謂雄黄、雌黄、黄金。」故本條當出神仙傳。四庫本神仙傳收有「容成公」條（漢魏本無），内容與本條不同，云：「容成公行玄素之道，延壽無極。」。

〔一〕芩：初學記、御覽引神仙傳作「金」。

趙度逐兔　石巨化鶴

仙傳拾遺：趙度，不知何許人，因獵於大房山，逐一白兔，因入於伏龍穴中。見瑶臺玉堂，壁立千仞，有白蝙蝠，其大如鵶。因與群仙相遇，授靈藥而得仙。

本條僅見此引。羅爭鳴據本書輯入杜光庭記傳十種輯校仙傳拾遺。

廣異記：石巨者，胡人也，性好服食。大曆中遇疾，百餘日，形體羸瘦，神氣不衰。因命其子於河橋召一老姥卜之。巨卧堂前紙隔〔一〕中，姥徑造巨，言甚〔二〕細密，人莫得聞。良久，姥去。後數日，但〔三〕有二白鶴從空而下，穿巨紙隔，入巨所和鳴。食頃，俄從孔中三白鶴飛去。巨子往視之，不復見巨，便隨鶴逼至城東大墩上，見大白鶴數十相隨上天，冉冉而去。

本條見太平廣記卷四〇神仙四十「石巨」條引廣異記，方詩銘輯校廣異記據輯。

〔一〕隔：廣記作「槅」。下同。

〔二〕但：廣記作「旦」。

〔三〕甚：原作「其」，據廣記校改。

祖常幽館　許肇靈閣

真誥：大茅西平山〔一〕俗謂之方山，下有洞室，名曰方臺。其洞〔二〕與華陽相通，號爲幽館，惟得道者居〔三〕焉。祖常託醉〔四〕，墜車而死，隱身幽館，修守一之業而成道〔五〕。

本條見真誥卷一四稽神樞第四。

〔一〕大茅西平山：真誥作「大茅山之西有四平山」。
〔二〕其洞：真誥作「洞有兩口，見於山外也」。
〔三〕居：國圖舊抄本作「處」。
〔四〕醉：真誥作「形」。
〔五〕而成道：真誥無。

又許肇字子阿，長史七世祖也。肇有賑死之仁，拯飢之德。至許映，被三官遣使執之，而映叱其使曰：「我七世祖積仁著德，音〔一〕和鳥獸，救人之患如己之疾，已死之命在〔二〕於阿手，窮垂之身撫之如子，度脱凶年，仁德不墜。是以功書上帝，德刊靈閣，故使度世〔三〕者五，登仙〔四〕者三。汝可知乎？」

本條前半段（「許肇字子阿」至「拯飢之德」）見真誥卷一二稽神樞第二，後半段（「至許映」至「汝可知乎」）見真誥卷四運題象第四。
〔一〕音：真誥作「陰」。
〔二〕在：真誥作「懸」。
〔三〕度世：真誥作「應得度世」。
〔四〕仙：真誥作「升」。

孔昇雙鶴　華佗五禽

天寶遺事：明皇自爲上皇，嘗玩一紫玉笛。一日吹笛，有雙鶴下，顧左右曰：「上帝召吾爲孔昇真人。」未幾而仙去。

天寶遺事，即開元天寶遺事，五代王仁裕撰。本條不見於今存開元天寶遺事。唐明皇事亦見本書卷一〇「明皇紫雲」條引宣室志。

魏書：華陀字元化，善養生，年百歲，猶有少容。弟子廣陵吴普、彭城樊阿，受術於陀。時語普曰：「體欲得勞，但不當令極耳。身常能動摇，則穀炁消化，血脉通流，病乃不生，譬户樞不蠹之義是也。昔有道士鮑倩〔一〕，爲引導〔二〕之事，作熊經鳥伸〔三〕，引挽腰脊〔四〕，動關節，以求難老。吾有一術，名五禽戲也。」

本條見三國志卷二九魏書二十九華佗傳。

〔一〕道士鮑倩：三國志作「古之仙者」。

〔二〕引導：三國志作「導引」。

〔三〕熊經鳥伸：三國志作「熊頸鴟顧」。

〔四〕脊：三國志作「體」。

仙人毁璧　貧士施金

七命注：昔有仙人見二人爭寶，仙人乃自毁千金璧。二人曰：「彼千金璧尚且不愛，况此乎？」二人爭訟遂息。文選。

本條見文選卷三五張協七命八首李善注，然行文不同。所注之句爲「蓋理有毁之，而爭寶之訟解」，注文云：「莊子曰：『庚市子肩之毁玉也。』淮南子莊子後解曰：『庚市子，聖人無慾者也。人有爭財相鬬者，庚市子毁玉於其間，而鬬者止。』」

野人閑話：龍華禪院，本詩僧貫休歸寂，門人曇域主掌。曇域每因衆僧齋後，必爲貧士設食。有一貧士，授食後不去，遍尋院内，顧覷上下，從容謂曇域曰：「弟子雖貧，每感上人設食，今有少許施利，敢乞一人相隨。」曇域不之信，堅請再四，遂令院内苦行醋頭僧一人相隨，與之偕行。城北門外約行十五餘里，於一小店中止。洎房内，别無所有，但見空床兩張而已。其夜宿於店内，因問院中僧數及修添屋宇。僧曰：「若論院中修葺屋宇，豈止千繩。」貧士遂起，燃火於床下，滌破塼數角，囊中取藥，燈下點之，逡巡，光彩盡變爲金。自將秤分一十斤，付與僧，且謂之曰：「將充添修，常住慎勿取之。」凌晨遂辭去，不復見。

野人閑話，宋耿焕撰，原書散佚，引文見於説郛、太平廣記、重修政和證類本草及三洞群仙録。

本條僅見此引。

采和歌拍　段穀謳吟

續仙傳：藍采和，不知何許人，常着破藍衫，木夸〔一〕腰帶，一脚着靴，行歌於市，持拍版，乞索於人。老少隨之，諧謔，笑者皆倒，似狂非狂。其詞云：「踏踏歌，藍采和，人生〔二〕能幾何。紅顔一春〔三〕樹，流年一擲梭。古人混混去不返，今人紛紛來更多。朝騎鸞鳳至〔四〕碧落，暮見桑田生白波。長景明暉在空際，金銀宫闕高嵳峨。」一日踏歌於濠梁間酒樓上，騰雲上昇，遺下衫靴拍板。

續仙傳，一題續神仙傳，南唐沈汾撰，現存道藏、道藏精華録（作續神仙傳）及四庫全書本，皆三卷。另雲笈七籤卷一一三下收續仙傳，凡二十五人，全在道藏本中，爲節本。本條見續仙傳卷上「藍采和」條及雲笈七籤卷一一三下續仙傳「藍采和」條。

〔一〕木夸：續仙傳、七籤均作「六銙黑木」。

〔二〕人生：續仙傳、七籤均作「世界」。

〔三〕春：續仙傳作「椿」。

〔四〕至：續仙傳、七籤均作「到」。

括異志：段穀者，許州人。累舉進士，家豐於財。後忽如狂，日夕冠幘，衣布袍，白銀帶，行遊廛市中，謳〔一〕吟云：「一間茆屋，尚自修治。信任風吹，連簷破碎。斗栱斜欹，看看倒也。每至「倒也」二字，即連呼三五句方已。牆壁作散土一堆，主人翁〔二〕永不來歸。」遇其出入，則有閭巷小兒數十隨而和焉。人以狂待之，不以爲異。慶曆末病卒，權厝于野。後數年營葬，發視，但空棺耳。

本條見括異志卷七「段穀」條。

〔一〕謳：原作「嘔」，據括異志校改。

〔二〕翁：括異志無本字。

昭王絶慾　子休耻淫

子年拾遺：燕〔一〕昭王假寐，忽夢羽衣人與語，問以上仙之術。羽人曰：「大王〔二〕精智未開，欲求長生久視，不可得也。」王跪而請受絶欲之教。羽人以指畫王心，應手即裂。王乃驚寤，而血濕衿席，因患心疾，即卻饍徹樂，移於旬日。忽見所夢者復來，語曰：「先欲易王之心。」乃出方寸緑囊，中有續脉明丹、補血精散。以手摩王之臆，俄而即愈。王即請此藥，貯以玉〔三〕缶，緘以金繩。王以塗足，則飛天地萬里之外，如遊咫尺之内。有得服者，後天而老。

子年拾遺，即王子年拾遺記，一名拾遺記。本條見拾遺記卷二周，又見太平廣記卷二七六夢一「周昭王」條引王子年拾遺記，故當爲周昭王事。太平御覽九四八蟲豸部引拾遺録云：「燕昭王坐祇明之室，升於泉昭之館，常有白鳳、白鸞繞集其間。」拾遺記原文爲「昭王即位二十年，王坐祇明之室，晝而假寐」，廣記同，「二」作「三」。齊治平校注本按語曰：「御覽九四八作『燕昭王』，非，此周昭王姬瑕也。」

〔一〕燕：拾遺記、廣記均作「周」。

〔二〕王：原作「正」，據輯要本、拾遺記校改。

〔三〕玉：原作「王」，據輯要本、拾遺記校改。

東方朔内傳：秦併六國，太白星竊〔一〕織女侍兒梁玉清、衛承莊，逃入衙〔二〕城小仙洞，四十六日不出。天帝怒，命五岳搜捕焉。太白歸位，衛承莊逃焉，梁玉清有子，名子〔三〕休。玉清謫於北斗下，常舂。其子乃配於河伯，驂乘行雨。子休每至小仙洞，耻其母淫奔之所，輒回馭。故此地常少雨焉。

本條見太平廣記卷五九女仙四「梁玉清」條引獨異志，及錦繡萬花谷前集卷一「太白竊織女侍兒」條、前集卷四「織女失侍兒」條節引。李劍國唐五代志怪傳奇叙録將本條（「太白精竊梁玉清」）

考爲獨異志佚文，原引東方朔内傳。由此可知，獨異志此條本源於東方朔内傳，本條可據獨異志校。獨異志十卷，殘存三卷，唐李伉（一作「亢」）撰。

〔一〕竊：原作「精」，據廣記及錦繡萬花谷前集卷一、前集卷四校改。

〔二〕衙：錦繡萬花谷前集卷一同，太平廣記及錦繡萬花谷前集卷四均作「衛」。

〔三〕子：廣記無本字。

三洞群仙録卷之二

正一道士陳葆光撰集

楊君司命　子晉侍宸

真誥：楊羲和，句容人，幼而通靈，與二許結神仙友。道成，真仙屢降，授以道法。九華真妃告之曰：「夫處風塵之休盛者，乃多罪之下鬼，趨死之老質也。夫富貴淫麗，是斷骨之斤鋸，有似載罪之舟車。」自後衆真屢降，月無虚日。至二十年，楊君乘雲鶴，白日昇天，補華陽司命真人。

本條部分内容（「夫處風塵之休盛者」至「有似載罪之舟車」）見真誥卷二運題象第二。

王氏神仙傳：王喬字子晉，周靈王之太子。生而神明，幼而好道。好吹笙，作鳳鳴之音，而白鶴朱鳳翔集。復過浮丘公，授以道要，接上嵩山，不歸。一日忽乘鶴駐山巔。而童謡曰：「王子喬，好神仙，七月七日上賓天。」初補南嶽司命侍宸，再補桐柏真人。

本條源出列仙傳卷上「王子喬」條。本條内容亦見歷世真仙體道通鑑卷三王子喬傳。羅爭鳴據仙鑑輯入王氏神仙傳。

謙之師位　道翔仙真

高道傳：道士寇謙之隱嵩陽修鍊，感太上道君下降，敕仙伯王初〔一〕平引謙之而前，曰：「吾得中嶽〔二〕主表云：『自張天師登真之後，而作善〔三〕之人無所師授。今道士寇謙之行合自然，宜處師位。』」

本條見道門通教必用集卷一歷代宗師略傳「寇天師」條引高道傳，及歷世真仙體道通鑑卷二九寇謙之傳。

〔一〕初：必用集、仙鑑均作「方」。

〔二〕嶽：本字後必用集、仙鑑均多出「集仙宫」三字。

〔三〕作善：必用集作「修學」，仙鑑作「修真」。

真誥：道翔，許長史第三子之字也。君糠粃世務，專修上道，長史君器之，極通真靈，與師契合。今在東華，爲仙真授書，除侍帝宸。

本條部分内容符合真誥卷二〇翼真檢第二中相應内容，然文句頗不同。

俞叟誡魄　夏馥鍊魂

宣室志：唐王公潛節制荆南，有吕氏子窮窘，來謁公，公不爲禮。寓居逆旅月餘，窘甚，鬻所乘驢於市中。市門監俞叟者，召生，問其所由，生曰：「吾家渭北，家貧親老。王公乃吾之重表父也，乃不遠而來。公不一顧，豈非命也？」叟曰：「我見子有飢色，今夕爲子具食，幸宿我宇下。」於是延入一陋室，共坐弊席，陶器進脱粟飯而已。夜，徐謂生曰：「當爲子設小術，致歸洛之費。」因取一小缶，合於地上。食頃，舉手視之，見一人，長五寸許，紫綬金章。俞曰：「此王公之魄也。」俞誡之曰：「吕乃汝之表姪，家貧遠來，曾不爲禮，豈親親之道耶？可厚其資賄，以一馬一僕，二百縑遺之。」紫衣者俛首受教。於是卻以缶合於上。有頃，視之，亡矣。明日王公果召生，宴游累月。生告去，贈以僕馬及二百縑。生歸渭北，不敢形言。後數年，方告於人。

本條見太平廣記卷七四道術四「俞叟」條引宣室志。宣室志點校本據廣記輯入輯佚，題「俞叟徵恪」。

真誥：司命君曰：夏馥少好道，入吴〔一〕，造〔二〕赤須先生，授鍊魂之法。再遇桐柏真人，得道。今在洞中，仙矣〔三〕。

本條見真誥卷一二稽神樞第二。

〔一〕吴：真誥作「吴山」。

〔二〕造：真誥作「從」。

〔三〕仙矣：真誥無。

道榮焚櫬　惠宗積薪

高道傳：道士勾〔一〕道榮，不知何許人，名聞於蜀，與華陽丞吕翼友善。自言去世月日，當送我東郊巨松之下，以薪火燎棺爲惠。翼與其友章升、常粲數十輩，共誌其日以俟〔二〕之。前一夕，道榮徧詣知友家，飲酒言笑。至暮，宿於逆旅。翼使密視之，見寢處如常。黎明則已化，而顔色不變。於是爲置棺櫬，送於巨松之下。致薪次，火已發，棺中烈焰不可近，見道榮出於煙焰上，冉冉淩虚而去。

本條見歷世真仙體道通鑑卷四二向道榮傳。

〔一〕勾：仙鑑作「向」。下同。

〔二〕俟：本字原文不清，據輯要本校補。

又趙惠宗，天寶末忽於郡之東積薪自焚。僚庶往觀，惠宗怡然坐火中，誦度人經。斯須，化爲瑞雲仙鶴。而火盡，其下草猶緑。遺簡，得二詩。其一曰：「生我於虛，置我於無。至精爲神，元無〔一〕爲軀。散陽爲明，合陰爲符。形爲灰土，神與仙俱〔二〕。衆垢將畢，萬事永除。」其二：「吾駕時馬，日月爲衛。洞躍〔三〕九霄，上謁天帝。明明我衆，及我門人。僞道養形，真道養神。懋哉懋哉，餘無所陳。」

本條見歷世真仙體道通鑑卷四一趙惠宗傳。

〔一〕無：仙鑑作「氣」。

〔二〕俱：仙鑑作「居」。

〔三〕躍：仙鑑作「曜」。

徐釣塗心　錢朗補腦

續仙傳：徐釣者，不知何許人，自稱「蓬萊釣者」。常腰〔一〕一葫蘆，棹扁舟，泛五湖，所得魚，沿江博酒，吟詠而歸。或見疾病者，取藥一粒，如麻子許，令人以酒塗心上，皆安。或有問之：「此藥可食否？」曰：「可，食恐憎飯耳。」有好事者吞之，自然絶食，人方〔二〕信之。一旦遁去。

本條見續仙傳卷中「徐釣者」條。

〔一〕腰：本字後續仙傳多一「懸」字。

〔三〕方：本字後國圖舊抄本多一「洵」字。

又錢朗，登甲科，累歷清顯，所治皆有遺愛。後棄官，入廬山，遇人，得還元補腦之術。年一百五十歲，其顔如童子。有玄孫數人出仕，皆皓首。朗一日與别，云：「我處世多年，適〔一〕爲上清所召，今當往矣。」遂解化去。

本條見續仙傳卷中「錢朗」條。

〔一〕適：原作「道」，據續仙傳校改。

伯高方臺　玄解真島

真誥：東卿君曰：「龍伯高，漢人也。伏波將軍戒其兄子，稱此人之佳，可法。伯高後從仙人刁道林受〔一〕胎息〔二〕之法，託形醉亡，隱處方臺。」

本條部分内容見真誥卷一四稽神樞第四。

〔一〕受：原作「授」，據真誥校改。

〔二〕胎息：真誥作「服胎炁」。

廣記：祈〔一〕玄解，老而顔童，憲宗異之，召問曰：「先生年高而色不老，何也？」答曰：「臣海上常食靈芝〔二〕，故得然也。」遂〔三〕刻木作海上三島，綵繪以珠玉。帝觀之，曰〔四〕：「若非上仙，無由及此境。」解曰：「三島咫尺，試爲陛下一遊。」即隱身而入，漸覺身小，無復見矣。帝嘆異之，因號其山爲「真〔五〕島」。

本條見太平廣記卷四七神仙四十七「唐憲宗皇帝」條。

〔一〕祈：廣記作「伊祁」。

〔二〕海上常食靈芝：廣記作「家於海上，種靈草食之」。

〔三〕遂：廣記作「遇宫中」。

〔四〕帝觀之曰：廣記作「帝元日與玄解觀之。帝指蓬萊曰」。

〔五〕真：本字前廣記多出一「藏」字。

陰生乞兒　寒嵓貧道

列仙傳：陰生者，乃長安之乞兒也，常於市中求乞。市人厭賤，遂以糞潑之，而衣不污。疑以爲妖，因之，依前市中〔一〕行。長安有歌云：「見乞兒，與美酒，庶免壞屋之咎。」而劉向云：「陰生乞兒，人厭其瀆〔二〕。識真者希，累其〔三〕囚辱。於我無污，彼災其屋〔四〕。」

本條見列仙傳卷下「陰生」條。「而劉向云」之後文字，見於列仙傳附仙讚。

〔一〕中：原作「人」，於理不通，此句列仙傳作「而續在市中乞」，據改。

〔二〕瀆：列仙傳作「黷」。

〔三〕其：仙讚作「見」。

〔四〕於我無污彼災其屋：仙讚作「淮陰忘吝，況我仙屬，惡肆殃及，自災其屋」。

廣記：寒嵓子〔一〕隱於天台，好吟詩，多述山林幽隱之句。桐柏真人〔二〕序而集之，以行於世。咸通間出謁李褐，褐見其〔三〕藍縷，不禮之。次日更衣，乘白馬而來，待之甚厚。老人曰：「子知有寒嵓子耶？」曰：「知。」老人曰：「貧道即是也。吾謂子爲可教，今則未然也。子未知其門。曰内修〔四〕其心，外檢其身，所以無過；知柔守謙，所以安身；不善歸己，所以積德。如是，可以冀道之髣髴。」遂鞭馬而去。

本條見太平廣記卷五五神仙五十五「寒山子」條引仙傳拾遺。

〔一〕寒嵓子：廣記作「寒山子」，下同。「子」字後，國圖舊抄本多一「者」字。

〔二〕真人：廣記作「徵君徐靈府」。

〔三〕其：本字後國圖舊抄本多出「衣服」二字。

〔四〕修：廣記作「抑」。

谿父煉瓜　孟節含棗

列仙傳：谿父居〔一〕山間，有神人來往賣瓜〔二〕，常止其家。遂授父以煉瓜子之法〔三〕，令春分食之〔四〕。二十餘年，昇山入水。百餘歲，絶居山頂。呼父説事，遂去。

本條見列仙傳卷下「谿父」條。

〔一〕居：本字後國圖舊抄本多一「深」字。

〔二〕有神人來往賣瓜：列仙傳作「有仙人常止其家，從買瓜」。

〔三〕之法：列仙傳作「與桂附子、芷實」。

〔四〕令春分食之：列仙傳作「共藏而對分食之」。

西漢逸史：孟節，西漢人，有道術〔一〕。含一棗核〔二〕，可〔三〕至十年不飢。又能結氣不息，身不動摇，可至一年許。士庶慕之爲神仙。後入山不出〔四〕。

本條部分内容見後漢書卷八二下郝孟節傳。本書謂出西漢逸史，或爲後漢逸史之誤。本書另有兩條引自後漢逸史，分别是卷八「北海掛冠」條和卷一一「韓康避名」條，均見於後漢書。

〔一〕西漢人有道術：後漢書無。

〔二〕含一棗核：後漢書作「能含棗核不食」。

〔三〕可：本字前國圖舊抄本多一「直」字。
〔四〕士庶慕之爲神仙後入山不出：後漢書無。

時荷一食　青精九飡

西山真君傳：時真君，名荷，鉅鹿人。少時入四明山，遇神人，教以丹訣，點化金玉，賙濟困苦，民受其賜。後能驅逐邪魅，役使鬼神。事母以孝聞。善胎息，得坐忘法，或百日一食，半年一寢。晉明帝時待之甚厚。及許真君上昇，師亦從而昇天。

時荷事亦見仙苑編珠卷下「時荷登晨」條引十二真君傳，内容與本條不同。

神仙傳：青精先生，年千歲，色如童子，行步日過五百里。能終歲不食，亦能一日九餐。

本條見神仙傳「彭祖」條（漢魏本卷一、四庫本卷一），另見太平廣記卷二神仙二「彭祖」條引神仙傳、太平御覽卷六七一道部十三「服餌下」條引登真隱訣。

天師三境　翊聖九壇

本傳：張道陵，留侯六代孫也，舉賢良方正。雖仕而志在鍊形，遂退隱北邙山。章帝以三品印綬起之，不就。入嵩山，遇神人告之曰：「石室中藏黃帝丹經琅函玉笈之書，子行，必獲矣。」師從之，果得其書。於是築壇朝真，以煉九丹。丹成，謂弟子王長曰：「服丹當沖天，然吾未有大功，豈敢遽服。宜爲國家除害興利，然後服之。則吾臣事三境，亦無愧矣。」

本條見明傳梅嵩書卷八黃裔篇「張道陵」條。張道陵事亦見本書本卷「道君授劍」條、「玉女獻環」條引本傳，及太平廣記卷八神仙八「張道陵」條引神仙傳。

翊聖傳：本朝建隆初，翊聖真君降，謂張守真曰：「壇法有九，上三壇爲國家設，中三壇爲臣僚設，下三壇爲百姓設。而九壇各有儀式焉。」

翊聖傳，即翊聖保德傳，宋王欽若纂，存道藏本和雲笈七籤卷一〇三翊聖保德真君傳。本條見翊聖保德傳卷上。

玄甫五藏　叔期三關

真誥：王玄甫受〔一〕仙人〔二〕呑日〔三〕景之法，積三十四年，乃能內見五藏，冥中夜書。道成，太上〔四〕遣羽車迎玄甫，乘雲駕龍，白日登天。今在〔五〕玄圃臺，受化爲中嶽真人。

本條部分內容見真誥卷一四稽神樞第四。

〔一〕受：原作「授」，據真誥校改。
〔二〕仙人：真誥作「服青精石飯」。
〔三〕日：本字後真誥多一「丹」字。
〔四〕上：真誥作「帝」。
〔五〕在：本字後真誥多一「北」字。

又趙叔期於王屋山學道，見一卜者，曰：「欲入天門，詣〔一〕三關，存朱雀〔二〕，正崑崙。」叔期異之，拜請要訣。卜者授書一卷，曰〔三〕：「三關者，口爲天〔四〕關，足爲地關，手爲人關。三關調則五藏安，五藏安則舉身無病，而仙道成矣〔五〕。」

本條見於真誥卷五甄命授第一。

〔一〕詣：真誥作「調」。
〔二〕雀：真誥作「衣」。
〔三〕曰：本字前真誥多一「君」字，據陶弘景注爲裴清靈。本條「曰三關者」之後的内容在真誥中位於趙叔期事之前。
〔四〕天：真誥作「心」。
〔五〕而仙道成矣：真誥無。

道君授劍　玉女獻環

本傳：天師功成，太上道君下降，授以雌雄二劍，而劍各有日月星斗之文。道君乃曰：「吾憫下元生人，執係幽魂，人鬼雜處。今子爲吾分別，人鬼異位，則子之功無量矣。」

本條僅見此引。張道陵事亦見本書本卷「天師三境」條引本傳、「玉女獻環」條引本傳，及太平廣記卷八神仙八「張道陵」條引神仙傳。

又天師至仁壽縣，遇十二天遊玉女，各獻玉環一隻，願事天師。師合而爲一環，謂之曰：「吾投於地中，先得之者納焉。」玉女爭取，愈取愈深，即禁之不出。因化爲鹽井，公私取之，以爲利。其邑因爲陵郡，自道陵始也。

本條見杜光庭道教靈驗記卷八陵州天師井驗引天師本傳、雲笈七籤卷一一九道教靈驗記「陵州天師井填欠數鹽課驗」條。張道陵事亦見本書本卷「天師三境」條引本傳、「道君授劍」條引本傳，及太平廣記卷八神仙八「張道陵」條引神仙傳。

聖母穿雲　周生取月

廣記：聖母，海陵人〔一〕，適杜氏。爲母〔二〕，遇人〔三〕，能易形變化。而夫不之信，反以爲妖，告官下獄。而母自牕中飛出，人見穿雲去，時留履一緉於牕下。海陵人爲之立祠，號曰「聖母祠」〔四〕。

本條見太平廣記卷六〇女仙五「東陵聖母」條引女仙傳，亦見神仙傳「東陵聖母」條（漢魏本卷七、四庫本卷六）。女仙傳此條當源自神仙傳。

〔一〕聖母海陵人：廣記作「東陵聖母，廣陵海陵人」。

〔二〕爲母：廣記無，疑爲衍文。

〔三〕遇人：廣記作「師劉綱學道」。

〔四〕號曰聖母祠：廣記無。

宣室志：周生有道術，游吴楚，人多敬之。時抵廣陵，坐中秋夜會，月色明瑩，衆人談及明皇游月宫之事。周生笑曰：「吾常學於師，亦可以取之。」因取數百筯，繩而架之，曰：「我將梯此〔一〕取月。」乃閉户久之。客步庭中俟焉。忽天地曛黑，仰視，又無纖雲。俄聞生呼曰：「某至矣。」手舉其衣，出月半寸許，一室盡明，寒入肌骨。食頃如初。

本條見太平廣記卷七五道術五「周生」條引宣室志。

〔一〕梯此：原作「此梯」，據廣記校改。

商唱陽春　張吟白雪

詩史：商〔一〕七七有異術。過潤州，與客飲，云：「某有一藝爲歡。」即顧屏上畫婦人，曰：「可歌陽春曲。」婦人應聲遂歌，其音清亮，似從屏中出。歌曰：「愁見唱陽春，令人離腸結。郎去未歸家，柳自飄香雪。」如此者十餘曲。

詩史，宋蔡居厚撰，郭紹虞輯入宋詩話輯佚。本條見詩話總龜前集卷四六神仙門上引詩史。

〔一〕商：詩話總龜作「殷」。

悟真篇序：天台張伯端，字平叔，嘗礬所得，吟成律詩九九八十一首，號曰悟真篇。文多不録。其九轉金液還丹詩一篇云：「黄芽白雪卒〔二〕難尋，達者須憑德行深。四象五行全藉土，三元八卦豈離壬。鍊成靈質人難識，消盡陰魔鬼莫侵。欲向人間留祕訣，未逢〔三〕一箇是知音。」

本條前半（「文多不録」之前）見修真十書所收悟真篇卷二六的序，後面的詩句見同卷七言四韻十六首之第十一首。

〔二〕卒：悟真篇作「不」。

〔三〕逢：悟真篇作「聞」。

張覩樓臺　逢升宫闕

北夢瑣言：張建章好經史，每以清淨爲念。時往渤海，遇風，見一青衣人，相引登山。至島上，覩見樓臺巋然，中有仙女處處，侍衛甚盛。留飲，少頃曰：「子不欺暗室，可謂古之君子矣。」遂令青童送還〔一〕。

北夢瑣言，宋孫光憲撰。本條見北夢瑣言卷一三「張建章泛海遇仙」條。

〔一〕遂令青童送還：北夢瑣言無。

廣記：逢女〔二〕幼而不食，心慕清虚，父母以爲虚言。忽一日見神仙在空中，自南至北，將逾千里。湧出金城玉樓於山頂，一人招女升宫闕，衆仙羅列，儀仗肅然。曰：「汝有骨録，當爲上真。太上命我授汝靈寶〔三〕真文，按而行之，飛升有期。」後果及期升虚矣。

本條見太平廣記卷六一女仙六「龐女」條引集仙録。

〔二〕逢女：廣記作「龐女」，下同。

〔三〕寶：本字後廣記多出「赤書五篇」四字。

棲嵓洞室　徐姑掘穴

傳記：許棲嵓，舉進士第，而志在修鍊。時因入蜀，登危棧，忽與馬俱墜棧下，進退不能。即隨馬而行，至一洞室，見諸仙羅列，皆喜曰：「此乃長史公之孫也，有仙相矣。」衆真命坐，賜飲，且曰〔一〕：「此石髓也，汝得之矣〔二〕，無輸泄，無荒淫，後復來相見。」遂以所乘之馬送行，曰：「此吾洞中之龍也，因責出負荷。子有仙骨，故得遇之。若到人間，放之，任其所適。」後棲嵓逡巡到故居，而馬化爲龍飛舉。

本條見太平廣記卷四七神仙四十七「許棲巖」條引傳奇。傳記，當爲傳奇之誤。本條所記事亦見本書卷一九「針寄田婆」條引傳奇。

〔一〕衆真命坐賜飲且曰：廣記作「太乙」。

〔二〕此石髓也汝得之矣：廣記作「汝飲石髓，已壽千歲」。

廣記：徐仙姑，年數百歲，而貌若二十許人。多游名山，或時止宿於林巒窟穴〔一〕之中。往來江表，吴人見之，三四十年，顏色不改，行步如飛。咸通間至剡縣，謂人曰〔二〕：「我先君仕於北齊，有陰功，而後及於我，已得延年。」後人以此詳之，方知姑即丞相徐之才之女也。

本條見太平廣記卷七〇女仙十五「徐仙姑」條引墉城集仙録。

〔一〕窟穴：國圖舊抄本作「岩穴」。

〔二〕咸通間至剡縣謂人曰：廣記作「謂剡縣白鶴觀道士陶蕢雲曰」。

德玄五嶽　偉道九嶷

真誥：東卿君云：宋德玄，周宣王時人也，服靈飛六甲符〔一〕得道，日行三千里，變形易質〔二〕。今在嵩山，游行五嶽〔三〕。

本條見真誥卷一四稽神樞第四。

〔一〕符：真誥無本字。

〔二〕變形易質：真誥作「數變形爲鳥獸，得玄靈之道」。

〔三〕游行五嶽：真誥無，疑爲合於標題而杜撰。

又韓偉道〔一〕，不知何許人〔二〕，隨宋德玄出入，以師事之，而德玄授以道法。今道成，常出入〔三〕九嶷山。

本條見真誥卷一四稽神樞第四。

〔一〕韓偉道：真誥作「韓偉遠」。

〔二〕不知何許人：真誥無。

〔三〕常出入：真誥作「今處」。

徐福白鹿　處士黃鸝

廣記：秦始皇遣徐福并童男童女〔一〕三千人，往東海取長生不死之草〔二〕，不歸。及沈羲得道，黃老君〔三〕遣徐福乘白鹿車來迎。沈真人〔四〕方知徐福之得道。

本條見太平廣記卷四神仙四「徐福」條引仙傳拾遺及廣異記。沈羲事亦見本書卷三「沈羲龍虎」條引抱朴子、仙苑編珠卷上「沈羲三車」條引神仙傳。

〔一〕女：本字後廣記多一「各」字。

〔二〕往東海取長生不死之草：廣記作「乘樓船入海尋祖洲」。

〔三〕君：廣記無。

〔四〕沈真人：廣記作「後人」。

又元藏幾，自號元處士，隋大業中奉使過海，遇神人，留外國，遍歷仙境。一日思歸，即時津遣，不旬日，至東萊。問其國，乃皇唐也。尋其子孫，皆無人，唯有一鳥，類黃鸝，隨處士出入。每翔翥空中，呼之即下，能傳口中言語。

本條見太平廣記卷一八神仙十八「元藏幾」條引杜陽編。

裴諶佳會　蘭香玄期

廣記：裴諶，昔與王敬伯、梁芳爲方外友，入山學道。梁芳死，敬伯下山，調官。至正元中〔一〕，奉使淮南，邂逅裴諶，維舟慰問：「汝何所須？」諶曰：「吾儕野人，心近雲鶴。廣陵之西，即吾宅也。」倏然鼓櫂而去。敬伯詣宅，見諶衣冠偉然。設宴就座，諶酒酣，謂左右曰：「此人乃吾昔山中之友，道心不固。以明自賊，將浮沉於生死海中，求崖未得。今日之嘉會誠難得也〔二〕，子其往矣〔三〕。」

本條見太平廣記卷一七神仙十七「裴諶」條引續玄怪録。

〔一〕至正元中：廣記無。

〔二〕「以明自賊」至「誠難得也」：廣記中爲裴諶向王敬伯妻趙氏語。

〔三〕子其往矣：廣記無。

又有漁夫〔一〕於湘江岸側，聞小兒啼聲，四顧無人，唯有一女子，三歲許。父抱歸養之。十餘歲，天姿奇偉。忽一日見一青童，自空而下，攜女子而去。謂其父曰：「我仙女杜蘭香〔二〕，有過謫於人間，玄期有限，今往矣。」

本條見太平廣記卷六二女仙七「杜蘭香」條引墉城集仙録。杜蘭香事亦見本書卷一六「張碩羽帔」條引廣記（廣記引自墉城集仙録）。

〔一〕夫：國圖舊抄本、廣記均作「父」。

〔二〕香：本字後國圖舊藏本多一「也」字。

謫仙呼鼠　祝公養雞

廣記：永明中，鍾山有隱者蔡生，每養老鼠數十枚，呼之即來，令之即去，語言怪異，時人謂之「謫仙」。

本條未見太平廣記。

列仙傳：祝公〔一〕，洛人也，居〔二〕北山，好養雞。百餘年，雞千隻，皆有名字，暮棲木上，日放散去，呼名即至。積錢千萬，置錢去吴〔三〕，開池養魚。登吴山，有白鶴孔雀數百，常止其旁。

本條見列仙傳卷上「祝雞翁」條。

〔一〕祝公：列仙傳作「祝雞翁」。

〔二〕居：本字後列仙傳多出地名「尸鄉」二字。

〔三〕置錢去吴：列仙傳作「置錢去，之吴」，多一「之」字，合後文「登吴山」意。

李珏販糴　安公伏治

續仙傳：李珏，世居廣陵城市，以販糴爲業。年十五，父傳業，而珏授〔一〕之升斗，俾之自量，不計時之貴賤。衣食豐足，年八十，不改其業。適會李珏相公出鎮淮南，而珏改名寬。一夕，李公夢入洞府，有金書李珏名，視之甚喜。忽見二仙童自石壁出，珏問曰：「此何所？」二童曰：「此華陽洞天也。此名非相公也。」公曰：「非我，何人？」童曰：「公之部民也。」珏悟，遍尋問於里巷，得李寬之名。迎入府，拜爲年兄，問以道術。寬曰：「不知所修。」具以販糴事對。公曰：「此常人之難事，陰功不可及。」後寬尸解蟬蜕。

本條見續仙傳卷中「李珏」條、廣記卷三一「李珏」條引續仙傳。

〔一〕授：原作「受」，據續仙傳、廣記校改。

列仙傳：陶安公，鑄冶師也，數行火。火一旦散上，紫色衝天。安公伏冶下求哀。須臾，朱雀止冶上，曰：「安公安公，冶與天通。七月七日，當迎爾以赤龍。」至其日，赤龍果至，安公騎之，上昇而去。

本條見列仙傳卷下「陶安公」條，又見藝文類聚卷四歲時中「七月七日」條、卷七八靈異部上

「仙道」條、卷八〇火部「火」條引列仙傳。

馬湘紙猲　章震泥馬

續仙傳：馬湘，字自然，錢塘〔一〕人。幼好文學，有道術〔二〕。一日，過菜圃，見蘿蔔甚盛〔三〕，因丐之，園叟弗與。湘於篋中取紙，裂爲一猲子。又裂一鷺鷥，飛走園中，而猲子趕趁之，菜踐踏俱碎。園叟知是異人，乃祈謝之。於是取紙猲及鷺鷥，致篋中。視菜如故，略無所損。

本條見續仙傳卷上「馬自然」條。馬湘事在本書有五次徵引，另四次分別爲卷三「馬符鼠伏」條引神仙傳（當爲續仙傳之誤）、卷四「馬湘壁睡」條引續仙傳、卷七「馬湘撲錢」條引神仙傳（當爲續仙傳之誤）、卷一〇「自然雷鳴」條引雲笈七籤。

〔一〕錢塘：續仙傳、七籤均作「杭州鹽官縣」。

〔二〕有道術：續仙傳、七籤無。

〔三〕過菜圃見蘿蔔甚盛：續仙傳作「見一家好菘菜」。

抱朴子：章震〔一〕，在周幽王時，屢召不起。師長〔二〕桑子，得其術，能分形化影，折草化爲龍虎，噴水爲珠玉。一日，與弟子行，即以泥圓化爲馬，乘之，日行千里。後入崆峒山，白日上昇。

本條不見於抱朴子内外篇，而見於神仙傳「玉子」條（四庫本卷四、漢魏本卷八），疑本書誤引作抱朴子。另亦見於太平廣記卷五神仙五「玉子」條引神仙傳、雲笈七籤卷一〇九神仙傳「玉子」條及卷八五尸解「玉子」條。漢魏本神仙傳内容同廣記，而略異於四庫本。有關章震的條目，亦可見於仙苑編珠卷上「章震五行」條引神仙傳、類説卷三「泥馬」條引神仙傳，以及太平御覽卷六六一道部四「天仙」條引真誥，均有部分内容與本條重複。

〔二〕章震：七籤作「玉子者姓章名震」，明鈔本廣記同七籤。「姓章名震」，漢魏本神仙傳與談本廣記作「姓韋名震」，四庫本神仙傳作「姓張震」，均誤。按仙苑編珠、御覽均作「章震」，故當以「章震」爲是。

〔三〕長：七籤無本字。

程妻致縑　蘇母思鮓

神仙傳：期門郎程偉妻者，能神通變化。偉當從駕出行，而服飾不備，甚以爲憂。妻曰：「出而闕衣，何愁之有？」妻即爲致兩縑，忽然自至前。偉復作黄白術，連作不成。妻乃出其囊中藥少許，投汞銀中，煎之，須臾成銀。欲從求方，終不可得，云：「偉骨未應得之。」逼不已，妻尸解而去。

本條見神仙傳「程偉妻」條（漢魏本卷七、四庫本卷七），亦見藝文類聚卷七八靈異部上「仙道」條引神仙傳、仙苑編珠卷下「程妻致繒」條引。又太平廣記卷五九女仙四「程偉妻」條亦引，而云出集仙録。本條多合於漢魏本神仙傳與廣記引文。

蘇仙傳：仙君姓蘇，名耽，桂陽郡郴邑人也。生於前漢，幼丁父憂，奉母潘氏，以孝聞。温清定省，禮無違者，晨羞夕饍，人莫及焉。常感神仙授以道術，能隱形變化。一旦，侍朝餐於母，母曰：「吾思鮓，汝可致之。」曰：「唯。」即捨匕筯，輟食攜金而去。須臾持鮓而至。母食未畢，得鮓甚喜。母曰：「此去市甚遠，何處得之，其速如此？」答曰：「便縣市中買來。」母曰：「便縣山路危險，去一百二十里，如此之速，汝誑我也。」答曰：「買鮓之時，見舅在便市，語耽曰：『明日來此。』請待舅來，以驗虚實。」翌日，舅果至，乃首説市中相見之事，母始知其非常，乃潛察之，見常持一青竹杖，衆疑之爲神杖也。

崇文總目著録有蘇耽傳一卷，注闕。本書所引蘇仙傳，或即此。另，漢魏本神仙傳卷九有「蘇仙公」一條（四庫本無），太平廣記卷一三神仙十三有「蘇仙公」引神仙傳一條，皆與本條事同文異。蘇耽事亦見仙苑編珠卷上「蘇鹿牛形」條引蘇君傳，及本書卷四「蘇菴兩竹」條引郴江集、卷八「蘇耽鶴櫝」條引郴江集、卷一六「仙君橘井」條引郴江集。

道人兩口 先生雙踝

王氏見聞録：梁況之居鄂州，忽一道士至，況之與之對飲。道人求綿袴，遂與，即捲投衣袖中。將投，語曰：「入袖中。」再入，凡投十數次，皆不能入。道人咨嗟曰：「不免爲寇萊公矣。」道人遂引去，約當再來。後月餘，復至，門人欲入白，即曰：「不須見侍郎，但報先去也。侯到彼相見。」況之貶化州，久之，一道人兩口，腹上亦一口，既至廳舍，索酒一斗，引而盡。見況之，言曰：「記得鄂州相見否？」音聲雖同，容貌非矣。索錢二十七文而去。出門，以檜穿腹中口，鼓鐵笛，取漁舟，獨立其上，風引渡江而去。後二十七日，況之謝世。

本條見北宋王鞏甲申雜記，非出王氏見聞録。

道學傳：簡寂先生陸修靜，字元德，吴興東遷人，吴丞相凱之後也。母姚氏懷之，有一老姥告之曰：「生子當爲人天師。」及生〔一〕，足有雙踝，掌有大字〔二〕。家本奥室，早涉婚宦。嘗謂同僚曰：「時難再得。」乃遺棄妻子，脱落營務，專精教法，不捨寤寐。卜居廬嶽，召赴金陵。一旦，謂門人曰：「吾將還舊隱。」俄偃然解化，膚色暉映，異香芬馥。山中諸徒悉見先生還山，儀服鮮華，衆皆驚異。俄失其所。

本條陳國符輯入道藏源流考道學傳輯佚。三洞珠囊卷一救導品引陸修静事兩條，卷二敕追召道士品引一條，卷三服食品引一條，卷八相好品引一條，均出道學傳卷七，然與本條内容相重者不多。

〔一〕生：本字後珠囊卷八多出「蹠有重輪」一句。

〔二〕字：本字後珠囊卷八多出「身有斗文」一句。

樊英噀水　朱倫駕煙

漢書：樊英者，濟南〔一〕人也。善圖經緯，洞達幽微〔二〕。隱於壺山之陽，辟召，不應。嘗有暴風從西方來，英謂生徒曰：「成〔三〕都市火甚盛。」因含水，西向噀之，輒記其時日。後有客從蜀郡來者，云是日大火，須臾有黑雲從東起，大雨，滅矣。英〔四〕嘗云：「浮丘公與我遊天壇之上。」一旦遂去。

本條見後漢書卷八二上樊英傳。

〔一〕濟南：後漢書作「南陽魯陽」。

〔二〕善圖經緯洞達幽微：後漢書無。

〔三〕成：原作「城」，據後漢書校改。

〔四〕英：本字以下諸字後漢書無。

丹臺新録：朱倫，字德玄，凝心抱一不替，感太上下降，開瓊蘊，給丹符，與之曰：「爾能精修上道，守之能堅，保爾昇度，淩虛駕煙。遵則福降，慢則禍纏。子能行之，慎勿輕傳。」倫道成，景王時，太上授書，除中嶽仙官。

本條亦見雲笈七籤卷一〇四太清真人傳及歷世真仙體道通鑑卷九宋倫傳，而二書均作「宋倫」。宋倫事，亦見仙苑編珠卷上「宋倫遊空」條及卷下「宋倫六甲」條引樓觀傳。

抱一龍杖　清虛蛇鞭

高道傳：趙抱一，年十二，因牧牛遇一老人，問之：「子飢否？」先生但點頭而已。老人探手囊中，取食與之，其狀如蘿蔔而味甘。又與拄杖一條，瓢子一枚，中有藥，乃豌豆也。諭之令人服食。於是沉痾新疾，服者無不愈。先生自食蘿蔔，不復思煙火食。忽之一日，信步抵京城之西巴樓院，過涅槃堂，聞有呻吟聲。先生問：「何人若此？」僧曰：「數童行時疾方甚。」先生自瓢中取豌豆，以新水令嚥之，即時汗如新沐，人經夕皆愈。後請藥者如市，傳于裏外。時真宗東封未還，丞相向公留守京師，陰遣人察其實，飛奏詣行在。迨車駕還，召見，真宗欣然拊其背，曰：「子乃朕之姓也。」對御披度爲道士。未幾，求歸，賜金鍍龍頭杖、銅朱記癭木〔一〕杯、香藥等，差中使張茂先、道士胡太易送至石門山，特與建真寂觀，以爲登真之所。

歷代名醫蒙求卷上「抱一仙豆」條引高道傳，與本條部分内容（「趙抱一」至「後請藥者如市」）幾乎全同。另本條亦見歷世真仙體道通鑑卷四八趙抱一傳，有溢出本條者。

〔一〕瘿木：仙鑑作「鸚鵡」。

仙傳拾遺：廖沖，字清虚，連山郡人也〔一〕。以才德見稱，爲本郡主簿。後辭其印綬，遊探道要。於衡嶽〔二〕遇太平真人〔三〕授道。後歸鄉里，常乘一虎，執蛇爲鞭。先天二年，風雲晦冥，騰舉而失所在。

本條亦見歷世真仙體道通鑑卷三三廖沖傳。羅爭鳴據本書輯入杜光庭記傳十種輯校仙傳拾遺。

〔一〕連山郡人也：仙鑑作「梁武帝大通三年居連山郡」。

〔二〕衡嶽：仙鑑作「祝融頂」。

〔三〕人：仙鑑作「君」。

劉邦賓友　虔子高仙

真誥：劉邦，沛人。起自布衣，破秦平項，創漢之基。於漢有功，上帝補爲南明公賓友。而茅君云：「先世有陰德者，徑補仙官，或入南宫受化，不拘職位之高下。例皆速詣南宫受化。」

本條部分内容(「劉邦」至「創漢之基」)見真誥卷一六闡幽微第二。

又華陰山中有學道尹虔子,武帝〔一〕時人。遇異人,服丹霞之道〔二〕,行之五十年,色如童子。今〔三〕太一君〔四〕遣迎,乘雲昇天,在元〔五〕洲,爲高仙矣。

本條見真誥卷一四稽神樞第四。

〔一〕武帝:真誥作「晉武帝」。

〔二〕遇異人服丹霞之道:真誥作「受蘇門周壽陵服丹霞之道」。

〔三〕今:真誥作「以今年二月二十二日」。

〔四〕君:真誥無。

〔五〕元:真誥作「玄」。

彭鏗出處　仲倫留連

真誥:彭鏗,即彭祖也,年八百歲,而不作尸解之絶。南嶽夫人云:「諸公自欲出處語默,肥遁山林,以遊仙爲樂,以升虚爲戚〔一〕。非不能登天也,不爲耳。」

本條見真誥卷一四稽神樞第四。

〔一〕戚：原作「滅」，據真誥及文意校改。

王氏神仙傳：王仲〔一〕倫，時居鶴鳴〔二〕，山石自響。田宣見而問之曰：「彼何人也？」曰：「我神仙王仲倫也，愛此石之奇響，故留連而聽之耳。」

田宣事亦見本書卷一七「田宣塊石」條引神仙傳，當亦爲王氏神仙傳。有關此事的完整内容見酉陽雜俎卷二玉格及歷世真仙體道通鑑卷二一王中倫傳。羅爭鳴據本書輯入杜光庭記傳十種輯校王氏神仙傳。

〔一〕仲：仙鑑作「中」。

〔二〕鶴鳴：酉陽雜俎、仙鑑作「高唐縣鳴石山」。

三洞群仙録卷之三

正一道士陳葆光撰集

明期飈室　素臺真館

真誥：衡山有學道者冶明期，以魏末入山服食，與張禮正同止巖穴，受西城王君丹法，已四十三年矣。内外洞徹，日行五百里。今在方諸室〔一〕，爲上仙。

本條見真誥卷一四稽神樞第四。原文本合述冶明期、張禮正二人，本書改爲對冶明期的單述，兼及張禮正。

〔一〕室：本字前真誥多一「飈」字。

又定録君云：易遷、童初二宫，是男女之堂館，凡地下主者之高者，便得真仙之館。今有女真趙素臺，在易遷宫已四百年，不肯遷，云天下無復樂於此處也。

本條見真誥卷一三稽神樞第三。而本條内容稱「定録君云」，在真誥中實爲保命君所言。

茅君雞子　聖姑鵝卵

神仙録：茅君學道於齊，後道成，治於茅山。有疾病者往請願〔一〕，常煮雞子十枚，内帳中，須臾茅君擲子還之。歸，破之，皆無中黄者，病人當愈；若中有土者，病即不愈，以爲常候。雞子如故，無破處也。

本條見神仙傳「茅君」條（漢魏本卷九、四庫本卷五），另見於三洞珠囊卷一救導品與太平御覽卷七三九疾病部二「總叙疾病下」條，均云出神仙傳。此處云神仙録，誤。

〔一〕願：三洞珠囊同，漢魏本神仙傳、御覽均作「福」。

南史：蕭昂爲彭城太守，時有女子年二十許，散髮黄衣，在武窟山石室中，無所修行，唯〔一〕不甚食。或出人間，飲少酒，鵝卵一枚，呼「聖姑」。就求子，往往有效，造者充滿山谷。昂呼問，無所對，以爲妖惑，鞭之三十，瘡即瘥。後失所在。

本條見南史卷五一蕭昂傳。

〔一〕唯：原作「雖」，據南史校改。

道義馴鹿　君友引犬

高道傳：道士王道義知終南山有尹喜真人登真之所，大和中自姑射山將門弟子六七人，來居樓觀。以永平三年〔一〕，師羽化，白雲滿室，異香盈庭，有白鹿卧於庭中旬日，或隱或見。既殯，乃絶。鄉人見道義乘白鹿沖天矣。

本條見道門通教必用集卷一歷代宗師略傳「王道義」條引高道傳，及歷世真仙體道通鑑卷三〇王道義傳。

〔一〕永平三年：必用集作「永平中」，仙鑑作「後魏宣武永平中」。

茅亭客話：遂州小溪縣石城鎮〔一〕村民和君友〔二〕，於雲頂山寺遇一道士，布衣鹿幘，引一黑犬，令君友攜壺杖到青城山。初由荒徑，見怪石夾道，細竹桃花，飛泉鳴瀨。至一觀宇，令君友致囊杖于堦上，云：「爾有仙表。」乃取藥一粒，令吞之，曰：「九月八日復當來此。」乃遣君友歸家，了無飢渴之念。至其日，是夕山谷月皎風清，君友如有所待。達旦，雲霞相映，如有五色。君友仰觀躡空，祥風綵霧，鬱然而起。遂越巨壑層巒而去，極目乃没。

茅亭客話，北宋黄休復撰。本條見茅亭客話卷一，題「程君友」。

〔一〕鎮：本字後茅亭客話多出「仙女埡」三字。

〔三〕和君友：茅亭客話作「程翁名君友」。

干朴識陶　和璞笑琯

丹臺新録：嘗有人從江外還，忽逢一人乘小小鹿頭船子，劣容一人，從浪中直來，便呼其人姓名，曰：「顧道度下都去，吾欲寄尺書與茅山陶隱居。」正爾作書，垂當見授，忽云：「罷，君會不往山中，我尋自下去。」此人〔一〕至都，果忽忽便往廣陵。後子良問洪先生，洪云：「此人乃中嶽仙干朴，其前生經識陶某耳，非今生相識也。豈復來此耶？」

〔一〕人：本字後國圖舊抄本多一「乃」字。

本條未見他處引用。

高道傳：邢和璞，不知何許人，隱居瀛海間。時房琯爲盧氏〔一〕宰，待和璞甚善。因攜手，不覺行數十里，至夏谷村。有廢佛堂，松竹森映，共坐其下。和璞以杖擊地，令侍者掘之，深數尺，得一瓦甕，中有婁師德與永公書。和璞笑謂琯曰：「省此乎？」琯髣髴記前世嘗爲僧，名永和。璞復曰：「君當爲輔相，善自愛也。」

〔一〕盧氏：仙鑑作「桐廬」。

本條見歷世真仙體道通鑑卷三九邢和璞傳。

梅姑履水　道華登松

異苑：秦時丹陽縣湖側有梅姑廟，生時有道術，能著履行水上。至今廟晦望之日，見水霧中曖然有履形。

本條見南朝宋劉敬叔撰異苑卷五，另見法苑珠林卷六三。

高道傳：侯道華，凡所居之觀有損處，即持斧斤以葺之，勤苦備歷。一日修殿宇，忽於梁間得丹一粒，即吞之。觀門前有一松木，道華登松，去其枝梢。人責之，答曰：「恐礙我上昇。」人皆以爲狂。後七日凌晨，道華昇松頂，揮手謝曰：「我受玉皇詔，授仙臺郎，知上清宫善信院。今去矣。」復留詩云：「帖裏大還丹，多年色不移。前宵盜〔一〕喫卻，今日碧空飛〔二〕。」俄頃雲中音樂聲，幢幡隱隱，凌空而去。

本條見歷世真仙體道通鑑卷三六侯道華傳。另侯道華事亦見本書卷一〇「道華愚憎」條引高道傳。事當源出續仙傳。

〔一〕盜：仙鑑作「謾」。

〔二〕飛：本字後仙鑑尚多出「慚愧深珍重，珍重鄧天師。昔年鍊得藥，留著與内芝。吾師知此術，速鍊莫遲爲。三清相對侍，大羅的有期」八句。

令威仙鶴　宋纖人龍

搜神記：遼東城門華表柱，有仙鶴立其上，人不知，欲射之。其鶴飛於空中，自歌云：「有鳥有鳥丁令威，去家千歲〔一〕今來歸。城郭〔二〕猶是〔三〕人民非，何不學仙塚纍纍〔四〕。」後人於華表柱立二鶴，自此始矣。

本條見搜神記卷一「丁令威」條。據李劍國唐前志怪小説輯釋，本條亦見藝文類聚卷七八靈異部上「仙道」條及卷九〇鳥部上「白鶴」條、唐寫本類書殘卷伯二五二四號、古文苑卷九遊仙詩章樵注、古今事文類聚前集卷三四「華表丁令威」條、古今合璧事類備要前集卷五〇、群書類編故事卷一〇、古詩紀卷一四一、古樂苑卷五一、琅邪代醉編卷二一、稗史彙編卷一五九、山堂肆考卷一五〇引搜神記等。另，雲笈七籤卷一一〇洞仙傳「丁令威」條、歷世真仙體道通鑑卷一一丁令威傳亦載。

〔一〕歲：記纂淵海作「里」。

〔二〕郭：草堂詩餘作「中」。

〔三〕猶是：搜神記作「如故」，事類備要、野客叢書、山堂肆考「猶」作「皆」。

〔四〕何不學仙塚纍纍：藝文類聚作「何不學仙去，空伴塚纍纍」，七籤、仙鑑均作「何不學仙離塚纍」。

晉逸史：宋纖有才藻，去官，不與人交遊，隱居酒泉，弟子受業者三千人。酒泉太守圖其像於閣上，出入祝公。頌曰：「爲枕何石，爲漱何流，形雖可見，名不可求。」遂造其門。而嘆曰：「名可聞而身不可見，德可仰而形不可覩。而今而後，知先生乃人中之龍也。」

本條見晉書卷九四隱逸宋纖傳。在晉書中，「圖其像」者爲楊宣，「造其門」者爲馬岌，此處隱去二名，合併言之。

王鼎物外　乖崖夢中

雅言雜載：王鼎善〔一〕歌詩，好神仙，心遊物外。時人或謂有所得，問之，終不泄露。詩百餘篇，傳於人間，如「風落蠹〔二〕枝驚鶴去，水流山果向人來」。贈程明甫云：「古縣枕前灘，官閑道自安。執盃山鳥唱，曬藥野猿看。石縫横琴筆，槎頭〔三〕插釣竿。不知陶靖節，早晚入雲端。」

本條見詩話總龜前集卷四六隱逸門引郡閣野談。詩話總龜一書中，除此處題郡閣野談外，均作郡閣雅談。又，郡閣雅談亦稱郡閣雅言，本條所謂雅言雜載，實則郡閣雅言之别名。

〔一〕善：原作「書」，據詩話總龜校改。

〔二〕蠹：詩話總龜作「桂」。

〔三〕頭：詩話總龜作「根」。

忠定公録：張乖崖在成都，夢謁紫府真君，接語未久，忽報請到西門黄兼濟承事。承事以幅巾道服而趨，真君降階接之，禮頗隆盡，且揖張公坐黄之下。詢〔二〕顧詳款，似有欽嘆之意。公翌〔三〕日即遣吏詣西門，召黄承事者，戒令具常所衣之服來。比黄既至，果如夢中。公即以所夢告之，問平日有何陰德，蒙真君厚遇如此。黄曰：「無他長，每歲遇米麥熟時，以錢收糴，至明年米麥未熟，小民艱食之際，糶之。價直不增，升斗亦無高下。在我者初無所損，而細民得濟所急。」公曰：「此承事所以坐某之上也。」乃令吏掖而拜之。

忠定公録，全稱忠定公語録或張忠定公語録，四卷。忠定公，即北宋張詠（九四六—一〇一五），字乖崖，守蜀時有善政。其門人李畋記其語論，名忠定公語録。本條見宋江少虞皇朝類苑卷四四「張乖崖」條引忠定公語録。

〔二〕詢：原作「諭」，據類苑校改。

〔三〕翌：原作「朔」，據類苑校改。

順興宿德　少道陰功

丹臺新録：李先生字順興，京兆人也。因秋分之夕，忽有飛仙千餘騎，翔集空中。有二人在庭，謂先生曰：「上帝有命，遣仙官於紫閣上石室中相待也。吾二人乃直日之神，奉使來召，宜即展駕。」先生與之相隨，越度峰谷，若乘飛飆，倏然便至。乃見三真人，各坐一牀，自然有五色雲霞，羅覆其上。侍從僚屬，精光璨鬱，幢幡羽蓋，非可名字。先生即稽首，請白日内飛之道。真人曰：「子有宿德，位階仙官，而欲形神同舉，不足爲難也。」

本條亦見歷世真仙體道通鑑卷三〇李順興傳。另，李順興事又見本書卷八「順興辟戎」條引丹臺新録。

王氏神仙傳：王少道以陰功救人，積德成仙。常語人曰：「功滿三千，白日昇天。修善有餘，坐降雲車。弘道無已，自致不死。斯言信哉！」而真誥云：「童初府有王少道，漢時人〔一〕也。」

本條亦見歷世真仙體道通鑑卷二一王少道傳。其中，真誥一語見真誥卷一三稽神樞第三。

〔一〕人：本字後真誥、仙鑑多出「王遜兒」三字。

杜沙龍飛　馬符鼠伏

丹臺新録：杜昇真人，莫測其年壽，絶粒飲水，如二十許人。能以沙書一「龍」字，浮於水上，叱之則變爲小龍，飛起丈餘，隱隱雲霞生，呼之即下。

本條見歷世真仙體道通鑑卷三九杜昇傳、續仙傳卷下「杜昇」條，二書内容基本相同。前者當源出於續仙傳。杜昇事亦見本書卷一五「可雲卧雪」條（作杜子昇）引續仙傳。

神仙傳：馬湘遍遊名山，人皆不知有道術。常州太守馬公聞之，召，以年兄待之。公曰：「城中多鼠。」湘即書符，令人貼於壁下，長嘯一聲，而群鼠湊集。湘乃呼其大者而前，曰：「爾乃天生微物，天與粒食，何以撓於相公？今不欲殺爾，宜速去。」大者迴，而小者俯伏堦前，成群而去。

本條出續仙傳卷上「馬自然」條中。本書謂出神仙傳，誤。馬湘事在本書中有五次徵引，見卷二「馬湘紙猧」條説明。

韓湘藍關　尹喜函谷

青瑣：韓湘字清夫，文公姪也，落魄不羈。嘗醉吟曰：「青山雲水窟，此地是〔一〕吾家。後夜流瓊液，凌晨咀〔二〕絳霞。琴彈碧玉調，鑪鍊〔三〕白朱砂。寶〔四〕鼎存金虎，玄田養白鵶。一瓢〔五〕藏世界，三尺斬妖邪。解造逡巡酒，能開頃刻花。有人能學我，同共看〔六〕仙葩。」公問曰：「子安能奪造化開花乎？」湘曰：「此事甚易。」取土，聚之以盆，俄頃碧蓮二朵，類牡丹花，葉有小金字，云：「雲横秦嶺家何在，雪擁藍關馬不前。」公莫曉句意。後言佛骨，謫潮州。時大雪，塗中遇湘曰：「憶向花上之句乎？」詢地名，即藍關也。公方驚悟，乃續其詩曰：「一封朝奏九重天，夕貶潮陽路八千。本爲聖明除弊事，敢將哀朽惜殘年。雲横秦嶺家何在，雪擁藍關馬不前。知汝遠來深有意，好收吾骨瘴江邊。」湘後與公俱至沅湘，莫知所之。

青瑣，即青瑣高議，宋劉斧撰。本條見青瑣高議前集卷九「韓湘子」條，副標題爲「韓湘作詩讖文公」。

〔一〕地是：青瑣高議作「家自」。

〔二〕咀：青瑣高議作「散」。

〔三〕鍊：青瑣高議作「養」。

〔四〕寶：國圖舊抄本作「空」。

〔五〕瓢：青瑣高議作「壺」。

〔六〕共看：青瑣高議作「看共」。

廣記：函谷關令尹喜占風氣，逆知當有神人來過，乃掃道四十里，見老子而知是也。老子在中國都未有所授，知喜命應得，乃停關，授以道要〔一〕。

本條見太平廣記卷一神仙一「老子傳」引神仙傳。

〔一〕知喜應得乃停關授以道要：廣記作「知喜應得道，乃停關中」。

盱真母部　黄君父屬

西山記：盱真君諱烈，字道微，事母以孝聞，而母亦有志學道。與母同往西山，見許真君，叩頭求哀，真君念之，使築室於所居之西，侍母居焉，授以道術。及許真君上昇，道微與母皆受玉皇詔，部分許君家屬昇天。

盱烈事亦見仙苑編珠卷下「盱烈藥神」條引十二真君傳。

又真君姓黄名仁覽，字紫庭。父名輔，字萬石，有高行，事親以孝聞，州郡舉孝廉，穆帝時仕至御史。紫庭少俊拔，有清致，許真君以女妻之。萬石事許君，執弟子之禮。及紫庭受玉皇詔，與父母家屬昇天。今高安縣祥符觀有丹井存焉，乃其故居也。

黄仁覽事亦見本書卷五「青州從事」條、卷一二「黄折草鹿」條引西山記，黄輔事亦見仙苑編珠卷下「黄輔龍騎」條引十二真君傳，然與本條不同。

修公化羊　尹澄憫鹿

列仙傳：修羊公隱華山石室中，服黄精。室有石牀，公卧其上，而石盡穿。景帝聞名詔之，公即於牀上化爲白羊，題其脇曰：「羊公謝天子。」帝後置石羊於臺上，公復化而隱，不知所在。

本條見列仙傳卷上「修羊公」條。

丹臺新録：尹澄有道術，始皇累詔不起。澄厭喧譁，意以山林爲樂，改名尹林子，遠遁林谷。時見群鹿，有一傷足者，躓頓不前。澄憫其苦，用藥封其足。復遇大雨，食盡，困於林藪。時群鹿奄至，飢則吮乳，寒則卧懷，相隨累月。遇神人授祕訣，乃能生骸護病。年三百四十歲，白日上昇。而真誥名尹林子者，漢末入茅山，今以爲真人矣。

本條見仙苑編珠卷下「尹澄猿鹿」條引樓觀傳，亦見歷世真仙體道通鑑卷九尹澄傳。丹臺新録與仙鑑當均源出樓觀傳。

志真縶虎　子英捕魚

高道傳：呂志真，廣成先生〔一〕弟子，居石室十餘年，善以藥石救人。入林谷，則虎豹隨之。問其道，則默無所對。出商山道中，忽失色不前，人皆訝之，且曰：「前有剽掠者來。」果見兵刀至。志真謂賊曰：「此行皆吾弟子，無得干之。」其徒斂袵避路，不復敢前。又至一谷口，曰：「此有害人之物。」同行欲見之，遂入林中，以繩縶二虎而出。由是知志真深得廣成之道焉。

本條亦見歷世真仙體道通鑑卷四〇呂志真傳。

〔一〕生：本字後仙鑑多出「劉元靖之」四字。

列仙傳：子英者，舒鄉人也，善入水捕魚。得赤鯉魚，愛其色，持歸，著池中，數以米穀食之。一年，長一丈餘，遂生角，有翅翼。子英怖而謝之。魚曰：「我來迎汝爾，可上我背，與汝俱去。」須臾暴雨，子英乃上其背，騰空而去。

本條見列仙傳卷下「子英」條。

子先二狗　沈建一驢

列仙傳：子先姓呼，漢時人，卜師。壽百餘歲，好飲酒。有一媪，待之甚厚，未嘗問及酒資。一日，忽呼媪曰：「急裝，當與共行。」是夜，有神仙〔一〕持二茅狗來，子先與媪共乘之。入華陰山，大呼云：「子先酒家母在此。」

本條見列仙傳卷下「呼子先」條，亦見文選卷二二沈約遊沈道士館李善注引列仙傳。

〔一〕仙：國圖舊抄本作「人」。

仙傳拾遺：沈建有延年卻死之術。一日遠行，寄驢一頭并犬羊於主人之家，各付藥一粒而去。主人曰：「此客可怪，寄下十五口，並無一文，當若之何？」建出三年乃還，奴婢驢羊如故。建輕舉矣，或去或還，如此三百餘年，人皆不曉。後不知所在。

本條僅見此引。羅爭鳴據本書輯入杜光庭記傳十種輯校仙傳拾遺。沈建事見神仙傳（四庫本卷二、漢魏本卷六），亦見太平廣記卷九神仙九「沈建」條、仙苑編珠卷上「沈建寄婢」條引神仙傳，及歷世真仙體道通鑑卷五沈建傳。仙傳拾遺沈建事或源出神仙傳。

韓衆巨〔一〕勝　廷瑞菖蒲

總仙記：樂子長，齊人，少好道。入霍林山，遇韓衆，授以巨勝赤松〔二〕散。服之，年可八十歲，色如少女。後昇仙，補爲修門郎。

總仙記，北宋樂史撰。崇文總目著録總仙記一百三十卷。然玉海則云一百三十七卷，目録四卷。宋史卷三〇六樂史傳云一百四十一卷。宋陳元靚撰歲時廣記、宋洪遵撰泉志、宋王十朋注東坡詩集注均有引。本條見歷世真仙體道通鑑卷三四樂子長傳引總仙記。樂子長事，亦見四庫本神仙傳卷二「樂子長」條。又，太平御覽卷九八四藥部一「藥」條亦列樂子長事一條，云引列仙傳，當爲神仙傳之誤；太平寰宇記卷二〇河南道二十敘樂子長事亦云引神仙傳。

〔一〕巨：原作「苣」，據仙鑑、御覽校改。

〔二〕松：原作「杯」，據仙鑑、御覽校改。

郡閣雅談：沈道士名廷瑞〔一〕，故吏部彬之子，居玉笥山。每遇深山古洞，終日忘返。一日辭道侣，坐集仙亭上，念人生幾何，賦畢乃卒。葬後越二年，有閤皂山曾〔二〕昭瑩，於山門數里相遇。其閤皂、玉笥相去一百六十里。曾問所往，云暫到廬山尋知己，且留詩一首爲别，云：「南北東西路〔三〕，人生〔四〕會不〔五〕無。早曾依閤皂〔六〕，又卻〔七〕上〔八〕玄都。雲片隨天闊，泉聲落石孤。何期早相遇〔九〕，藥共煮〔一〇〕菖蒲。」曾歸玉笥，話及，方知師尸解矣。

本條見詩話總龜前集卷四六神仙門上、歲時廣記卷一二「遇道士」條引郡閣雅談，亦見歷世真仙體道通鑑卷四六沈麟傳。

〔一〕沈道士名廷瑞：仙鑑作「沈麟字廷瑞」。

〔二〕曾：詩話總龜、歲時廣記均作「僧」。仙鑑作「曾昭瑩」，爲道士。全唐詩卷七七〇收沈麟詩一首，題「送道士曾昭瑩」。

〔三〕路：仙鑑作「事」。

〔四〕生：仙鑑作「間」。

〔五〕不：仙鑑作「也」。

〔六〕早曾依閤皂：仙鑑作「昔曾栖玉笥」。
〔七〕又卻：歲時廣記作「卻又」，仙鑑作「今也」。
〔八〕上：仙鑑作「返」。
〔九〕何期早相遇：仙鑑作「丹霄人有約」。
〔一〇〕藥共煮：仙鑑作「去採石」。「藥」，詩話總龜作「樂」。

俱鳳闒茸　持滿侏儒

北夢瑣言：後唐同光中，有狂生桑俱鳳，闒茸垢膩，不近人情，神異不一。至渚宫謁南平王，一足草履，一足麻鞋，號爲「野人」。

本條未見於今本北夢瑣言，略可見於歷世真仙體道通鑑卷四四桑俱鳳傳。

河東記：唐汝陽王璡能劇飲。術士葉静〔一〕能過之，王强以酒，不可，曰：「某有生徒，酒量可與王敵。明日使謁王。」詰旦，有投刺者，曰：「道士常持滿。」王遽引入，形狀侏儒，然神氣彩瑩，音韻鏗然。既坐，善談胚膗。王命飲，道士忻然。王以醇酒寫大斛中，沃以巨觥。王既醺然，而道士風韻高爽。良久，忽謂王曰：「某止此一杯，醉矣。」王强之，道士曰：「王不知量有限乎？何必强之。」復勸一杯，忽然倒地，視之，乃一大酒榼耳，受五斗焉。

本條見太平廣記卷七二道術二「葉靜能」條引河東記。「常持滿」，廣記作「常持蒲」，然諸書均作「持滿」，故「蒲」當爲訛字。本條亦見宋朱勝非紺珠集卷七「常持滿」條、錦繡萬花谷前集卷三五「進士常持滿」條、明陳耀文天中記卷四四「常持滿」條節引，均云出自河東記。另，宋曾慥類説亦節引本條，凡兩處，分别見卷四五和卷六〇「道士常持滿」條；其中，卷四五云引自三水小牘，乃誤收；卷六〇爲拾遺類總，不題出處。歷世真仙體道通鑑卷三九葉法善傳中亦見本條内容。

〔二〕靜：原作「法」，諸書均作「靜」，據改。

瑤池白橘　滄洲碧棗

神仙傳：周穆王會西王母於瑤池，食素蓬黑棗，碧藕白橘。

本條僅見此引。

桂陽雜編：隋處士元藏幾爲〔一〕海使判官，遇風船壞，破木載至洲島。人曰：「此乃滄〔二〕洲，去國千萬里。」花木常如二三月，人多不死。產分蒂瓜，長二尺；碧棗丹栗〔三〕，皆大如梨。池中有四足金魚、金蓮花，婦人採爲首飾，曰：「不戴金蓮花，不得到仙家。」藏幾思中國，洲人製凌風舸送之，激水如箭，旬日達東萊。問其國，乃唐也，自大業至貞元，二百年矣。

本條見唐蘇鶚杜陽雜編卷下。本書云出桂陽雜編，「桂」字乃「杜」字之誤。另，太平廣記卷一八神仙十八「元藏幾」條引，云出杜陽編；類説卷四四節載，題「滄州」；錦繡萬花谷後集卷三七節引，題「金蓮花」；白孔六帖卷六節引，題「澄緑水」，卷七節引，題「良金池」，卷一一節引，題「淩風舸」，卷一五節引，題「菖蒲酒桃花酒」、「香露之糈」，卷九九節引，題「碧棗」、「丹栗」，卷一〇〇節引，題「分蒂瓜」、「金蓮華」。歷世真仙體道通鑑卷二二元藏幾傳亦載。

〔一〕爲：本字後杜陽雜編多出一「過」字。

〔二〕滄：本字後杜陽雜編多出一「浪」字。

〔三〕粟：原作「粒」，據杜陽雜編校改。

右英五芝　鳳綱百草

真誥：右英夫人吟曰：「有心許斧子，言當採五芝。芝草必不〔一〕得，汝亦不能來。」

本條見真誥卷四運題象第四。

〔一〕必不：真誥作「不必」。

廣記：鳳綱者，漢〔一〕陽人，嘗採百草花，以水漬泥〔二〕封之。自正月始，盡九月末止，埋之百日，絞煎丸之。卒死者以此藥内口中，皆立生也。綱服藥，數年不老，後入地肺山。

本條見太平廣記卷四神仙四「鳳綱」條引神仙傳，亦見神仙傳「鳳綱」條（漢魏本卷八、四庫本卷一），另見仙苑編珠卷上「鳳綱花卉」條引神仙傳、歷代名醫蒙求卷上「鳳綱不老」條引神仙傳、太平御覽卷七二醫四引神仙傳、歷世真仙體道通鑑卷三四鳳綱傳。

〔二〕漢：廣記、神仙傳、名醫蒙求均作「漁」，仙苑編珠作「元」。

〔三〕泥：原闕，據國圖舊抄本、廣記、漢魏本神仙傳、名醫蒙求校補。

公成偃逸　宋來洒掃

真誥：趙公成昔患脚疾，不能步履，心常默拜太上，三十年精專不替。感太上賜藥〔一〕一劑，服之即愈。後得道，今在鶴鳴山。行道之時，未嘗少忘，此所謂内研太元，偃逸神府者也。

本條見真誥卷一〇協昌期第二。另，三洞珠囊卷一救導品亦引，出真誥。

〔一〕藥：真誥作「流明檀桓散」。

又宋來子，楚莊公時爲市長，常洒掃於市。見一乞食翁，歌於市云：「天庭發雙華，山源障陰邪。清晨按天馬，來詣太真家。」歌此乞食於市，人無有識者。獨來子知之，遂以師禮事之。積三十年，授來子以中仙之道，今在中嶽。方知乞食翁乃西嶽真人馮延壽也。注云：手爲天馬，鼻爲山源。

本條見真誥卷九協昌期第一，亦見仙苑編珠卷上「宋萊掃市」條引真誥，另見洞真西王母寶神起居經。

宫嵩長生　郭延不老

抱朴子：宫嵩有文才，年數百歲，色如童子。遇仙人干〔一〕吉，得其書，多論陰陽否泰之事，有天道焉，有地道焉，有人道焉。治國者用之，以致太平；治身者用之，以保長生。此其道也。

本條未見於今存抱朴子内外篇中，而見於神仙傳「宫嵩」條（漢魏本卷一〇、四庫本卷七），漢魏本較詳。本條内容多合於漢魏本神仙傳。

〔一〕干：輯要本作「于」。

神仙傳：東郭延者，山陽人，服靈飛〔一〕散，夜書。在冥室中，身皆生光。又能遠望，見平地數十里上小物，知其采色。天下當死者，識與不識，皆逆知之，如其言。在鄉里四五百歲，不老。一旦有數十人乘虎豹來迎，比鄰盡見之，辭别而去，入崑崙山中。

本條見神仙傳「東郭延」條（漢魏本卷一〇、四庫本卷七）。

〔一〕靈飛：漢魏本神仙傳作「雲」。

蔡女繡鳳　志和雕鸞

廣記：蔡女仙，襄陽人也，幼而慧巧，善刺繡，鄰里稱之。一日綉雙鳳方成，五綵霞焕，忽一老人詣門請觀，爲安眼。眼成，雙鳳翔舉，而老叟同女子各乘鳳去，即降襄陽山南之林。後因號襄陽山爲鳳林山，置鳳林關，乃敕其宅爲鳳林靜真觀，立女冠像。

本條見太平廣記卷六二女仙七「蔡女仙」條引仙傳拾遺。

又韓志和，外國人，入中國，爲衛士。雕木爲鸞鶴烏鵲之形，置機棙于腹中，發之則翔空百步之外。又能作龍御牀，履之則牙爪皆動，夭矯如飛。憲宗悦之，甚厚賜，而志和悉散與人。後遁去，不〔一〕知所之。

本條見太平廣記卷七五道術五「韓志和」條引仙傳拾遺。

〔一〕不：國圖舊抄本作「莫」。

欒巴破廟　谷青發棺

廣記：欒巴時爲成都功曹，而太守問曰：「功曹有道，可試之乎？」曰：「唯。」即時入壁，冉冉如雲氣之狀，已失巴所在。後除郎官，遷豫章太守。其山有廟，甚靈，能使江船分風使帆。巴至，失神所在。巴曰：「廟鬼詐矣。」遂破其廟。鬼走，化爲書生，往齊國，而太守以女妻之。巴往齊國，見太守，遂書符長嘯，令書生出相見，叱之，化爲狸，即斬殺之。

本條見太平廣記卷一一神仙十一「欒巴」條引神仙傳，又見神仙傳「欒巴」條（漢魏本、四庫本均見卷五）。

列仙傳：谷青，成帝時侍郎也。因病死，而尸不冷，入殯不釘。至二年，見青冠幘坐於縣門上，家人迎之不下，發棺無尸。後入太白山，人爲之立祠。而青時復往來於祠中。

本條見列仙傳卷下「谷春」條。仙苑編珠卷下「谷春卻活」條引列仙傳亦作「谷春」。此處「青」字當爲「春」字之誤。

梁伯求衛　孝惠祠韓

神仙傳：孝武帝遣使者梁伯至山中〔一〕求衛叔卿，不見，但見其子度世，與之俱入太華山尋訪。度世望見父與數人博戲於石上，坐白玉牀。度世問：「博者爲誰？」曰：「洪崖先生、許由、巢父、王子晉也。」曰：「我有仙方在所居柱下。」度世歸，掘之，得玉函，封以飛仙之印〔二〕，乃五色雲母也。度世服之，仙去。

本條見神仙傳「衛叔卿」條（漢魏本卷八、四庫本卷二），又見太平廣記卷四神仙四「衛叔卿」條引神仙傳。廣記同漢魏本神仙傳。衛叔卿事，亦見本書卷五「叔卿白鵠」條引神仙傳、仙苑編珠卷上「叔卿不臣」條引神仙傳。

〔二〕山中：神仙傳作「中山」。

〔三〕印：神仙傳作「香」。

拾遺記：漢孝惠帝時有道士韓稚，解絶國人言。有泥離國來朝，人長四尺，兩角如繭，牙出於唇，處於深穴，其壽不可測。帝使稚問之：「經見幾代？」答云：「五代事相承，迭生迭死，如飛塵細雨，存没不可論。」又記女媧及軒黄以來事，了如在目。稚以聞於帝，帝嘆曰：「悠哉杳昧，非通神達理，難可語乎斯道〔一〕矣。」稚於斯退，莫知所之。帝使諸方士立仙館於長安北，名曰「祠韓」。

本條見拾遺記卷五前漢上，亦見太平廣記卷八一「韓稚」條引王子年拾遺記。

〔一〕道：原作「遠」，據拾遺記、廣記校改。

若山脱屣　任敦棄官

廣記：唐若山，開元中出鎮潤州，日與僚友賓客三五人整棹浮江，將遊金山寺，既及中流，江霧晦冥，咫尺不辨。若山獨見老叟棹魚舟，直抵舫側。若山入魚舟中，超然而去。几案間得若山訣别之書，又得遺表一紙，其略云：「臣運屬休明，累叨榮爵，夙悟升沉之理，深知止足之規。棲心玄關，早得真訣。黄金可作，信淮南之昔言；白日可延，察真經之妙用。既得之矣，餘復何求。是用揮手紅塵，騰神碧落〔一〕。扶桑在望，蓬島非遥。遐瞻帝闕，不勝犬馬戀軒之至。」明皇省表異之。

本條見太平廣記卷二七神仙二十七「唐若山」條引仙傳拾遺。

〔一〕落：廣記作「海」。

道學傳：任敦字子尚〔一〕，永嘉初，天下擾攘，棄官南渡。遂抗志俗外，居於山林。忽有一人長丈許，敦問之，此人自稱是阿那窟，老君見使，來問訊。敦問：「老君常在何許？」答曰：「常在天上，復遊世間。」又問〔二〕：「經過而去，復有所止？」答云：「時往大治及仙圖中。」敦後逆知孫恩之禍，乃尸解於木沼山。

本條陳國符輯入道藏源流考道學傳輯佚。三洞珠囊卷一救導品引任敦事兩條，均出道學傳卷四，然與本條内容相重者不多。

〔一〕任敦字子尚：珠囊所引，一云字尚能，一云字尚。

〔二〕問：原作「恒」，據輯要本校改。

稚川金闕　公遠碧落

本傳：玉皇詔葛真人曰：「洪久傳心要，善養胎真，演神方，治病於生靈；述先典，廣行於塵世，陰功濟物，密行齊真，名係玉都，身歸金闕，可宜於三月三日寅時昇車上天者。」

本條僅見此引。葛洪事亦見本書卷一「稚川除虎」條、卷一四「葛求勾漏」條，並引神仙傳。

本傳：詔羅真人云：「公遠能除水怪，救濟生靈，馘祟驅邪，召龍致雨，有行藥瘥病之善，有施符遣疾之功，内修三一，外養四生，名著仙都，身歸碧落，可宜於正月十五日午時駕赤龍車歸天者。」

本條僅見此引。羅公遠事亦見本書卷六「金城絳闕」條引逸史、卷一三「隱柱羅遠」條引逸史、卷一四「太真霓裳」條引逸史、卷一八「公遠白魚」條引高道傳。

沈羲龍虎　公陽鸞鶴

抱朴子：沈羲，吴人也，學道於蜀，救人利物，德感上帝。一日出行，塗中忽見青龍白虎車各一乘，從者十數人，皆朱衣，仗節滿道。問曰：「君見沈道士乎？」羲曰：「某是也。」吏曰：「子有功於民，黄老君遣仙官來迎子，爲碧落侍郎。」於是昇天。

本條不見於抱朴子内外篇，而見於神仙傳（漢魏本卷八、四庫本卷三），另見太平廣記卷五神仙五「沈羲」條引神仙傳、雲笈七籤卷一〇九神仙傳「沈羲」條。沈羲事亦見本書卷二「徐福白鹿」條引廣記、仙苑編珠卷下「沈羲三車」條引神仙傳。

西山記：鍾離嘉，字公陽，許真君之甥也，好處林巒。許君愛其有授道之質，遂付以祕訣，令密修之。許君上昇，告以沖昇之日，紫雲自天而下，青鸞白鶴翔舞於庭，仙童玉女下迎公陽，白日上昇。

鍾離嘉事亦見仙苑編珠卷下「鍾嘉碧輪」條引十二真君傳。

帛公素書　甘君仙藥

神仙傳：于君〔一〕者，因病癩，數十年，百藥不能愈。忽見市中賣藥公，姓帛，因往問之。云：「可救。」以素書二卷授之，曰：「不但愈病而已，當得長年。」于君再拜受之。于君思得其意，内以治身修性，外以消災救疾，無不愈者。道成，仙去。

神仙傳有「帛和」條（漢魏本卷七、四庫本卷七），然無于君内容。本條見仙苑編珠卷中「于吉太平」條引神仙傳、三洞珠囊卷一救導品引神仙傳卷九、歷代名醫蒙求卷上「帛公素書」條引神仙傳。或現存神仙傳中的帛和傳有闕佚。于君，即于吉，時作干吉。

〔一〕于君：名醫蒙求、珠囊「于」作「干」，後同。仙苑編珠「君」作「吉」。

西山記：甘真君者，字伯武，以孝行見推於鄉里。仗劍隨許真君除妖，其功居多。許君授以祕訣，而君潛匿形影，人莫之測。一日，天際忽聞天樂之聲，須臾祥雲彩霞暉映，而君昇天。

甘真君即甘戰，事亦見仙苑編珠卷下「甘戰彩麟」條引十二真君傳。

鄭公崑臺　子廉魏閣

青瑣：進士牛益出都門，息柳陰之下。夢至高門大第，吏云：「此群玉宫也。」熟視，乃故人吕臻〔一〕。吕曰：「吾掌此宫。」益見殿上有白玉牌，朱篆，蒙以絳紗，大字云：「中州天仙籍。」其次皆名氏數千，其中唯識數人，吕及夷簡、李迪、余靖〔二〕而已。益問天仙之詳，吕曰：「自有次序。真命上，非子可知。」益曰：「今世卿相，率皆仙乎？」曰：「十中有七八。」益曰：「富公弼，國之元老，豈其仙也？」曰：「富公是崑臺真人，壽九十三歲，方還崑府。」益曰：「公今何職？」曰：「更三百年，補地上主者。」益曰：「主〔三〕者又〔四〕是何官？」曰：「掌五嶽四瀆、名山大川者也。」

本條見青瑣高議前集卷二「群玉峰仙籍」條，副標題爲「牛益夢遊群玉宫」。

〔一〕呂臻：青瑣高議作「吴内翰臻」。

〔二〕呂及夷簡李迪余靖：青瑣高議作「丞相呂公夷簡、丞相李公迪、尚書余公靖、龍圖何公中立」。

〔三〕主：原作「王」，據輯要本及青瑣高議校改。

〔四〕又：原作「人」，據青瑣高議校改。

括異志：衡嶽道士率子廉，落魄嗜酒，性獷戾，易辱人以言，人亦少與之接，故以牛呼焉。居山之魏閣。禮部侍郎王公祐守潭州，立夏，將命祀祝融。至衡嶽，因訪所謂魏閣者。及至，則子廉方醉寢，王公與語，甚異之，遂載與還郡，日與之飲酒。間辭歸山，復止魏閣者。一日忽謂人曰：「我將遠行，當一别王公。」即日扁舟下潭來謁，且曰：「將有所適。」王公留與之飲。居二日，辭歸。至日，以書别衡山觀主李公，盥浴服飾，焚香秉簡而蜕去。聞者驚異。李爲買棺厚葬之。殆半歲，有衡嶽僧自京師至，安上門外見〔一〕子廉，云〔二〕來看京師〔三〕，即還〔四〕，時蒙李觀主厚有賚行，懷中出一書，附僧爲謝。李發封，乃真子廉書也。人皆嘆王公之默識。

本條見括異志卷六「率子廉」條。

〔一〕見：原闕，據括異志校補。

〔二〕云：原闕，據括異志校補。
〔三〕師：本字後原有「云」字，據括異志校删。
〔四〕還：原作「途」，據括異志校改。

三洞群仙録卷之四

正一道士陳葆光撰集

尊師何何　先生僕僕

神仙傳：衡山有一道士，不示姓名。或問其姓，則曰何；問其名，則曰何。時人因呼爲何何〔一〕尊師。或〔二〕問：「師無言，何以開悟後人？」曰：「知不知上，不知知病，誰能鑿混沌之竅，而達自然之理邪？」遂杖藜入山，而虎豹隨之。司馬先生曰：「此可謂才全而德不形者也。」後尸解。雷震，尸遂不見。

本條見南嶽總勝集卷下叙唐宋得道異人高僧「何尊師」條、歷世真仙體道通鑑卷三二何尊師傳。文中提及司馬承禎，此何尊師當爲唐人，此處的神仙傳當非葛洪神仙傳。

〔一〕何何：總勝集、仙鑑均作「何」。

〔二〕或：總勝集作「逸人田虚應、鄧虚中」，仙鑑作「道士田虚應、鄧中虚」。

廣記：僕僕先生，不知何許人，自云姓僕〔一〕，時人因號僕僕先生。寓光州黄土山，凡〔二〕三十餘年，餌杏丹，飲食如常人，貨藥爲業，人皆不識之。時王弁遇之，而授弁以杏丹之訣。先生即時昇雲天。太守李休光聞之，以爲不祥。先生復降休光之府，休光曰：「若仙，當往。去而復來，妖也。」先生曰：「麻姑、茅君〔三〕皆問道於我，子以爲妖，何也？」休光叱左右執之，即時龍虎君〔四〕見於前，而先生上昇〔五〕。煙雲四合，雷電震動，觀者奔走，休光謝罪。明皇詔立宮觀，至今存焉。

本條見太平廣記卷二二神仙二十二「僕僕先生」條引異聞集及廣異記；亦見類説卷二八「僕僕先生」條引異聞集，較簡略。

〔一〕僕：本字後廣記、類説均多出「名僕」二字。

〔二〕凡：原作「即」，據廣記、類説校改。

〔三〕麻姑茅君：廣記作「麻姑、蔡經、王方平、孔申、二茅之屬」。

〔四〕君：廣記無此字。

〔五〕而先生上昇：廣記作「先生乘之而去」。

侯觀三松　蘇菴兩竹

高道傳：道士侯楷，字法先〔一〕，京兆人也。魏〔二〕正始中爲道士，授天〔三〕文祕訣，晨夕之奉，久而愈勤。卜居於寒谷，行三奔術，誦大洞經及三皇内文劾召之法。其居有清泉環流，三松偃覆，洒然幽寂，是爲栖真之所，遂號三松觀。

本條見歷世真仙體道通鑑卷三〇侯楷傳。侯楷事亦見本書卷一一「侯楷同塵」條引高道傳。

〔一〕先：原作「光」，據本書卷一一「侯楷同塵」條與仙鑑校改。

〔二〕魏：仙鑑作「後魏宣武」。

〔三〕天：仙鑑作「玄」。

郴江集：蘇真君耽，母年百餘歲，無疾，奄然而逝。鄉人爲立封木，以禮斂葬。是日，郡東北隅牛脾山上，有紫雲覆木，瀰漫不散。又若有白馬一匹，繫於林間。遂聞山嶺上有號哭之聲，皆云蘇君歸持母服。鄉人竟往即之。其草菴前哭泣之所，基址平坦，有竹兩株，無風自摇，掃其地，終年常淨。三年之後，無復哭聲，白馬亦不復見矣。

郴江集，分前集、後集、續集，已佚。本條内容略見太平廣記卷一三神仙十三「蘇仙公」條引神仙傳。蘇耽事亦見仙苑編珠卷上「蘇鹿牛形」條引蘇君傳，及本書卷二「蘇母思鮓」條引蘇仙傳、卷八「蘇耽鶴櫃」條引郴江集、卷一六「仙君橘井」條引郴江集。

胡倣斸金　雍伯種玉

神仙傳：唐陳休復，號七子，貞元中來居褒城，耕農採樵，與常無異。多變化之術，好事少年五七人，求學其術，勤勤不已。語未終，忽暴卒，須臾臭敗。衆皆驚走，莫敢回視。自此少年不敢干之。昌明〔一〕胡倣常師事之，將赴任，留錢五千，爲休復市酒。笑而不取，曰：「吾金玉甚多，恨不能用爾。」以鋤授倣，使之斸地，不二三寸，金玉錢貨，隨斸而出。曰：「人間之物固若是，但世人賦分有定，不合多取。若用之，豈有限約乎？」

本條引唐陳休復事，云引自神仙傳，固非。本條見太平廣記卷五二神仙五十二「陳復休」條引仙傳拾遺。本書卷八「休復妓侮」條亦引陳休復事，云出仙傳拾遺，内容亦見於廣記卷五二，則本卷所謂「神仙傳」，當爲「仙傳拾遺」之誤。

又，廣記卷八〇「陳休復」條、卷一五八「楊蔚」條，均記陳休復事（内容均不同於本書所載），而均出自北夢瑣言，考引文可見於北夢瑣言之卷八「李當尚書亡女魂」條、卷四「楊蔚使君三典洋源」條。或陳休復與陳復休本爲二人，本條所引之「陳休復」，當作「陳復休」。

〔一〕明：此後廣記多一「令」字。

廣記：楊雍伯，事親以孝聞。及父母死，葬於高山。雍伯廬於墓側，晝夜號慟，甘泉湧出，以濟行人。忽有一飲馬者來，將白石一升與雍伯，曰：「種之當生美玉。」果生白璧，長二尺許，不計其數。一日出遊，偶至海上，遇群仙，曰：「此種玉雍伯也。」一仙曰：「汝有孝行，神真所感，此宫即汝他日所居也。」雍伯歸，數年，夫婦俱上昇。今者所居之宅號玉田坊。

本條見太平廣記卷四神仙四「陽翁伯」條引仙傳拾遺，惟「楊雍伯」作「陽翁伯」。

道成跨騾　敬之射鹿

郴江集：慶歷中有處士遊東嶽，謁主簿郭及甫。既坐，視其刺字，乃羅道成。詢其鄉里，曰：「郴州人也。」及甫留飲，處士曰：「久思東州之遊，前日到泰山，已遊歷遍也。」旦夕回南方，乃借紙筆，爲詩曰：「因思靈秀偶來〔一〕遊，碧玉寒堆萬疊秋。直上太山〔二〕高處望，根盤連接十餘州。」復〔三〕自和云：「水雲蹤跡日〔四〕閑遊，夏谷陰寒冷勝秋。猿鳥性情猶戀舊，翻身卻去〔五〕海邊州。」及甫見詩，不勝嘆美。既去，及甫遣人送之。至邸，又爲一詩付吏〔六〕曰：「白騾代步若奔雲，閑人所至留詩跡。欲知名姓問源流，請看郴陽山下石。」後詢郴人，地有白騾〔七〕真君觀，因得道，跨白騾行石壁上。其騾迹至今存焉。

本條見詩話總龜前集卷四七神仙門下引古今詩話，亦見歷世真仙體道通鑑卷五〇羅道成傳、明胡漢萬曆郴州志卷一九。郭紹虞據總龜等輯入宋詩話輯佚卷上古今詩話。

〔一〕來：仙鑑作「東」。

〔二〕山：原作「平」，據詩話總龜、郴州志改。

〔三〕復：詩話總龜作「後」。

〔四〕日：詩話總龜作「自」。

〔五〕去：郴州志作「過」。

〔六〕吏：原作「史」，據仙鑑、郴州志校改。

〔七〕白騾：詩話總龜作「成」，仙鑑作「羅」。

西山記：許真君名遜，字敬之，世爲許昌人，後徙豫章。遜生而穎悟，姿容秀偉。少不羈，喜畋獵。嘗射一鹿子墮地，母以舌舐之，未已而死。因感悟，毀棄弓矢，刻意讀書。弱冠，旁通經史，善音律，天文地理、五行讖記之書悉皆極致，尤慕神仙之道。後拔宅上昇。

本條亦見歷世真仙體道通鑑卷二六許遜傳。

廖扶北郭　王績東皋

本傳：後漢廖扶，絶志世外，專精經典，尤明天文讖緯、風角推步之術。公府辟召，皆不應。時人號爲北郭先生。

本條見後漢書卷八二上廖扶傳。

人號爲東皋子。

本條見舊唐書卷一九二隱逸傳王績本傳。

唐隱逸傳：王績字無功，授揚州六合縣丞，棄官還鄉里。績河渚中先有田數十頃，鄰渚有隱士仲長子先，服食養性。績重其真素，願與相近。乃結廬河渚，以琴酒自樂。故時人號爲東皋子。

董奉食粟　曼倩偷桃

神仙傳：董奉字君異，侯官人也。居廬山，不田作，爲人治病，亦不取錢物。但使人重病得愈者，爲栽杏五株；輕病得愈者，栽杏一株。如此數年，杏有萬株，鬱然成林。群蟲戲其下，常無生草，有如耘除也。於是杏子大熟。奉嘗語人曰：「欲買杏者，不須來報之，但徑自往取之，一器穀便得一器杏。」嘗有穀往少而多取杏者，即有虎號嘯而逐之。所得之穀，救賑貧乏，供給行旅，歲消三百斛，而所餘猶多。一旦昇天去。

本條見神仙傳「董奉」條（漢魏本卷六、四庫本卷一〇），亦見藝文類聚卷七山部上「廬山」條引神仙傳。

漢武内傳：武帝忽見青衣女子，曰：「七月七日王母暫來。」帝問東方朔：「此何人？」朔曰：「西王母紫蘭室女，傳命往來。」至日，帝盛服，立〔一〕階下，夜聞空中有簫鼓〔二〕聲，王母乘紫雲車，駕九色班龍，别有天仙，皆長一丈。王母上殿，自設精饌，以盤盛桃七枚，帝食之，甚美。母曰：「此桃三千歲一實，方朔曾三來偷桃矣。」

本條見漢武帝内傳及類説卷一「紫蘭室女」條。本條與類説所引大致同，文字小異。然與内傳相較，可知本書與類説均爲節略。

〔一〕立：本字後國圖舊抄本多一「於」字。

〔二〕鼓：本字後國圖舊抄本多一「之」字。

山甫玄髮　姚泓緑毛

抱朴子：伯山〔一〕甫居華山，精思不食，二百餘年，玄髮不老。後以其術授之於女子，色如桃花。有一老翁鬚眉皓白而來，女子笞之。怪而問之〔二〕，女曰：「此是妾兒，不肯用山甫之法，致令衰老，故杖之耳。」

伯山甫事，見神仙傳「伯山甫」條（漢魏本卷二、四庫本卷三）；另見仙苑編珠卷下「伯山甫」條、類説卷三「女笞老翁」條、太平廣記卷七神仙七「伯山甫」條，並引神仙傳。

〔一〕山：原作「仙」，據輯要本校改。

〔二〕之：國圖舊抄本作「焉」。

廣記：唐時有一僧，居於南嶽，夜見一物，緑毛覆體，直至座前。僧曰：「貧僧禪居，不撓生靈，鬼神有知，無相惱也。」其物曰：「子知有晉宋乎？」僧曰：「自晉至唐，四百年矣。」其物曰：「師知有姚泓乎？」僧曰：「吾聞泓已死矣。」其物曰：「我泓也。其時示之以死，脱身逃遁，遊行福地，唯飡柏葉，遍身生毛。」

本條見太平廣記卷二一九神仙二十九「姚泓」條引逸史。

王母擊節　子登彈璈

集仙録：九微元君、龜山王母、三元夫人，洎諸真人仙衆，並〔一〕降於小有清虚上宫絳房之中。夫人與王君爲賓主，各命侍女陳曲成之鈞，九虚〔二〕合節，八音靈粲，王母擊節而歌。

集仙録，即墉城集仙録。本條見太平廣記卷五八女仙三「魏夫人」條引集仙録及本傳，本傳當指魏夫人傳；亦見顔真卿晉紫虚元君領上真司命南嶽夫人魏夫人仙壇碑銘。

〔一〕並：原作「至」，據顔真卿碑銘、廣記校改。

〔二〕虚：廣記作「靈」，顔真卿碑銘作「雲」。

漢武内傳：王母命侍女王子登彈八琅之璈，董雙成吹雲和之笛〔一〕，許飛瓊鼓靈虚〔二〕

之簧，安法嬰歌玄靈之曲。

本條見漢武帝内傳。

〔一〕笛：内傳作「笙」。

〔二〕靈虚：内傳作「震靈」。

人間長史　山中宰相

真誥：長史姓許，諱謐，字思玄，肇七代孫也。君博學高第，初爲餘姚令，累遷尚書、護國長史，密修上道，真仙屢降。而真妃授書云：「玉醴金漿，交生神梨，方丈〔一〕火棗〔二〕，當與山中許道士，不與人間許長史。」

本條前半内容（至「護國長史」）見真誥卷二〇翼真檢第二，後半内容（始「玉醴金漿」）見真誥卷二運象篇第二，而爲紫微王夫人授答許長史，非真妃語。

〔一〕丈：原作「文」，據真誥校改。

〔二〕棗：本字後真誥多出「玄光靈芝」四字。

又陶弘景，字通明，擢進士第，遷侍讀。年三十有七〔一〕，無意於仕，乃曰：「仲〔二〕尼曰〔三〕：『隱居以求其志，行義以達其道。』我今義達，無復其方，請從求志之業。」遂自稱爲華陽隱居，脱朝服，掛於神虎門，襲鹿巾，衣道服，入華陽居，積金峰，修真誥。梁武帝累召不至。或有所議，遣〔四〕使就問，時人號曰「山中宰相」。

本條不見於真誥，而見於華陽陶隱居内傳。

〔一〕七：本字後國圖舊抄本多一「歲」字。

〔二〕仲：本字前國圖舊抄本多一「昔」字。

〔三〕曰：國圖舊抄本作「有云」。

〔四〕遣：本字前國圖舊抄本多一「每」字。

法進帝前　奉仙天上

王氏神仙傳：王法進幼而好道。一日忽遇二仙童，告之曰：「汝有仙骨，不忘於道，上帝敕我來迎汝，授事於天上。」不覺隨二女〔一〕凌虚，至於帝前。而帝告之曰：「人處三才之中，不易得也。付謝罪科〔二〕一卷，汝下諭生民，亦汝之功也。」天寶中白日上昇。

本條見雲笈七籤卷一一五墉城集仙録「王法進」條、太平廣記卷五三神仙五十三「王法進」條引仙傳拾遺，亦見歷世真仙體道通鑑後集卷四王法進傳。羅爭鳴據本書輯入杜光庭記傳十種輯校王氏神仙傳。

〔二〕女：輯要本作「仙」，七籤作「青童」。按：上曰「仙童」，此云「女」，當誤。

〔三〕謝罪科：廣記作「靈寶清齋告謝天地儀」，七籤作「靈寶清齋告謝天地法」。

又王奉仙，宣民女也。幼時遇青衣童子十餘人，與之〔一〕遊戲言笑，自夜達旦。父母疑爲妖，詰之，奉仙曰：「女所遇者道也，所見者上〔二〕仙也。」初刻〔三〕天上，見天人羅列，一仙人云：「汝有仙骨，五十年後，當復來此。然百穀之實，傷人真氣。」奉仙自後絶食，嘗謂人曰：「其所見天上神仙，與道家〔四〕之流無異。」遂畫天人朝會圖，號混天圖。

本條見雲笈七籤卷一一六墉城集仙録「王奉仙」條。羅爭鳴據本書輯入杜光庭記傳十種輯校王氏神仙傳。

〔一〕之：國圖舊抄本無本字。

〔二〕上：國圖舊抄本、七籤均無本字。

〔三〕刻：國圖舊抄本作「聞」，均不可解，疑有誤。

〔四〕家：國圖舊抄本無本字。

元一蹙壺　長房投杖

丹臺新録：謝元一號壺公，即孔子三千弟子之數也。常懸一空壺，市肆貨藥，日入之後，公輒蹙入壺中，舉市無人見者。惟費長房於樓上見之，往拜焉，以師事之。

本條見宋周守忠歷代名醫蒙求卷上「壺公貨市」條引丹臺新録，亦見神仙傳卷九「壺公」條、仙苑編珠卷下「壺公賣藥　長房掾市」條引神仙傳、太平廣記卷一二神仙十二「壺公」條引神仙傳。丹臺新録此條當源出神仙傳。壺公事亦見歷世真仙體道通鑑卷二〇壺公傳。

又汝南費長房，爲市掾時遇壺公。公知其篤信，語長房曰：「我蹙入壺時，卿便效我，自當得入。」既入壺之後，不復見壺，但見瓊樓金闕，物象妍秀，玉童玉女侠侍。公語長房曰：「我仙人也，君好道否？」長房哀懇，授以刻鬼治病之術，但不得仙道耳。又以一竹杖與之：「騎此到家訖，以杖投葛陂中。」長房如其言投於陂中，遂化龍去。

本條亦見神仙傳卷九「壺公」條，及太平廣記卷一二神仙十二「壺公」條引神仙傳、仙苑編珠卷下「壺公賣藥　長房掾市」條引神仙傳。費長房事又見本書卷七「長房縮地」條引丹臺新録。

緱山王喬　磻溪吕尚

神仙傳：王喬字子晉，遇浮丘公，得仙。友人桓良遇子晉於緱山之上，謂良曰：「七月七日，我當昇天，可與故人會别也。」至是日〔一〕，與故人群官登山，見子晉棄所乘馬於澗下，昇天而去。是時群官拜别回，見所乘馬亦飛空而去。今名爲拜馬澗焉。

本條内容略見列仙傳卷上「王子喬」條，非出神仙傳，另見太平廣記卷四神仙四「王子喬」條引列仙傳、太平御覽卷三九地部四「嵩山」條、卷三一時序部十六「七月七日」條引列仙傳。而本條文字有異於列仙傳，或出自後來的仙傳，經過後人的改動。

〔一〕日：原闕，據國圖舊抄本校補。

又呂尚，冀州人，幼而智慧，預知存亡，避紂之亂，隱於遼東二十餘年。西適周，匿磻溪垂釣，三年不獲一魚。比閭問曰：「可已矣？」尚曰：「非汝所知。」既〔一〕而獲魚於腹中，得兵鈐之書，或云玉鈐。文王夢得聖人，聞尚之賢，載歸，同治於周。功成告亡。開棺無尸，惟有玉鈐六篇在棺中。

本條見列仙傳卷上「呂尚」條，非出神仙傳。

〔一〕既：原闕，據國圖舊抄本校補。

石子東府　廣利南宫

真誥：大茅君曰：昔有白石子，以石爲精〔一〕，故世號白石先〔二〕生。此至人也。今補爲東府右〔三〕仙卿。入山斷穀，煮石食之。煮白石自有方，乃石生所造也。

本條見真誥卷五甄命授第一。

〔一〕精：真誥作「糧」。
〔二〕先：真誥無本字。
〔三〕右：真誥作「左」。

又中茅君曰：韓太華者，安國之妹也，漢將軍李廣利之婦也。廣利在世，有功及物，今在南宮受化。

本條見真誥卷一五闡幽微第一。真誥校注判定爲錯簡，而改置於卷一三稽神樞第三。

紫陽役使　魯連飛沖

天蓬咒序：鄧紫陽入麻姑山，日夜誦天蓬神呪。感金甲神人與語曰：「吾是北方六天使者，緣子念誦靈文，帝君已署子之功矣，遂令降黑篆神符真形，上有神仙之術，中有役使鬼神，下有救療疾病。子宜祕之，後當爲王者師。」次日果於石室中得其真形符篆，行持有驗。

天蓬咒序，不詳。崇文總目卷一〇、郡齋讀書志卷一六、通志卷六七著録有天蓬神咒一卷，但未詳撰人。鄧紫陽，南嶽總勝集卷下、歷世真仙體道通鑑卷三二有傳，然均未見本條中金甲神人事。

王氏神仙傳：王魯連，乃神仙王剛之女也。得父之道，入陸渾之山〔一〕，不出。後遇太一真人，授以飛沖之法。修之，白日昇天。

本條見歷世真仙體道通鑑後集卷三王魯連傳。羅爭鳴據本書輯入杜光庭記傳十種輯校王氏神仙傳。

〔一〕陸渾之山：仙鑑後集作「陸沈山」。

郭文馴虎　瞿君駕龍

仙傳拾遺：郭文字文舉，洛陽人，居大壁〔一〕巖。一旦，有虎張口至前，若有所告。文舉以手探虎口中，得骨，去之。明旦，虎銜一死鹿，致石室之外。自後虎常馴擾於左右，亦可撫而狎之。文舉出山，虎亦隨焉，雖在城市衆人之中，虎俛首隨行，不敢肆暴，如羊犬耳。或負書册鹽米歸山。晉帝聞之，詔詣闕下，問：「先生馴虎有術耶？」對曰：「自然耳〔二〕。人無害獸之心，獸無傷人之意，何必有術。撫我則后，虎猶民也；虐我則讎，民猶虎也。亦何異哉？」帝高其言，拜官，不就。隱龕亭山。

本條見太平廣記卷一四神仙十四「郭文」條引仙傳拾遺（原引作神仙拾遺，當爲仙傳拾遺之誤），另見仙苑編珠卷中「郭文探虎」條（未題出處）。羅爭鳴據廣記輯入杜光庭記傳十種輯校仙傳拾遺。郭文，晉書卷九四有傳。

〔二〕壁：廣記作「璧」。

〔三〕耳：本字後國圖舊抄本多出「人亦然耳」一句。

又瞿君者，南安人也，漢章、和間隱居平岡山。黄帝降授龍蹻之道，能控御雲龍。後入峨眉山，修洞房明鑑之術。臨欲昇天，辭訣親友，駕龍而去。今平岡化〔一〕有龍巖山、繫龍溪。

本條僅見此引。羅争鳴據本書輯入杜光庭記傳十種輯校仙傳拾遺。

〔一〕化：國圖舊抄本作「地」。

黄石圯下　李整洞中

前漢列傳：張良遇一老人，墮履於圯下，顧良曰：「孺子取履。」良取進，老人曰：「孺子可教。」遂與之期曰：「後五日與我期於此。」如是三次，如期而來。老人曰：「當如此。」遂出書與良曰：「讀是則爲王者師。後十三年，見濟〔一〕北穀城山下，黄石即我也。」南嶽夫人曰：「信者，得失之關楗。張良三期，可謂篤道而明心矣。」

本條前半（至「黄石即我也」）見漢書卷四〇張良傳，後半（「南嶽夫人曰」之後）見真誥卷二運象篇第二及太平廣記卷五八女仙三「魏夫人」條引集仙録及本傳。

〔一〕濟：原作「齊」，據漢書改。

真誥：中茅君曰：「河内李整，昔受〔一〕守一之道，初在洛陽〔二〕，近遷在華陽洞〔三〕中。主考注民間之事。」

本條見真誥卷一三稽神樞第三。

〔一〕受：原闕，據真誥校補。

〔二〕陽：本字後真誥多一「山」字。

〔三〕洞：真誥無本字。

趙昇露宿　馬湘壁睡

神仙傳：天師張道陵，有九鼎大要，唯付弟子王長，曰：「而後合有一人從東方來，當得之。此人必以正月七日日中到。」具説長短形狀。果有趙昇從東方來，生平未相見，其形貌一如陵所説。陵乃七度試昇，皆過，乃授昇丹經。第一試，昇初到門，不爲通，使人罵四十餘日，露宿不去。

本條見漢魏本神仙傳「張道陵」條，亦見太平廣記卷八神仙八「張道陵」條引神仙傳。四庫本神仙傳卷五有張道陵傳，然不見有本條内容。

續仙傳：馬湘，字自然，有道術。因入長溪縣界投宿，主人戲言：「無宿處，若壁上睡可矣。」日暮，弟子切於止宿，湘曰：「爾乃衆人中睡，我坐可到明。」衆人皆睡，湘躍身梁上，以一脚掛梁，倒垂身睡。主人夜起，燭火照見，大驚異之。湘曰：「梁上猶能，壁上何難。」俄而入壁。主人祈謝，乃出。

本條見續仙傳卷上及雲笈七籤卷一一三下續仙傳「馬自然」條。馬湘事在本書有五次徵引，見卷二「馬湘紙猧」條説明。

稷丘擁琴　漁父鼓枻

列仙傳：稷丘君者，泰山下道士也，武帝時以道術受賞賜。髪白更黑，齒落更生。上東巡狩太山，稷丘乃冠章甫，衣黄衣，擁琴而來迎。

本條見列仙傳卷中「稷丘君」條。

五代逸史：潯陽太守孫愐，於渚際見一輕舟，凌波隱現。俄而見一漁父，垂綸鼓枻，長嘯清虚。公問：「有魚乎？」答曰：「其釣非釣，寧有魚耶？」公異之，遂褰裳涉水，謂之曰：

「觀先生有道耶，方今文明之治，何不贊緝熙之治乎？」答曰：「僕〔一〕山海狂人，不達世務，未辯貧賤，無論富貴。」乃歌曰：「竹竿籊籊，河水悠悠，相忘爲樂，貪餌含〔二〕鈎，非夷非惠，聊以忘憂。」遂鼓枻而去。

本條見南史卷七五隱逸上漁父傳，及太平御覽卷五〇五逸民部五「逸民五」條引南史。五代逸史，不詳何書，而亦可能指晉書及南史所涉五個朝代（晉、宋、齊、梁、陳）的隱逸傳。

〔一〕僕：本字後國圖舊抄本多出「不過」二字。

〔二〕含：南史、御覽作「吞」。

道開食麁　石坦衣弊

茅亭記：單道開，惡食惡衣，不畏飢寒。好山居，而山神木精屢試之，而不懼。後還入羅浮山，獨處茅茨，蕭然物外。百餘歲尸解。

茅亭記，疑即茅亭客話。本書卷一二「道者椶幕」條引茅亭記，見茅亭客話卷一「雍道者」條。故本條引茅亭記應當也是茅亭客話，然現存茅亭客話未見有本條內容。本條見晉書卷九五單道開傳。或茅亭客話原有本條，已佚，而源自晉書。

晉逸史：石坦自稱北海人，居無定所，不營定所，不求美衣。衣弊，或有與之者，則反施於人。或有送葬，杖策而吊之，路無遠近，時有寒暑，必在其中，同時同日皆至焉。人莫測，以爲神明。後不知所在。

石坦事見雲笈七籤卷一一〇洞仙傳，亦見元于欽齊乘卷六引王隱晉書，云：「石坦，劇人，無居業，不娶妻，吊喪會葬，同日共時，處處見之。姚萇之亂，莫知所終，蓋異人也。」

司馬白雲　巫談紫氣

神仙傳：司馬承禎善篆，别爲一體，名爲金剪刀書。隱居天台玉霄峰，號白雲子。睿宗召見，既歸，朝士賦詩送之盈編，自號爲白雲記。

本條見續仙傳卷下「司馬承禎」條、雲笈七籤卷一一三下續仙傳「司馬承禎」條。本書云出神仙傳，誤。

又漢駙馬都尉巫談，字子都，北海人也。漢武帝出，子都見於渭橋〔一〕，其頭上有紫氣。帝召問：「君年幾何〔二〕？」對曰：「臣年一百三十八歲。」帝問東方朔，朔曰：「此君有陰道之術。」武帝屏左右問之，子都曰：「臣昔年六十五，有時腰痛口燥，舌燥涕出。得此以來七十三年，有子三十六人，身健如少。」武帝受其術不盡，然壽最勝别帝。

本條見神仙傳「巫炎」條（漢魏本卷五、四庫本卷八），而作「巫炎」，另見太平廣記卷一一神仙十一「巫炎」條引神仙傳。

〔二〕子都見於渭橋：神仙傳、廣記均作「見子都於渭橋」。

〔三〕何：本字後神仙傳、廣記均多出「所得何術，而有異氣乎」諸字。

琴高控鯉　黄安坐龜

抱朴子：琴高多〔一〕遊江浙，每於水中行，時人以爲水仙。昔浙江南鍊丹，丹成，潑灰於江，化爲小魚，時人因號爲「琴高魚」。後遊吴，控赤鯉上昇。

本條未見於今存抱朴子内外篇。琴高事出列仙傳卷上「琴高」條，而未有本條内容。

〔一〕多：國圖舊抄本作「少」。

列仙傳：黄安，代郡之卒，常坐一龜，闊三尺許。或問此龜年，曰：「昔伏羲造網結罟，以授予，其背已平矣。此蟲〔二〕畏日月之光，三千年一出頭。吾坐此，已五見出頭矣。」

本條不見於列仙傳，而見於漢武洞冥記卷二。太平廣記卷一神仙一有「黄安」一條，亦云出洞冥記。另，黄安事又見本書卷七「黄安舌耕」條引列仙傳，而亦見於洞冥記。

〔二〕蟲：原作「出」，據洞冥記、廣記校改。

琭服桃核　回書榴皮

王氏仙傳：王琭爲王屋令，常念黄庭經，六千遍未了深義。罷官，絶穀咽氣。入洞中，有嵌室石牀，案上古經一軸。琭再拜曰：「臣竊入洞天，萬劫良會，今睹玄經，願許塵目一披。」忽有一人曰：「吾東極真人王太虚。黄庭經，吾所注，授於子。復與桃核，大如數斗，磨而服之，愈疾延年。子未可居此，更二十年期。」琭攜核與經而歸。

本條與本書卷一「王粲得桃」條所述爲同一事，而文字有異（卷一王粲爲王琭之誤）。本條另見類説卷三「桃核大如數斗」條，惟「琭」作「蜍」。太平廣記卷四六神仙四十六「王太虚」條引仙傳拾遺亦提及此事，作「王余」。歷世真仙體道通鑑卷三五有王璨傳（篇中注「璨」曰「一本作琭」），内容大體相同。

搜神秘覽：湖州沈偕秀才父，以其晚年，自號東老，延賓客，多釀酒，以供肴饌。苟有至者，無問貴賤，悉皆酌之。一日有術者造謁，與東老對飲，高談琅琅，洞達微妙，夜以繼日，酒屢竭壺，術者神色自若。詰姓氏，終不答。因以石榴皮書于壁曰：「西鄰已富憂不足，東老雖貧樂有餘。白酒釀來因好客，黄金散盡爲收書。」後題曰「回山人」。東老醉，遂失之。其去後，人多以爲吕公。所題之字，削去更生。東坡有詩甚詳〔一〕。

搜神秘覽三卷，宋章炳文撰，始著録於直齋書録解題小説家類，今存。本條見搜神秘覽卷上「回山人」條。

〔一〕東坡有詩甚詳：搜神秘覽無。

焦光石芋　羊愔雲芝

抱朴子：焦光居山，每煮白石如芋，食之。或時入山伐薪，以施於人。及魏受禪，乃居河濱，結菴以居，不設席，其身垢污如泥漆，或數日一食，持不語，老少不常。如此在人間二百餘年，後不知所之。

本條未見於今存抱朴子内外篇，而見神仙傳（漢魏本卷六、四庫本卷六），作「焦先」，亦見太平廣記卷九「焦先」條引神仙傳，亦作「焦先」。然道學傳作「焦光」，或自道學傳始而發生淆亂。紺珠集卷二「煮石如芋」條引神仙傳，即作「焦光」，事亦同，而文字簡略。

續仙傳：羊愔常棲括蒼山。後遊阮郎亭崖上，去地十餘丈，有篆書刻石，字極大，傳云漢阮肇所題。驗之，乃李陽冰嘗爲縉雲令，遊此亭，題詩曰：「阮客自何所〔一〕，仙雲洞口横。人間不到處，今日此中行。」愔於亭側與縉雲〔二〕道士花時飲酒，忽仆地，若斃。乃舁還家，七日乃醒。愔曰：「初有一人，青幘絳服，自稱靈英，邀入洞府，見樓臺鸞鶴之異。石穴中有物飛去，靈英指之曰：『此青雲芝也，食之得仙。』」愔食之，覺身輕，行步如飛。後入委羽山隱矣。

本條見續仙傳卷下及雲笈七籤卷一一三下續仙傳「羊愔」條。羊愔事又見本書卷一七「羊愔片竹」條引續仙傳。

〔一〕自何所：續仙傳、七籤均作「身何在」。

〔二〕縉雲：續仙傳、七籤均作「縉雲觀」。

三洞群仙録卷之五

正一道士陳葆光撰集

善俊烏龍　叔卿白鵠

高道傳：道士韋善俊訪道，周遊名山，遇神仙授三皇檄召之文，得神仙之道。常攜一黑犬，號曰烏龍，所至之處，必分食以飼之。一日〔一〕將遊少林寺，僧方齋，善俊乃牽犬於其側，分齋食以飼焉。僧曰：「人〔二〕未食而食犬，可乎？」曰：「吾過矣。」乃謝之，尋出寺去。衆望之，師行愈遠，而犬愈大，遂化爲烏龍，師乘之而去〔三〕。

本條部分内容見歷世真仙體道通鑑卷三六韋善俊傳。

〔一〕一日：仙鑑作「如意中」。

〔二〕人：本字後國圖舊抄本多一「尚」字。

〔三〕而去：仙鑑作「歸嵩陽」。

神仙傳：衛叔卿服雲母得仙。漢元封〔一〕二年八月壬辰，孝武帝殿上見一人，乘雲車，駕白鵠〔三〕，集於殿前。帝驚問爲誰，答曰：「我中山衛叔卿也。」帝曰：「子乃朕之臣也，可前共語。」叔卿本意謁帝，謂帝好道，見之必加優禮，而帝今云是朕臣也，於是大失望，默然不應，忽不知所在。帝甚悔焉。

本條見神仙傳「衛叔卿」條（漢魏本卷八、四庫本卷二），另見太平廣記卷四神仙四「衛叔卿」條引神仙傳。衛叔卿事，亦見本書卷三「梁伯求衛」條引神仙傳、仙苑編珠卷上「叔卿不臣」條引神仙傳。

〔一〕元封：原作「儀鳳」，據漢魏本神仙傳校改。廣記亦作「儀鳳」，四庫本神仙傳作「元鳳」。按：漢無儀鳳年號，爲唐高宗李治年號。漢有元鳳年號，然非武帝年號，而是昭帝年號。元封是漢武帝第六個年號，故以元封爲是。

〔二〕鵠：神仙傳、廣記作「鹿」。

萬象貨藥　季主賣卜

續仙傳：羅萬象，不知何許人也。久居王屋山，後南遊羅浮，嘆曰：「此山朱明之洞天，葛稚川曾棲此〔一〕。雖無鄧岱〔二〕相留，聊自駐矣。」乃結菴而隱。或遊城市，貨藥飲酒，往來無定。忽〔三〕一膳則數人之食，不謂之多；或不食，則莫知歲月。日可行三四百里。

後不復出。

本條見續仙傳卷中及雲笈七籤卷一一三下續仙傳「羅萬象」條。

〔一〕此：本字後國圖舊抄本多一「處」字。

〔二〕岱：續仙傳、七籤作「嶽」。鄧嶽爲避晉康帝諱改名「岱」。

〔三〕忽：七籤作「或」，義勝。

丹臺新録：司馬季主賣卜於長安，宋忠、賈誼俱出休沐，往見之。季主趣向高妙，忠等忽自失，茫然無色，悵然噤口，不能言，於是攝衣而起，再拜而辭。出市門，僅能上車，伏軾低頭，卒不能出氣。居三日，忠見賈誼殿門外，語曰：「道高益安，勢高益危。居赫赫之勢，失身且有日矣。」

本條内容亦見史記卷一二七日者列傳及歷世真仙體道通鑑卷一一司馬季主傳，後者當源出史記。

景閑碎釜　趙明燃屋

仙傳拾遺：秦景閑，不知何許人也。會昌中，寓止會稽市，不常其居。或飲酒佯狂，凡十年。好事者稍疑其異，會稽張公家每加欽禮焉。忽一旦取秤鎚，手挼良久，引之如餳，取鐵杵，摶之爲餅。良久皆復如故。張素貧，景閑曰：「我將去矣。」命張取釜，擊碎之，以炭相雜，壘於鑪内，熾火加藥。闔户，告張曰：「炭火息後，可取所化之物，以豐爾家。念道濟人，可以世享其富矣。」翌日，張視之，皆紫金也。

本條僅見此引。羅爭鳴據本書輯入杜光庭記傳十種輯校仙傳拾遺。

抱朴子：趙明、左慈，皆以氣禁水，水爲之逆流。又於茅屋上燃火煮雞，雞熟而茅屋不燃。禁水，著中庭，大寒，露之，不冰。禁一里中，使灼者不熱。

本條見抱朴子内篇卷五至理。

秦避桃源　田居柳谷

桃源記：晉太康中，武陵漁人黄道真，泛舟自沅泝流而入，見山中桃花夾岸，落英繽紛。覩一石洞，涓流中吐，寒聲漱玉，居室蟬聯，池亭連貫。雖男冠女服，略同於外，然所服鮮潔，顔色燦然。見道真甚悦，遞邀至家，爲具酒食。問今所歷代，道真具以實告。衆皆感歎，曰：「何人世之多遷貿也？」道真辭出。他日復尋花源之路，乃迷，不復見矣。

桃源記，不詳。方輿勝覽卷三〇湖北路常德府「山川」條「桃源山」小注引伍安貧武陵記與本條開頭同，未知是否爲同傳。此事亦見仙苑編珠卷上「黄真武陵」條引。

真誥：雷平山之北，昔名柳谷[一]，有田公者來居此。其北有柳汧水，或名爲田公泉。云此水是玉砂之流津，服之，除腹中三蟲矣。

本條見真誥卷一三稽神樞第二。

〔一〕昔名柳谷：真誥無。

緱姑青鳥　女真白猿

墉城記：緱仙姑，長沙人，入道居衡山，年八十餘，容色甚少。於魏夫人仙壇精修香火，孑然無侶。數年復有青鳥，形如鳩鴿，紅頂長尾，飛來居所。自語云：「我南嶽夫人使也。以姑修道精[一]苦，獨棲窮林，命我爲伴。」又曰：「西王母姓緱，乃姑之祖也。」河南緱氏乃王母修道之故山也。每有人遊山，必青鳥預説其姓名。後知四海多難，乃隱九嶷山。

墉城記，即墉城集仙録。本條不見於道藏本墉城集仙録，見於雲笈七籤卷一一五墉城集仙録「緱仙姑」條，及太平廣記卷七〇女仙十五「緱仙姑」條引墉城集仙録。另，歷世真仙體道通鑑後集卷四緱仙姑傳亦載，文同七籤。

〔一〕精：國圖舊抄本作「清」。

仙傳拾遺：薛女真者，不知何許人也。晉時世弊，京師不寧，有道之者，多棲寓山林以避世。因居衡嶽尋真臺，外示同凡，内修真道，出行常有黄鳥白猿白豹隨之。後乃昇天。

本條僅見此引。羅爭鳴據本書輯入杜光庭記傳十種輯校仙傳拾遺。

聶論宗性　張講還元

神仙傳：五代聶鍊師，名紹元，築室於問政山，不偶世俗，自號無名子。嘗撰宗性論、修真祕訣。徐鍇甚稱賞，曰：「吴筠、施肩吾無以過焉。」

本條叙五代聶紹元事，云出神仙傳，必非葛洪所撰者，不詳何書。按聶紹元事亦見淳熙新安志、南嶽總勝集卷下。

高道傳：道士張無夢，號鴻濛子。嘗遊天台，登赤城，廬於瓊臺，行赤松導引、安期還丹之法。真宗召對，講易，即説謙卦。上問曰：「獨説謙卦，何也？」曰：「方大有之時，宜守之以謙。」復命講還元篇。無夢曰：「國猶身也。心無爲則氣和，和則萬神結矣。心有爲則氣亂，亂則英華散矣。此還元之大旨也。」上説其説，賜賚處士先生號。

本條見道門通教必用集卷一歷代宗師傳略「張無夢」條，另見歷世真仙體道通鑑卷四八張無夢傳。

洞賓蓬島　景世雲軿

丹訣：呂洞賓舉進士，兩至禮部，皆不利。曰：「既不利人間舉，當修天上舉。」唐末因遊廬山，遇鍾離先生，得其道。每持精〔一〕氣，貨筆墨，往來京畿衡嶽之間。人多不識其洞賓也。而先生授以祕訣云：「三花〔二〕和會，化火龍〔三〕直出昏衢；千日功成，驂鶴駕先歸〔四〕蓬島。」

丹訣，夷堅支志乙部卷七「岳陽呂翁」條提到一呂公金丹秘訣，或爲此書。本條部分内容見上述夷堅志「岳陽呂翁」條及道樞卷二五肘後三成篇。

〔一〕精：原作「惜」，據國圖舊抄本校改。

〔二〕花：道樞作「田」。

〔三〕龍：夷堅志作「光」。

〔四〕歸：夷堅志、道樞均作「遊」。

真誥：瀠山有學道者鄭景世、張重華，晉初受仙人孟德然口訣，以入山，行守五藏含日〔一〕法，兼服胡麻及仙丹〔二〕，久久不復飲食，而身體輕强，反易故形。忽一日北方老君遣太一〔三〕迎以雲軿，白日昇天。

本條見真誥卷一四稽神樞第四。

〔一〕含日：真誥同，輯要本作「含目」，當以「含日」爲是。

〔二〕及仙丹：真誥作「又服元丹」。

〔三〕北方老君遣太一：真誥作「北玄老太一」。

房逢西白　徐遇東專

實賓録：唐房山長陰符大丹〔一〕經序曰：「予少好學道，而慕長生，見陰符言上有神仙抱一之道。後人只究以安邦治國之法，鮮知神仙至樂之術。貞觀三年，予遊泰山，遂逢一老，自稱西白，不知其姓，因話陰符全在神仙大丹之極要，世莫能知，遂傳以驪山母所注即神仙抱一之道見焉。」

實賓録，宋馬永易撰，已佚，今存二輯本，爲四庫本十四卷、明鈔本一卷，而未見本條。

〔一〕丹：原作「册」，通志卷六七著録「太丹黄帝陰符經一卷，房山長注」，據改。

神仙傳：徐定辭，蓬州人，咸平中隸役於郡國，輦帛入關，宿華陰客邸。遇夜，有書生自稱東專者，揖定辭而坐，相得甚懽，留飲浹日。及告行，書生曰：「吾陳摶也，以君非凡骨，故得邂逅於此。」定辭喜懼，因懇求異術。曰：「術不貴異，但嗇精神，不以好惡内傷，甚善。」於是袖出藥一刀圭，曰：「君餌此當壽百歲。」翌日訪之，不復見。其後亦尸解矣。

本條見歷世真仙體道通鑑卷四八塗定辭傳，「徐」乃「塗」之誤。塗定辭乃宋代道士，此云出神仙傳，必非葛洪所撰者。又，塗定辭亦見於高道傳。本書卷一六「定辭涮腸」條亦載塗定辭事，即云出高道傳。

契虚三彭　上元五性

宣望志：契虚者，神骨孤秀，居長安佛寺。避禄山，入太白山。忽遇至人，勸遊稚川府居。一日，登山頂，見有城邑宫闕，殿上有具簪冕者，貌甚偉，憑玉几而坐，侍衛環列，問曰：「子絶三彭之仇乎？」契虚無以對。曰：「慎不可留。」乃引去。契虚後遁去，不知所之。稚川則葛真人也。

本條見宣室志卷一「遊仙都稚川」條。本書謂宣望志，誤也。亦見太平廣記卷二八神仙二十八「僧契虚」條引宣室志，及紺珠集卷五「絶三彭之仇」條、類説卷二三「稚川真君」條節引。

漢武内傳：上元夫人謂帝曰：「汝好道乎？數召方士，登山祠神，亦爲勤矣。然汝胎性暴，胎性淫，胎性奢，胎性酷，胎性賊，五者常舍汝榮衛之中，五臟之内。若從今捨爾五性，反諸柔善，常爲陰德，救濟死厄，不泄精液，齋戒勤儉，鳴天鼓，飲玉漿，蕩華池，叩金梁，按而行之，當有異耳。」

本條見漢武帝内傳。

郗鑒司直　吕誨糾正

列仙傳：郗鑒初同周撫爲南門亭長，今遷北帝〔一〕靈關侯，再遷高明司直之任。高明之任，如世之尚書僕射。

本條見真誥卷一五闡幽微第一、卷一六闡幽微第二，而不見於列仙傳。真誥卷一五云：「南門亭長，今用周撫代郗鑒，一門有二亭長，輒有四修門郎，一天門凡八修門郎也。」卷一六云：「郤南昌公先爲北帝南朱陽大門靈關侯，後天轉爲高明司直。昔坐與劉慶孫爭，免官，今始當復職也。高明司直如世尚書僕射。」

〔一〕帝：本字後真誥多出「南朱陽大門」五字。

翰府名談：吕誨獻可，以言事出安州。一日，獨坐小軒，因合目，即有所見。一碧衣童子云：「玉帝南遊炎洲，召〔一〕子隨行，糾正群仙，自此口食天厨，身遊紫府。炎洲苦熱，上帝賜汝清涼丹一粒。」公拜賜而咽之，下喉若冰雪。公自知不久於世。有朱明復者，湘江道中見〔二〕金甲吏兵數百人，公跨玉角青鹿。明復拜曰：「公其仙乎？」笑而不答，口占詩曰：

「功行偶然書玉闕，衣冠無限葬塵埃。我今從帝爲司糾，更有何人直柏臺。」

翰府名談，宋劉斧撰，已佚，類説卷五二存十五條，此外引用較多者爲詩話總龜和新編分門古今類事。本條見類説卷五二「玉帝賜清涼丹」條引翰府名談。

〔一〕召：原作「君」，據類説校改。

〔二〕見：原作「有」，據類説校改。

季偉定録　思和保命

茅君記：茅中君諱固，字季偉，舉賢良方正，累遷金吾。聞兄大茅君得道，遂棄官入山。遇兄，引見西城王君，得仙，補定録真人。

又小茅君諱衷，字思和，累遷五更大夫。同中君入山，尋司命君。君引見龜山王母，授道要，補保命真人。大茅君告曰：「吾今既去，便有職任，不可數相往來。每年三月十八、十二月初二日，邀師命友，下臨句曲。若有學仙好善男子，至其日詣山，吾因料理，必相教誨於未悟者。」今茅山朝山之會，自兹始也。

本條部分内容見太平御覽卷六七八道部二十「傳授上」條引茅君傳。

董重復活　甘始治病

真誥：董君，臨淮人，行氣鍊丹，百餘歲不老。一日因事繫入獄中，佯死，臭爛生蟲。舁至家，復活。後遂成仙。

又甘始，太原人，善行氣，不飲食。依容成子得玄素之法，用之有效，治病不用針灸湯藥。在人間百餘年，後入王屋山，昇仙。

此二條不見於真誥。

青州從事　紫府真人

西山記：黄真君，諱仁覽，字紫庭，其先武陵人。力學有聞，後棄官入道。紫庭師事許君，得其道，尚爲青州從事。紫庭道成，從許真君飛昇〔一〕。

黄仁覽事亦見本書卷三「黄君父屬」條引西山記、卷一二「黄折草鹿」條引西山記。

〔一〕紫庭道成從許真君飛昇：本書卷三作「及紫庭受玉皇詔，與父母家屬昇天」。

青瑣高議：右侍禁孫勉爲元城埽官，岸多埶陷，埽卒曰：「有巨黿穴其下，天晴輒出。」

勉伺其出，引矢射之，正中其頸。勉晝夢一吏召曰：「子殺黿，今召子證。」隨至一宮闕，吏曰：「紫府真人宮也。」勉曰：「真人何姓氏？」曰：「韓魏公也。」勉思念向蒙公提拂，見當求助。入，望公坐殿上，侍立皆碧衣童子。勉再拜，乞真人大庇。公顧左右，取青囊中黄誥。童讀誥曰：「五百世方比人身之貴。穴殘埽岸，事乃勉職也。」公命遣去。

本條見青瑣高議前集卷一「紫府真人記」條，副標題爲「殺黿被訴於陰府」。

王暉虎耕　陸羽鳥耘

高道傳：道士王暉，居華嶽熊牢嶺洞真觀。常種黄精於谿側，則虎豹爲之耕耘。出入亦乘虎豹，具鞭策，如人乘馬無異。著祕訣，以教人修養。其事隱，而人莫之曉。

本條見歷世真仙體道通鑑卷二一王暉傳。

唐逸史：陸羽，不知所生，有僧得之於水濱。及長成，聰慧能文。以易筮之，得漸卦，取「鴻漸于陸〔一〕」，爲姓名。隱於苕溪，自號桑苧翁，閉門著書，或時行歌於野，吟詩擊木。故時人謂之今接輿。羽嗜茶，著茶經，人以爲茶神。又云陸羽象耕而鳥耘〔二〕。

唐逸史，唐盧肇撰，一題逸史、盧子逸史、盧氏逸史，節存一卷，又輯存三卷。然本條不見於目前所存逸史輯本，而見於新唐書卷一九六隱逸傳陸羽本傳。按本書稱唐逸史者，盡出唐書之隱逸傳，故此處曰唐逸史，或即謂唐書之隱逸傳。由此推斷，本條或未必出於盧肇逸史。

〔一〕陸：本字後新唐書多出「其羽可用爲儀」一句。

〔二〕又云陸羽象耕而鳥耘：新唐書無。

仙柯給炭　宣平負薪

仙傳拾遺：王仙柯，青城横源人，好行仁惠，家富巨萬。所居之側山，頗宜薪炭。忽聞盜斫柴者，仙柯因檢行見，乃一道士爾，曰：「某於谷中燒鍊丹藥，每爲闕炭，因竊此柴燒之。」仙柯問其所用幾何，可以并爲致之，不煩自致也。道士忻然，謝曰：「藥成後，必當奉報。」如是仙柯時往訪之。一旦藥已成矣，自此爲别也，留丹數粒而去。仙柯服〔一〕丹，自覺氣逸身輕，門側有大柏樹，騰身而舉，已往木杪，因此飛昇而去。

本條僅見此引。王仙柯服丹事亦見本書卷九「仙柯拔宅」條引北夢瑣言。羅爭鳴據本書輯入杜光庭記傳十種輯校仙傳拾遺。

〔一〕服：本字後國圖舊抄本多一「其」字。

廣記：許宣平，新安歙人也。景雲年中隱於城陽山南塢，或負薪以賣。每醉吟曰：「負薪朝出賣，沽酒日西歸。路人莫問歸何處〔一〕，穿白雲行入翠微〔二〕。」

本條見太平廣記卷二四神仙二十四「許宣平」條引續仙傳，亦見續仙傳卷中「許宣平」條及雲笈七籤卷一一三下續仙傳「許宣平」條。

〔一〕歸何處：七籤作「我」。

〔二〕穿白雲行入翠微：續仙傳同，廣記作「穿入白雲行翠微」，七籤作「穿雲入翠微」。

費公石墨　耿女雪銀

茅山記：費長房遇壺公，得其術，書符行於世。寓茅山之東，書符救人有功。一日出山，傾硯水於石澗中，其石〔一〕變黑〔二〕，因號爲石墨。至今取其墨亦可書符。

本條見元俞希魯至順鎮江志卷四「石墨」條、元張鉉至正金陵新志卷七「石墨」條引茅山記。

〔一〕石：本字後國圖舊抄本多一「俱」字。

〔二〕黑：國圖舊抄本作「墨黑」。

女仙傳：女冠耿先生者，耿謙之女。嘗因大雪，令宫妓以金盤貯雪，搦爲銀錠，投洪鑪中，須臾成金，指痕猶在。又異人録云：先生取雪實之，削如銀鋌，投熾炭中，及冷，爛然爲鋌銀矣。

本條後半見江淮異人録「耿先生」條。

虚寂馬鳴　大亮牛喘

高道傳：舒虚寂，字得真，居新繁銅馬觀，常與人言：「昔黄帝與甯先生、天真皇人衆真會於此，號其地爲三會臺，有銅馬隱於林間，今龍橋乃其舊迹。後人於銅馬隱處築臺以誌之。秋夕澄霽，忽銅馬騰躍嘶鳴，見之者得道。虚寂居此三十年，幸一見之。」一日忽謂鄰母曰：「旦夕將他適，欲以後事爲託。」因指示其地，囑曰：「瘞我於此，當深三尺餘，吾必有厚報。」是夕卒，鄰母如其言而瘞之，果得金一鎰，以聞官，驗所瘞，但杖屨而已。

本條見歷世真仙體道通鑑卷四二舒虚寂傳。

仙傳拾遺：馮大亮，家貧好道，亦無所習，每遇道士及方術之人經過其門，必留連延接。唯〔一〕一牛，拽步磨以自給。一旦，牛死，其妻楊氏對泣，傷嘆曰：「衣食所給，在此一牛耳。牛既死，何以資其口食乎？」時慈母山道士每過其家，來即憩歇累日。時道士果來，夫婦以此語之。道士曰：「皮角在乎？」曰：「在。」即取攣綴如牛形，以木爲脚，以繩繫其口，驅叱，遂起，肥健如常。道士亦不復見。數年盛暑，牛喘甚急，牧童見之，私解其口，遽成皮骨而已。

本條見太平廣記卷三五神仙三十五「馮大亮」條引仙傳拾遺。

〔一〕唯：本字前國圖舊抄本多一「家」字。

太和鶴駕　法善龍輦

王氏神仙傳：真人王君好道，與妻俱入山，絶人事，香火精勤。積數十年，遇神人，授以素書〔一〕，且告之曰：「爾仙名已定，但奉行此道，子必爲真人矣。」後一日，上帝遣龍車鶴駕下迎，白日上昇，補爲太和真人。

本條見歷世真仙體道通鑑卷三二王君傳。

〔一〕素書：本字後仙鑑有「二十五卷，乃九天黄仙太上靈丹之道」諸字。

高道傳：葉法善天師，時居四明。忽見一老叟，號泣求救，師問之，答曰：「某東海龍王也，太〔一〕帝敕主八海之寶，近緣婆羅門逞幻術，晨夕禁呪，五月五日海水將竭，夫統天鎮海之寶，上帝制靈之物，必爲所取。至日，乞以丹符相救。」師即爲飛符，海水仍舊。異日，龍輦寶貨爲謝。師不受，謂龍曰：「巖石之上，去水且遠，若致一清泉，即佳也。」是夕聞風瀟瀟之聲達旦，繞山齋石渠，泉水環流。至今目之爲天師渠。

本條見歷世真仙體道通鑑卷三九葉法善傳。葉法善事又見本書卷一五「雲漿元道」條引高道傳。

〔一〕太：仙鑑作「天」。

玉札賢安　金書妙典

廣記：魏夫人名華存，字賢安，晉文康公舒之女也。幼而學道，九經書史，無不該覽。年十五，慕神仙吐納，不辭勤苦。至二十，父母强令適劉乂爲妻，生二子。夫人訓誨二子成立，遂告别寢，修鍊勤至，感太極真人及方諸青童君等降，謂夫人曰：「太上〔二〕已注子之仙名於玉札矣，子其勉哉〔三〕。」

本條見太平廣記卷五八女仙三「魏夫人」條引集仙録及本傳。

〔二〕上：廣記作「極」。

〔三〕哉：國圖舊抄本作「諸」。

又魯妙典者，九嶷山女冠也，生而敏慧。及笄，遇人授黄庭經，而告之曰：「此經扶桑大帝宫中金書，誦詠萬遍，得爲神仙，但在勤心爾。經云：『誦之萬遍昇三天，千災已消萬病痊。』居山誦此，如與千人同侣，惟患人不能修。」妙典遂入九嶷山誦經。十年，真仙下降，白日昇天。至今仙壇石上履迹存焉。

本條見太平廣記卷六二女仙七「魯妙典」條引集仙録。

老叟蒸兒　孺子烹犬

神仙傳：維陽十友者，家富足，拉爲道友，遞以酒食爲娱。常有一老叟，弊衣繿縷，每造其席，衆亦不拒。一日酒酣，謂衆曰：「某雖貧乏，欲具一會奉酬，可乎？」衆皆唯。明日，乃延入一茅舍中，丐者數輩，相邀環坐。乃舁一巨板，以油幕之，揭視，即爛蒸小兒。衆深惡之，皆不食。叟曰：「此千歲人參也，頗不易得，欲以此報。既不食，命也。」各自分食，乃昇天而去。

神仙傳未見本條，出處不詳。

高道傳：朱孺子師道士王元正〔一〕，居大箬巖。一日，溪側見二小花犬，異而逐之，入枸杞叢下。因與師掘杞叢，得二枸杞，根狀〔二〕如犬。師令烹之，孺子看火。三日，因先嘗味，又見根爛，乃食之。孺子忽出，覺身輕，飛於峰上，雲氣擁之而去。元正食其餘，亦得不死。今謂之童子峰。

本條源自續仙傳，内容可見於雲笈七籤卷一一三下續仙傳「朱孺子」條、太平廣記卷二四神仙二十四「朱孺子」條引續神仙傳，另見歷世真仙體道通鑑卷三六朱孺子傳。

〔二〕元正：續仙傳同，而七籤、廣記與仙鑑均作「玄真」。當以「玄真」爲正。

〔三〕狀：原作「壯」，據各本校改，各本均作「形狀如花犬」。

高閬笑蟹　曹操驚鱸

括異志：高閬得養生術，飲酒至數斗，不亂。申郎中〔一〕爲江東漕〔二〕，每按部，必拉之同行。嘗艤舟貴池亭，有九華李山人者，與高有〔三〕舊，因謁申〔四〕。延之使飲，各盡二斗餘，殊無醉態。高取釣竿曰：「各釣一魚，以資語笑，然不得取蟹。」乃鈎餌投坐前甓罅中。俄頃李引一蟹出，高笑曰：「始釣魚，今得蟹，可罰也。」

本條見括異志卷七「高閬」條。

〔一〕申郎中：括異志作「許郎中申」。

〔二〕漕：本字後國圖舊抄本多一「使」字。

〔三〕有：原作「友」，據括異志校改。

〔四〕申：括異志作「許」。

後漢隱逸傳：左慈字元放，嘗在司空曹操坐，操從容顧衆賓曰：「今日高會，珍羞略備，所少吴松江鱸魚耳。」元放於下坐應之曰：「此可得也。」因求銅盤，貯水，以竹竿餌釣於盤中，須臾引一鱸魚出。操與會者皆驚。操曰：「一魚不周坐席，可更得乎？」元放乃更餌釣〔一〕，沉之，須臾復引〔二〕，皆長三尺餘，生鮮可愛。操使目前鱠之，周浹會者。

本條見後漢書卷八二下方術下左慈傳。

〔一〕釣：後漢書作「鈎」。

〔二〕引：本字後後漢書多一「出」字，國圖舊抄本多出「一鱸」二字。

馮良棄世　杜契隱居

真誥：馮良爲縣吏，自耻無志，毁車殺牛，裂敗衣幘，學道術，抗志嚴恪。州郡禮辟，不就。朝廷聞，三公爭讓位於良，不就。後漢時人也。六十七歲，遂棄世，東渡入茅山。今在鹿跡洞中。

本條見真誥卷一四稽神樞第四。

又杜契，建安初渡江，依孫策，入會稽，爲孫權校尉。黄武二〔一〕年遇介〔二〕先生，授以守〔三〕玄白之術，遂隱居大茅〔四〕之東，能隱形，亦數見身出，或採伐，貿易衣糧，而人不知。

本條見真誥卷一三稽神樞第三。

〔一〕二：本字後原多一「十」字，而黄武年號只有八年，據真誥校删。

〔二〕介：本字後真誥多一「琰」字。
〔三〕守：真誥無本字。
〔四〕茅：本字後真誥多一「山」字。

泰宜寶洞　玄真仙墟

丹臺新録：周亮字泰宜〔一〕，師姚坦，得其術。人有能飛沙走石，一切妖魅事，亮即持經誦咒，邪物各復其形，或死於左右。常與神仙遊行寶洞，嘯詠終日。

本條内容亦見歷世真仙體道通鑑卷九周亮傳。周亮事亦見仙苑編珠卷中「周亮禽舞」條引樓觀傳。

〔一〕周亮字泰宜：國圖舊抄本作「泰宜名周亮者」。

廣記：薛玄〔一〕真，少好道，時棲五嶺，謂人曰：「九嶷五嶺，神仙之墟，山水幽奇，煙霞勝異，如陽朔之峰巒挺拔，博羅之洞府清虚，不可忘也。所以祝融棲神於衡阜，虞舜登仙於蒼梧，赫胥燿跡於潛峰，黄帝飛輪於鼎湖。其餘高仙列真，神人輔相，騰翥逍遥者，其故何哉？山幽而靈，水深而清，松竹交映，雲蘿杳冥，固非凡骨塵心之所愛也。況邃洞之中，別開天地，瓊漿滴乳，靈草秀芝，豈塵目能窺，凡屣可〔二〕履也〔三〕？得延年之道，而優游其地，信爲樂哉。」

本條見太平廣記卷四三神仙四十三「薛玄真」條引仙傳拾遺。

〔一〕玄：原作「元」，據廣記校改。

〔二〕可：原作「所」，據廣記校改。

〔三〕也：原作「矣」，據廣記校改。

世雲羽扇　玄同飆車

高道傳：吴猛，字世雲，自鍾陵還，欲濟大江〔一〕，遇飄風怒濤，遂以白羽扇畫水而渡。衆皆異之。

本條見修真十書所收玉隆集卷三五逍遥山群仙傳「吴君」條，又見歷世真仙體道通鑑卷二七吴猛傳。仙鑑當出自玉隆集。

〔一〕欲濟大江：玉隆集、仙鑑作「嘗渡豫章江」。

集仙録：薛玄同號玄同子，誦黄庭經不替。遇神仙下降，告之曰：「子誦黄庭〔一〕有功，地司累奏，簡在紫虛之府。」因授口訣。至咸通間，紫虛元君降，授九華之丹，曰：「服此〔二〕，當遣飆車迎汝歸嵩山矣。」是夕解化〔三〕，無尸。表奏，僖宗異之。

本條見雲笈七籤卷一一六墉城集仙録「薛玄同」條，亦見太平廣記卷七〇女仙十五「薛玄同」條引墉城集仙録。羅爭鳴據七籤輯入杜光庭記傳十種輯校墉城集仙録。

〔一〕黄庭：國圖舊抄本作「黄庭經」。

〔二〕服此：七籤、廣記作「使八年後吞之」。

〔三〕是夕解化：據七籤、廣記，玄同咸通十五（八七四）年得丹，中和元年（八八一）服丹而去，正好八年。

成連刺船　顓和擊石

樂府解題水仙操：伯牙學琴於成連先生，云：「吾師方子春，在東海中，能移人情〔一〕。」乃與伯牙俱往。至蓬萊山，留伯牙，曰：「吾將迎師。」刺船而去，旬日不返。伯牙但聞水聲澒洞，山林杳冥，群鳥悲號，歎曰：「先生將移我情。」援琴而歌，頓悟妙旨。成連刺船迎之。伯牙遂妙天下。

本條見太平御覽卷五七八樂部十六「琴中」條、類説卷五一「水仙操」條，並引樂府解題。

〔一〕情：原作「精」，據輯要本、類説、御覽校改。下同。

女仙傳：太玄女，姓顓名和，自少行道，能開關鑰，指山山傾，指木木倒。常將弟子行山，日暮以杖擊石，石爲之開，便覩門户牀帳酒肴之物。如此萬里須臾之間，老少無常。後入抱犢山昇天。

本條見太平廣記卷五九女仙四「太玄女」條引女仙傳。

崇子致譽　奉林閉息

真誥：東卿〔一〕君曰：昔有郭崇子，與〔二〕弟兄四人俱爲惡人所擊，傷其臂。三弟大怒，欲治之。崇子曰：「無用怒。」乃遣去。此人後出仕宦，而崇子致譽，數數非一，此人往謝之，而猶譽不止。其人曰：「我惡人也，不可以受君之施。」遂自殺。崇子後得道，而太極真人以崇子有殺人之過，不得爲真人上仙耳。

本條見真誥卷五甄命授第一。

〔一〕東卿：真誥無此二字。按真誥小字注，應是裴清靈所授。下條同。

〔二〕與：真誥作「嘗」。從後文（「三弟大怒」）看，「嘗」字義勝。

又東卿君曰：劉奉林學道於嵩山，積四百年，三合神丹而爲邪物所敗。乃徙入委羽山，閉氣不息，於今千餘年矣，猶未昇仙云。此人但得不死，未能有所役使。

本條見真誥卷五甄命授第一。

通和青紫　清虚黄赤

高道傳：賀知章爲祕書監，開元〔一〕中遇通和先生，授以丹〔二〕，告之曰：「先盟而後授。然仙家品秩如青紫階級，不可驟進，必以退節爲首。退節則寡欲，寡欲則神逸，神逸則無爲無不爲。反此而求道，猶卻馬〔三〕以追奔，子其志之。」知章後棄官，乞爲道士。

本條見宋陳耆卿撰嘉定赤城志卷三五人物門四「賀知章」條，云引自唐隱逸傳和高道傳。然赤城志引文除了第一句「字季真，會稽永興人」外，其他内容均不見於新唐書卷一九六隱逸傳賀知章本傳，故可視爲出自高道傳。賀知章事，又見本書卷一四「賀乞鑑湖」條引高道傳。

〔一〕開元：赤城志作「元和」，原文爲：「按許鼎撰通和先生祖貫碑，云貫學黄老。初，賀監得攝生之妙，負笈賣藥，數百年不死，後於天台山升仙。元和中，貫嘗遇之。」

〔二〕丹：赤城志作「斷穀丹經」。

〔三〕馬：赤城志作「走」。

真誥：清虚真人告楊君曰：「夫黄赤之道，混氣之法，是張陵授世人種子之術耳，非真人事也。吾數見行此而絶種，未見種此〔一〕而得生。夫存心色觀，兼行上道，所謂抱玉赴火，金棺葬狗也。夫色觀謂之黄赤，上道謂之隱書。」

本條見真誥卷二運象篇第二。

〔一〕此：原作「子」，據真誥校改。

涓子玉函　公弼石壁

蘇林傳：涓子者，古之神仙也。昔撫綸於河上，遇東海小童君，告之曰：「子勤心至道，外假弋釣，餌而不釣，養生之全也。若獲鯉魚，試剖之。」言訖而去。涓子果獲一鯉，剖之，腹中得一青玉函。開視，乃金闕帝君所受三元真一之法。涓子從而修之，能興雲致雨，乘虚上霄。

雲笈七籤卷一〇四有玄洲上卿蘇君傳，云蘇林字子玄，爲玄洲上卿。傳中亦提及蘇林師涓子，然未見有本條内容。

高道傳：張公弼，不知何許人。劉法師居雲臺〔一〕鍊氣，二十餘年，每三元〔二〕常見赴會，無言而去。師因問之，則答曰：「公弼住蓮華峰下。」師與之同往，至一所，見石壁高直千尋。公弼叩之，劃開，内有天地，森羅萬象。張公語其徒曰：「法師在此，可具食作戲，與師觀。」其徒喫水，俄見蒼龍白象各一對，舞舞甚妙；丹鳳青鸞各一對，歌歌甚清。仍與法師水一盂，刀圭粉和之，令飲，其味甘且香。有頃，公弼與法師别。出，反顧，但見石壁而已。

〔一〕本條見歷世真仙體道通鑑卷三一張公弼傳。

〔二〕雲臺：仙鑑作「華陰雲臺觀」。

〔三〕每三元：仙鑑作「每歲三元齋」。

三洞群仙録卷之六

正一道士陳葆光撰集

王器自滿　陶瓢屢空

高道傳：道士王延，字子元，師華山雲臺觀焦曠真人，授三洞祕訣真經。後周武帝欽向，乃遣使召之。焦真人謂曰：「道教陵夷，久失拯援，汝可力闡，無令不振。吾自此逝矣。」師至都，久之，得請還觀，復詔增修以居之。然山石無土，致之極勞。因虚默禱天，忽踊〔一〕土，出於觀側，取多而不竭。常苦乏油，又置一器，經夕自滿，久用而有餘。

本條見歷世真仙體道通鑑卷三〇王延傳。王延事又見本書本卷「松餐澗飲」條引高道傳。

〔一〕踊：仙鑑作「涌」。

晉逸史：陶潛少有高趣，任真自得。宅邊有五株柳，故嘗著五柳先生傳以自況，曰：「先生不知何許人，亦不詳姓字。宅邊有五柳，因以爲號焉。閑靜少言，不慕榮利。好讀書，不求其解，每有會意，欣然忘食。性嗜酒，而家貧，不能常得。親舊知其如此，或置酒招之，造飲必盡，期在必醉，既醉而退，曾不吝情。環堵蕭然，不蔽風日，短褐穿結，簞瓢屢空，晏如也。」

本條見晉書卷九四隱逸陶潛傳。

宋香足雨　吴符止風

高道傳：道士宋玄白，一日越州大旱，方曝尪檄龍以祈雨。久之，亢陽愈甚。玄白謂人曰：「凡所降雨，須俟天符〔一〕，非上奏無以致。」於是止於玄真觀，焚香上祝。經夕，大雨告足。越人神異之。信州復旱，郡將特請禱，玄白遂作術，以告城隍之像，則須臾致雨。

宋玄白傳亦見歷世真仙體道通鑑卷三七。太平廣記卷四七神仙四十七「宋玄白」條引自續神仙傳（當指續仙傳）。高道傳中宋玄白傳當源出續仙傳。續仙傳宋玄白傳見續仙傳卷上及雲笈七籤卷一一三下續仙傳。宋玄白事亦見本書卷一一「宋指燈滅」條引續仙傳，而作「宋知白」。

〔一〕符：諸本均作「命」。

西山記：吴真君猛，字世雲。嘗有暴風起，世雲書符擲屋上，有青鳥銜去，須臾風止。人問其故，答曰：「南湖有舟遇此風，有二道士呼天求救，故以此符止之耳。」驗之果然。

本條見歷世真仙體道通鑑卷二七吴猛傳，事亦見太平廣記卷一四神仙十四「吴真君」條引十二真君傳。

尊師伏虎　處士豢龍

野人閑話：閬州雲臺化〔一〕，昔老君、張天師經遊之所。觀内有一道士裴浩中者，不知何許人，年逾百歲，多食松枝，或鍊氣而已。每因握固數息，冥目靜坐，必有猛虎馴擾於左右，同住者亦嘗見之。一旦謂門人曰：「余有所往，爾等好住，無替修習。」門人固留不住，遂褰衣上峭壁，若履平地，如飛鳥捷猿，直上峰頂，杳杳而不見之。後鄉里有虎暴者，競畫尊師形像以厭之，謂之伏虎尊師。

重修政和證類本草卷一二木部上品「松脂」條引野人閑話伏虎尊師篇，然引文與本條内容無相重合者，云：「野人閑話伏虎尊師篇：煉松脂法，十斤松脂，五度以水煮過，令苦味盡，取得後每一斤煉了松脂，入四兩茯苓末，每晨水下一刀圭，即終年不食，而復延齡，身輕清爽。」

〔一〕化：國圖舊抄本作「觀」。

尚書故實：牛相國鎮襄陽，久旱。有處士，衆云「豢龍」者，公請致雨。處士曰：「江漢間無龍，獨一湫泊中有黑龍。强驅，必爲災，難制。」公固命之。果有大雨，漂流萬户。

本條見尚書故實。

孝先水上　德閏甕中

高道傳：葛孝先，人呼仙翁。嘗從吴王船行，至三江口，阻風，船多漂没。仙翁船亦不知所在。吴王歎曰：「仙翁有道，何不能免此乎？」乃遣使求之。踰宿，忽見翁水上行來，衣履不濕。既至，頗有酒容，詰其故，曰：「昨伍子胥强邀留飲，淹屈陛下於此。」上忻然。

本條見歷世真仙體道通鑑卷二三葛仙公傳。道門通教必用集卷一歷代宗師略傳亦有「葛孝先」條，引高道傳，然本條内容不見於必用集所引。葛孝先事亦見三國志卷六三吴書十八吴範劉惇趙達傳「評曰」裴松之注引抱朴子。

天師内傳：張仲常字德閏〔一〕，天師玄孫。常應聘至闕，潛歸，嘆曰：「吾幾落世網。」室中常埋一甕，每對妻子茹葷飲酒，夜皆在甕中，經日不出。

天師内傳，鄭樵通志著録漢天師内傳一卷，焦竑國史經籍志因之，不傳。本條見歷世真仙體道通鑑卷一九張仲常傳。

〔一〕閏：仙鑑作「潤」。

赤松雨師　元芝水母

列仙傳云：赤松子者，神農時雨師也，服水玉，以教神農，能入火不燒。往崑崙山西王母石室中，隨風雨而上下。炎帝少女追之，亦得仙，俱去。高辛時復爲雨師焉。

本條見列仙傳卷上「赤松子」條。

晉逸史：趙元芝一日出行，遇一道士相揖，遂引入水去，深夜月中行，泥濘不污。傍見一物，如蛇形，有五色之光。元芝驚異，問：「此何物耶？」道士曰：「此謂之水母，見者神仙。」

本條僅見此引。

洞源鳴鐘　薦明聞鼓

本傳：瞿柏庭師事桃源黄洞源法師。一日拜辭，洞源問：「汝辭吾，將安往？」答曰：「歸洞府。」欲留之，不克。見柏庭顔色光彩異常，服短布衣、烏繒巾，逡巡卻行。三移足，忽然不見。洞源與道徒皆愕眙，求之，無蹤跡，鳴鍾集觀户，將大索林莽。觀户至東北林際，遇一大蛇當路而止。

本條亦見江淮異人録「瞿童傳」條。

高道傳：道士張薦明通老莊，高祖召見，問：「道家可以治國乎？」對曰：「道者，妙萬物而爲言。得其極者，尸居袵席之間，可以治天下。」高祖大其言，延入内殿，講道德經，拜以爲師。忽一日聞禁中奏時鼓，曰：「陛下聞鼓乎？其聲一而已，五聲十二律，鼓無一焉。然和之者，鼓也。夫一，萬事之本也。能守一者，可以治天下。」高祖善之，賜〔一〕通玄先生。後不知所之。

本條見歷世真仙體道通鑑卷四六張薦明傳。

〔一〕賜：本字後仙鑑多一「號」字。

剪韭務光　服葵桂父

列仙傳：務光者，夏時人也。耳長七寸，好琴，服蒲韭根。殷湯伐桀，因光而謀，曰：「非吾事也。」湯曰：「孰可？」曰：「吾不知也。」湯曰：「伊尹何如？」曰：「强力忍垢，吾不知他。」湯既克桀，以天下讓光，曰：「智者謀之，武者遂之，仁者居之，古之道也。吾子胡不遂之？請相吾子。」光辭曰：「廢上，非義也；殺人，非仁也；人犯其難，我享其利，非廉也。

吾聞非義不食其禄，無道之世不踐其位，況於尊我？我不忍也。」遂負石自沉蓼水，已而自匿。後四百餘年，至武丁時，復見。武丁欲相之，不從。武丁以輿迎而從辟，不以禮，遂投浮梁山〔一〕，後遊尚父山。真誥云「務光剪韭，以入清泠之泉〔二〕」是也。

本條「真誥云」之前文字見列仙傳卷上「務光」條，「真誥云」至「清泠之泉」的文字見真誥卷四運象篇第四。

〔一〕浮梁山：原作「河浮山」，據列仙傳校改。

〔二〕泉：真誥作「淵」。

又桂父者，象林人，時黑時白，時赤時黄，南海人見而尊事之。常服桂及葵，以龜腦和之，千丸十斤。桂父累世見之。今荆州之南尚有桂丸焉。

本條見列仙傳卷上「桂父」條。

仙流譚宜　客作子主

仙傳拾遺：唐譚宜，開元末生，墮地能言。數歲，身逾六尺，髭髪風骨，不與常兒同。不飲食，行及奔馬。後忽失所在，遠近異之，以爲神人。鄉里立廟祀之。大曆中忽還家，即霞冠羽衣，真仙流也。告别父母訖，騰空而去。

本條見太平廣記卷二〇神仙二十「譚宜」條引仙傳拾遺。

列仙傳：子主者，不知何處〔一〕人也。詣江都王，自言甯先生雇我客作二百餘年，不得作真。人以爲狂，王問先生居止，云在龍眉山上。王遣吏將上龍山巔，果見甯先生，毛身廣耳，披髮鼓瑟。主見之，叩頭。吏致王命，先生曰：「此主是我比舍九世孫也，汝勿預吾客事。」吏乃下山。

本條見列仙傳卷下「子主」條。

〔一〕處：輯要本作「許」。

師文泉涌　萇洪雪飛

列子：瓠巴鼓瑟而鳥舞魚躍。鄭師文聞之，棄家從師襄遊。師襄曰：「子之琴何如？」師文曰：「得之矣，請嘗試之。」於是當春而叩商弦，以召南吕，涼風忽至，草木成實；及秋而叩角弦，以激夾鍾，温風徐回，草木發榮；當夏而叩羽弦，以召黄鐘，霜雪交下，川池暴沍；當〔一〕冬而叩徵弦，以激蕤賓，陽光熾烈，堅冰立散。將終而命宫，以總四弦，則景風翔，慶雲浮，甘露降，醴泉湧。

本條見列子卷五湯問篇。

〔一〕當：列子作「及」。前爲「及秋」，故此處作「及」爲勝。

拾遺記：靈王二十三年，起昆昭之臺，亦名宣昭臺，高百丈，昇之以望雲色。時有萇洪，能招致群異。王乃登臺，望雲氣蓊鬱，忽見二人乘雲而至，鬚髪皆黄，乘〔一〕遊龍飛鳳之輦，駕以青螭，其衣皆縫緝毛羽也。王即迎之上席。時天下大旱，地烈木燃。一人先唱：「能爲霜雪。」引氣一噴，則雲起雪飛。坐者皆凛然，宫中池井，堅冰可琢。又〔二〕設狐腋素裘，紫羆文褥，褥是西域所獻也。又有一人唱：「能使即席爲炎。」乃以指彈席上，而暄風入室，裘褥皆棄於臺下也。

本條見拾遺記卷三周靈王。

〔一〕乘：原闕，據拾遺記校補。

〔二〕又：輯要本作「乃」。

蕭隨弄玉　犢配連眉

列仙傳：蕭史者，秦穆公時人，能致孔雀白鵠舞。穆公有女字弄玉，好之。公以女妻之，遂教弄玉作鳳鳴。居數十年，吹簫作鳳聲，鳳來止其屋。穆公作鳳臺，夫婦止其上，不下數年。一旦，皆隨鳳去。故秦人爲作鳳女祠於雍宫，時有簫聲。

本條見列仙傳卷上「蕭史」條。

神仙傳：黑山仙人犢子者，鄴人也。居黑山，採松子茯苓餌之，已數百年，時壯時老，時美時醜，乃知其仙人也。都陽〔一〕女者，生而連眉，耳細而長，衆以爲異俗，皆云天人也。會犢子求耦，都女悦之，遂留相奉。時〔二〕出門共牽犢耳而走，莫能追之。左太沖魏都賦曰：「昌容練色，犢配連眉。」昌容事載別卷。

本條中云引自神仙傳的内容見列仙傳卷下「犢子」條。本書云出神仙傳，誤。

〔一〕都陽：列仙傳作「陽都」。

〔二〕時：列仙傳作「侍」，當屬上讀。

張老席帽　孟岐草衣

神仙傳：張老，楊〔一〕州六合縣園叟也，因娶比鄰韋恕女爲妻。一日，乃挈妻去，且曰：「某王屋〔二〕山下有小莊，明旦且歸。他年相思，可令大兄往天壇山南相訪。」去數年，絶無消息。韋念其女，令男義方訪之。至天壇南，有崑崙奴迎拜，至一甲第，樓閣花木異常。見一人，戴遠遊冠，朱履，儀狀偉然。細視之，乃張老也。引入堂内，見妹，且碧窗珠箔，服飾之盛，世所未見。進饌精美，留經日而別，贈金二十鎰，并一席帽，曰：「兄若無錢，可於楊州北郊賣藥王家取錢一千萬，特以此信。」既歸，五六年間，金盡，訪王老取錢，果留帽付錢，乃信真神仙也。

本條見太平廣記卷一六神仙十六「張老」條引續玄怪録。本書云出神仙傳，誤。李劍國唐五代志怪傳奇叙録以此篇爲續玄怪録佚文。

〔一〕楊：廣記作「揚」。下同。

〔二〕王屋：原作「土居」，據廣記校改。

仙傳拾遺：孟岐，清河逸人也，年七百餘歲。言及周時事，如在目前。云曾侍周公升壇，以手摩周公之足〔一〕，而周公以玉笏一枝與之。岐常執之，今已鋭矣。每切桂葉而食。漢武帝好神仙，遂披草衣而來。帝異之。

本條僅見此引。羅爭鳴據本書輯入杜光庭記傳十種輯校仙傳拾遺。孟岐傳亦見歷世真仙體道通鑑卷四。事當採自漢武洞冥記卷一。

〔一〕曾侍周公升壇以手摩周公之足：仙鑑作「見周公旦抱成王以朝於周廟，岐時侍周公升壇，以手摩成王之足」。

驪母尅木　槎客支機

廣記：李筌往嵩山石室中，得黄帝陰符經本，未曉其義理。因往驪山，於路傍見火起燒木，有一老姥曰：「火生於木，禍發必克。」筌聞之，大驚，曰：「此黄帝陰符之祕文，姥何得而言之？」姥曰：「吾受經已三元六周甲子矣。」筌於是拜請奥義，姥曰：「吾受此符，名列仙籍，而後可語至道之妙。夫陰符者，上清所祕，玄臺所尊，理國則太平，理身則得道，非奇人不可妄傳。泄天機者，沉乎三劫，可不戒哉。」

本條見太平廣記卷一四神仙十四「李筌」條引神仙感遇傳。

博物志：客有居河濱者，年年八月十五日浮槎來過，至不失期。客陰異之，乃多賫糧，乘槎去，任其所之。忽至一城郭處，望見織婦，因問，不答，但取支機小石與之曰：「可將此蜀中，問嚴君平。」客還，問君平。君平曰：「去年七月七日，客星犯牛女，即是汝矣。」

本條見博物志卷一〇，亦見藝文類聚卷八水部上「海水」條及卷九四獸部中「牛」條引博物志、事文類聚前集卷一一天時部「乘槎犯牛斗」條引博物志。

芝耕雲卧　松餐澗飲

仙傳拾遺：吴筠，自號洞陽子。年十五，篤志於道。善屬文，攻楷隸，舉進士。三教九流，靡不周覽。隱居南陽倚帝山，芝耕雲卧，聲利不入。

本條僅見此引。羅争鳴據本書輯入杜光庭記傳十種輯校仙傳拾遺。

高道傳：道士王延，字子元，九歲好道，師正懿先生陳寶熾。至十八，受業於樓觀，與真人李順興相友善。未幾，訪華山雲臺觀，復師焦曠真人，授三洞祕訣真經。唯松餐澗飲，以希真理。

本條見歷世真仙體道通鑑卷三〇王延傳。王延事，又見本書本卷「王器自滿」條引高道傳。

司命寶爵　老父神枕

仙傳拾遺：司命君者，常在於民間〔一〕，與御史康元瓌幼小同學。嘗贈元瓌一飲器，如玉非玉，不言其名，自此叙别，不復再見。一旦有商胡詣東都所居，謁元瓌曰：「宅中有奇寶之氣，願得一見。」元瓌以他物示之，皆非也。乃出司命所與器，商胡見，頓首曰：「此天帝流華寶爵耳，致於日中，則白氣連天，承以玉柈，則紅光照室。此器太上鎮中華之寶，亦不久留於人間，即當飛去。得此寶者，受福七世。」元環以玉柈承之，夜現紅光滿室。

本條見太平廣記卷二七神仙二十七「司命君」條引仙傳拾遺。

〔一〕間：原作「門」，據輯要本、廣記校改。

神仙傳云：太上〔一〕老父者，失其姓名，漢孝武帝東巡狩，見老父鋤於道，頭上白光，怪而問之。老父答曰：「臣年八十五，垂死，有道者教臣服朮飲水，并作〔二〕神枕，之中有三十二藥物。其〔三〕二十四件，應二十四氣；其八毒藥，應其八風。今臣之年轉少，此之故也。」

本條見神仙傳「太山老父」條（漢魏本、四庫本均屬卷八），及太平廣記卷一一神仙十一「泰山老父」條引神仙傳。

〔一〕上：廣記、神仙傳均作「山」。

〔二〕作：原闕，據四庫本神仙傳校補。

〔三〕其：原闕，據四庫本神仙傳校補。

嚴青夜行　國珍晝寢

神仙傳：嚴青，會稽人也，居貧，常於山中作炭。忽有一人，與青語，臨别授以一書，曰：「汝骨相應得道。」并教以服石腦法。青自得神書之後，常覺有數十人侍從。時都督逢青夜行，因叱從兵録之，青亦叱其從神録之。都督與從者皆不得去。明旦，行人曰：「此必是嚴公也。」家人往，叩頭謝過，乃放遣歸。

本條見神仙傳卷七「嚴青」條，漢魏本「青」作「清」。

高道傳：巨法師名國珍，好神仙學，名利兩忘，喜怒俱遣，食疏衣弊，所守彌篤。忽感疾，人勉之以藥，曰：「道勝則疾除，何慮之有。」其自信之如此。一日晝寢，門人忽聞車馬往來，有頃，瓦屋皆震，師遂化去。

本條見歷世真仙體道通鑑卷三〇巨國珍傳。

洞府天倉　靈壇石廩

神仙感遇傳：河東薛逢爲綿州刺史，夢入洞府，肴饌甚多。有人謂曰：「此天倉也。」既覺，即使道士孫靈諷與親吏訪焉。至州界昌明縣，有洞曰「天倉」者，師乃入洞，見石牀羅列，飲食名品極多。食之，味皆甘香。欲賫歸以奉薛，及出洞門，形狀宛然，皆化爲石矣。

本條見神仙感遇傳卷五「薛逢」條、雲笈七籤卷一一二神仙感遇傳「薛逢」條、太平廣記卷五四神仙五十四「薛逢」條引神仙感遇傳。

湘川記：朱陵之靈壇，太虚之寶洞，當翼軫之宿，度應璣衡，故曰衡山。山有五峰，而石廪預其一〔一〕焉。山多詞人，樵夫舟子往往能詩。嘗有廣州從事舟行，聞人諷詠云：「野鵲灘西一棹孤，月光遥接洞庭湖。堪憎回雁峰前過，望斷家山一字無。」

湘川記，晉羅含撰，已佚。本條見類説卷一三樹萱録「野鵲灘西一棹孤」條引湘川記。

〔一〕而石廪預其一：類説作「曰紫蓋，曰雲密，曰祝融，曰天柱，曰石廪」。

寡言石室　靈府草堂

高道傳：道士陳寡言，隱玉霄峰，以琴酒吟詩放情自任，未嘗加飾。其山居詩云：「醉卧茅堂不閉關，覺來滿目〔一〕見青山。松花落處宿猿在，麋鹿群群林際還。」又曰：「照水冰作〔二〕鑑，掃雪玉爲塵。何須問今古，便是上皇人。」將尸解，謂弟子〔三〕曰：「當盛我以青布囊於石室中，慎勿土〔四〕木爲也。」臨終，以詩示其徒云：「我本無形暫有形，偶來人世逐營營。輪回債負都〔五〕還了〔六〕，搔首索〔七〕然歸上清。」

本條見歷世真仙體道通鑑卷四〇陳寡言傳。陳寡言，唐武宗時人。其山居詩第一首（醉卧茅堂不閉關）收入洪邁萬首唐人絶句。本條所引三首詩均收入全唐詩卷八五二。

〔一〕滿目：仙鑑作「開眼」。

〔二〕作：仙鑑、全唐詩作「如」。
〔三〕弟子：仙鑑明言指劉介，字處靜。
〔四〕土：仙鑑作「以」。
〔五〕都：仙鑑、全唐詩作「今」。
〔六〕了：全唐詩作「畢」。
〔七〕索：全唐詩作「脩」。

又徐道士名靈府，號默希子，居天台雲蓋峰，建草堂以居之，日以修鍊自樂。嘗作詩云：「寂寂凝神太極初，無心應物降〔一〕雲輿。性修自性非求得，欲識真精〔二〕只是渠。」又曰：「學道全真在此生，迷途待死更求生。今生不了無生理，縱得〔三〕生知何處生。」會昌初，武宗詔浙東廉使以起之，辭，不復出。見廉使，獻言志詩曰：「野性歌三樂，皇恩出九重。傳來〔四〕紫宸命，遣〔五〕下白雲峰。多愧書傳鶴，深慚紙畫龍。將何佐明主，甘老在巖松。」廉使表，以衰槁免命。由此絶粒，久凝寂而化。

本條見歷世真仙體道通鑑卷四〇徐靈府傳。徐靈府，唐武宗時人。本條中收詩第一首收入洪邁萬首唐人絶句（題爲閑吟）；本條收詩三首，均收入全唐詩卷八五二。

〔一〕降：仙鑑作「自」。

〔二〕精：仙鑑作「人」。
〔三〕得：仙鑑作「復」。
〔四〕傳來：仙鑑作「求傳」。
〔五〕遣：仙鑑作「免」。

劉寛府帥　賀亢員郎

真誥：劉寛字文饒，後漢人，今在洞中作童初府帥正〔一〕侯，主始學道者。

本條見真誥卷一二稽神樞第二。

〔一〕正：真誥作「上」。

陳無己傳：賀亢，世莫知年與其鄉里，仕石晉爲郎。章聖皇帝東封，有布衣巾裹，謁於道左，稱晉水部員外郎賀亢。帝知其仙者，夜閲牓子，得之大驚，使求之，不獲。每與莊獻皇后言之，以爲恨。天聖中，賀使其弟子喻澄詣闕，獻金銀銅道像，直數十萬。后怪之，召問澄，澄以師對。問師，曰：「賀也。」后亦大驚，問：「今安在，可得見耶？」澄曰：「在淮南，使臣有獻，固願見也。」后喜過望，遣使隨澄求之淮南，與俱來，后爲幸鴻福寺見之。其言皆人所難，切於時者。后不樂，罷之。

本條見陳師道後山集卷一九賀水部傳。

何充仙品　丁義神方

真誥：何充，盧江灊人也，累遷尚書，世業奉教〔一〕，多施惠，立功德。永和二年尸解，受化南宫，升居仙品，以其多施惠故也。

本條見真誥卷一五闡幽微第一。

〔一〕教：真誥作「佛」。

西山記：吴真君名猛，字世雲。七歲有孝行，夏不驅蚊蚋，懼其去己而噬親也。年四十，邑人丁義授以神方。復師南海太守鮑靚，得其祕法。黄龍中，嘗天降白雲符。遂以道術盛行於吴晉之間矣。

本條見歷世真仙體道通鑑卷二七吴猛傳。部分内容亦見太平廣記卷一四神仙十四「吴真君」條引十二真君傳。

湘媪丹篆　郭公青囊

女仙傳：唐貞元中，湘潭有一媪，不云姓氏，但稱湘媪，常易止人舍，十有餘年，每以丹篆字救疾閭里，莫不應驗。嫗鬢髮如雲，肌潔如雪，策杖曳履，日可數百里。忽有道士與嫗相遇，甚相慰悦。或詰道士，道士曰：「此劉綱真君之妻樊夫人也。」方知嫗即樊夫人矣。

本條見太平廣記卷六〇女仙五「樊夫人」條引女仙傳。

神仙傳：晉郭璞好經術，博學有高才，而訥於言論，詞賦爲中興之冠。好古之奇，尤妙於陰陽〔一〕。有郭公者，客居河東，精於卜筮，璞從之受。公以青囊中書九卷與之，由是五行、天文、卜筮之術，禳災轉福〔二〕，通致無方，雖京房、管輅不能過也。璞門人趙載嘗竊青囊書，未及讀而爲火所焚。

本條見晉書卷七二郭璞傳，未見今本神仙傳。

〔一〕陰陽：本字後晉書多出「算曆」二字。

〔二〕福：本字晉書作「禍」。

子春膏肓　遊嵓痼疾

幽怪録：杜子春落魄，資産蕩盡。有一老人與錢三百萬，不告姓名而去。旬歲稍盡，去馬而驢，去驢而徒。老人又與錢千萬，數年後，貧過昔日。老人又與錢三千萬，曰：「此而不痊，貧在膏肓矣。」

本條見玄怪録卷一「杜子春」條。玄怪録，唐牛僧孺撰，亦名幽怪録，原本十卷，殘存四卷。本條亦見太平廣記卷一六「杜子春」條引續玄怪録，當誤。類説卷一一「貧在膏肓」條有載，云出幽怪録。歲時廣記卷二九「感仙叟」條節引，亦云出續玄怪録。

唐史隱逸：田遊巖，京兆三原人。初補太學生，其母及妻子並有方外志。後入箕山，就許由廟東築室而居，自稱許由東鄰。調露中，高宗幸嵩山，遣中書侍郎薛元超就問其母。遊巖山衣田冠出拜，帝令左右扶止之，謂：「先生養道山中，皆〔一〕得佳否？」遊巖曰：「臣泉石膏肓，煙霞痼疾，既逢聖代，幸得逍遥。」帝曰：「朕今得卿，何異漢四皓乎？」薛元超曰：「漢高祖欲廢嫡立庶，黄、綺方來，豈如陛下崇重隱淪，親問巖穴？」帝甚歡。

本條見舊唐書卷一九二隱逸傳田遊巖本傳。

〔一〕皆：舊唐書作「比」。

王質爛柯　徐甲枯骨

王氏神仙傳：王質，東陽人。時入山伐木，偶於石室中見數童子下棋，質坐斧柯上觀之。童子將棗與質食之，無飢渴。童子下棋未終，一童子曰：「子可去，來已久矣。」質起，視斧柯已爛矣。還家，親戚無有存者。後入山昇天。今衢州有爛柯山。

本條事亦見歷世真仙體道通鑑卷二八王質傳。羅爭鳴據本書輯入杜光庭記傳十種輯校王氏神仙傳。另，仙苑編珠卷中「王質柯爛」條亦載王質事，出處題曰「傳云」，未詳何傳。

神仙傳：老子西度關，關令尹喜知其非常人，從之問道。時有客徐甲，約日雇百錢，計欠甲七百二十萬錢。甲見老子出關遠行，索債不可得，作辭詣關令，以訟老子。喜得辭大驚，乃見老子。老子問甲曰：「汝久應死，吾昔倩汝，爲吾官卑家貧，無有使役，故以太玄生〔一〕符與汝，所以至今日。汝何以言吾？」乃使甲張口嚮地，而太玄符〔二〕立出於地，丹書文字如新。甲成一聚枯骨矣。

本條見太平廣記卷一神仙一「老子」條引神仙傳。然現存之神仙傳不見有老子傳，當已佚。

〔一〕生：本字前廣記多一「清」字。

〔二〕符：本字前廣記多一「真」字。

仲節學道　觀子奉師

真誥：有學道者平仲節，河中人，渡江入括蒼山，受師宋君，存心鏡之道，具百神，行洞房事。如此積四十五年精思，身形更少，體有真氣。今年五月一日黄老遣迎，即日乘雲駕龍，白日昇天。今在滄浪雲臺。

本條見真誥卷一四稽神樞第四。

又黄觀子，自少好學道，而家中奉師〔一〕，朝朝拜禮，願乞長生。如此積四十九年，太上〔二〕真人以一百四十事試之，皆過，遂與之金丹，而入焦山，誦大洞經。今補仙官，爲太極右〔三〕卿。有志者也，非師〔四〕所能致，是其寸心〔五〕定耳。

本條見真誥卷五甄命授第一。

〔一〕師：真誥作「佛道」。

〔二〕上：真誥作「極」。

〔三〕右：真誥作「左仙」。

〔四〕師：真誥作「佛」。

〔五〕存心：真誥作「中寸」。

園客甕繭　巴邛盎橘

仙傳拾遺：園客者，濟陰人也，姿貌端美而良。邑人以女妻之，客終不取。常種五色香草，積數十年，服食。一旦，有五色蛾止其香末，客衣而薦之以布，生花蠶焉。至蠶時，有女夜半至，自稱客妻，道蠶狀，客與俱往，得一百二十頭繭，皆如甕大。繅一繭，六十日乃盡。訖則俱去矣，莫知所之。濟陰人祠華薾，設祠室也。

本條僅見此引。羅爭鳴據本書輯入杜光庭記傳十種輯校仙傳拾遺。事取自列仙傳卷下「園客」條，又載述異記卷上、太平廣記卷五九女仙四「園客妻」條引女仙傳。

真怪録：巴卭人，不知姓，家有橘園，因霜後盡收，餘有二大橘，如三四斗盎。巴人異之，剖開，每橘有二老叟，鬢眉皤然，相對象戲，亦不驚怖。一叟曰：「恨不得深根固蔕，以盡棊中之樂。」一叟曰：「君輸我海龍王第七女髮十兩，智瓊額黄十二枚〔一〕，紫綃〔二〕帔一副，絳臺山霞實散二庾，瀛洲玉塵九斛，阿母療髓凝酒四勝〔三〕，阿母女熊飛娘〔四〕躋虚龍縞襪八緉。後日於王先生青城草堂還我耳。」一曰：「橘中之樂不減商山。」一叟曰：「僕飢虚矣。」即於袖中取龍根脯食之，如一草根，方圓徑寸，形狀宛轉如龍，毫釐罔不周悉，因削食之，隨削復滿。食訖，以水噀之，化爲一龍，二〔五〕叟共乘之，足下泄泄雲起。須臾風雨晦冥，不知所在。

本條見玄怪録卷三「巴卭人」條，亦見太平廣記卷四〇神仙四十「巴卭人」條引玄怪録。本書作真怪録，誤。

〔一〕枚：玄怪録作「枝」。

〔二〕綃：玄怪録作「絹」。

〔三〕勝：玄怪録作「鍾」。

〔四〕熊飛娘：玄怪録作「態盈娘子」。

〔五〕二：玄怪録作「四」。

金城絳闕　清都紫微

逸史：有崔生者，於青城山〔一〕下洞見金城絳闕，仙翁羽衣霞帔，留生酒食，以女妻之。取青囊藥兩粒，令服之。每朔望，乘鶴上朝蕊宮。歲餘請歸，得隱形符，乃潛遊宮禁，竊錦綵。上令羅公遠作法，照之殿後，果有崔生。上令笞死。公遠曰：「此人已居上界，殺之，非國家福。」上遣兵仗，送至青城山洞口。果見金城絳闕。生妻擲一領巾，化爲五色絳橋，令生渡橋，隨步隨滅。須臾雲霧四合，但聞鸞鶴笙歌之聲。

本條見雲笈七籤卷一一三上傳「崔生」條，及太平廣記卷二三神仙二十三「崔生」條引逸史。另見類説卷二七「擲領巾爲絳橋」條引逸史、紺珠集卷一〇「擲巾爲橋」條引唐逸史、海録碎事卷一三上鬼神道釋部仙門「擲巾爲橋」條引唐逸史。羅公遠事亦見本書卷三「公遠碧落」條引本傳、卷一三「隱柱羅遠」條引逸史、卷一四「太真霓裳」條引逸史、卷一八「公遠白魚」條引高道傳。

〔一〕青城山：七籤作「青山」。

列子：周穆王遊化人之宫。化人之宫，構以金銀，絡以珠玉，出雲雨之上，而不知下之據，望之若屯雲焉。耳目所觀聽，鼻口所納嘗，皆非人間之有。王實以爲清都、紫微、鈞天、廣樂，帝之所居。王俯而視之，其宫榭若累塊積蘇焉。

本條見列子卷三周穆王篇。

希夷餌柏　守微茹芝

唐史屬辭：王希夷隱嵩山，餌松柏雜葉〔一〕，年七十餘，筋力柔彊。明皇東巡，詔見行在，訪以政事，與語甚悦。

本條事亦見新唐書卷一九六隱逸傳王希夷本傳、舊唐書卷一九二隱逸傳王希夷本傳。

唐史屬辭，宋楊傑無爲集卷九收有唐史屬辭序一篇，謂此書程鵬作，總四卷。序作於元祐元年，故書成於是年之前。遂初堂書目著録本書，入類書類，無卷數、撰者。宋史卷二〇三藝文志著録程鵬唐史屬辭四卷。

〔一〕松柏雜葉：新唐書作「松柏葉、雜華」。

高道傳：道士李守微，不知何許人，常遊蜀，談論多滑稽，不拘小節，人常輕侮之。忽謂人曰：「余將遊五嶽諸山，今往矣。」或問求利術，則曰：「浮生瞬息間，盍尋真訪道，脱灑塵網，至若服〔一〕氣鍊丹，茹芝絶粒，皆有益也。何區區於利術哉！」遂遁去。嘗與祠部韓嶼友善，嶼贈詩云：「一定童顔老歲華，貧寒遊歷貴人家。鍊成正氣功雖〔二〕大，忘卻〔三〕元神道更〔四〕差。烏曳鶴毛乾〔五〕毿毸，杖攜龍甲〔六〕瘦查〔七〕牙。如何舊隱〔八〕不歸去，落盡蟠桃幾番〔九〕花。」

本條見歷世真仙體道通鑑卷四三李守微傳。李守微，五代時人。韓嶼詩收入全唐詩卷七六八。

〔一〕服：原作「脱」，據輯要本、仙鑑校改。
〔二〕雖：仙鑑、全唐詩均作「應」。
〔三〕忘卻：仙鑑、全唐詩均作「養得」。
〔四〕更：仙鑑、全唐詩均作「不」。
〔五〕乾：輯要本作「乹」。
〔六〕龍甲：全唐詩作「筇節」
〔七〕查：仙鑑、全唐詩均作「槎」。
〔八〕舊隱：仙鑑作「篤隱」，全唐詩作「蓬閬」。
〔九〕番：仙鑑作「處」，全唐詩作「度」。

伯玉娶婦　薊子還兒

三洞珠囊：褚伯玉，字元璩，吴郡錢塘人。父爲取婦，入前門間，伯玉從後門而出，往剡，居瀑布山修道。又嘗遊南嶽，路入閩中，飛湍赴險，伯玉舟航逼晚，迴泊涯際，而衝飆夕震，山洪暴起，激船於萬仞之上，傾墜絶崖，徒侶在前，判其冰碎。緣岨尋求，已見伯玉怡然自若。後至霍山，鍊氣〔一〕餐霞，積年絶粒也。

本條部分内容見三洞珠囊卷四絶粒品引道學傳卷六，部分内容見太平御覽卷六六六道部八「道士」條引道學傳。褚伯玉事亦見仙苑編珠卷中「伯玉松屑」條。

〔一〕氣：珠囊作「液」。

神仙傳：薊子訓，齊人，舉孝廉，除郎中，又爲都尉。年二百餘，顔色不老。曾求抱鄰舍嬰兒，誤墮地死，死家素尊子訓，即埋之。二十餘日，子訓自外來，抱兒還之。家恐是鬼，掘視所埋，但泥而已。

本條見神仙傳「薊子訓」條（漢魏本卷五、四庫本卷七）。太平廣記卷一二神仙一二「薊子訓」條亦載，云出神仙傳，文字與本書多不同，漢魏本神仙傳「薊子訓」條同於廣記。

居士芒屩　道者麻衣

仙傳拾遺：朱桃椎者，成都人，隱於郭外，結草爲廬。或佯狂放誕，或終日不言。益州牧竇軌辟之爲掾，不就，遺以衣服，棄而逃去。每織芒屩，致於路側，行者見之，爲留米，置於本處，桃椎夕而取之。人謂之「居士屩」。

本條僅見此引。羅爭鳴據本書輯入杜光庭記傳十種輯校仙傳拾遺。李劍國唐五代志怪傳奇叙録云朱桃椎事採自大唐新語卷一〇。朱桃椎事亦見杜光庭録異記卷一仙「朱桃槌」條，事異。

冷齋夜話：有史宗者，號麻衣道者〔一〕，坐廣陵白土埭。江都檀祇與語，多無畔岸，索紙賦詩曰：「有欲苦不足，無欲即無憂。未若清虛者，帶索被玄〔二〕裘。浮游一州〔三〕間，汎若不繫舟。要當滅〔四〕塵慮〔五〕，棲息老山丘。」檀祇異之。陶淵明記曰：「白土埭逢三異比丘。」此其一也。有狂道士，借海鹽令所畜小兒，登小山，山有屋數椽，道人三四輩相勞苦。其言小兒一不能解，但得食一甌，如飴〔六〕。又有問道士曰：「謫者何時竟？」答曰：「在徐州江北廣陵白土埭，計其謫，行當竟矣。」仍作書，授小兒曰：「爲達之。」繫小兒衣帶上，令還。海鹽令喜，問曰：「衣中何有？」曰：「書疏耳。」又呼問小兒至何處，小兒曰：「爲前道士捉杖，飄然去，但聞足下波浪聲，至一山中，山中人寄書與白土埭上。」即引衣帶示令，令一不能曉。小兒歸，詣史宗，宗驚曰：「汝乃蓬萊山中來耶？」

本條見冷齋夜話卷八「白土埭」條引高僧傳，另見詩話總龜前集卷四七神仙門下引冷齋夜話。

〔一〕者：總龜作「士」。
〔二〕玄：夜話作「麻」。
〔三〕州：夜話作「世」。
〔四〕滅：夜話、總龜均作「畢」。
〔五〕慮：夜話作「累」。
〔六〕飴：夜話作「熟艾」。

道教典籍選刊

仙苑編珠
三洞群仙録

下

〔五代〕王松年 撰
〔南宋〕陳葆光 撰
李 静 點校

中華書局

三洞群仙録卷之七

正一道士陳葆光撰集

保言冥吏　曼卿鬼仙

北夢瑣言：道士秦保言勤於焚修，嘗白南嶽真君云：「上真何以須紙錢爲有所未諭。」既而夜夢真君曰：「紙錢即冥吏所藉，我又何須。」由是嶽〔一〕中益信之。

本條見北夢瑣言卷一二「王潛司徒燒紙錢」條附秦保言事，又見太平廣記卷四〇神仙四十「南嶽真君」條、南嶽總勝集卷下引北夢瑣言。

〔一〕嶽：原作「獄」，據北夢瑣言、廣記、總勝集校改。

摭遺：西蜀崔存，訪道尋真於王屋西峰，見石延年曼卿、蘇舜欽子美二人對坐，隔一小溪。存再拜曰：「存脱棄利禄，以求大道，固有日矣。今幸遇二仙於此，溪水視之淺而測之深，不得立侍左右，何也？又聞學士已作鬼仙乎？」蘇曰：「妄也。純陽即仙，純陰即鬼。既爲仙，又爲鬼乎？」二仙乃命青童取牋管，作詩以授存。存得詩，俄見一翠鳥啣一書，置二仙前。蘇曰：「瀛洲君〔一〕召吾二人。」乃飛踰山頂而去。

摭遺，亦名青瑣摭遺，二十卷，宋劉斧撰，已佚，存二節本，一爲紺珠集卷一二摘録五條，一爲類説卷三四摘録二十三條；引文散見詩話總龜、新編分門古今類事、錦繡萬花谷、古今詩文類聚、五色線、才鬼記、增廣分門類林雜説等及本書。本條亦見詩話總龜前集卷四六神仙門上引摭遺。

〔一〕君：總龜無此字。

章令飛舉　小真擢遷

列仙傳：主柱子，不知何許人。一日上宕山云：「此山有丹砂，可得數百斤。」邑令章公聞之，即時封山，而丹砂自流出如火。主柱子取丹砂，與邑令餌之。章既餌砂，不五年，身輕能飛舉，遂與柱子俱飛去。

本條見列仙傳卷下「主柱」條。

廣記：韋小真母〔一〕許氏，守孀，事舅姑，以孝聞。惟有此女，十二歲，聰慧，無病而卒。未殮，復活，云：「初聞召韋小真，昇天，見天上人皆衣錦綉，引小真見韓司命君〔二〕，曰：『汝九世祖有功於國，近擢爲地下主者，今遷地仙之品。汝母有孝道，已遷仙階。而汝三世已生天。』」小真自後奉道，至長慶年上昇。

本條見太平廣記卷六九女仙十四「韋蒙妻」條引仙傳拾遺。

〔二〕韋小真母：廣記作「韋蒙妻」。

〔三〕韓司命君：廣記作「韓君司命」。

郭靚負擔　黄齊挽船

真誥：郭靚少孤，依栖無所，隨鄭先生負擔。經七年，勤謹無懈怠。先生憫其勞苦，遂授以導引法，壽至三百歲。復遇赤松子，授道法。今在大有洞中，爲真人。

本條見真誥卷一四稽神樞第四，而「靚」作「靜」。

廣記：黄齊者，蜀之偏將也，常好道，行陰功，有歲年矣。於朝天嶺遇一老人，顏色嬰孺，肌膚如玉，與之語曰：「子既好道，五年之後，當有大厄，吾必相救。勉思陰德，無退前志。」其後齊〔一〕下峽，舟船覆溺，至灘上，如有相拯，得及於岸。視之，乃所遇老人也，尋失所在。

本條見太平廣記卷八六異人六「黄齊」條引録異記，亦見道藏本録異記卷二異人「黄齊」條。

〔一〕齊：原作「牽」，據廣記、録異記校改。

長房縮地　女媧補天

丹臺新録：後漢費長房既遇仙翁，欲求道而顧家人爲憂。翁乃斷一青竹，與長房身齊，使掛之舍。後家人見，即其形也，以爲縊死矣，遂葬之。長房隨入深山群虎中，留使獨處，長房不恐。又卧於空室，以朽索引萬斤石於心上，衆蛇來齧。索斷，長房亦不移。翁曰：「子可教也。」復使食糞，糞中有蟲，甚長，長房意惡之。翁曰：「子幾得道，恨此不成。」長房辭歸。長房能縮地脉，數千里奄在目前，放之還舒也。

本條内容亦見歷世真仙體道通鑑卷二〇壺公傳。費長房事又見本書卷四「長房投杖」條引丹臺新録。

淮南子：女媧氏鍊五色石以補蒼天，斷鼇足以立四極，殺黑龍以濟冀州，積蘆灰以止淫水。蒼天補，四極正，淫水涸，冀州平，狡〔一〕蟲死，顓民生。

本條見淮南子卷六覽冥訓。

〔一〕狡：原作「後」，據淮南子校改。

藍方温厚　初成慈憫

青瑣：藍方字元道。亳州父老言自兒童時見先生，狀貌迄今如一。温厚接物，小大皆得其歡心。仁宗朝嘗見，館於芳林園，先生告去，乃賜號曰「南嶽養素先生」。時學士賈公昌朝贈公詩云：「聖澤濃沾〔一〕隱逸身，道裝宜用葛爲巾。祝融峰下醉明月，湘〔二〕水源頭釣紫鱗。曾見海桃三結子，不知卯〔三〕豆幾回春。他年我若功成去，願作靈〔四〕橋跪履人。」先生和曰：「近告明君乞得身，不妨林下戴紗巾。滿斟野〔五〕酒浮瓊蟻，旋釣溪魚贈〔六〕錦鱗。元府烏雛〔七〕飛後夜，洞中龍子〔八〕養〔九〕長春。君今〔一〇〕儻若爲同志，續有壺天〔一一〕兩箇人。」一日先生沐浴，乃奄然而逝。至今往來湖湘間，人或見之。

本條見青瑣高議後集卷一〇「養素先生」條，副標題爲「詔上殿宣賜茶藥」。

〔一〕沾：青瑣高議作「霑」。

〔二〕湘：青瑣高議作「緑」。

〔三〕卯：青瑣高議作「仙」。

〔四〕靈：青瑣高議作「雲」。

〔五〕野：青瑣高議作「村」。

〔六〕贈：青瑣高議作「鱠」。
〔七〕雛：青瑣高議作「鴉」。
〔八〕洞中龍子：青瑣高議作「洞庭花木」。
〔九〕養：青瑣高議作「鎮」。
〔一〇〕君今：青瑣高議作「吾官」。
〔一一〕續有壺天：青瑣高議作「个裏須由」。

廣記：茅濛字初成，即東卿君之高祖也。君性慈惘，好行陰德。周衰，入華山。師鬼谷先生，得其道，乘龍上昇。故童謡歌曰：「神仙學者茅初成，乘龍上天入太清。」蓋謂此也。

本條見太平廣記卷五神仙五「茅濛」條引洞仙傳。

馬明富盛　同休貧窘

真誥：馬明〔一〕、馬罕欽事經寶，有過君父。恒使有心奴子二人，一名白首，一名平頭，常侍直香火，洒掃拂拭，每有神光靈氣見於室宇。明妻頗能通見，云數有青衣玉女空中去來，狀如飛鳥。馬家遂致富盛，資産巨萬，年老命終。明子洪、洪弟真、罕子智等，猶共遵向。末年事師〔二〕，乃弛廢之耳。

本條見真誥卷一九翼真檢第一。

〔一〕明：真誥作「朗」。下同。

〔二〕師：真誥作「佛」。

酉陽雜俎：秀才權同休，元和間落第，旅遊蘇、湖間，遇疾貧窘。有走使者，本村野人，雇已一年矣。秀才謂曰：「予貧迫若此，無以寸進。」因持垢衣授之：「可以辦少酒肉。予將會村老，丐少道路資也。」雇者笑曰：「此固不足辦，某當營之。」乃斫一枯桑枝，成數段，扎聚於盤上，噀之，悉成牛肉。復吸數瓶水，傾之，乃旨酒也。村老皆醉飽，獲束縑鏹物。雇者乃辭去。

本條見酉陽雜俎前集卷二壺史，又見太平廣記卷四二神仙四十二「權同休」條引酉陽雜俎，事亦見雲笈七籤卷一一二神仙感遇傳「權同休」條。

薛昌甕卧　中屠瓶隱

仙傳拾遺：薛昌，幽薊人，好道訪奇。天寶七年，於洞天觀棲止累月。忽有山翁攜大章陸一根，形如巨龜，文甲頭足，一一周備。與觀中道士曰：「此藥可切細，令乾，用米以麯蘖醞酒熟，半年外，飲者登仙。」道士如其言醞造。一日，道士皆赴齋醮，唯昌不出。越三日，道士歸，見昌卧甕側，耳鼻血流。數日乃甦，身輕目明，勢欲飛舉，雖山川巖壁，不能隔礙。後入大面山，不知所之。

本條僅見此引。羅爭鳴據本書輯入杜光庭記傳十種輯校仙傳拾遺。

樹萱記：申屠有涯，放曠林泉，常攜一瓶。一日，躍身入瓶中，時號爲瓶隱。

本條見類説卷一三「瓶隱」條引樹萱録，「記」或爲「録」之誤。樹萱録，唐人撰，闕名，今僅存節本，類説卷一三引十三條。李劍國唐五代志怪傳奇叙録有考。

元泰龍軒　公度鳳軺

丹臺新録：姚坦字元泰，平陽人，雅操遐標，深根内植。乃託影神鄉，遠期真隱，遂遁幽巖，日誦五千文。遇許真人授以玄白回黄〔一〕之道，行之，雨不沾衣，泥不污履，目有神光如電。簡王時駕龍軒以昇天。

本條部分内容亦見仙苑編珠卷下「姚坦銀花」條引樓觀傳，及歷世真仙體道通鑑卷九姚坦傳。姚坦事亦見本書卷一七「姚坦銀花」條引丹臺新録。

〔一〕黄：仙苑編珠、仙鑑作「形」。

又尹軌真人，字公度，太原人也。絶粒行氣，專修上道，能變化無常，或爲道士，或爲儒生，或爲童孺，或爲長老，或與群真衆仙，驂龍軿鳳，策空駕虚，雲馳電邁，出有入無，分形散影，處處遊集。云：「吾今已年一千三百歲，所歷甚多，非爾曹短札所能記録。」一日，忽竦身入雲，騰空冉冉而去，但聞笙簫之聲，唯餘器服緗素存焉。

本條亦見歷世真仙體道通鑑卷八尹軌傳。尹軌事亦見神仙傳（漢魏本卷九、四庫本卷九），當源出神仙傳。

始皇起臺　黄帝置觀

拾遺記：始皇起雲明臺，窮四方之珍木，搜天下之工巧，南得煙丘碧木、酈水燃沙、賁都朱泥、雲岡素竹，東得葱巒錦柏、煙燧〔一〕龍松、寒河星柘、岏雲之梓，西得漏海浮金、狼淵羽璧〔二〕、滌嶂霞桑、沈塘員篝，北得冥阜乾漆、陰阪文梓、褰流黑魄、闇海香瓊，珍異是集。工人騰虚沿木，揮斤斧於空中，子時起工，午時已畢。秦人謂之子午臺。

本條見拾遺記卷四秦始皇。

〔一〕煙燧：拾遺記作「漂檖」。

〔二〕璧：原作「壄」，據拾遺記校改。

黄帝内傳：「王母飲帝以碧霞之漿，赤精之果，因授帝白玉像五軀，曰：「此則元始天尊之真容也。」又授帝二儀本形圖、還丹十九首。帝乃作禮，置於高觀之上，親自供養，后妃臣妾莫得覩之。其觀上常有異色雲氣，奇香聞數百步，時人謂之「道觀」。道觀之號，自此始也。」

郡齋讀書志卷九傳記類著録有黄帝内傳一卷，云書之序稱「昔籛鏗得之於衡山石室中，後至漢劉向於東觀校書見之，遂傳於世」。然是書不見於唐前目録，至讀書志才有著録，當出依託，撰人不詳。本條部分内容見宋高承事物紀原卷七「道觀」條引黄帝内傳。黄帝事亦見本書卷一三「黄帝七昧」條引黄帝内傳。

黄安舌耕　和璞心筭

列仙傳云：黄安自云卑猥，不獲處人間，遂執鞭誦書，劃地計之，一夕地成裂。時人謂黄安舌耕。年八十，色如童子。

本條不見列仙傳，而見漢武洞冥記卷二。太平廣記卷一神仙一「黄安」條録黄安事，亦云出洞冥記。本書云出列仙傳，誤。本書卷四「黄安坐龜」條引列仙傳所録黄安事亦不見列仙傳，而見於漢武洞冥記卷二，與本條出處相同。

仙傳拾遺：邢和璞隱居瀛海間，得神仙之道，使人以心注念於物，布筭而知之，無不中者。居嵩潁間，著書三篇，曰潁陽書，有筭心旋空之訣。

本條僅見此引。羅爭鳴據本書輯入杜光庭記傳十種輯校仙傳拾遺。邢和璞傳見歷世真仙體道通鑑卷三九。另，邢和璞事亦見於紀聞、次柳氏舊聞、酉陽雜俎、明皇雜録等書。本書卷三「和璞笑瑄」引高道傳、卷八「戲臣鼓吻」引酉陽雜俎亦載邢和璞事。

廣成窈冥　盧敖汗漫

神仙傳：廣成子者，古之仙人也，居崆峒之山石室之中。黄帝膝行而前，再拜，請問治身之道。廣成答曰：「至道之精，窈窈冥冥；至道之極，昏昏默默。無視無聽，抱神以静，形將自正，必静必清。無勞爾形，無摇爾精，乃可長生。」

本條見神仙傳「廣成子」條（漢魏本卷一、四庫本卷一）。

又盧敖，見一士〔一〕深目而結喉〔二〕，鳶肩而脩頸，豐上而殺下，据龜殼而食蛤蟹，謂敖曰「吾與汗漫期於九垓之外，不可久留」而去。

本條見神仙傳「若士」條（漢魏本無，四庫本卷一）。

〔一〕一士：四庫本神仙傳作「若士」。

〔三〕結喉：四庫本神仙傳作「玄準」。

齊女玉鈎　傅生木鑽

女仙傳：鈎翼夫人，齊女也，姓趙。好清靜，病卧六年，右手拳，飲食少。漢武帝時，望氣者云：「東北有貴人氣。」推而得之，召到，姿色甚偉。帝發其手，即展，而得玉鈎。幸之，生昭帝。武帝尋害之，殯，尸不冷而香。昭帝即位，更葬之，棺空，但有絲履，故名其宫曰「鈎翼」。

本條見列仙傳卷下「鈎翼夫人」條，亦見類説卷三「鈎弋夫人」條、太平廣記卷五九女仙四「鈎翼夫人」條、太平御覽等書，均云出列仙傳。本書云出女仙傳，或女仙傳採自列仙傳。

真誥：昔有傅先生者，少好道，入焦山石室中，積七年，而太極真人〔一〕接之。與一木鑽，令鑽一石盤，厚五尺許，告之曰：「穿此石透，當得道。」其人心專，晝夜鑽之，積四十七年不替。鑽盡石穿，遂得神丹。今爲西〔二〕嶽真人。

本條見真誥卷五甄命授第一。

〔一〕真人：真誥作「老君」。

〔二〕西：真誥作「南」。

淮陽一老　開皇九仙

本傳：前漢應曜隱於淮陽山中，與四皓俱召，曜獨不至。時人詩曰：「南〔一〕山四皓，不如淮陽一老。」後漢應邵八代祖也。

本條見白氏六帖事類集卷七隱逸第十四「應曜」條、錦繡萬花谷後集卷二一「淮陽一老」條。

〔一〕南：白氏六帖同，錦繡萬花谷作「商」。

仙傳拾遺：開皇九仙者，孔丘明、楊元忠、張法樞、吴天印、陳志空、駱法通、鄒武君、謝幽巖、周仙用、鄧希元。當漢楚交兵之際，無栖芘之所，各有修道之志，避世入山，契爲兄弟。同遊五嶽，後居洪州西山，皆得仙矣。至隋開皇中，鸞鶴儀衛，會於玉笥山中九仙臺上，徘徊終日，一時昇天。

本條僅見此引。羅爭鳴據本書輯入杜光庭記傳十種輯校仙傳拾遺。

喜稱文始　周號闗編

丹臺新録：尹喜初爲函谷關令，見一老人，乘青牛薄肇車來。喜頓首而前曰：「聖欲何之？」曰：「吾在關東，田在關西，時來採薪。吾無道德，勞子問訊。」老人再三辭喜不得，乃曰：「子既知吾，吾亦知子有信道之心。」遂授以道德。喜道成德備，號文始先生，補無上真〔一〕人。

本條僅見此引。

〔一〕真：原作「其」，據輯要本校改。

真誥：莊周師長桑公子，授以微言，謂之莊子也。隱於抱犢山，修煉著書，服北肓火丹，白日昇天，上補太極闈編郎。

本條見真誥卷一四稽神樞第四。

軒集掇葉　馬湘摸錢

高道傳：羅浮先生軒轅集，居羅浮山，人傳數百歲，顔色不老。髮長至地，坐暗室則目光長數丈。採藥巖谷，長有毒龍猛獸衛護。赴民家請齋者百餘處，無不分身。宣宗召入禁中，問：「長生可致乎？」集曰：「絶聲色，薄滋味，哀樂一致，德施無偏，自然與天地合德，日月齊明，雖堯舜禹湯自可致，況長生乎？」先生能以桐竹葉掇成錢。

本條見歷世真仙體道通鑑卷四二軒轅集傳。軒轅集事，又見本書卷一〇「金盆射鵲」條、卷一四「集獻豆蔻」條引高道傳，卷一二「先生布巾」條引丹臺新録。

神仙傳：馬湘字自然，有道術。嘗於江南刺史馬植座上，以酒盃盛土種瓜，須臾引蔓花實，食之甚美。又能徧身摸青錢，投井中，呼之即出。

本條見續仙傳卷上及雲笈七籤卷一一三下續仙傳「馬自然傳」條。本書云出神仙傳，誤。馬湘事在本書有五次徵引，見卷二「馬湘紙猧」條説明。

靈輿福地　山圖洞天

高道傳：王靈輿者，九江道士，居五老峰。夜有神人告曰：「得道者各有其地。如植五穀於沙石之間，則不能成。既有飛仙之骨，當得福地靈墟，可以變化，非其地則魔壞其功，無由冀矣。」師曰：「可栖者何地？」曰：「朱陵之上峰，紫蓋之鄰岫，乃洞天福地也〔一〕，可以沖天。」師從之，遂遷居衡山。一紀功成，天監中〔二〕白日上昇。

本條見歷世真仙體道通鑑卷二八王靈輿傳。

〔一〕乃洞天福地也：仙鑑無。

〔二〕天監中：仙鑑作「天監十一年七月十三日」。

真誥：山圖子〔一〕者，周哀王時大夫，亦仙人也。授張激子服九雲水〔二〕法，而激子修此道，上補九宮丞。今山圖子〔三〕亦在洞天中，與激子對局。

本條見真誥卷一三稽神樞第二。

〔一〕山圖子：真誥作「山圖公子」，下同。

〔二〕水：本字後真誥多出「强梁錬桂」四字。

〔三〕山圖子：真誥作「北河司命」。

達靈復髭　張果擊齒

超化寺壁誌：唐黄門内侍謁者仵達靈題云：「予自知命之年，從鑾輿西幸，當天寶丁亥十二月，得青城丈人授真元丹訣，而意未曉。屬駐蹕行在，掌命頗煩，及肅宗至德丁酉歲，銜命禋於嵩丘，復遇丈人，始全決神水黄芽之道。洎畢請告，回覯宸扆，乞骸歸田。會南曹郎張公去非、左史程公太虚，皆以其故廬，共製神室。皇天眷祐，丹鼎融光，服餌浹辰，肌容發爽，凌虚不懾，意愈通神。自餌靈丹，起至德丁酉，迄今上乾符甲午，歷春秋一百一十有八載，更十二朝，遂得還童復髭〔一〕。」

本條見還丹肘後訣卷下保存的唐仵達靈真人記，亦見明李日華六研齋二筆卷四。清陳鴻墀全唐文紀事卷一〇七、清俞樾茶香室三鈔卷一八亦載此事，均引自六研齋二筆。

〔一〕髭：真人記作「元」。

明皇雜録：張果者，明皇召見，一日嘗賜堇斟飲之。果遂舉三巵，醺然有醉色，顧謂左右曰：「此酒非佳味也。」即偃而卧。食頃方寤，忽覽鏡視其齒，皆班然燋黑，遽取鐵如意擊其齒，盡墮，以藥傅齒，又寢。久之，再引鑑視，其齒已生，堅然光瑩，愈於前也。

明皇雜録，唐鄭處誨撰。本條見明皇雜録卷上「張果」條。張果事亦見本書卷一〇「銅牌誌鹿」條、卷一五「張果紙驢」條，並引高道傳。

雞師救病　鼈靈導水

戎幕閑談：唐蜀川費雞師者，目赤無黑，善知將來事，能與人禳救。其術或疾病來告者，雞師即抱一雞而往，設祭於庭，又取一石，如雞卵大，令病人握之。乃罡步，作氣噓叱，雞旋轉而死，石亦四破，則病者瘥矣。因號雞師云。

戎幕閑談，唐韋絢撰，已佚，太平廣記引十五條，據李劍國考證，中有四條非本書；類説卷五二摘引九條；説郛卷七録序一篇及正文五條。本條見廣記卷四二四「費雞師」條、類説卷五二「雞師」條，並引戎幕閑談。

仙傳拾遺：鼈靈，楚人也。死，棄其尸於江中，泝流而上，至汶山下，蹶然而起，隱於蜀山中，以變化驅役鬼神之術聞於世。時峽中山摧，堰江不流，杜宇苦之。聞鼈靈有術，使決金堂山瞿塘峽，導水東注，復舊所，人得陸處。宇遜位，數百年，遊天柱山，遇天真集焉，遂昇天而去。

本條僅見此引。羅爭鳴據本書輯入杜光庭記傳十種輯校仙傳拾遺，云原出揚雄蜀王本紀、應劭風俗通義、李膺蜀記等。

葛由刻木　張辭剪紙

列仙傳：葛由，蜀〔一〕人。周成王時，常刻木爲羊賣。一日，騎羊入蜀，王侯貴人迎之，至綏山，隨之者皆得一桃，不還〔二〕。里人諺曰：「得綏山一桃，雖不仙，亦足豪。」

本條見列仙傳卷上「葛由」條，亦見藝文類聚卷九四獸部中「羊」條引列仙傳。

〔一〕蜀：列仙傳作「羌」。

〔二〕皆得一桃不還：列仙傳作「不復還，皆得仙道」，藝文類聚作「不得還，皆得仙道。山上有桃」。

廣記：張辭有才學，養氣絶食，嗜酒耽棋。嘗吟云：「爭奈〔一〕金烏何，頭〔二〕上飛不住。紅鑪謾燒藥，玉顔安可駐。今年花發〔三〕枝，明年花滿〔四〕樹。不如且飲酒，朝暮復朝暮〔五〕。」時或以紙剪蝴蝶數千枚，以氣吹之，成列而飛，拍手即下。或一日剪一鶴，以水噀之，俄而飛翥，辭曰：「爾先去，我後來。」

本條見太平廣記卷七五道術五「張辭」條引桂苑叢談，又見桂苑叢談「張綽有道術」條、詩話總龜前集卷四六神仙門上引桂苑叢談，而叢談與總龜均作張綽。

〔一〕奈：叢談同，廣記、總龜作「那」。

〔二〕頭：廣記、叢談同，總龜作「欲」。

〔三〕發：廣記、叢談同，總龜作「落」。

〔四〕花滿：廣記、叢談均作「葉落」。

〔五〕朝暮復朝暮：叢談作「莫管流年逝」，總龜作「莫管流年度」。

馬儉制邪　劉根召鬼

丹臺新録：馬儉通詩、禮。年十七，遇人得遁甲烏角、烏情緯候之訣，善攝召萬靈，制邪伏魔。一旦感天神降，與語曰：「法師宿有功德，必得度世，何須召役鬼神。可祕其術，絶其往來，恬神抱一，真仙自降。」儉從之，白日上昇。

本條馬儉事見仙苑編珠卷中「馬約神降」條引樓觀傳，及歷世真仙體道通鑑卷三〇馬儉傳。

神仙傳：劉根能治病驅役。潁川太守杜新〔一〕聞之，以爲妖妄，因呼根至郡，謂根曰：「君有何能，而常惑衆？」根曰：「某能令人見鬼。」新曰：「今即試看，若無鬼，汝當見誅。」

根曰：「鬼甚易見，可借府君前筆硯。」新從之。根書符，作長嘯聲，須臾廳南壁忽開數尺，見有四五百人，赤衣，操刀劍，從壞壁中入。至墀下，面縛府君父母而來，泣曰：「汝何爲犯神仙尊官，使我被縛困辱如此？」府君叩頭，求乞放赦。根戒敕遣之，遂免。後一月，府君與夫人郭氏皆卒。

本條見神仙傳「劉根」條（漢魏本卷三、四庫本卷八）及太平廣記卷一〇神仙十「劉根」條引神仙傳。劉根事亦見本書卷一二「劉役鬼神」條引神仙傳。

〔一〕潁川太守杜新：漢魏本神仙傳、廣記作「太守張府君」，四庫本神仙傳作「太守史祈」且下皆稱「祈」。

陳長架屋　嚴青挽舟

抱朴子：陳長居苧萸〔一〕山已六百餘年，山中人爲之架屋，每四時祭祀之。陳不飲不食，顔如五六十人。苧萸山方千里，上有千餘家，風俗與吴同。

本條未見於抱朴子内外篇，而見於神仙傳「陳長」條（漢魏本卷一〇、四庫本卷六），且多合於漢魏本神仙傳。陳長事亦見仙苑編珠卷中「陳長祭水」條、歷世真仙體道通鑑卷二一陳長傳。

〔一〕萸：神仙傳作「嶼」。

又嚴青，會稽人，家〔一〕貧販炭。忽於塗中遇異人，授以素書一卷。青曰：「我不識字。」神人曰：「不須讀，但置於靜處可也。」青自後神通，潛有人爲挽舟而入，只見炭船自行。後爲人治病，即以所授之書到家，其人自愈。入小霍山，得仙。

本條未見於抱朴子内外篇，而見於神仙傳（漢魏本、四庫本均屬卷七，漢魏本作「嚴清」）。本書引文有溢出二本者。嚴青事又見本書卷六「嚴青夜行」條引神仙傳。

〔一〕家：原作「食」，據神仙傳校改。

希夷堯舜　洪崖巢由

神仙傳：陳摶字圖南，號希夷先生，時遇金甲神人，指隱華山。太宗皇帝召見，問曰：「朕欲以堯舜之道治天下，可乎？」對曰：「臣聞堯舜土階三尺，茆茨不剪，陛下若能如此，正所謂今之堯舜也。」

本條見歷世真仙體道通鑑卷四七陳摶傳。本書謂出神仙傳，固與葛洪神仙傳爲二書，待考。陳摶事又見本書卷一〇「青巾佳客」條引神仙傳、卷一三「圖南道成」條引高道傳。

高道傳：道士張氲，號洪崖子，隱豫章山。開元中明皇召，問：「朕何如堯舜？先生何如許由？」對曰：「陛下道高堯舜，臣德謝許由。昔堯召由而由不至，今陛下召臣而臣來。」

上嘉之，拜先生太常卿，累遷至司徒。皆不受，乃曰：「陛下何惜一山一水，不〔一〕令臣追迹巢由。」上許之，居於西山巨崖，乃先生舊隱之處也〔二〕。豫章記云：「隋開皇改爲洪州，以先生所居山名而名之。」

本條見歷世真仙體道通鑑卷四一張氳傳。

〔一〕不：原闕，據仙鑑校補。

〔二〕居於西山巨崖乃先生舊隱之處也：仙鑑無。

程戒二虎 陶畫兩牛

高道傳：程太虛，果州西充人，幼好道。年十五，登所居之東山，飄然有凌虛意，尋有五色雲霞擁其身。及長，絶粒坐忘。常有二虎隨侍出入，師因名之曰「善言」、「善行」，乃撫其背而授以三歸之戒，二虎跪伏以聽，自後呼名則至。

本條見歷世真仙體道通鑑卷四二程太虛傳。程太虛事亦見本書卷一七「太虛受印」條引仙傳拾遺。

隱居傳：陶隱居先生居積金峰，修真誥。梁武帝屢詔不起。先生即畫兩牛以進，一牛散放水草中，一牛著金勒，有人執之。帝曰：「先生意效曳尾龜也，不可致之。」

隱居傳，不詳，或指宋賈嵩華陽陶隱居内傳三卷。陶弘景畫兩牛事，見南史卷七六陶弘景傳、唐李渤真系梁茅山貞白先生傳、太平廣記卷一五神仙十五「貞白先生」條引神仙感遇傳、華陽陶隱居内傳卷中。

許尋偃月　杜拜庭秋

列仙傳：許碏遍遊名山，所至處題字云：「尋偃月子到此。」忽作一詩云：「閬苑花前是醉鄉，誤〔一〕翻王母九霞觴。群仙拍手嫌輕薄，謫向人間作酒狂。」於酒樓乘雲而去。

本條見續仙傳卷上「許碏」條、雲笈七籤卷一一三下傳「許碏」條。本書云出列仙傳，當誤。按類説卷三有「尋偃月子」條，亦云出列仙傳。

〔一〕誤：續仙傳作「拚」，七籤作「滔」。

高道傳：杜光庭字賓聖，號廣成先生。唐末有狂道士，晦名，謁先生，求寓泊之所。先生雖諾之，未嘗與之相見。道士日貨藥於市，得錢即沽酒飲之，唯唱感庭秋，時人呼爲感庭秋。凡半年，人亦不知其異。一夕大醉，唱聲愈高。有窺之者，見燈燭綵綉，筵具器皿，羅列甚盛，青童侍立，斟酒而唱。窺者具以白先生，先生乃款其户曰：「光庭量識膚淺，不意上仙降鑒，深爲罪戾。願匍匐一拜光靈，以消塵障。」道士曰：「何辱勤拳之若是，當出奉見。」道士即時收筵具及童子，置於冠中。啓户，空室耳。

本條見詩話總龜後集卷三九神仙門引高道傳，亦見於歷世真仙體道通鑑卷四三感庭秋傳。杜光庭事又見本書卷一五「賓聖白犬」條引高道傳。

方朔窺窗　張平鑿井

漢武帝故事：七月七日上御承華殿，有一青鳥來集殿前。上問東方朔，朔曰：「西王母欲來。」有頃，母至。時南窗下有窺看，帝驚問：「何人？」母曰：「是汝侍郎東方朔，性滑稽，我鄰家小兒也。」

本條見漢武帝故事（魯迅古小説鉤沉輯本），亦見類説卷二一「西王母降」條、太平御覽卷一八八居處部十六「窗」條、海録碎事卷一三上鬼神道釋部仙門「青鳥」及「朱鳥牕」條、歲時廣記卷二八「請仙藥」條，皆引自漢武帝故事。

廣記：唐刺史張士平，中年夫婦俱雙瞽，遂杜門醮謝，以祈保佑，愈久愈勤。元和間忽遇一書生，曰：「此疾不假藥餌，但於福地鑿井，得水洗之可也。」君從之，開井取水洗眼，即時明淨。夫婦作禮厚謝，書生不受，曰：「吾乃太白星官也，以子抱疾，不忘於道，精勤無怠，上帝遣我授汝道術，以答修奉之勤。金帛之遺，非吾所好。」

本條見太平廣記卷七五道術五「張士平」條引神仙感遇傳。

白至仙居　李踐真境

廣記：白幽求，貞元中下第，入海，風飄雨馳，維舟山下，夜聞風擊木，葉相摩，如人誦詩之聲，云「玉幢亘碧虚，此乃仙〔一〕人居」之句。俄而見千餘人，騎龍控鶴，乘黿履魚而至，以手指水，如在月中行。有呼「水府使者白幽求」，而授以水府之牒，幽求隨行。忽至一島上，望見人煙，遂歸家，無有存者，云已數代矣。

本條見太平廣記卷四六神仙四十六「白幽求」條引博異志。中華書局一九八〇年點校本博異志據廣記輯入補編。

〔一〕仙：廣記作「真」。

仙傳拾遺：李琳〔一〕，燕人也。寶曆中與友人遊五臺山，偶墮於風穴中，見一人，形如獅子，引入洞中，即以水令琳飲之，且曰：「汝雖凡流，得入吾洞府，踐吾真境，亦有道分矣。汝有希生之心，今暫歸，他日可復來。飲此神漿，亦可延年益壽矣。」

本條見太平廣記卷四七神仙四十七「李球」條引仙傳拾遺。

〔一〕琳：廣記作「球」。下同。

昭王懷珠　玄帝埋鼎

仙傳拾遺：昔黄帝時，務成子遊寒山之嶺，見黑蚌在高崖之上。故知黑蚌能飛矣。至燕昭王時，其國獻於昭王，昭王取珪璋之水，洗其沙泥，乃嘆曰：「自有日月以來，見黑蚌生珠已八九十遇，此蚌千歲一珠也。」王暑月常懷此珠，體自輕涼，號「銷暑招涼珠」。

本條僅見此引。羅爭鳴據本書輯入杜光庭記傳十種輯校仙傳拾遺。此事源自拾遺記卷四燕昭王。

真誥：大茅山有玄帝時銅鼎，鼎可容四五斛，在山獨高處，入土八尺許，上有盤石掩鼎上。玄帝時命東海神使埋藏於此。

本條見真誥卷一一稽神樞第一。

武丁被召　少君言請

仙傳拾遺：成武丁，桂陽人也，年十三，爲縣宰遣送物上州。州牧周忻異之，留爲文學主簿。因被使，自京還過長沙郡，投郵舍不及，遂宿野木下。忽聞人有語云：「向長沙市藥。」平旦，見二鶴。君異之，遂往市門伺候，果見二老人，君從之數里。老人問：「子隨我何求耶?」曰:「聞君有濟生之術,因來侍從耳。」老人顧笑,於袖中出玉函,看素書,果有武丁姓名。各出藥一粒與之,因而得道。一日謂弟曰:「七月七日牽牛詣織女,吾被召還宫,不得久留。」言訖而卒。後葬,太守使人發棺,不復見尸,但有青竹杖并舄而已。

本條僅見此引。羅爭鳴據本書輯入杜光庭記傳十種輯校仙傳拾遺。成武丁事,源自神仙傳卷九「成仙公」條及續齊諧記。

神仙傳:李少君嘗合丹,丹未成,謂武帝曰:「陛下不能絶奢侈,遠聲色,殺伐不止,喜怒不除,萬里有不歸之魂,市朝有流血之鬼,神丹大道未可得成也。」少君忽稱病。是夕,帝夢與少君俱上嵩山,半道有使者乘龍持節從雲中下,言太一請少君。帝覺,謂近臣曰:「少君將舍我去。」明日,少君疾困,帝自往視,則已化矣。帝曰:「故化去耳。」斂而失之。

本條見於神仙傳「李少君」條(漢魏本卷六、四庫本卷六)。

三洞群仙録卷之八

正一道士陳葆光撰集

漆園傲吏　煙波釣徒

晉郭璞遊仙詩曰：「漆園有傲吏，萊氏有逸妻。」注云：「莊子嘗爲漆園吏，楚威王使厚幣迎，許以爲相。莊周笑謂楚使曰：『亟去，無污我漆園傲吏。』」

本條見文選卷二一郭璞遊仙詩七首之一（京華遊俠窟）。注文題出自史記。

漁歌記：憲宗求訪玄真子漁歌，李德裕爲潤州刺史，乃獲之。玄真子，張志和也，自號「煙波釣徒」。歌曰：「西塞山邊〔一〕白鳥〔二〕飛，桃花流水鱖魚肥。青箬笠，緑蓑衣，斜風細雨不須歸。」二曰：「釣臺〔三〕漁父褐爲裘，兩兩三三舴艋舟。能縱棹，慣乘流，長江白浪不曾憂。」三曰：「霅溪灣裏釣魚翁，舴艋爲家西復東。江上雪，浦邊風，笑〔四〕著荷衣不嘆窮。」四曰：「松江蟹舍〔五〕主人歡，菰飯〔六〕蓴羹亦共飡。楓葉落，荻花乾，醉拍〔七〕漁舟不覺寒。」五曰：「青草湖中月正圓，巴陵漁父棹歌蓮〔八〕。釣車子，撅〔九〕頭船，樂在風波不用仙。」

漁歌記，指的是李德裕撰玄真子漁歌記，收於李文饒文集别集卷七。張志和漁父五首，亦見收於全唐詩卷二九、三〇八和八九〇。

〔一〕邊：全唐詩作「前」。
〔二〕鳥：李集、全唐詩均作「鷺」。
〔三〕臺：原闕，據李集、全唐詩校補。
〔四〕笑：李集作「反」。
〔五〕舍：李集作「合」。
〔六〕飯：輯要本作「飲」，李集作「飰」。
〔七〕拍：李集作「泊」，全唐詩作「宿」。
〔八〕連：原作「蓮」，據李集、全唐詩校改。
〔九〕撅：李集、全唐詩均作「掘」。

蘇耽鶴櫃　孫真牛車

郴江集：蘇仙君耽，忽一日掃洒庭宇，具衣冠，若有所待。俄見西北雲鶴翔集，從空而下。君乃入，跪白母曰：「太上召補爲真官，儀衛已至，不得終養。」言訖，拜辭，子母歔欷久之。母曰：「汝去後，使我何以存養？」君因留一櫃，扃鎖甚固，曰：「有所闕乏，可扣櫃呼之，所須即至，慎勿開也。」自後，母但有所闕，叩櫃，其物立至。母一日心疑其櫃，開視之，有雙鶴飛去。自後，雖扣無復應矣。

本條僅見此引，所載事略見於太平廣記卷一三神仙十三「蘇仙公」條引神仙傳。蘇耽事亦見仙苑編珠卷下「蘇鹿牛形」條引蘇君傳，及本書卷二「蘇母思鮓」條引郴江集、卷四「蘇菴兩竹」條引郴江集、卷一六「仙君橘井」條引郴江集。

抱朴子：孫真事帛和先生，得其道。一日，告行，先生將一符函〔一〕與之，云：「前有牛車迎汝，即乘之。所有供給行厨，食之無疑，切不可開函。」真跪受以行。前果有牛車來，問曰：「君是孫道士乎？帛君遣車相迎。」真上車如飛，每渡水，不由橋梁，酒食供給悉備。一日弟子竊開，只見畫牛車一乘，即時不知所在。真後亦數與帛和乘車出入。

本條未見於抱朴子内外篇。今存神仙傳有「帛和」條（漢魏本卷七、四庫本卷七），然未有孫真内容。本條亦見太平御覽卷七三六方術部十七「祝」條引神仙傳，文字略有異，云：「仙人帛和弟子孫真，舅氏當葬，路遠不得車馬，和以一函符與真，誡曰：『汝持此行二十里，當有以車牛給汝者，又有厨供。不可發此函。』真行，果有一少年御一車牛給真，并送酒食。即到舅家，以函著衣箱中。

真弟不知，發函，函有紙畫車牛，一人御之。因失車牛所在。」

〔一〕符函：御覽作「函符」。

彌明賦鼎　陶白攜壺

高道傳：道士軒轅彌明，往來衡湘間，與劉師服友善。彌明自衡山過太白，知師服在京，夜抵其居。校書郎侯喜有詩名，與師服擁爐説詩。彌明在座，貌甚陋，喜視之蔑如也。彌明因指爐中石鼎，曰：「二子能賦此乎？」師服雖舊識，不知其有文也。劉先生吟曰：「巧匠斲山骨，刳中事煎烹。」次侯曰：「直柄未當權，塞口且吞聲。」彌明啞然〔一〕笑曰：「子詩〔二〕如是而已。」因高吟迭賦十餘韻。彌明應之如響，二子思竭，不能續，起〔三〕謝曰：「尊師非世人能出〔四〕也，某〔五〕輩伏矣。」

本條見歷世真仙體道通鑑卷三八軒轅彌明傳，亦見太平廣記卷五五神仙五十五「軒轅彌明」條引仙傳拾遺。高道傳中軒轅彌明傳當源出仙傳拾遺。

〔一〕然：本字後國圖舊抄本多一「而」字。

〔二〕詩：本字後國圖舊抄本多出「不過」二字。

〔三〕起：本字後國圖舊抄本多一「因」字。

〔四〕出：仙鑑作「屈」。
〔五〕某：原作「其」，據廣記、仙鑑校改。

廣記：陶太白公每以採藥爲業。一日攜壺，拉友遊嵩山，坐於林下，聞松梢有笑語之聲，仰視，果有二人。公曰：「君必神仙，可能下降而共飲乎？」俄見一丈夫女子古服而下，曰：「予乃秦之役夫也，毛女乃秦之宫人，與予同脱驪山之禍，乃匿於此。」陶曰：「今遇真仙，金丹大藥可得聞乎？」曰：「予本凡人，但能絶世，食木實，乃得淩虚。不覺生之與死，俗之與仙如何耳。」遂折〔一〕松枝，叩壺而歌曰：「餌柏身輕疊嶂間，是非無意到人寰。冠裳暫備論浮世，一餉雲遊碧落間。」

本條見太平廣記卷四〇「陶尹二君」條引傳奇。
〔一〕折：本字後國圖舊抄本多一「一」字。

子良青簡　永叔丹書

真誥：周子良，陶隱居之弟子，自幼温雅，肅然高邁。天監中真仙屢降其室，曰：「周生修功積德，可爲〔一〕不負其志矣。」子良曰：「枉蒙上真賜降，欣懼交心，無以自措。」司命君曰：「近往東華，見子之名已上青簡，保列保晨司矣。」

本條真誥無，見周氏冥通記。

〔一〕爲：國圖舊抄本作「謂」。

青瑣：歐陽永叔與梅聖俞遊嵩山，醉望西峰，崖上有丹書四大字云：「神清之洞。」永叔指示聖俞，闃無所見，公乃不言。洎乞身告世，作詩曰：「四字丹書萬仞崖，神清之洞鎖樓臺。煙霞極目無人到，鸞〔一〕鶴今應待我來。」後數日公薨。

本條見青瑣高議前集卷八「歐陽參政」條，副標題爲「遊嵩山見神清洞」。

〔一〕鸞：青瑣高議作「猿」。

元化湔腸　黄眉洗髓

後漢：華陀字元化，仙人也，沛相陳珪舉孝廉，太尉黄琬辟，皆不就。精於方藥，處劑不過數種。若疾發，結於内，針藥所不能及者，乃先令以酒服麻沸散，既醉，無所覺，因刳破腹〔一〕背，抽割積聚。若在腸胃，則斷截湔洗，除去疾穢，既而縫合，傅以神膏，四五日則愈，一月之間皆平復。

本條見後漢書卷八二下華佗傳。

〔一〕腹：原作「腸」，據後漢書校改。

漢武故事：東方朔生三日，而父母俱亡，或得之而不知其姓，以見時東方始明，因以爲姓。既長，常空中獨語。後遊鴻濛〔一〕之澤，有老母採桑，自言朔母。一黄眉翁至，指朔曰：「此吾兒也。吾卻食服氣，三千年一反骨洗髓，二千年一剥皮〔二〕伐毛，吾生已三洗髓、五伐毛矣。」

本條見漢武洞冥記卷一。本書云出漢武故事，誤。漢武洞冥記，又名洞冥記、漢武帝別國洞冥記、別國洞冥記等，東漢郭憲撰，今通行本作四卷，凡六十條，有顧氏文房小説、古今逸史、漢魏叢書、廣漢魏叢書、增訂漢魏叢書、四庫全書、龍威秘書、百子全書、道藏精華録、説庫、叢書集成初編（據顧氏文房小説本排印）等本。

〔一〕鴻濛：洞冥記作「濛鴻」。

〔二〕剥皮：廣記同，叢書集成初編本洞冥記作「刻肉」，四庫全書、百子全書、漢魏叢書、廣漢魏叢書、古今逸史本作「刻骨」。李劍國唐前志怪小説輯釋認爲，上言「反骨」，此不當復言「刻骨」，作「刻肉」是也。

郝姑挑蔬　許僕市米

女仙傳：郝姑祠在莫州莫縣西北。俗傳云郝姑者，字女君，魏青龍中與鄰女於漚洟水邊挑蔬，忽二青童至前，曰：「東海公娶女君爲婦。」言訖，敷連裀褥於水上，行坐往來，有若陸地，童子侍側，沿流而下。鄰女走告其家，家人往看，莫能得也。女君遥語曰：「幸憑水仙，願勿憂怖。」後立祠水際，祠前忽生青白石，一縱一横，闊可三尺，高二尺餘。有舊題云：「此姑夫上馬石。」至今存焉。

本條見太平廣記卷六〇女仙五「郝姑」條引莫州圖經。

皇朝類苑：洪州西山有許大夫婦，出入山中，相傳許旌陽僕也。方與妻市米於西嶺，及歸，而許君已拔宅上昇矣。許大有詩云：「自從明府歸仙〔一〕後，出入塵寰直至今。不是藏名混時俗，賣柴沽酒要〔二〕安心。」許君乃授以地仙之術。改姓于大，至今人多見之。

本條見皇朝類苑卷四三「許旌陽家田夫」條。

〔一〕仙：國圖舊抄本作「山」。

〔二〕要：類苑作「貴」。

戲臣鼓吻　狂士掩耳

西陽雜俎：邢和璞嘗延一客，鼓髯大笑，吻角侵耳，與邢劇談。而去，或問之，曰：「上帝戲臣也。」

本條見酉陽雜俎前集卷二壺史，又見太平廣記卷二一五算術「邢和璞」條引酉陽雜俎。

神仙傳：和〔一〕州南門外，見一繿縷狂士，賣胡蘆子，云：「一二年間，甚有用處。」卒無人曉其理。或時兩手掩耳急走，言：「風水聲何太甚邪？」孩童隨之，時人〔二〕呼爲掩耳先生。來年秋江水漲泛，淹没數百〔三〕家，衆人皆見狂士在水上，坐一大瓢，兩手掩耳，大呼：「風水聲何太甚！」泛江而去。

本條見太平廣記卷八六異人六「掩耳道士」條引野人閑話。本書云出神仙傳，當誤。

〔一〕和：廣記作「利」。按：和州轄區在今安徽省和縣和含山縣境内，毗鄰長江。利州位於現在的四川省廣元市，毗鄰廣記文中提到的嘉陵江。故兩者皆通。

〔二〕人：本字後國圖舊抄本多一「遂」字。

〔三〕百：本字後國圖舊抄本多一「餘」字。

北海掛冠　南陽遺履

後漢逸史：逢萌字子康〔一〕，北海都昌人也，家貧，給事縣爲亭長。時尉行過亭，萌候迎拜謁。既而擲楯嘆曰：「大丈夫安能爲人役哉？」即解冠掛東都城門，歸，將家屬浮海，客於遼東。後之瑯琊勞山，養志修道，人皆化其德。

本條見後漢書卷八三逸民逢萌傳。

〔二〕康：原作「廉」，據後漢書校改。

集仙傳：漢南陽公主出降王咸。屬王莽秉政，公主夙慕清虚，尚崇至道，每追文景之爲理，又知武帝之世累降神仙，謂咸曰：「國祚如此，非女子可以扶持。但當自保恬和，退身修道，稍遠囂競，必可延生。若〔一〕碌碌隨時，恐不可免於支離之患。」遂入華山，結廬精思，真靈屢降。道成，乘雲飛昇而去。但於嶺上遺朱履一雙，前〔二〕取之，已化爲石，因謂之「公主峰」。

宋曾慥撰有一部集仙傳，成於南宋紹興年間。而本條見太平廣記卷五九女仙四「南陽公主」條引墉城集仙録，羅爭鳴據廣記輯入杜光庭記傳十種輯校墉城集仙録；另見太平御覽卷六六二道部四「天仙」條引集仙録及歷世真仙體道通鑑後集卷三南陽公主傳。故本條所謂集仙傳，當指墉城集仙録。

〔一〕若：本字後國圖舊抄本多一「徒」字。

〔二〕前：本字前國圖舊抄本多一「往」字。

王卿白兔　呂公青蛇

原化記：王卿爲天師守丹竈，竊發其封，而見〔一〕一白兔躍出。衆皆曰：「丹已去矣。」

一道士化爲鶴飛去，須臾，擒兔來，復投筩中。

原化記，原本三卷，今書不傳。據李劍國唐五代志怪傳奇叙録考，太平廣記引佚文達六十餘條，應所遺不多。本條見廣記卷四五「王卿」條、類説卷七「丹灶白兔」條、紺珠集卷七「鍊白兔」條，並引原化記。

〔一〕見：原作「窺」，據國圖舊抄本校改。

青瑣：賈師雄〔一〕郎中有古鐵鑑，甚寶之，久欲淬磨。有回處士言善磨鑑，筩中取藥堆鑑上，曰：「藥少，須〔二〕歸取之。」既去，久不至，遣人詢其宿止，乃在寺中，題詩寺門上：「手内青蛇凌白日，洞中仙果〔三〕豔長春。須知物外煙霞客，不是塵中〔四〕磨鏡人。」公視鑑上，藥已飛去，一點表裏光明。又贈張洎云：「朝遊南越〔五〕暮蒼梧，袖裏青蛇膽氣麤。三入岳陽人不識，高〔六〕吟飛過洞庭湖。」

本條前半段（「又贈張洎」之前）見青瑣高議前集卷八「吕先生記」條，副標題「回處士磨鏡題詩」；亦見詩話總龜前集卷四七神仙門下引青瑣集、類説卷四六「回處士磨鏡」引青瑣高議、祝穆事文類聚續集卷二八「洞賓磨鏡」條。後半段見詩話總龜前集卷四六神仙門上引談苑。

〔一〕師雄：青瑣高議作「思容」。

〔二〕須：原作「頃」，據青瑣高議校改。

〔三〕果：青瑣高議作「鶴」。

〔四〕塵中：詩話總龜作「尋常」。

〔五〕南越：詩話總龜作「北海」。

〔六〕高：詩話總龜作「朗」。

錢真飛練　女褒浣紗

茅山記：女真錢氏二姊妹，依止茅山陶隱居〔一〕，誦黄庭經，積三十年。一日，告别，先生曰：「何之？」答曰：「上賓金闕先生以詩贈之，云：『道士送仙客，送到大茅東。太華十萬里，遠望杳冥鴻。』〔二〕真人答詩曰：『師住好師住，勞師遠相送。仙籍有仙名，名在蓬萊洞。』」即時飛練入洞。及女弟至，則洞已扃矣。即今燕洞是也，有紫菖蒲碧桃焉。故田霖有詩云：「燕洞〔二〕龍泓氣象清，錢真此處有遺靈。仙兄去後師猶在，女弟回時洞〔三〕已扃。雲片尚如披白〔四〕練，泉聲長似誦黄庭。碧桃花發菖蒲紫，留與人間作畫屏。」

本條見詩話總龜前集卷四七神仙門下引古今詩話。宋周煇清波雜志卷一二「張守性」條引茅山記，提及錢妙真事，與此事略同，而無女弟。錢妙真事亦見仙苑編珠卷上「妙真入洞」條引道學傳。

〔一〕陶隱居：原作「隱陶居」，據詩話總龜校改。
〔二〕洞：詩話總龜作「口」。
〔三〕洞：詩話總龜作「户」。
〔四〕白：國圖舊抄本作「雪」。

仙傳拾遺：褒女者，漢中人也，居瀘〔一〕、沔二水之間，幼慕沖寂。既笄，因浣紗於水際〔二〕，雲雨晦冥，若有所感而孕。父母責之，憂恚而疾。臨終，謂其母曰：「死後當以牛車載送西山之上，即所願也。」言訖而終。父母置之於車中，未及駕牛而車自行，踰漢、濜〔三〕二水，横流而渡，直上平原〔四〕山嶺〔五〕。家人〔六〕追之，但見五雲如蓋，天樂震空，幢節導從，其女〔七〕昇天。視車中，空棺而已。

本條見太平廣記卷六一女仙六「褒女」條引墉城集仙録。羅爭鳴據本書輯入杜光庭記傳十種輯校仙傳拾遺。

〔一〕瀘：廣記作「漢」。
〔二〕水際：廣記作「濜水上」。
〔三〕漢濜：廣記作「沔、漢」。
〔四〕平原：廣記作「濜口平元」。

〔五〕嶺：廣記作「頂」。
〔六〕人：本字後國圖舊抄本多一「往」字。
〔七〕女：本字後國圖舊抄本多一「遂」字。

張白飲酒　樵青煎茶

括異志：張白，字虚白，自稱白雲子，好沉静，博學能文，兩舉不第，每沉湎於酒〔一〕。會親喪，乃泣曰：「禄以養親，今親不逮，干禄何爲。」遂辟穀養氣，全神爲事。因脱去儒服，爲道士。入鄽中，多行詬罵，切中人微隱之事。風雪苦寒，必破冰，深入水中安坐，氣如蒸炊，指顧之間，悉以乾燥。居常飲崔氏酒肆，嘗題其壁云：「武陵溪畔崔家酒，地上應無天上有。南來道士飲一斗，醉卧白雲深洞口。」其後解去。

本條見括異志卷六「張白」條。

〔一〕每沉湎於酒：括異志無。

脞説：張志和有奴曰漁童，婢曰樵青。或問其故，曰：「奴使捧釣取綸，蘆中鼓枻；婢使樵蘭薪桂，竹裏煎茶。」

脞説，全名爲搢紳脞説，據郡齋讀書志，原本二十卷，宋張君房撰，不傳，今僅有紺珠集、類説二節本；另佚文散見於詩話總龜前集、新編分門古今類事、碧雞漫志、海録碎事、記纂淵海、施注蘇詩、古今詩文類聚等書。李劍國宋代志怪傳奇叙録云佚文共得三十三條，加類説、紺珠集二節本，共得六十條，而不及本條。

王老打麥　張泊破瓜

神仙傳：王老，坊〔一〕州宜君縣人也，居於村野〔二〕，頗好道愛客。一旦有繿縷道士造門，王老與妻延禮之。居月餘，道士俄遍身惡瘡，王老爲求醫看療，益勤。道士言：「不煩以凡藥，但得美酒數斛，浸之自愈。」王老乃爲造酒。及熟，道士命貯以大甕，自加藥浸之。遂入甕，二日方出，鬚鬢俱黑，顔復少年，肌若凝脂焉。仍令王老飲之，王老時方打麥，與其妻子并打麥人共飲，皆大醉。道士亦飲，云：「可上天去否？」於是祥風忽起，綵雲如蒸，全家人物雞犬一時飛去，空中猶聞打麥之聲。今宜君縣西有昇仙村存焉。

本條見續仙傳卷上「宜君王老」條、雲笈七籤卷一一三下續仙傳「王老」條、太平廣記卷五一神仙五十一「宜君王老」條引續仙傳。本書云出神仙傳，誤。

〔一〕坊：原作「房」，據續仙傳、七籤及廣記校改。

〔二〕野：續仙傳、廣記均作「墅」，七籤同本書。

楊文公談苑：張洎家居，城外有一隱士，乃吕仙翁姓名，洎倒屣見之。索紙筆，八分書七言詩一章，留與洎，頗言將相鼎鼐之意。其末句云：「功成當在破瓜年。」俗以破瓜字爲二八。洎果得六十四〔一〕，乃其讖也。

本條見皇朝類苑卷四三「吕先生」條引楊文公談苑、詩話總龜前集卷四六神仙門上引談苑、新編分門古今類事卷五異兆門下「張洎破瓜」條引楊億談苑。李裕民據類苑輯入楊文公談苑，題「吕洞賓」。

〔一〕四：原作「八」，據類苑、古今類事校改。

巫山雲雨　姑射冰雪

集仙録：雲華夫人，王母第二十三女，名瑶姬。嘗遊東海，還，過江上，有巫山焉，峰巖挺拔，林壑幽麗，巨石如壇，留連久之。時大禹理水，駐於山下，大風卒至，崖谷振隕，力不可制。因與瑶姬相值，拜而求助。即敕侍女授禹策召鬼神，因命其神，助禹斬石疏波，決塞道阨，以存其流。禹嘗詣之於崇巘，顧眄之際，化而爲石，或倏然飛騰，散爲輕雲，或悠然而止，聚爲夕雨，或爲飛龍，或爲翔鶴，千態萬狀，不可親也。其後楚大夫宋玉以其事言於襄王，王不能訪其道要，以求長生，築臺於高唐之館，作陽臺之宫以祀之。宋玉作神女賦，以寓情荒淫，託辭穢蕪。高真上仙，豈可誣而降之也。

本條見墉城集仙録卷三「雲華夫人」條，亦見太平廣記卷五六女仙一「雲華夫人」條引集仙録。雲華夫人事，亦見本書卷一六「神女竹壇」引集仙録。

莊子：藐姑射之山有神人居焉，肌膚若冰雪，婥約若處子，不食五穀，吸風飲露，乘雲氣，御飛龍，而遊乎四海之外。

本條見莊子内篇逍遥遊第一。

元嘉六舉　素卿三絶

朝野僉載：唐元嘉，少聰俊，左手畫圓，右手畫方，口誦經史，目數群羊，兼成四十字詩，一時而就，足書〔一〕一絶，六事齊舉。時號「神仙童子」。

本條見朝野僉載卷五，亦見四庫本實賓録卷六「神仙童子」條。

〔一〕書：本字後朝野僉載、實賓録均多出「五言」二字。

實賓録：五代蜀道士張素卿，畫獻神仙十二軸，歐陽炯爲讚，水部員外郎黄〔一〕居宷〔二〕八分題之，號〔三〕「三絶」。

實賓録二輯本均未見此條。太平廣記卷二一四畫五「八仙圖」條載此事，云出野人閑話。

〔一〕黄：原作「皇」，據廣記校改。

〔二〕宲：廣記作「寶」。按：黄荃二子黄居宲、黄居寶，宲居長，字伯鸞；寶爲弟，字辭玉，二人均擅長花鳥畫。然以八分知名且官至水部員外郎者，爲黄居寶。故當以「居寶」爲是。

〔三〕號：本字後國圖舊抄本多一「爲」字。

欒巴斬狸　長房訶鱉

神仙傳：欒巴聞廬山廟有神，與人語於帳中。巴未到十數日，廟中神不復作聲，遂逃，不知所在。巴自行逐捕，鬼乃化爲書生，到齊。齊太守見其姿容妖麗，又有才辯，乃以女妻之，生一男。巴到齊謁太守：「聞卿有好女壻，明於五經，可得見否？」太守遂令壻出，壻拒辭不出。巴求之不已，壻告婦曰：「今日出，必死，如之何？」女怪之。巴知其不出，乃以符付太守。壻得符，涕泣而去。巴厲聲訶之，爲狸，遂斬其頭〔一〕。子亦化狸，并殺之矣。

本條見太平御覽卷九一二獸部二十四「狸」條引神仙傳、太平廣記卷一一神仙十一「欒巴」條引神仙傳。另，神仙傳卷五有「欒巴」條，其中，漢魏本同廣記本，四庫本較簡略。

〔一〕頭：國圖舊抄本作「首」。

又費長房爲市掾，遇壺公，得道，能治鬼。汝南郡中常歲鬼怪，每來時導從威儀如太守，入府打鼓，周行，及去甚悲。後長房詣府，而正值此鬼，長房厲聲呼使捉來，鬼乃下車，叩頭乞得自改。長房呵曰：「不念温良，無故導從，唐突郡守，復汝真形。」須臾成一大鱉。長房令持符送與葛陂君，流涕而去。使人追視之，至陂，鱉死矣。

本條見神仙傳「壺公」條（漢魏本卷五、四庫本卷九）、太平廣記卷一二神仙十二「壺公」條引神仙傳。

雷劍衝斗　堯查貫月

晉書：斗牛之間有紫氣。雷煥曰：「寶劍之精上徹於天。」云在豫章豐城。乃掘獄屋基，入地四丈，得石函，中有雙劍，一曰龍泉，二曰太阿。煥得劍，送一與張華，一自佩。及華誅，失劍所在。及煥卒，其子衆持劍行，經延平津，忽於腰下躍出，墮水。使人入水，見兩龍盤合，光照水而去。煥曾云：「靈異之物，終當化去。」果然。

本條見晉書卷三六張華傳。

仙傳拾遺：堯登位三十年，有巨查浮於西海，查上有光，夜明晝滅。海人望其光，乍大乍小，若星月之出入矣。查常浮繞四海，十二年一周天，周而復始，名曰「貫月查」。

本條僅見此引。羅爭鳴據本書輯入杜光庭記傳十種輯校仙傳拾遺。杜光庭乃採自拾遺記卷一唐堯。

張哥呼蝶　初平叱羊

散仙傳：慶曆間有張九哥者，在京師，有道術。燕王一日登樓上，命呼之，嘗賜以酒。九哥曰：「某有小伎，欲以悦王，可乎？」王曰：「何伎也？」九哥曰：「借王帛一疋，并金剪一柄。」王悉與之。取羅碎剪爲蜂蝶狀，隨剪皆飛去，莫知其數，或集王衣，或聚美人釵鐶上，王驚顧大喜。九哥曰：「恐失王之帛。」乃呼之，一一皆來，復爲羅一端，羅中間一缺，似一蝶之痕，乃一蝶爲宫人所捕也。王曰：「此一蝶可復歸乎？」曰：「不可也。若隨呼而來，即可。既久，即已。亦〔一〕留此爲異也。」乃别去。

散仙傳，不詳待考。而本條見歷世真仙體道通鑑卷四九張九哥傳，事亦見新編分門古今類事卷五異兆門下「燕王遇張」條引翰苑名談。

〔一〕亦：本字後國圖舊抄本多一「當」字。

神仙傳：黄初平，家使牧羊，有〔二〕道士將入金華山，不歸。兄初起求之，不得。後於市中見〔三〕一道士，問之，道士曰：「金華山下有〔三〕一牧羊小兒，非是耶？」初起隨道士往，見其弟，問：「羊何在〔四〕？」初平曰：「羊在山東。」起往視之，但見〔五〕白石〔六〕，初平叱之，白石皆化爲羊。

本條見神仙傳「黄初平」條（漢魏本卷二、四庫本卷二）、太平廣記卷七神仙七「皇初平」條引神仙傳。「黄初平」，四庫本神仙傳及廣記作「皇初平」。

〔一〕有：本字後國圖舊抄本多一「一」字。
〔二〕見：國圖舊抄本作「忽遇」。
〔三〕有：原闕，據國圖舊抄本校補。
〔四〕在：本字後國圖舊抄本多一「乎」字。
〔五〕見：本字後國圖舊抄本多一「有」字。
〔六〕石：本字後國圖舊抄本多一「焉」字。

順興辟戎　進賢罵羌

丹臺新録：李順興，年〔一〕十一，與道士籍。一日有飛仙千數，集空中，神光照室，命侍經仙郎開九色流霞之藴，出經二卷，以授之。魏文帝嘗召入都城，朝野欽信，稱〔二〕爲李鍊師。年三十八，大統六年，託疾告終。葬日，有侄遇於驪山道中，謂曰：「若天子尚未忘我，則可於此作吾像，北向居之，當爲國家辟北戎之淫俗也。」侄還家，方知已化，遂以實奏〔三〕。遣〔四〕使發視，則空棺而已。乃立祠於沙苑，號「李聖」。

本條見歷世真仙體道通鑑卷三〇李順興傳。另，李順興事又見本書卷三「順興宿德」條引丹臺新録。

〔一〕年：本字後國圖舊抄本多一「方」字。

〔二〕稱：本字前國圖舊抄本多一「時」字。

〔三〕奏：本字後國圖舊抄本多出「於文帝」三字。

〔四〕遣：本字前國圖舊抄本多出「帝即」二字。

真誥：王衍爲晉武帝尚書令，其女字進賢，爲愍懷太子妃。洛陽陷，劉曜、石勒掠進賢，渡孟津，於河中欲妻之。進賢罵曰：「我皇太子婦，司徒公之女，而胡羌小子敢干我乎？」言畢，即投河中。其侍婢名六出，復言曰：「大既有之，小亦宜然。」復投河中。時遇嵩高女真韓西華出遊，而愍之，撫接二人，遂獲内救，外示死形，體實密濟，便將入嵩高山，令〔一〕在華陽宫洞中易遷之宫。六出時年二十二三，體貌亦整，善有心節，本姓田，漁陽人，魏故浚儀令田諷之孫。諷曾有陰德之行，以及六出耳。

本條見真誥卷一三稽神樞第三。

〔一〕令：真誥作「令」。

孟欽風旋　丘林雲翔

晉逸史：孟欽得左慈、劉根之法，百姓歸向之。時符堅惡其惑衆，欲誅之。俄而欽至，堅留之飲。酒酣，令左右執之，欽化爲旋風而去。有告在城東，忽前溪水，不能渡。

本條見晉書卷九五孟欽傳。

真誥：范丘林在華陽宫爲保命丞，善長嘯，如百鳥之雜鳴，或如風激衆林，或如伐鼓之音，須臾雲翔其上，衝氣動林。

本條見真誥卷一三稽神樞第三。

休復妓侮　徐姑僧儓

仙傳拾遺：陳休復〔一〕者，號陳七子，嘗於巴南太守筵中爲酒妓所侮。休復笑視其面，須臾妓者髯長數尺。泣訴於守，守爲祈謝。休復呪一杯酒，使飲之，良久如舊。

本條見太平廣記卷五二神仙五十二「陳復休」條引仙傳拾遺。「陳休復」或爲「陳復休」之誤。

羅爭鳴據廣記輯入杜光庭記傳十種輯校仙傳拾遺，而改作「陳休復」。考廣記原録有二人，一作陳復休，一作陳休復。卷五二「陳復休」條，内容同於三洞群仙録所載；卷八〇「陳休復」條、卷一五八「楊蔚」條，均記「陳休復」事，内容均不同於三洞群仙録所載，而均出自北夢瑣言（引文可見於北夢瑣言卷八「李當尚書亡女魂」條、卷四「楊蔚使君三典洋源」條）。則陳休復與陳復休本爲二人，本書所引之「陳休復」，當作「陳復休」。

陳復休事又見本書卷四「胡倣斵金」條（作「陳休復」），誤引作神仙傳。

〔一〕陳休復：廣記作「陳復休」，下同。當以「陳復休」爲是。

廣記：徐仙姑者，北齊僕射徐之才之女也。年數百歲，狀貌常如二十四五歲，善禁呪之術。名山勝景，無不周遊，多宿巖麓之中。寓止僧院，忽爲豪僧數輩微辭巧言侮之。姑罵之，群僧激怒，色愈悖。姑笑曰：「我女子也，而能棄家雲水，不避蛟龍虎狼，豈懼汝鼠輩乎？」姑即解衣而卧，遽徹其燭。僧喜，以爲得志。洎明，姑理策出山，諸僧一夕皆僵立尸坐，口不能言。姑去〔一〕數里，僧乃如故。

本條見太平廣記卷七〇女仙十五「徐仙姑」條引墉城集仙録、雲笈七籤卷一一五墉城集仙録「徐仙姑」條。羅爭鳴據七籤輯入杜光庭記傳十種輯校墉城集仙録。徐仙姑事亦見歷世真仙體道通鑑後集卷四徐仙姑傳。

〔一〕去：國圖舊抄本作「行」。

淮南八公　田谷十老

神仙傳：淮南王劉安折節下士。有八公者詣其門，門吏曰：「王上欲延壽命，以期長生不老之道，今公皆老矣。」公曰：「若王必欲見少年，謂之有道，謹以少矣。」言訖，皆化爲童子，色如桃花。

本條見神仙傳「劉安」條（漢魏本卷四、四庫本卷六）及太平廣記卷八神仙八「劉安」條引神仙傳。漢魏本神仙傳同廣記，四庫本文字有異。

高道傳：法師嚴達，字道通，幼有方外志，與王延、蘇道標、程法明、周化生、王真徵、史道樂、于長文、張法成、伏道崇等十人，以道術相忘，同於出處，世號「十老〔一〕」。

本條見歷世真仙體道通鑑卷三〇嚴達傳。仙鑑載北周武帝於「田谷之左」爲嚴達修觀事。本書節抄過甚，不能反映標題田谷之意。嚴達事，又見本書卷一一「嚴議優劣」條引高道傳。

〔一〕十老：仙鑑作「田谷十老」。

趙昇取桃　田師降棗

神仙傳：漢天師將諸弟子，登雲臺絶巖之上，下有桃一株，如人臂，傍生石壁，下臨不測之淵，桃大有實。天師謂諸弟子曰：「有人能得此桃實，當告以道要。」於時伏而窺者二百餘人，股戰流汗，無敢久臨。視者莫不卻退而還，謝不能得。昇乃從上投擲木上，足不蹉跌，取桃實滿懷，天師乃分賜諸弟子。後授以至道，白日上昇。

本條見漢魏本神仙傳卷四「張道陵」條、太平廣記卷八神仙八「張道陵」條引神仙傳、雲笈七籤卷一〇九神仙傳「張道陵」條。漢魏本神仙傳與廣記同；四庫本卷五亦有張道陵傳，然無本條内容，且與漢魏本、廣記、七籤頗不同。

高道傳：田法師者，名仕文，古鄂人也。授三洞經法，服餌鍊氣，齋戒修奉，未嘗少輟。每與人祈福及救疾，無不通感，即獲平愈。陳綱嘗請作醮，忽神〔一〕降棗數顆在壇，食之，則非人間所有者。

本條見歷世真仙體道通鑑卷二九田仕文傳。

〔一〕神：仙鑑作「袖」。

夢昌戴花　子韋被草

郡閣雅談：伊夢昌，不知何許人，因夢兩日，遂立其名。唐末不仕，披羽褐，遊山水，散逸愛戴花〔一〕。又青瑣後集：夢昌嘗題攸縣司空觀仙壇云：「唯有青松〔二〕空弄日，更無雲鶴暗迷人。」題黄蜀葵云：「露凝金盞滴殘酒，檀點佳人噴異香。」夢昌後尸解〔三〕，人發其棺，無尸。

郡閣雅談，宋潘若沖撰，佚，佚文見詩話總龜、詩藪、錦繡萬花谷、竹莊詩話等書。本條見詩話總龜卷四七神仙門下引青瑣後集，而作「伊夢」，無「昌」字。

〔一〕散逸愛戴花：詩話總龜無。

〔二〕青松：詩話總龜作「松杉」。

〔三〕夢昌後尸解：詩話總龜無。

太平廣記：宋景公之世有善星文者，許以上大夫之位，處層樓延閣之上，以望氣象，設以珍食，施以寶衣〔一〕。忽有野人，被草負笈，叩門而進，請見景公。公延之崇堂，語則及未來之兆及已往之事，萬不失一。夜則觀星氣，晝則執筭披圖，不服寶衣，不甘奇食。景公謝曰：「今國喪亂，微君何以輔之？」曰：「德之不均，亂將及矣。修德以來人，則天降之祥，人美其化。」景公稱善，遂賜姓曰「子」，名之「韋」，即子韋也。

本條見太平廣記卷七六方士一「子韋」條引王子年拾遺記，亦見拾遺記卷三周靈王。

〔一〕衣：國圖舊抄本作「物」。

萬傳八音　韋贈三寶

仙傳拾遺：萬寶常者，不知何許人也。幼達音律，因於郊中遇十許人，車服鮮麗，麾幢森列，召之曰：「上帝以子天授音律之性，將傳八音於季世，救〔一〕將壞之樂。然正始之音，子〔二〕未備知也。」命坐，乃教以歷代之樂，治亂之音，靡不周述。寶常畢記之，由是群仙〔三〕凌空而去。寶常自此〔四〕人間之樂無不精究。

本條見太平廣記卷一四神仙十四「萬寶常」條引仙傳拾遺。羅爭鳴據廣記輯入杜光庭記傳十種輯校仙傳拾遺。

〔一〕救：原作「故」，據廣記校改。

〔二〕子：本字後國圖舊抄本多一「尚」字。

〔三〕仙：本字後國圖舊抄本多一「俱」字。

〔四〕此：本字後國圖舊抄本多一「於」字。

神仙感應傳：韋弇字景昭〔一〕，因下第，遊蜀，至鄭氏園亭〔二〕，見仙子數十，左右侍衛，華〔三〕裙麗服，非世所覩，謂曰：「予有新曲，名曰紫雲。今天子奉尚神仙之道，吾欲以此樂授與吾子，而貢於聖唐之君，以此相託，可乎？」弇曰：「某儒生耳，素非知音，固不可爲也。」美人曰：「既〔四〕不能，余當寓夢以授於天子也。然子已至此，亦〔五〕道分〔六〕使然，願以三寶爲贈。其〔七〕售之，可以畢世而富。」命侍者出〔八〕一杯，謂之碧瑶杯，又出一枕，似玉而栗〔九〕其紋〔一〇〕；又出一紫玉函，皆光彩瑩徹，俱授於弇。拜而謝之，即别去。回顧，失向亭臺矣。

本條見太平廣記卷三三神仙三十三「韋弇」條引神仙感遇傳。本書云神仙感應傳，當誤。羅爭鳴據廣記輯入杜光庭記傳十種輯校神仙感遇傳。

〔一〕昭：廣記作「照」。

〔二〕亭：本字後國圖舊抄本多一「内」字。

〔三〕華：本字前國圖舊抄本多一「俱」字。

〔四〕既：本字前國圖舊抄本多一「子」字。

〔五〕亦：本字後國圖舊抄本多一「爲」字。

〔六〕分：本字後國圖舊抄本多一「所」字。

〔七〕其：本字前國圖舊抄本多一「子」字。

〔八〕出：本字前國圖舊抄本多一「取」字。下同。

〔九〕栗：原作「粟」，據廣記及文意校改。

〔一〇〕紋：本字後廣記多出「微紅」二字。

叔隱仙伯　周顗鬼官

丹臺新録：秦叔隱，今在華山，爲仙伯。

本條僅見此引。秦叔隱，真誥卷一提到，云：「華山仙伯秦叔隱，馮翊人。」

真誥：周顗爲鬼官司〔一〕帥。注云：周顗字伯仁，汝南安城人，仕晉，過江，位至尚書僕射。元帝永昌元年，王敦南下，遣收，於石頭南門被害，年五十四歲。追贈光禄開府，謚康侯。

本條見真誥卷一五闡幽微第一。

〔一〕司：本字後真誥多一「命」字。

賈躭偷書　神通竊丹

逸史：賈躭一日令健卒入枯井中取文書，果得數軸，皆道書也。遂遣十餘人寫，纔畢，有〔一〕道士突入，呼賈公姓名，叱駡曰：「爭敢偷書！」躭遜謝，道士復持去。

本條見太平廣記卷四五神仙四十五「賈躭」條引逸史。

〔一〕有：本字後國圖舊抄本多一「一」字。

高道傳：輔神通，幼孤貧，爲人牧牛以自給。每於牧所見一道士往來，久而稔熟，謂神通曰：「能爲弟子乎？」曰：「可。」乃引入水：「汝宜隨之，無憚。」既入，見所居嚴潔，有藥囊丹竈。使神通看火，兼教黃白術。經三年，神通輒思人間。會道士出，乃竊丹，別貯之。既歸，問丹所在，則隱而不言。道士嘆息曰：「吾本欲〔一〕與汝道要，今若是，曷足授教。雖備解諸法，然無益長生。」遂引去。

本條所載輔神通事亦見太平廣記卷七二道術二「輔神通」條引廣異記，當爲高道傳所本。

〔一〕欲：原闕，據國圖舊抄本校補。

廖沖鶴骨　平阿玉顔

實賓録：唐蔣防爲連州靜福山廖先生碑曰：「沖，先生名也；清靈〔一〕，先生字也；靜福，先生家也。先生之名，玉堂金簡之名矣；先生之家，紅霞外〔二〕景之家矣。至於鶴骨松貌，味淳含虛，寓形人間，天地無累，與夫扶桑公、陶隱居、張天師爲師友矣。」

實賓録二輯本均未見本條。蔣防此碑著録於宋陳思寶刻叢編卷一九連州「梁静福山廖先生碑」條，引復齋碑録云：「先生姓沖，字清虚，梁中大同年居此山，唐連州刺史蔣珍（按：當作「防」）立此碑。」碑文則收於宋姚鉉唐文粹卷六五。

〔一〕靈：寶刻叢編、唐文粹均作「虚」。

〔二〕外：唐文粹作「丹」。

神仙傳：劉平阿，不示名字，漢末爲九江平阿長，因以爲號。行醫救人，見人之病，如己之病。後遇神人，授以隱存之道，服日月精氣，居方臺館，其顔色如玉。

本條未見神仙傳，而見真誥卷一四稽神樞第四。

守真三劍　楊寶四環

翊聖傳：建隆初，黑殺降，謂張守真曰：「汝乃貞潔之士，可以驅邪。吾先授汝劍法，爲民除妖。然劍法有三，以銅〔一〕鐵鍛爲利刃，吾目一視，便可用之。有疾者，但揮之，邪氣自釋。地祇作孽，水族生妖，以〔二〕上劍治之；山澤怪異，以中劍治之；魍魎害人，以下劍治之。」

本條見翊聖保德傳卷上，事亦見本書卷二「翊聖九壇」條引翊聖傳。

〔一〕銅：翊聖保德傳本作「鋼」，七籤作「剛」。

〔二〕以：本字前國圖舊抄本多一「則」字。

續齊諧志：楊寶見一黄雀，爲鴟所搏。寶取置梁上，啖以黄花。毛羽成，朝去暮來。夜有黄衣童子曰：「我王母使者，昔使蓬萊，爲鴟所搏，承君見救。」以四環與寶，曰：「令君子孫潔白，位登三公，事如此環。」寶生震，四世名公。

續齊諧志，亦名續齊諧記，隋書經籍志著録一卷。今本一卷十七則，版本主要有虞初志卷一、顧氏文房小説、古今逸史、廣漢魏叢書等。紺珠集卷十節八條，類説卷六節十三條，説郛卷六五選録四條。對續齊諧志的研究與選釋見李劍國唐前志怪小説輯釋和王國良續齊諧記研究，後者包含了對該書的校釋。本條見唐前志怪小説輯釋「楊寶」條及續齊諧記研究校釋「華陰黄雀」條，亦見類説卷六「黄鳥玉環」條引續齊諧記。

三洞群仙録卷之九

正一道士陳葆光撰集

赤脚仙人　黄髪老叟

括異志：樂學士史，景德末爲西京留臺御史。嘗夢一人，具冠服，稱帝命來召。俄見宮闕壯麗，因問使者，云：「此帝所也。」既升陛見，帝謂曰：「而主求嗣，吾爲擇之。」少選，一人至，帝曰：「中原求嗣，汝往勿辭。」頓首求免者再三，帝曰：「往哉！」遂唯唯〔一〕而去。傍拱立者曰：「此南嶽赤脚李仙人也，嘗酣於酒。」明年，果生仁宗皇帝。

本條見括異志卷一「樂學士」條。

〔一〕唯：原闕，據國圖舊抄本校補。

拾遺記：李聃，衰周之末居反景日室之山，與世人絶跡。惟有黄髪老叟五人，或乘鴻鶴，或衣羽毛，耳出於頂，瞳子皆方，面色玉潔，手握青筠之杖，與聃共談天地之數。及聃退迹柱下史，求天下服道之術，四海名士莫不爭至。五老即五方之精也。

本條見拾遺記卷三周靈王。

景唐玉案　明星石臼

稽神録：崔景唐，汝陰人。有道士自言姓梅，來訪崔，崔客之數月。景唐市得玉案，將之壽春，以獻節度使高審思，謂〔一〕梅曰：「先生但居此，吾將詣壽春，旬日而還，使兒姪輩奉事，無所憂也。」梅曰：「予乃壽春人也，將北訪一親知，已〔二〕將還矣。君其先往也。久居于此，思有以奉報，君家有水銀乎？」曰〔三〕：「有。」即以十兩奉之。梅乃置〔四〕鼎中，以火煉之，少頃即成銀矣。謂景唐曰：「贈此爲路糧，君至壽春，可於城〔五〕東訪吾家也。」由是別去。崔後至城東，求訪梅氏，數日不得。村人皆曰：「此中無姓梅爲道士者，唯淮南王〔六〕廟中有梅真人像，得非此耶？」如其言訪之，果梅真君矣。自後不復遇。

稽神録，南唐徐鉉撰。本條見稽神録卷五「梅真君」條，亦見太平廣記卷四五神仙四十五「梅真君」條引稽神録。

〔一〕謂：原作「爲」，據輯要本、稽神録校改。

〔二〕已：廣記作「比」。

〔三〕曰：本字前國圖舊抄本多一「對」字。
〔四〕置：本字後國圖舊抄本多一「於」字。
〔五〕城：本字後國圖舊抄本多一「之」字。
〔六〕王：稽神録與廣記均作「嶽」。

集仙録：明星玉女者，居華山，服玉漿，白日昇天。山頂石龜，其廣數畝，高三仞，有五石臼，號曰「玉女洗頭盆」。其中水色碧緑〔一〕澄澈，雨不加溢，旱不減耗。祠内有玉石馬一匹焉。

本條見太平廣記卷五九女仙四「明星玉女」條引集仙録，亦見歷世真仙體道通鑑後集卷五明皇玉女傳。羅爭鳴據廣記輯入杜光庭記傳十種輯校墉城集仙録。

〔一〕緑：原作「渌」，據廣記校改。

何姑故人　李昇舊友

摭遺：洪州袁夏秀才，侍親過永州，因見何仙姑，曰：「吾鄉有故人亭，永亦有之，此是則彼非，此非則從是。幸仙決之也。」仙曰：「此亭名因選詩而得之也。選詩曰：『洞庭值歸客，瀟湘逢故人。』夫洞庭之水與瀟湘之流一源耳，今永之境湘水出其左，瀟水出〔一〕其右，以一水所出，故爲『永』字。今永創此亭，得其實也。彼則非也。」因贈詩曰：「全永從來稱舊郡，瀟湘源上構軒新。門前自古有流水，亭上如今無故人。風細日斜南楚晚，鳥啼花落浙東〔二〕春。因君〔三〕問我昔時事，江左亭名不是真。」

本條見詩話總龜前集卷五評論門一引摭遺。

〔一〕出：原作「會」，據國圖舊抄本校改。

〔二〕浙東：總龜作「東湘」。

〔三〕君：總龜作「公」。

集仙傳：李昇字雲舉，有煉氣養形之術。元稹廉察浙東，白居易出牧錢塘，以昇舊友，皆慕昇之文學道術，邀致於賓席。問昇云：「當太平，何不就榮禄，而爲布衣？」先生徐吟曰：「生在儒家偶〔一〕太平，玄纁重滯布衣輕。安〔二〕能世路趨名利，臣事玉皇歸上清。」

本條見歷世真仙體道通鑑卷四六李昇傳，亦見續仙傳卷中「李昇」條。全唐詩卷八五二收有李昇此詩。集仙傳，南宋紹興二十一年曾慥撰。本書卷八「南陽公主」條引集仙傳，乃爲墉城集仙録。而此處所云集仙傳，當爲續仙傳之誤。

〔一〕偶：續仙傳、仙鑑均作「遇」。

〔二〕安：續仙傳、仙鑑均作「誰」。

成子蛇噬　陳純鶴嘔

真誥：昔聞成子，少好長生，學道四十餘年。後入荆山中，積七十餘歲，爲荆山山神所試。成子謂是真人，拜〔一〕而求道，而爲大蛇所噬，殆至於死。賴悟之速，而存太上，想七星以卻之，因而得免。

本條見真誥卷五甄命授第一。

〔一〕拜：本字前國圖舊抄本多一「遂」字。

青瑣：陳純至桃源，愛其溪山秀絶，裹糧沿溪尋勝，凡九日，至萬仞絶壁下。夜聞壁間人語。純糧盡困卧，忽聞美香，有巨花十餘片流出，因取食之。復見青衣採蘋岸下，乃詰之，曰：「此即三源〔二〕夫人之地〔三〕。中秋夕，三仙將會於此。」俄三夫人邀入，見碧窗朱户，非世所有，宴會樂作，與純酬唱極洽。仍戒曰：「君慎無往南軒。」純潛往軒中，見案間有一玉笛，試取吹之，忽見故鄉人物，山川儼然，妻兒聚會笑語，久之不見。純不覺嘔一卵墮地，化鶴飛去。仙責曰：「不聽吾戒，莫非命也。後三十年，復當來此。」乃以舟送純歸。

本條見類説卷四六「桃源三夫人」條引續青瑣高議，亦見詩話總龜前集卷四七神仙門中引青瑣後集、歲時廣記卷三二「入桃源」條引青瑣高議。

〔一〕三源：類説、歲時廣記均作作「桃源三」。

〔二〕地：本字後類説、歲時廣記均多出「上府玉源，中府靈源，下府桃源」三句。詩話總龜引文中提到陳純「中秋夜遇玉源、靈源、桃源三夫人」。

四明賓友　九宫仙嬪

真誥：魏武帝爲北君太傅，孫策、漢高祖、晉武〔一〕帝、荀彧爲四明賓友。

本條見真誥闡幽微。「魏武帝爲北君太傅」見於卷一五闡幽微第一，「孫策、漢高祖、晉武帝、荀彧爲四明賓友」分見卷一五闡幽微第一、卷一六闡幽微第二，原文爲「孫策爲東明公賓友」、「漢高祖爲南明公賓友」、「晉宣帝爲西明公賓友」、「荀彧爲北明公賓友」。

〔一〕武：真誥作「宣」。

女仙傳：帝高辛時，蜀地未立君長，無所統攝，遞相吞噬。女之父爲鄰所掠，唯所乘馬猶在。女念其父，殆廢飲食。其母慰撫之，因誓於衆曰：「有得父還者，以此女妻之。」然無能得父歸者。一日其馬絶絆而去，載其父歸，自此馬嘶鳴，不肯飲嚙。父曰：「誓於人，馬配人而偶非類，可乎？」父怒射殺之，曝其皮於庭。女過，其皮忽起，卷女飛去。旬日，皮復棲於桑，女化爲蠶，食桑吐絲成繭，衣被人間。父母念之不已。忽見蠶女乘雲駕此馬自天而下，謂父母曰：「太上以我孝，授以九宮仙嬪，無復憂念也。」沖雲而去。蜀之風俗，宮觀皆塑女子，披以馬皮，謂之馬頭娘子，以祈〔一〕桑焉。

本條見太平廣記卷四七九昆蟲七「蠶女」條引原化傳拾遺。

〔一〕祈：本字後國圖舊抄本多一「蠶」字。

欝夷金霧　蒼梧珠塵

拾遺記：蓬萊東有欝夷國，時有金霧。常浮轉低昂，有如山架樓室，常向明以開户牖，及霧滅歇，户皆向北。又岱輿山南平沙千里，色如金，若粉屑，靡靡常流，鳥獸行則没足。風吹沙起如霧，亦名金霧。

本條前半見拾遺記卷一〇蓬萊山，後半見同卷岱輿山。

又舜時有鳥如雀，自丹洲而來，吐五色之氣，氤氳如雲，名曰「憑霄雀」。能群飛，銜青沙珠，輕細，風吹塵起，名曰「珠塵」。今蒼梧之外，山人採藥，時得青石，圓潔〔二〕如珠，服之不死，帶之身輕。故仙人方回〔三〕遊南嶽，七言讚曰：「珠塵圓靜〔三〕輕且明，有道服之得長生。」

本條見拾遺記卷一虞舜。

〔一〕潔：原作「結」，據拾遺記校改。

〔二〕回：原作「因」，據拾遺記校改。

〔三〕靜：拾遺記作「潔」。

馬明救病　峭巖拯貧

列仙傳：馬明生者，少爲縣吏，爲賊所殺，垂死，遇神人，以藥救之，即活。方知長生之術有驗，遂隨之負藥笈。至廬山，以受道要。馬明自後周遊天下，勞苦辛勤，願合藥以救人病，不願昇天，每居人間。人多不知其神仙也。

本條見神仙傳（漢魏本卷二、四庫本卷五），亦見太平廣記卷七神仙七「馬明生」條引神仙傳。本書謂出列仙傳，誤。本條文字多類廣記及漢魏本神仙傳。

高道傳：譚峭巖者，茅山道士，寶曆中遊天台江浙間，貌如二十許人，人亦不知其有道。務以陰功救物，常遺金於塗，以拯貧乏。或報之，殊不認。問其故，則曰：「陰真君化土爲金，以賑不足，吾恨未能。且無用之物以遺人，亦何怪。」久而知其有神丹化金。

本條見歷世真仙體道通鑑卷三八譚峭巖傳。

于章剪祟　元澤笞神

高道傳：法師于章，字長文，開皇間受黄〔一〕化丈人、太極真公六十甲子及五帝五嶽符印凡百三十六首，并論天地原〔二〕流、符之本末、置壇法式，乃録受符日月及真仙誥訣次第記之。由是知師通冥〔三〕之心，與日俱進，故除妖剪祟，其神變不可量，而流俗霑惠日益多矣。

本條見歷世真仙體道通鑑卷三〇于章傳。

〔一〕黄：仙鑑作「皇」。

〔二〕原：國圖舊抄本作「源」。

〔三〕冥：仙鑑作「真」。

又左元澤，温州青障觀有土地，里人常以血食祀之，苟祀之不至，則爲祟。元澤以杖笞神背三下，翌日有〔一〕大狸死於庭，背有杖痕者三。里人復夢神告〔二〕曰：「託附吾者，爲仙官杖死，慎勿以血食祭我也。」

本條見歷世真仙體道通鑑卷四〇左元澤傳。左元澤事，另見本卷「左蛟蹙縮」條引高道傳。

〔一〕有：本字後國圖舊抄本多一「一」字。

〔三〕告：本字後國圖舊抄本多一「之」字。

禹鈞五枝　季卿一葉

竇諫議録：竇禹鈞嘗夢祖考告以無子及壽數不永，後十年，復夢其祖考告之曰：「汝三十年前實無子分，又壽促，我私告汝。今汝自數年以來，名掛天曹陰府，以汝有陰德，延筭三紀，賜五子，皆榮顯，仍以福壽而終，死後當留洞天，充真人位。」故馮道贈禹鈞詩曰：「燕山竇十郎，教子以義方。靈椿一株老，仙桂五枝芳。」蓋謂此也。

竇諫議録，見范仲淹范文正公别集卷四。

仙傳拾遺：陳季卿因遊長安青龍僧舍，會一老翁，與季卿擁鑪以坐。見壁上有寰海華夷圖，季卿嘆曰：「十年辭家，辛苦萬里，何由泳淮泛洛，至于家山耶？」翁笑曰：「此不難致。」命侍童折堦前一竹葉，置於圖中渭水之上：「注目於此舟，可如向來之願矣。」季卿瞪目，覺渭水波動，竹葉已成巨舟。恍然舟泛，遂及於家，見兄弟妻子，忻喜迎拜。復辭家登舟，至渭濱。欻然如夢，坐在畫圖之前，仙翁擁鑪如舊。季卿謝之，因問翁姓名，翁曰：「吾不欲姓名示於人間，但居終南山〔一〕已七百年矣。子有道骨，故相值爾。」

本條僅見此引。羅爭鳴據本書輯入杜光庭記傳十種輯校仙傳拾遺。另，本條亦見歷世真仙體道通鑑卷四四終南山翁傳，亦當本於仙傳拾遺。

〔二〕山：本字後國圖舊抄本多出「至今」二字。

馮俊負囊　王遥擔篋

原化記：廣陵馮俊以傭賃資生，常遇一道士於市買藥，置一囊，可重百餘斤，售俊負之。至六合，乃登小舟，頃之，忽抵廬山星子灣也，見平湖渺然，山嶺疊秀。道士上岸，行約五六里，至一山下，有大石，方數丈。道士以石扣之，石遂開，有二小童出於石間，洞中有數道士，弈棋戲笑。道士曰：「擔人甚肌。」乃與胡麻飯食之。謂俊曰：「勞汝遠來，授與錢一千文。」俊辭歸。乃指一石，若虎形狀，令俊乘之。道士鞭石，其去如飛，不覺已在廣陵門外。比至家，昏暝，方始舉燭。解腰下，皆金錢也。

本條見太平廣記卷二三神仙二十三「馮俊」條引原化記。

神仙傳：王遥遇雨，使弟子以九節杖擔篋，不沾濕。

本條見神仙傳「王遥」條（漢魏本卷三、四庫本卷八），及太平廣記卷一〇神仙十「王遥」條引神仙傳。

盧生叱賊　劉馮止劫

酉陽雜俎：盧生者，因到復州，與數人閑行。途遇六七人，盛服俱帶，酒氣逆鼻。盧生忽叱之曰：「汝等所爲不悛，性命無幾。」其人悉羅拜塵中，俯伏聽命。其侶訝之，盧曰：「此輩〔一〕劫江賊也。」其異如此。

本條見酉陽雜俎前集卷二壺史。

〔一〕輩：本字後國圖舊抄本多一「俱」字。

神仙傳：劉馮〔一〕者，沛人也，有軍功，學道。時長安諸賈客隨馮行，雜貨萬金。忽〔二〕山中逢劫賊數百人，仗白刃，張弓四面。馮語賊曰：「汝輩居官食禄，我夫佃婦織，云何斷道，危人利己？」於是賊愈怒，馮大聲曰：「天兵先打。」賊一時〔三〕反手自縛，口中血出欲死。餘者尚能語，乃乞活，改惡爲善。馮曰：「本欲盡殺汝。」馮敕天兵放賊，皆立起也。

本條見太平廣記卷一一神仙十一「劉馮」條引神仙傳，及漢魏本神仙傳卷五「劉馮」條（四庫本無）。

〔一〕馮：廣記、漢魏本神仙傳均作「馮」。

〔二〕忽：本字後國圖舊抄本多一「於」字。

〔三〕時：本字後國圖舊抄本多一「俱」字。

野夫一拐　子芝二樣

冷齋夜話：劉野夫跛足，拄一楞，每歲必至洛中看花，爲人談噱有味。嘗作長短句曰：「跛子年來，形容何似，儼然一部髭鬚。世間〔一〕許大，拐上有工夫。選甚〔二〕南州北縣，逢著處，酒滿葫蘆。醺醺醉，不知來日，何處度朝晡。洛陽花看了，歸來帝里，一事全無。與〔三〕瓠羹餺飥〔四〕，再〔五〕作門徒。驀地思量，下水輕船上，蘆蓆横鋪。呵呵笑，睢陽門外，有箇好西湖。」

本條前半見冷齋夜話卷八「劉跛子説二范詩」條，後半見同卷「劉野夫長短句」條；亦見詩話總龜前集卷四七神仙門下引冷齋夜話。

〔一〕間：夜話作「上」。

〔二〕甚：夜話無本字。

〔三〕與：本字前夜話多出「又還」二字。

〔四〕餺飥：夜話作「不托」。宋歐陽修歸田録卷二：「湯餅，唐人謂之『不託』，今俗謂之『餺飥』矣。」宋程大昌演繁露「不托」條：「湯餅，一名餺飥，亦名不托。……不托，言不以掌托也。」

〔五〕再：本字前夜話多出「依舊」二字。

神仙感遇傳：王子芝字仙苗，常遊京洛間。蒲帥瑯琊公重盈作鎮之初年，仙苗居於紫極宮，王待之甚厚。又聞其嗜酒，日以二榼餉之。仙苗自云是河南緱氏族，狀貌常如四十許人，好養氣，然莫知其甲子也。

本條見神仙感遇傳卷三「王子芝」條、雲笈七籤卷一一二神仙感遇傳「王子芝」條、太平廣記卷四六神仙四十六「王子芝」條引神仙感遇傳、歷世真仙體道通鑑卷二二王子芝傳。

李鈞不餌　陶琴無絃

高道傳：道士李道盛，與鄭遨、羅隱之爲友。遨種田，隱之貨藥以自給，道盛有釣魚術，釣而不餌，又能化石爲金。遨嘗驗之，信而不求。俱好酒能詩，善弈棊長嘯。有大瓢，云可辟寒暑，置酒於其中，經時味不壞，日攜就花木水石間，一觴一詠。嘗因酒酣聯句，鄭曰：「一壺天上有名物，兩箇世間無事人。」羅曰：「醉卻隱之雲叟後〔一〕，不知何物〔二〕是天真。」

本條見歷世真仙體道通鑑卷四三鄭遨傳。

〔一〕後：仙鑑作「外」。

〔二〕物：仙鑑作「處」。

晉隱逸傳：陶潛字元亮，性不解音，唯蓄無弦〔一〕琴一張，每因朋酒之會，則撫而和之：「但識琴中趣，何勞弦上聲。」

本條見晉書卷九四陶潛傳。

〔一〕無弦：晉書作「素」。

炎皇鑽火　封子隨煙

仙傳拾遺：燕昭王即位，好神仙之道，仙人甘需事之。王行道既久，谷將子乘虛而集，告於王曰：「西王母將降，觀爾之所修，示爾以靈玄之要。」後一年，王母果至，與王游燧林之下，説炎皇鑽火之術，燃緑桂膏以照夜。忽有飛蛾銜火，集王之宮，得員丘沙珠，結而爲珮。登握日之臺，得神鳥所銜洞光之珠，以消煩暑。自是王母三降於燕宮。而昭王〔一〕徇於攻取，不能遵甘需澄清〔二〕之旨，王母亦不復至。

本條見太平廣記卷二神仙二「燕昭王」條引仙傳拾遺。羅爭鳴據廣記輯入杜光庭記傳十種輯校仙傳拾遺。事當採自拾遺記卷四燕昭王。

〔一〕王：本字後國圖舊抄本多一「每」字。

〔二〕清：廣記作「靜」。

列仙傳：甯封子者，黄帝時人也，世傳爲黄帝陶正。有人過之，爲其掌火，能出入〔一〕五色煙，久則以教封子，封子積火自燒，而隨煙氣上下。

本條見列仙傳卷上「甯封子」條。

〔一〕入：列仙傳無本字。

伯仁西補　庾生東遷

真誥：定録君云，近見周伯仁補爲西明公中都護。中都護，如世間太傅之官也。

本條見真誥卷一六闡幽微第二。

又庾生者，晉庾亮太尉也，大帝補爲吴越鬼神之司，王事靡盬，斯亦勞矣〔一〕。玄子云：庾生今遷爲東海侯。

本條見真誥卷一六闡幽微第二。

〔一〕「大帝」至「斯亦勞矣」：真誥無。

昌齡策杖　世雲乘船

西清詩話：潁陽石唐山一峰雄秀，上有石室，即邢和璞筭心處也。治平中，許昌齡、安世蚤得神仙術，策杖來居，天下傾焉。後遊太清宮，時歐陽文忠公守亳社。公生平不道釋，聞之，邀致州舍，與語，豁然有悟。贈之詩云：「緑髪青瞳瘦骨輕，飄然乘鶴去吹笙。郡齋坐覺〔一〕風生竹，疑是孫登長嘯聲。」公又嘗書昌齡詩〔二〕：「南莊相對北莊居，更卜〔三〕深山十里餘。幽徑每尋樵徑上，真情〔四〕還與世情疏。雲中〔五〕犬吠流星過，天外雞鳴曉日初。昨日有人相問訊，旋將落葉寫回書。」讀此想見其人矣。

西清詩話，北宋蔡絛撰。絛爲蔡京之季子。本條見西清詩話卷下。

〔一〕坐覺：西清詩話作「獨坐」。
〔二〕詩：原闕，據西清詩話校補。
〔三〕卜：西清詩話作「入」。
〔四〕情：西清詩話作「心」。
〔五〕中：原作「山」，據輯要本、西清詩話校改。

西山記：吴猛字世雲，嘗乘鐵船於廬山之頂，俄有赤龍負之而遊於海。

乘船於廬山頂一事，當爲許遜事，吴猛亦同乘，見於太平廣記卷一四「許真君」條引十二真君傳及歷世真仙體道通鑑卷二六許太史傳。

越溪道士　少室仙伯

摭遺：秦川城北山，絶頂之上有隗囂宫，宫之壯麗，莫得狀之。門限皆琢青玉爲之，瑩徹如瑠璃。蜀中道士云：「古仙人有詩，在限下土際。」求之，果爾。其詩曰：「越溪道士人不識，上天下天鶴一隻。洞門深鎖玉窗寒〔一〕，滴露研硃點周易。」

本條僅見此引。另，此事亦見宋何汶竹莊詩話卷二一方外空門「蜀道士」條引玉堂閒話、宋魏慶之詩人玉屑卷二〇「蜀道士」條（不云出處）。摭遺或採自玉堂閒話。

〔一〕寒：詩話作「閑」。

王氏神仙傳：王仙君，以天復初自上黨雲遊，經北邙、緱氏，入嵩山，放志林谷，迷其所之。歲餘，門人道士與其弟侄，自壺關大〔一〕行，南遊〔二〕嵩少，歷問所經宫觀，物色求之。乃於嵩山西北絶崖中見之。仙君端坐〔三〕巖竇之内，宴坐凝然。門人等皆炷香瞻禮，不忍捨去。君曰：「太上以我夙有微功，召爲少室仙伯。仙凡路隔，無復悲戀。」言訖，騰空而去。

本條見歷世真仙體道通鑑卷四六王仙君傳。羅爭鳴據仙鑑輯入杜光庭記傳十種輯校王氏神仙傳。

〔一〕大：仙鑑作「太」。
〔二〕遊：仙鑑作「池」。
〔三〕坐：國圖舊抄本作「居」。

畢靈引艘　仙柯拔宅

晉史：畢靈，建昌人也。性少言，與小人群居，多見侵辱，而無愠色。邑里號之癡。時順陽樊長賓爲建昌令，發百姓作官船於建城山中。船成，當下水，以二百人引一艘，不能動。方請益人，靈曰：「此已〔一〕過足，但部分未至耳。」靈請自牽之。」惟用數人，而去如流。衆大驚怪，咸稱其神。

本條見晉書卷九五幸靈傳。本書作「畢靈」，當誤。

〔一〕已：原作「以」，據國圖舊抄本校改。

北夢瑣言：唐儀鳳中，青城縣横源翠圍山下，有民王仙柯，服道士所遺靈丹，拔宅上昇。已具仙傳拾遺。

本條見詩話總龜前集卷四七神仙門下引北夢瑣言。北夢瑣言賈二冬點校本據以輯入逸文補遺。王仙柯服丹事亦見本書卷五「仙柯給炭」條引仙傳拾遺。

瞿生捶遁　羅郁罪謫

廣記：道士瞿生被師捶急，遁入一室穴中，頃時持一棊子出，曰：「適遇秦人下棋，留飲。此棋子乃秦之物也。」師視棊子，狀如小龜，光潤如玉〔一〕。

本條見太平廣記卷四五神仙四十五「瞿道士」條引逸史。

〔一〕「師視棊子」至「光潤如玉」：廣記無。

真誥：萼緑華，女仙之真也，於晉昇平間降于羊權之家，云：「我本九嶷山得道神仙羅郁是也，以罪謫暫降混濁之世，以償其過。」乃謂權曰：「無思無慮，無貪無求，無事無爲，行人所不能行，學人所不能學，恬淡苦勤内行，故我行之已九百年矣。今授汝以尸解之訣。」權亦得道，今在湘山不出。

萼緑華事見真誥卷一運象篇第一，然此條引文中，除「我本九嶷山得道神仙羅郁是也，以罪謫暫降混濁之世，以償其過」三句以外，其餘内容均非真誥原文。

千韶天書　王褒神策

續仙傳：葉千韶事西山道士，學十二真君之術。隱居深山，遇神將，帶劍，佩龍虎符。

有黃衣緑衣二人，執簿書，前拜曰：「天命授君此簿，神將吏兵，充備役使，以救世人。」千韶授天書，閲之，若人間之兵籍也，有事呼召即至。自後凡有邪祟，聞〔一〕千韶之名〔二〕自愈，得〔三〕符者終身不病。人皆以爲神。

本條見續仙傳卷中「葉千韶」條。葉千韶事，又見本書卷一二「魯聰致雷」條引續仙傳。

〔一〕聞：本字前國圖舊抄本多一「一」字。

〔二〕名：本字後國圖舊抄本多「遂能」二字。

〔三〕得：本字後國圖舊抄本多一「其」字。

王氏神仙傳：王褒入華山，一夕忽聞簫鼓之音，千乘萬騎，浮空而下。見一神人曰：「吾乃太極真人，聞子劬勞山林，未該真要，良可愍也。」後命郭靈蓋授君神策玉璽，拜爲清虛真人，理小有洞天事。

本條僅見此引。羅爭鳴據本書輯入杜光庭記傳十種輯校王氏神仙傳。王氏神仙傳中王褒傳當採自清虛真人王君内傳（見雲笈七籤卷一〇六）。另，王褒事亦見本書卷一四「清虛小有」條引王氏神仙傳、歷世真仙體道通鑑卷一四王褒傳。

自東擊風　趙昱斬蛟

傳奇：韋自東遇一道士，曰：「吾合龍虎丹，信宿將成。多有妖魔，須得勇夫烈士，仗劍攔截。藥成，當分惠。」自東從道士之高峰石洞燒丹之室，道士曰：「五更初仗劍立洞門，見精怪，擊之，無懼也。」俄有巨虺來，自東以劍擊之而去。

本條見太平廣記卷三五六夜叉一「韋自東」條、類説卷三二「韋自東」條，並引傳奇。

異人録：趙昱從道士李珏隱青城山。隋煬帝知其賢，起爲嘉州太守。時犍爲潭中有老蛟爲害，昱涖政五月，没舟船七百艘。昱大怒，率〔一〕甲士千人，夾江鼓譟，聲振天地。昱持刀没水，有頃，江水盡赤，石崖傾，吼如雷。昱左手執蛟頭，右手持〔二〕刀，奮波而出。

本條見柳宗元龍城録卷下「趙昱斬蛟」條。本書云出異人録（當指江淮異人録），誤。本條亦見類説卷一二「斬蛟」條，云出異人録。按類説卷一二録異人録二十五條，前七條出江淮異人録，後十八條全取自柳宗元龍城録，本書當沿其誤。關於此點，李劍國云：「歲時廣記卷三二、能改齋漫録卷六、苕溪漁隱叢話前集卷二四、碧雞漫志卷三、癸辛雜識前集、古今事文類聚前集卷一一所引異人録（後二書訛作異聞録），山堂肆考角集卷三〇引異人傳，皆在龍城録中，所據爲類説。」

〔一〕率：本字前國圖舊抄本多一「遂」字。

〔二〕持：國圖舊抄本作「執利」。

韋見斷筆　曹視東茆

廣記：唐西川採訪使韋行式〔一〕有姪曰子威，有部〔二〕卒丁約者，執役於部下，一日别去，不可留，曰：「五十年近京相見。」子威自後尋訪，絶亡蹤跡。子威後調官，道由驪山旅舍，聞通衢諠甚，出視之，則兵仗嚴衛，桎梏纍纍，其中一人乃約也。子威驚認之際，丁笑，密謂威曰：「尚記臨卭别否？一瞬五十年矣。」威問：「何爲而致此耶？」約曰：「吾言之久矣，何逃哉？」威問所須，云：「須筆。」威搜囊中以進。臨刑之日，子威往觀，丁亦目子威微笑。及揮刃之際，子威獨見斷筆，霜鋒倏及之次，而丁囚已躍出，謂威曰：「自此遐遁矣。勉於奉道，猶隔兩塵，當候於崑崙石室。」言訖而去。道謂之「塵」，釋謂之「劫」，俗謂之「世」也。

本條見太平廣記卷四五神仙四十五「丁約」條引廣異記。據李劍國考證，廣記此條與高彦休闕史卷上「丁約劍解」條文字全同，當出闕史。

〔一〕式：原作「武」，據廣記校改。

〔二〕部：國圖舊抄本、廣記均作「步」。

丹臺新録：左慈字元放，能變化術。曹操求之，不與。曹公欲殺之，徧令逐捕，人見慈即當殺之。數日，或有見慈者，輒便就斬，持其頭，以白曹公。公大喜，就視之，乃一束茆耳。

本條見歷世真仙體道通鑑卷一五左慈傳。左慈事亦見本書卷二〇「元放乞骸」條引丹臺新録。

左蛟蹙縮　陳虎咆哮

高道傳：左元澤居一巖室，左右有大竹十本，前有〔一〕池。於曲渚中有碧芙蓉數十朵，文禽數十隻，類鸂鶒，遊泳其間。嘉其趣，因宿室中。至夜，有物環其身。既覺，唯瞑目坐忽〔二〕達旦，方解去。視其布褐，唯聞腥涎。是夕復坐室中，布綱步以伺之，果一物自池出，長數丈，兩目光射人，若蛟螭狀，俯〔三〕巖。呵喻，徐而蹙縮入池〔四〕。因戒〔五〕曰：「後學輩無術，慎勿獨棲巖穴也。」

本條見歷世真仙體道通鑑卷四〇左元澤傳。左元澤事另見本卷「元澤笞神」條引高道傳。

〔一〕有：原闕，據仙鑑校補。

〔二〕忽：仙鑑作「忘」，屬上句。

〔三〕俯：原作「甫」，據仙鑑校改。

〔四〕池：本字後國圖舊抄本多一「中」字。

〔五〕戒：本字後國圖舊抄本多一「之」字。

又正懿先生，姓陳名寶熾，誦大洞經通感，故珍禽異獸常來侍衛。每朝老子祠及八節投龍簡，則白虎馴繞左右，導從往來。人或有惡意〔一〕，則咆哮震奮，觸觀左之槐，使彼惡者驚畏自匿，因號曰「考虎木」。

本條見歷世真仙體道通鑑卷三〇陳寶熾傳。

〔一〕意：本字後國圖舊抄本多一「者」字。

公昉遺鼠　忠恕稱猫

仙傳拾遺：唐公昉師李八百，得其神丹，遂舉家拔宅昇天，雞犬皆去，唯鼠空中自墮腸出，一月〔一〕三易其腸。今山下有拖腸鼠，束廣微所謂唐鼠也。

本條僅見此引。羅爭鳴據本書輯入杜光庭記傳十種輯校仙傳拾遺。

〔一〕月：本字後國圖舊抄本多出「内每」二字。

志林：郭恕字忠恕〔一〕，周廣順中爲周易博士，貶乾州司户，秩滿，遂不復仕。多遊岐雍京〔二〕洛間，縱酒，逢人無貴賤，常口稱猫。遇山水佳處，輒絶糧不食。盛夏曝日中，體不沾汗。窮冬大寒，鑿河冰而浴，傍冰皆釋。後卒，葬於道傍。及〔三〕改葬，視之〔四〕，空空如蟬蜕焉。

郭忠恕事又見本書卷一四「忠恕字嘲」條引玉壺清話。志林，不詳何書，今存東坡志林未見本條。本條見皇朝類苑卷四三「郭忠恕」條，未題出處。

〔一〕郭恕字忠恕：類苑作「郭忠恕字恕先」。

〔二〕京：類苑作「宋」。

〔三〕及：本字後國圖舊抄本多一「後」字。

〔四〕之：本字後國圖舊抄本多一「乃」字。

趙熙救惠　董奉活燮

真誥：趙熙，漢時爲幽州刺史，能〔一〕濟貧人於河中，救王惠等於誅族數十事，其身得詣朱陵，而子孫並在洞天中。

本條見真誥卷一三稽神樞第三，然事屬趙素臺，爲趙熙之女。

〔一〕能：真誥作「有」。

神仙傳：董奉字君異，時杜燮爲交州刺史，得毒病，死三日。奉時在南方，往，以三圓藥納口中。食頃，燮開目，動手足，顔色還故，半日能起坐，遂活〔一〕。人問其故，曰：「初見赤衣吏，追云：『董真君有命。』遂得回耳。」

本條見神仙傳「董奉」條（漢魏本卷六、四庫本卷一〇）、太平廣記卷一二神仙十二「董奉」條引神仙傳。本條近四庫本神仙傳。

〔一〕活：本字後國圖舊抄本多一「焉」字。

郱公觀像　曹王出獵

廣記：杜郱公悰，幼時嘗至昭應縣，與群兒戲於野外。有一道士獨呼悰，以手摩挲曰：「郎君勤讀書，勿與諸兒戲。」指其觀曰：「吾居此，頗能相訪否？」既去，悰即詣之，見荒村古觀，巋然一殿存焉，内有老君像。初道士半面紫黑色，至是詳觀，頗類向者所見之道士也，乃半面爲漏雨所淋也。

本條見太平廣記卷四〇神仙四十「杜悰」條引玉泉子。玉泉子，唐闕名撰。

原化記：唐曹王貶衡州時，有張山人，伎術之士也。王嘗出獵，得鹿十頭，圍已合，失之，不知其處。召山人問之，山人曰：「此是術者所隱耳。」遂索水，以術禁之。俄於水中見一道士，長纔及寸，負囊杖而行。王問山人曰：「可追否？」曰：「可。」王令追之，道士笑而來。王問：「鹿何在？」道士曰：「向見鹿即死，故哀而隱之，今在山側。」王遣人視之，皆隱於小坡而不動。王笑而遣之。

本條見太平廣記卷七二道術二「張山人」條引原化記。

童子回舟　老翁負笈

稽神録：婺源公山二洞，有穴如井，咸通末有鄭道士以繩縋下，百餘丈，傍有光，往視之，路窮阻水，隔岸有花木，二道士對棊，使一童子刺舟而至，問：「欲渡否？」答曰：「當還。」童子回舟而去，鄭復縋而出。明日井中有石筍塞其口，自是無人者。

本條見類説卷一二「洞中道士對棋」條引稽神録。白化文據類説輯入稽神録補遺。

幽怪録：侯遹劍門外見四黄石，大如斗。收之，皆化爲金。遹貨財百萬，市美妾百餘人，大第良田甚多。忽一老翁負笈曰：「吾來求君償債。將我金去，不記憶乎？」盡取遹伎妾，投於笈，亦不覺窄。須臾已失所在。後數年，見老翁攜伎行，問之，皆笑不言。逼之，又失所在。

本條見玄怪録卷三「侯遹」條，亦見太平廣記卷四〇〇寶一「侯遹」條引玄怪録。

子陽桃皮　田鸞柏葉

真誥：黄子陽，魏人也，少知長生之妙。入博落山中學道，九十餘年，但食桃皮，飲石中黄水。後遇司馬季主，遂得度世。

本條見真誥卷五甄命授第一，又見類説卷三三「食桃皮飲石中黄水」條引真誥、仙苑編珠卷中「子陽桃皮」條引真誥，亦見太平御覽卷六六二道部四「天仙」條引神仙傳。

廣記：田鸞入華山，遇異人，指柏木示之曰：「此長生藥也，何求於遠。」鸞歸，服柏葉數年，自覺身輕。一夕夢神仙持節，相引入洞，衆仙皆曰：「服柏仙人來，勒名上清，玉策金字。」復告之曰：「爾且止於人間，候有位即召。」遂悟。自後隱於嵩陽，百二十三歲，少容。

本條見太平廣記卷三五神仙三十五「柏葉仙人」條，明鈔本云出原化記，談本誤作化源記。類説、紺珠集亦節載。

三洞群仙録卷之十

正一道士陳葆光撰集

郭無四壁　劉有二囷

真境録：郭文字文舉，嘗於華陰山石室中得神虎内真紫元丹章。值晉室衰，乃負笈入餘杭大滌山，伐木倚林，苫覆爲舍，不置四壁。葛裘鹿巾，區種菽麥及採箬，以貿鹽酪。或餘食，即施貧者。乾符中〔一〕封靈曜真君。山中遺跡甚多。

真境録，宋政和中唐子霞撰，記浙江餘杭洞霄宫，不傳。本條内容亦見宋鄧牧洞霄圖志卷五「靈耀郭真君」條。郭文事亦見本書卷四「郭文馴虎」條引仙傳拾遺。

〔一〕乾符中：洞霄圖志作「梁乾化三年七月」。

晉逸史：劉驎之字子驥，少尚質素，虚退寡欲，不修儀操，人莫知之。好遊山澤，志在遯逸。嘗採藥至衡山，深入忘返，見有一澗水，水南有二石囷，一囷閉，一囷開，深廣不得過。欲還，失道，遇伐薪人，問徑，僅得還家。或説囷中皆仙靈方藥諸雜物，驎之欲更尋索，終不知處也。

本條見晉書卷九四隱逸劉驎之傳。

孝成束帶　自然綸巾

丹臺新録：梁諶字孝成。諶好樂仙道，年十七爲道士，即持齋誦經，廣建功德，濟諸苦厄。視地而履，恐傷含氣，有鳥獸當衢，每下路避之。見人卑恭，泊然虚静。一旦，謂弟子王子年曰：「吾屬良友待我於南津，當往彼，爾可知之。」乃束帶南出。子年隨之，惟覺雲氣鬱鬱，紘〔一〕覆林谷。良久，諶忽踴身騰雲，倏已不見，遥聞鼓吹之音而已。

梁諶事亦見仙苑編珠卷中「梁諶入雲」條引樓觀傳、本書卷一六「梁諶夢遊」條引高道傳以及歷世真仙體道通鑑卷三〇梁諶傳。丹臺新録梁諶事當源自樓觀傳。

〔一〕紘：國圖舊抄本作「縵」。

本朝蒙求：趙自然，太平州人，夢一人綸巾素袍，鬚髪斑白，自云姓陰，引之登山，曰：「汝有道氣，教以辟穀法。」乃出青柏枝，令啗。夢中食之。及覺，遂不食。

本朝蒙求，北宋范鎮（字景仁）撰，陳振孫直齋書録解題著録三卷。本條見皇朝類苑卷四四「趙自然」條，未云出處。類苑共引蒙求十五條（題范蜀公蒙求），本條或不例外。

青巾佳容　白衣老人

神仙傳：陳希夷先生一日謂門人賈昇曰：「今日有佳客至，速報。」少頃，一人衣褐青巾扣門。賈走報，其人已行。賈逐之，見一老人衣鹿皮。賈問：「前老人去遠否？」老人曰：「此是神仙李八百，動則八百里。」而鹿皮老人亦不見。先生曰：「老人者，乃太清得道白鹿先生〔一〕也。今既不見，鹿皮者又去，吾不可久留。」乃返真。

本條見歷世真仙體道通鑑卷四七陳摶傳。本書謂出神仙傳，誤。賈昇，仙鑑作「賈得昇」。

〔一〕白鹿先生：仙鑑作「白鹿先生李阮」。

漢武傳：武帝出遊岱山〔一〕，遇一白衣老人，耳聳於頂，髮垂於肩，頭有數尺之光。帝異〔二〕而問之，老人〔三〕曰：「予聞嵩山有菖蒲，一寸九節，服之〔四〕長生。」遂不見。帝曰：「此乃岳神也。」時王興聞之，服〔五〕菖蒲得仙〔六〕。

本條見神仙傳「王興」條（漢魏本卷三、四庫本卷一〇），亦見類説卷三「九節菖蒲」條、藝文類聚卷八一藥香草部上「菖蒲」條等書引神仙傳。獨重修政和證類本草卷六草部上品「菖蒲」條引此事，云出漢武帝内傳。

〔一〕岱山：神仙傳、證類本草均作「嵩山」。而本條下亦云嵩山，可見以嵩山爲是。

〔二〕異：國圖舊抄本作「怪異」。

〔三〕人：本字後國圖舊抄本多一「答」字。

〔四〕之：本字後國圖舊抄本多「可以」二字。

〔五〕服：本字前國圖舊抄本多一「遂」字。

〔六〕仙：本字後國圖舊抄本多一「去」字。

酆丹一斗　翁藥千緡

續仙傳：處州松陽乃張天師修真之所。酆去奢慕前人之迹，結菴以居，朝夕焚修。山南有一巨石，嘗坐其上，感神人告之曰：「天師丹劍在此石下，可以取之。」師曰：「此石天設，非人力可加。」神人曰：「勤修不怠，丹劍可致。」師如其言。不三年，神人送丹一斗，劍一口。師後施丹治病，功成上昇。

本條見續仙傳卷上「酆去奢」條及雲笈七籤卷一一三下續仙傳「酆去奢」條。

又賣藥翁，莫知其姓名，常提一大葫蘆賣藥。人以疾苦求藥，得錢不得錢，悉與之，無不神驗。或戲問之：「有大還丹否？」曰：「有一粒，厥直千緡。」人皆笑之，以爲風狂。後於長安賣藥，抖擻其葫蘆，已空，只餘一粒，安於掌中曰：「百年賣藥，無一人買〔一〕者，深可哀哉！今當自喫。」藥方入口，足下五色雲生，騰〔二〕空而去。

本條見本續仙傳卷上「賣藥翁」條。

〔一〕買：本字後國圖舊抄本多一「此」字。

〔二〕騰：本字前國圖舊抄本多一「遂」字。

銅牌誌鹿　金盆射鵲

高道傳：明皇狩于咸陽，獲大鹿，命庖人欲烹之。張果奏曰：「此仙鹿也，已滿千歲。昔漢武元狩五年，臣曾侍從，畋之于上林，獲此鹿，乃放之，時以銅牌誌於左角。」遂命驗之，果然有銅牌二寸許，但文字彫暗耳。

本條見歷世真仙體道通鑑卷三七張果傳。張果事又見本書卷一五「張果紙驢」條引高道傳、卷七「張果擊齒」條引明皇雜録。

又軒轅集，宣宗嘗召入，問：「長生可致乎？」集曰：「絶聲色，薄滋味，哀樂一致，德施無偏，自然與天地合德，日月齊明，雖堯舜禹湯之道自可致，況長生久視乎？」及退，又以金盆覆白鵲試之。時集方休於館，謂中人曰：「皇帝安能更令老夫射覆乎？」中人不諭其意。上復令速至，集纔及玉陛，謂上曰：「盆下白鵲宜放之。」上大笑。

本條見歷世真仙體道通鑑卷四二軒轅集傳。軒轅集事又見本書卷七「軒集授葉」條、卷一四「集獻豆蔻」條引高道傳、卷一二「先生布巾」條引丹臺新録。

李明合丹　伯真採藥

茅山記：李明長官，避世不仕，隱句曲鬱岡山合丹，丹成而昇玄洲，除大卿之任。至今舊迹壇井存焉。

本條見元張鉉至大金陵新志卷一三下之下，未云出處。

真誥：姜伯真入猛山中，行道採藥，奄遇仙人，令伯真平倚日中，其影偏。仙人曰：「子知道〔一〕之貴而篤志學之，不知〔二〕不正之爲失。君欲使心正，常以日出時，錯手著兩肩上，以日當心，覺腹煖則心正矣。常行之爲佳。」

本條見真誥卷五甄命授第一。

〔一〕道：本字前真誥多一「仙」字。

〔二〕知：本字後真誥多一「心」字。

葛氏蛟帳　女媧雲幕

徂異志：九夷山樵者婦諸葛氏，感時疾，數日起，白舅姑曰：「新婦不唯疾平復，且得仙矣。」俄出門，乘雲而去。又數日復回，云：「天上樓觀皆碧玉碾成，窗户悉以珠密綴蛟絲，帳幔五色相照，行空明中，燃不死之香。我今暫來相看。」俄有五色車，駕雙龍，力士御之，女童爲從。婦乘之，冉冉而去。

本條見類説卷二四「天上碧玉樓觀」條引徂異志（書名訛作狙異志）。徂異志，一名祖異志，北宋聶田撰。

事始云：女媧氏作雲幕。又煉五色石，以補天。

事始，唐劉存撰，三卷，已佚，存節本，類説卷三五引五十七條。本條前半（「女媧氏作雲幕」）見類説卷三五「雲幕」條引事始，云：「女媧作雲幕，衞侯爲虎幄，亦帷帳之類。」後半（「又煉五色石，以補天」）見淮南子卷六覽冥訓，云：「於是女媧鍊五色石以補蒼天，斷鼇足以立四極。」

劉安雞犬　靜之鴝鶴

續仙傳：劉安即漢高祖之孫也。安好神仙，煉大丹，丹成乃去。時人傳云，安臨去時，有餘藥在器内，置於庭中，雞犬舐啄，盡得昇天。故人云：「雞鳴天上，犬吠雲中。」

本條見太平廣記卷八神仙八「劉安」條引神仙傳、神仙傳「劉安」條（漢魏本卷四、四庫本卷六）。本書云出續仙傳，誤。

列仙傳：蕭靜之，絶粒學道。一日掘地得一物，似人手，即時食之。遇一異人告之曰：「子必餌仙藥矣。子所食者，肉芝也。得肉芝食者，壽齊龜鶴。宜隱山林，以期至道。」遂遁去。

本條未見今存列仙傳，而見太平廣記卷二四神仙二十四「蕭靜之」條引神仙感遇傳。羅爭鳴據廣記輯入杜光庭記傳十種輯校神仙感遇傳。本書云出列仙傳，當誤。

德休霹靂　王興雲車

神仙傳：曹德休自言從東海青嶼山來，遊於江西。人見之三十餘年，顔貌不改。有疾者以符藥救之，無不愈。有一女，年二十餘，將聘於人，忽有邪物所魅，百方治之，益甚。其父詣德休，具陳病狀。德休曰：「汝家居近山溪，有潭穴，汝女春月閑步溪側，爲蛟所窺，以拘攝精魂，入其穴矣。可將吾一符投於潭中，少頃有驗。」投符後，忽見潭水翻涌，水中霹靂聲。須臾有一物浮出，長二丈餘，形如烏蛇，頭若大杓，已劈死矣。女病亦尋愈。

本條見續仙傳卷下「曹德休」條。本書云出神仙傳，誤。德休事又見本書卷一九「德休魚饗」條引續仙傳。

王氏神仙傳：王興，蜀人，昔爲蒲江主簿，而境有靈跡。興喜之，遂去官，隱於山中〔一〕九年，忽見洞中瓊花吐豔，金蟾跳躍，遂入洞中。得仙丹，服之，即時乘雲車上昇。今人以洞號「主簿治」，自此始也。

本條見歷世真仙體道通鑑卷七王興傳。嚴一萍據仙鑑輯入道教研究資料第一輯王氏神仙傳，然仙鑑文是否王氏神仙傳原文，尚待斟酌。另，王興事亦見類説卷三「主薄花」條引王氏神仙傳，與本條内容略同而文字有異。

〔一〕山中：類説作「秋長山」。

浮胡白豹　雷公黄蛇

神仙傳：施存真人，號浮胡〔一〕先生，師黄蘆子，得三皇内文驅策虎豹之術，隱〔二〕衡嶽石室山，每跨白豹出入。晉元康間〔三〕白日騰〔四〕昇。

本條見歷世真仙體道通鑑卷三三施存傳。然施存事不當出葛洪神仙傳，出處待考。

〔一〕浮胡：仙鑑作「胡浮」。

〔二〕隱：本字後國圖舊抄本多一「於」字。
〔三〕晉元康間：仙鑑作「晉惠帝永康元年」。
〔四〕騰：國圖舊抄本作「上」。

廣異記：武勝之嘗於江灘見雷公逐一黃蛇，或以石投之，鏗然有聲。雷公飛去，得一銅劍，有文云：「許旌陽真君斬蛟第三劍。」

本條見太平廣記卷二三一器玩三「武勝之」條引廣異記，另見白孔六帖卷一三「蛇化銅劍」條、東坡先生詩集注卷三〇注「蛇化銅劍」條、類説卷八「許旌陽斬蛇劍」條、紺珠集卷七「蛇化銅劍」條，並引廣異記。方詩銘據廣記輯入廣異記。

無競懷果　孫鍾設瓜

青瑣：李無競入都，調官至朱遷〔一〕鎮，有丐者喧爭於路。一嫗曰：「我終身乞丐，聚得少金，此子貸去，不償。」無競取金，如所逋數與丐者，謝曰：「吾實逋其錢，君行路人，能償之，又解其鬭，何以報德？吾家在隆和曲，筠柵青簾乃所居也。子能訪我否？」無競異之，即往焉。入門，見數丐者擁鑪共火，喜見於色，命坐，具小酌。無競頗疑其人，終不飲，但濡脣而已。時大寒，盤中皆夏果，取小御桃三枚，懷歸。丐者以詩送曰：「君子多疑即多誤，世人無信即無誠〔三〕。吾家路徑平如砥，何事夫君不肯行。」無競至邸，取桃視之，乃紫金也。後琢其金爲酒器。年七十，面色紅潤，豈酒濡脣之力乎？

本條見類説卷四六「隆和曲丐者」條引續青瑣高議。

〔二〕遷：類説作「廷」。

〔三〕誠：類説作「成」。

幽冥録：孫鍾少時家貧，種瓜。瓜熟，有〔一〕三人來乞瓜，鍾爲設瓜。曰：「我司命也。」化白鶴飛去。

本條見李瀚蒙求集注卷下「孫鍾設瓜」條引幽冥録，事亦見徐堅初學記卷八州郡部江南道第十「樹呼龜人化鶴」條引幽明録、太平御覽卷五五九禮儀部三十八「冢墓三」條引幽明録。

〔一〕有：原作「府」，據輯要本、蒙求集注校改。

陵陽沆瀣　曼卿流霞

列仙傳：陵陽子春食朝霞，夏食沆瀣，是夜半天地玄黄之氣也。霞，日初出青黄氣，即朝霞也。

本條見漢書卷五七下司馬相如傳應劭注引列仙傳，及白氏六帖事類集卷二六仙第五十大人賦「呼吸沆瀣餐朝霞」條。

抱朴子：項曼卿，河東蒲坂人，入山修道。一日有仙人來迎，到天上，見紫府，金牀玉几。仙人飲以流霞一杯，輒不飢渴。忽思家，爲帝所斥，遂還河東，呼爲斥仙人。

本條部分見錦繡萬花谷前集卷三五「瀧霞」條引抱朴子，云：「項曼卿云，到天上，仙人以流霞一盃飲之。」又見補注杜詩卷三一宗武生日一詩「流霞分片片」一句薛夢符注，云：「按抱朴子，項曼卿修道山中，升天遊紫府，仙人飲流霞一杯，輒不饑渴。」「涓滴就徐傾」一句王洙注，云：「河東項曼卿好道，去家三年而反，曰去時有數仙人將上天，離月數里而止。月之旁甚寒，悽愴，饑欲食，輒飲我流霞一盃，每數月不饑。」

明皇紫雲　元之絳雪

宣室志：唐明皇夢仙子十餘輩，御卿雲下，列於庭，各執樂器而奏之。其度曲清越，殆非人世也。及樂闋，有一仙子前而言曰：「陛下知此樂乎？此神仙紫雲曲也，今傳授陛下，爲唐正始音。」明皇甚喜，即傳教焉。及寤，以玉笛吹，令習之，盡得其節奏。

本條見宣室志卷一「神仙紫雲曲」條，亦見太平廣記卷二九神仙二十九「十仙子」條引神仙感遇傳。

仙傳拾遺：申元之，不知何許人。開元中，詔至上都開元觀，恩渥愈厚。明皇與論道，動移晷刻。嘗命趙雲容侍元之茶藥，意甚恭恪。乘閑乞藥少許，以延其生。元之曰：「我無所惜，但爾不久處世耳。」愈切懇告，乃與絳雪丹一粒，曰：「服此丹，死必不壞。但能大其棺，廣其穴，含以珠玉，疏而有風，魂不蕩空，魄不淪翳，百年外可以復生。此爲太陰煉形之道。」後雲容從幸東洛，病於蘭宮，得以此事白於貴妃，如其所謂。

本條見太平廣記卷三三神仙三十三「申元之」條引仙傳拾遺。羅爭鳴據廣記輯入杜光庭記傳十種輯校仙傳拾遺。

道元觀燈　知微翫月

仙傳拾遺：葉法善天師，字道元。開元初，正月望夜，明皇移仗上陽宮，以觀燈焉。尚方匠毛順心，結綵樓三十餘間，金翠珠玉，間廁其內，樓高百五十尺，微風所動，鏗然成韻。以燈爲龍鳳螭豹騰擲之狀，似非人力。上見大悦。師曰：「影燈之盛，固無比矣。然西京〔一〕今夕之燈亦以如此，適自彼來。」上異其語：「今欲一往，得乎？」曰：「此易爾。」於是令上閉目，俄而至焉。上稱其盛者久之。請迴，復閉目，頃之已在樓下，而歌舞之曲未終。上於涼州以鐵如意質〔二〕酒，翌日，命中使託以他事，求如意以還，驗之非謬。

本條見太平廣記卷二六神仙二十六「葉法善」條引集異記及仙傳拾遺。羅爭鳴據廣記輯入杜光庭記傳十種輯校仙傳拾遺。

〔一〕西京：廣記作「西涼府」。

〔二〕質：原作「貫」，據廣記校改。輯要本作「貰」。

三水小牘：道士趙知微有道術。中秋積陰不解，衆惜良辰，知微曰：「可備酒肴，登天柱峰翫月。」既出門，天色開晴。及登峰，月如晝，至月落方歸。下山則凄風苦雨，陰晦如前。

三水小牘，唐皇甫枚撰。本條見三水小牘卷上，亦見廣記卷八五「趙知微」條、陳元靚歲時廣記卷三二「登天柱」條、類説卷四五「天柱峰玩月」條、紺珠集卷七「天柱峰玩月」條、事文類聚前集卷一一「天柱峰玩月」條，並引三水小牘。

禦寇剖心　道君剪舌

雲溪友議：列禦寇墓在鄭郊。有胡生者，家貧，少爲洗鑑鎪釘之業，號胡釘鉸。有美酒茶果，輒祭禦寇祠，以求聰明。夢一人刀劃其腹，以一卷書致于心〔一〕腑。及覺，乃能詩。嘗贈韓少府云：「忽聞梅福來相訪，笑著荷衣出草堂。兒童不慣見車馬，爭入蘆花深處藏。」

本條見類説卷四一「胡釘鉸」條引雲溪友議，亦見雲溪友議卷下「祝墳應」條。

〔一〕心：本字後國圖舊抄本多一「肺」字。

既覺，語遂正。

廣異記：夔州有道士王洪明，舌長，呼字不正，乃日誦道德經。忽夢道君爲剪其舌。

本條見類説卷八「道君剪舌」條及紺珠集卷七「老君剪舌」條引廣異記，均作「王法朗」。然太平廣記卷一六二感應二「王法朗」條云出録異記。録異記卷二異人「王法玄」條事同。李劍國唐五代志怪傳奇叙録辯本條不出廣異記，而當出録異記。

灰袋佯狂　麻襦卓越

神仙傳：蜀有道士佯狂，俗號爲灰袋，翟天師之弟子也。翟每戒其徒：「勿輕此人，吾所不及。」嘗大雪中布衣褐入青城山，暮投蘭若求宿。僧曰：「貧僧一衲而已矣，天寒如此，柰何？」灰袋曰：「一牀足矣。」夜半風雪益甚，僧意其卒，往視之，去牀數尺，氣如蒸炊，流汗袒寢。未曉，不辭而去。曾病口瘡數月，狀若將死，村人素神之，因爲設齋。齋散，忽謂衆曰：「試窺吾口中何物。」乃張口如箕，五臟悉露，莫不驚異。後不知所終。

本條見太平廣記卷三〇神仙三十「翟乾祐」條引酉陽雜俎、仙傳拾遺，錦繡萬花谷後集卷二「汗流袒寢」條引酉陽雜俎，亦見酉陽雜俎前集卷二壺史。羅爭鳴據廣記輯入杜光庭記傳十種輯校仙傳拾遺。事當出酉陽雜俎。本書云出神仙傳，或指仙傳拾遺。

晉逸史：麻襦者，莫得其姓名，石季龍時，在魏乞丐，常著麻襦布衣，故時人謂之麻襦。言語卓越，狀如狂者，乞得米穀不食，輒散之，頗顯神異。與高僧圖澄極爲交友。

本條見晉書卷九五隱逸麻襦傳。

薊驢蟲流　王屍泉涌

神仙傳：薊子訓嘗駕驢車，與諸生俱詣許〔一〕下，道過滎陽，止主人舍，而所駕之驢忽然卒僵，蛆蟲流出。主遽白之，子訓曰：「乃爾乎？」方安坐飯食，畢，徐出，以杖扣之，驢應聲奮起，行步如初。

本條見後漢書卷八二下薊子訓傳。薊子訓事亦見葛洪神仙傳「薊子訓」條（漢魏本卷五、四庫本卷七）、太平廣記卷一二神仙十二「薊子訓」條引神仙傳，然無本條内容。

〔一〕許：國圖舊抄本作「都」。

茅亭客話：王客者，失其名及鄉里，常攜筇挈籃，引一斑犬，往來卭僰間，以採藥爲事。天禧戊午歲，遊青城山迴，臨卭宰師仲冉召之與語，曰：「吾野人也，久居城市，頗思歸鄉，誠有奉託。」宰亦莫諭其意。一日，獨攜笈往國寧寺，於寺門下坐，卒。鄉耆聞官，瘞之道左。師宰聞之曰：「曩所言，斯之謂乎？」遣吏往彼焚之。發其屍，顏貌如生，四肢皆軟，若熟寐〔一〕焉。頃之，屍下清泉涌出，浮屍而起，遂就更衣沐浴以殮之。

本條見茅亭客話卷二「王客」條。

〔一〕寐：國圖舊抄本作「睡」。

方遠辯慧　道華愚懵

高道傳：閭丘方遠，字大方，幼辯慧，通經史。昭宗累詔不起，就錫命服，賜號玄〔一〕同先生。羅隱每詣受書，先生輒閉目授之，曰：「隱才高識下，蓋正容悟物。」故隱卒保終吉。先生一日忽沐浴焚香，端坐返真，顏色不變，異香三日不散。時錢武肅夢先生騎鶴訪別，明日訃至。及就壙，但空棺而已。

本條見道門通教必用集卷一歷代宗師略傳「閭丘先生」條引高道傳，及歷世真仙體道通鑑卷四〇閭丘方遠傳。嚴一萍據本書輯入道教研究資料第一輯高道傳。

〔二〕玄：本字前必用集、仙鑑均多出「妙有大師」四字。

又侯道華，常如風狂人，人多侮之，未嘗有愠色。好讀丹經子史，或問誦此奚爲，曰：「天上無愚懵神仙。」

本條見歷世真仙體道通鑑卷三六侯道華傳。另，侯道華事亦見本書卷三「道華登松」條引高道傳。

楊雄墟墓　周暢義塚

仙傳拾遺：楊雄字子雲，口吃，善屬文。王莽篡位，聞理獄使者欲來收雄，雄恐不免，時校書於天禄閣上，自投，幾死。天鳳中，辭疾還蜀，卒於家。乾符中，進士趙郁卧疾於嘉州開元觀，稍愈，於殿上見一少年，弊蓋，鶉衣白潔，與郁並坐。郁因言此觀巨功製作，國力興創，何乃俯逼殿後而有墟墓也。嘗問郡人，皆不知。少年笑曰：「此漢相留侯之後，辟强之孫，天師之祖也，爲南安太守，殁於郡而葬於此。」乃説兩漢魏晉間事，皆若目擊。郁問以姓氏，答曰：「子雲，姓楊。」乃强力隨之，遂出門而去。至今往往有見者。

本條僅見此引。羅爭鳴據本書輯入杜光庭記傳十種輯校仙傳拾遺。

真誥：周暢好行陰德，功在不覺〔一〕。時歲大旱，客死者數萬，而暢收骸骨萬餘，具立義塚，時祭祀之，應時大雨。今在洞中，爲明晨侍郎〔二〕。

本條見真誥卷一二稽神樞第二。

〔一〕功在不覺：原作「功不在覺」，據真誥校改。

〔二〕今在洞中爲明晨侍郎：按真誥，爲明晨侍郎者爲周爰支，周暢之女。

自然雷鳴　法樂霞擁

雲笈七籤：馬湘字自然，狀若風狂，能治病。有告之者，湘無藥，但以竹杖打病處，或以竹杖指之，口吹杖頭，如雷鳴，便愈。或遊宫觀巖洞，多留詩句，其登杭州秦望山詩曰：「太一初分何處尋，空留歷數變人心。九天日月移朝夕〔一〕，萬里山川换古今。風動水光含〔二〕遠嶠，雨添嵐氣没高林。秦皇謾作驅山計，江〔三〕海茫茫轉更深。」

本條見雲笈七籤卷一一三下續仙傳「馬自然」條、續仙傳卷上「馬自然」條。馬湘事在本書有五次徵引，見卷二「馬湘紙猧」條説明。

〔一〕夕：續仙傳作「暮」。

〔二〕含：七籤、續仙傳作「吞」。

〔三〕江：七籤、續仙傳作「滄」。

高道傳：道士張法樂居耿谷之西，抱元守一〔一〕，凡三十餘年。雲生梁棟，霞擁窗扉，自號爲雲居觀。久而道成，猛虎馴伏侍側。後屍解蟬蜕焉。

本條見歷世真仙體道通鑑卷三〇張法樂傳。

〔一〕抱元守一：仙鑑作「抱一守真」。

李預餐玉　王夫燒金

感應録：後魏李預得古人餐玉法，乃採訪藍田，躬往攻掘，得若環璧雜器形者，大小百餘枚。預乃椎七十枚爲屑，食之。及疾篤，謂妻曰：「吾死，體必當有異，勿速殯，令後人知餐服之妙。」時七月中旬，長安毒熱，預停之四宿，未殮，而體色不變。其妻常氏以玉珠二枚含之，口閉。妻謂曰：「君自云餐玉有神驗，何不受珠？」言訖，啓齒納珠，因嘘其口，都無穢氣。舉殮，屍不傾委。

感應録，不詳。本條見魏書卷三三、北史卷二七李先傳附李預傳，又見太平御覽卷八〇四珍寶部三「玉上」條引後魏書，及册府元龜卷九二八總録部好丹術、重修政和證類本草卷三玉石部上品「玉屑」條引、宋彭乘墨客揮犀卷八「得古人餐玉法」條引。

澠水燕談：江〔一〕州王捷，少商江淮間，咸平中遇一人於南康逆旅，衣道士服，儀狀甚偉，授捷黄金術，仍付以神劍，且戒之曰：「非遇人君，不可妄泄。」後佯狂，叫呼上饒市中，配流嶺南。逃歸京師，撾登聞鼓自陳。宋真宗皇帝召與語，悦之，更名中正，寓居中官劉承珪家。數聞中正與人語，聲如童子，云：「我司命君也。」嘗以藥金銀獻上以助國，世謂之燒金王先生。

澠水燕談，又名澠水燕談録，宋王闢之撰。本條見澠水燕談卷九。

〔一〕江：澠水燕談作「汀」。

賀瑒女筮　秋夫鬼針

南史：賀瑒〔一〕伯祖道養，工卜筮，經遇工歌女子病死，爲筮之曰：「此非死也，天帝召之歌耳。」乃土塊加心上，俄頃而蘇。

本條見南史卷六二賀瑒傳。

〔一〕瑒：本字後原有一「字」字，據南史校删。道養當爲賀瑒伯祖字。

感應録：宋徐文伯，東海人，濮陽太守熙曾孫也，好黄老，隱居秦望山，遇道士過，求飲，留一瓠瓢與之，曰：「君子孫宜以道術救世，當得二千石。」熙開之，乃扁鵲鑑經一卷。因精學之，遂名震海内。其後秋夫彌攻其術，仕至社陽令。嘗夜有鬼呻吟，聲悽愴，秋夫問：「何人？」頃答曰：「某東陽人，患腰痛死，爲鬼，猶難忍，請療之。」秋夫曰：「云何措法？」曰：「請爲芻人，按穴針之。」秋夫如言，乃爲灸針，設祭埋之。明日見一人來謝，忽然不見。當世伏其通靈。

本條見太平廣記卷二一八醫一「徐文伯」條引談藪。

盧度應鹿　龜年辨禽

賢己集：盧度有道術，少時阻淮水，不得渡過，心誓曰：「若得免死，從今不復殺生。」須臾見兩楯流來，接之得渡。後隱居廬陵西昌三顧山，鳥獸隨之。夜有鹿觸其壁，度曰：「汝壞我壁。」鹿應聲去。屋前有池養魚，皆名呼之，次第來，飲食而去。

本條見南齊書卷五四盧度傳，當爲賢己集所本。

翰府名談：白龜年乃白居易之孫，於嵩山遇李太白，招之與語曰：「吾自水解之後，放遁山水間，因思故鄉，西歸嵩峰中。帝飛章上奏，見辟掌牋奏於此，今已百年矣。近過潼關，有詞曰：『曾宴〔一〕桃源深洞，一曲歌鸞〔二〕舞鳳。常記欲别時，明月落花煙重。如夢，如夢！』」和淚出門相送，乃出書一卷，遺之曰：「讀此可辨九天大地禽獸語言，汝更修陰德，可作地仙也。」

本條見類説卷五二「嵩山見李白」條引翰府名談。

〔一〕曾宴：類説作「誤入」。

〔三〕歌鸞：類説作「妙歌」。

上竈延頸　老夫正心

括異志：郭上竈，天禧中嘗傭於東京州橋，滌器于茶肆。有青巾布袍者，神彩凜然。疑其吕公也，即走拜于前曰：「際遇先生，願爲僕廝。」先生曰：「若真欲事我，可受吾一劍。」郭唯唯，延頸以俟。引劍將擊，郭大呼，已失公矣。郭後尸解，視其棺，敗絮而已。

本條見括異志卷七「郭上竈」條。

廣記：唐末有一老人，攜壺賣藥於益州，得錢則散與貧者。常謂人曰：「夫欲人之無病，必先正其心。心無亂求，無狂思，無嗜欲，無迷惑，則心無病，而内之六腑，雖有病，不難治也。老夫賣藥，嘗以此告人矣。」一日，詣錦江沐浴，探囊取丹，吞之，遂化白鶴飛去。

太平廣記中未見本條。本條見明胡直胡子衡齊卷六談言下、明陳全之蓬窗日録卷六事紀二。

金闕帝君　玉仙聖母

三洞珠囊云：金闕帝君、上相青童，乘碧霞九雲流景雲輿，飛青羽蓋，上詣太上靈都宮，朝三天靈録之文也。

本條未見三洞珠囊。

玉仙傳：聖母生於炎帝之代，推其鄉里，即武陽郡人也，有絶世之容。其親所配瑯琊家，將以適矣。聞鄰人曰：「瑯琊好惑之士也。」聖母聞之，遂泣而辭親，登一小舟，恣泛於大溟，任風所送，至仙都山，在高麗國中也。其山上有峰，曰玉仙峰；中有洞，曰玉仙洞；下有溪，曰玉仙溪。聖母泊於此山，守志固節，後半年遇女華聖母，口傳飛神入鼎之道、中源主神之法、丹火養神之術，得之而成道。「玉仙」號者，蓋因山洞而賜名。玉仙祠前有方池，嘗取玉仙溪水貯之，後人投紙，以占災福。

玉仙傳，據北宋黄伯思東觀餘論卷下「跋王易簡玉仙傳後」，該書或爲王易簡撰。王易簡，唐末五代時人。

張忠安車　董京環堵

晉逸史：道士張忠，永嘉之初〔一〕，隱于泰山，服氣食芝，穴地窟爲室。弟子亦穴居，其教以形不以言。朝廷累召，所賜不受。上曰：「欲屈先生仕〔二〕尚父，可乎？」忠曰：「昔避地，與鳥獸爲侶，年衰志謝，不堪展效，乞還故山。」從之，以安車送還。謚安道先生。

本條見晉書卷九四隱逸張忠傳。

〔一〕初：晉書作「亂」。

〔二〕仕：本字後晉書多一「齊」字。

又董京，時至洛陽，披髮而行，逍遥吟詠。嘗宿於社〔一〕中，乞索於市，結網自覆。或有所與金〔二〕帛，不肯受。時太守就社與語，曰：「方今堯舜之時，胡爲懷道迷邦耶？」答曰：「萬物皆賤，惟人爲貴，動以九州爲狹，静以環堵爲大。」遂遁去，不知所在。

本條見晉書卷九四隱逸董京傳。

〔一〕社：晉書作「白社」。

〔二〕金：晉書作「全」。

沖素精思〔一〕　道全勤苦

真境録：精思院蓋沖素先生鄭元章所居。先生常齋居危坐，纖介不入，南華所謂「用志不分，乃凝於神」者，其所以感動天上仙人時降芝軿。屬雲霽月白之夕，惟弟子闃閽得聽其論，則世莫得聞也。精思院在杭州洞霄宫。

鄭元章傳見宋鄧牧洞霄圖志卷五「鄭沖素先生」條，然與本條文字不同。

〔一〕思：原作「素」，據輯要本校改。

神仙傳：尹道全真人隱於衡嶽，感上真降，謂之曰：「白日昇騰者，當有其材，而後成其道。汝受其一事，而有沖舉之望，斯乃勤苦所得，爾宿分所值矣。」遂授以五嶽真形圖，取其山之向背，泉液之所出，金寶之所藏，通而爲之圖。告曰：「汝能自修奉而獲感應，乃知文始之裔，太和之族，世有神仙矣。」言訖而去。道全於晉永嘉中上昇。

尹道全事又見本書卷一七「道全佩符」條引仙傳拾遺。卷一七「道全佩符」條内容與本條互有出入，而可互補，當出同書。此處云出神仙傳，當誤。羅爭鳴據本書卷一七「道全佩符」條輯入杜光庭記傳十種輯校仙傳拾遺，而不及本條。尹道全完整傳記見歷世真仙體道通鑑卷三三。

貧士抱龍　稚川除虎

野人閑話：灌口白沙有泰山府君廟，每至春三月，蜀人輧集。忽一人鶉衣百結，顔貌憔悴，亦往廟所，衆人輕之。行次江際，乃坐於石上，逡巡謂人曰：「此水中有睡龍。」衆不之應，遂解衣入水，抱一龍出，腥穢頗甚，深閉兩目，而爪牙鱗角悉備。雲霧旋合，風起水涌，衆皆驚走。貧士亦瞥然不見。

本條見太平廣記卷八六異人六「抱龍道士」條引野人閑話。

神仙傳：葛洪字稚川，洪嘗養牛，數爲虎所暴，乃書符劾之。見一人，自稱高山君，白洪曰：「虎狼爲害，當已除之矣。」

本條當不出神仙傳，出處待考。葛洪事亦見本書卷三「稚川金闕」條引本傳、卷一四「葛求句漏」條引高道傳。

三洞群仙録卷之十一

正一道士陳葆光撰集

處回旌節　元卿琅玕

野人閑話：王處回侍中延接布素之士。一日有道士於竹葉上大書「道士朱桃枝〔一〕奉謁」。公出見，從容致酒，談論亹亹，雍容可觀。處回曰：「久存志於道，常欲於青城山致一道院，以遂閑適。」道士曰：「未也。」即於囊中取花子二粒〔二〕，種之以盆，覆於上。逡巡去，盆花已生矣。頃刻長四五尺，層層生花。道士曰：「此仙家旌節花。」後公果建節兩鎮。

本條見太平廣記卷八六異人六「王處回」條引野人閑話。此事亦見紺珠集卷一二「旌節花」條引雞跖集，云：「唐王處回家居，有道士以花種遺云：『此仙家旌節花也。』後處回歷三鎮焉。」

〔一〕朱桃枝：廣記作「王挑杖」。

〔二〕粒：國圖舊抄本作「枚」。

廣記：謝元卿遇神仙，見丹柯碧葉，微風時扣，五音相節，云此琅玕木也。

本條未見於太平廣記，而見於類説卷三「琅玕樹」條、錦繡萬花谷後集卷二七「琅玕樹」條、紺珠集卷二「琅玕樹」條，並引續仙傳。元卿事又見本書卷一三「元卿麟脂」條引續仙傳。

炭婦許遜　木仙魯般

西山記：許真君遜，門下學者數百人。一日欲以事試之，因化炭爲婦人，散詣諸弟子。其不爲所染，纔十人耳，即他日上昇諸真君是也。今有炭婦市、炭婦坊，在建昌縣界。

本條見歷世真仙體道通鑑卷二六許太史傳。

酉陽雜俎：魯般，燉煌人，莫詳年代，巧〔一〕侔造化。於涼州造浮圖，作木鳶，每擊楔三下，乘之以歸。無何，其妻有娠。父母詰之，妻具説其故。其父後因〔二〕得鳶，擊楔十餘下，乘之，遂至吳會。吳人以爲妖，遂殺之。般又爲木鳶，乘之，遂獲父屍。怨吳人殺其父，於肅州城南作一木仙人，舉手指東南，吳地大旱三年。後知般所作也，齎物具牛謝之，般爲斷其兩手，其月〔三〕吳中大雨。國初吳人尚祈禱其木仙。

本條見酉陽雜俎續集卷四貶誤，亦見太平廣記卷二二五伎巧一「魯般」條引酉陽雜俎。

〔一〕巧：原作「功」，據酉陽雜俎及文意校改。

〔二〕因：酉陽雜俎、廣記均作「伺」。

〔三〕月：酉陽雜俎作「日」。

法善寶函　王喬玉棺

集異記：葉法善，字道元，嘗於洪州西山養神修道。一日，括蒼三神人降，傳太上之命：「汝當輔我睿宗及開元聖帝，未可隱跡山巘，以曠委任。」言訖而去。時二帝未立，而廟號年號皆已先知。其後果有命詔入京。後乃平韋后，立相王睿宗，明皇承祚繼統。師於上京佐佑〔一〕聖主，凡吉凶動靜，必預奏聞。會土〔二〕蕃遣使進寶函，封，曰：「請陛下自開，無令他人知機密。」朝廷默然。唯法善曰：「此是凶函，令蕃使自開。」上從之。及令蕃使自開，函〔三〕中弩發，中蕃使，死。果如法善言。

集異記，唐薛用弱撰，一題古異記、集異録，本三卷，殘存二卷。二卷本以顧氏文房小説本最早，叢書集成初編取入顧本，中華書局古小説叢刊本亦以之爲底本點校。本條見太平廣記卷二六神仙二十六「葉法善」條引集異記與仙傳拾遺。古小説叢刊本據廣記輯入補編。

〔一〕佐佑：原作「左右」，據太平廣記校改。

〔二〕土：輯要本作「吐」。

〔三〕函：本字前原有一「及」字，據廣記删。

王氏神仙傳：王喬，後漢顯宗時爲葉縣令。一日，天降玉棺，喬曰：「天帝召我耶？」乃沐浴入棺，遂葬於城東，土自成墳。其夕縣中牛馬皆流汗喘乏，人莫知之。後人爲立廟，號葉君祠。

本書卷一七「鄴令雙鳧」條，與本條所涉爲同一人。本條有關内容可在歷世真仙體道通鑑卷二〇王喬傳中找到。羅爭鳴據仙鑑輯入杜光庭記傳十種輯校王氏神仙傳，題葉令王喬。此王喬事見搜神記卷一「葉令王喬」條、雲笈七籤卷一一一洞仙傳「王喬」條、仙傳拾遺卷一「王喬」條、王氏神仙傳「葉令王喬」條等，亦見仙苑編珠卷中「王喬飛舄」條（未有出處）、本書卷一七「葉令雙鳧」條引王氏神仙傳，當原出後漢書卷八二上王喬傳、應劭風俗通義正失第二「葉令祠」條。

王母靈鳳　文妻彩鸞

唐隱逸傳：道士王遠知，梁揚州刺史曇選之子〔一〕。母丁氏，嘗晝寢，夢靈鳳集其身，因而有娠，又聞腹中啼聲。沙門寶誌謂曇選曰：「生子當爲神仙之宗伯。」煬帝爲晉王時，亦遣使召之。遠知來謁見，斯須而鬚髮變白。王懼而遣之。

本條見舊唐書卷一九二隱逸傳王遠知本傳。

〔一〕梁揚州刺史曇選之子：舊唐書作「祖景賢，梁江州刺史；父曇選，陳揚州刺史」。

仙傳拾遺：文蕭寓洪州許真君宅遊帷觀。八月十五上昇之辰，士女雲集，連袂踏歌，謂之酬願。忽見一妓，歌詞潛合其名姓，復是神仙之語詞，曰：「若能相伴陟仙壇，應得文蕭駕彩鸞。自有綉襦并甲帳，瓊臺不怕雪霜寒。」蕭異之。歌罷，蕭徐行，隨入大松徑中，所居肅然，侍衛環列，有几案簿書，若官府。亦有案牘，斷割多爲江湖没溺之事。蕭再三詰之，乃曰：「此不可輕泄，吾當爲子受禍矣。」果有黄衣使曰：「吴彩鸞爲私欲泄天機，謫爲民妻一紀。」乃與蕭歸金陵僦居。其後，乘虎俱入越王山，不知所之。

本條僅見此引。羅爭鳴據本書輯入杜光庭記傳十種輯校仙傳拾遺。事當源出傳奇。

劉照青藜　穆敬黄竹

仙傳拾遺：劉向，成帝之末校書於天禄閣。夜遇一老人，黄衣，植青藜杖，叩門而進。問姓名，曰〔一〕：「我即太一之精，天帝聞卯金之子有博學之才，而下觀之。」遂出懷中所牒，有天文地圖之書，授向而去。

本條僅見此引。羅爭鳴據本書輯入杜光庭記傳十種輯校仙傳拾遺。事源出三輔黄圖卷六閣與拾遺記卷六後漢。

〔一〕曰：原闕，據國圖舊抄本校補。

穆天子傳：天子南遊黄臺〔一〕之丘，以觀夏啓之所居。獵平〔二〕澤，大寒，雨雪，作詩三章，以哀民，曰：「我徂黄竹，□〔三〕員閟寒，帝牧九行，嗟我公侯，百辟冢〔四〕卿，皇我萬民，旦夕勿忘。」

本條見穆天子傳卷五。

〔一〕臺：穆天子傳作「室」。

〔二〕平：穆天子傳作「苹」。

〔三〕□：原作「口」，據穆天子傳，此處當爲闕字。

〔四〕冢：原作「家」，據穆天子傳校改。

赤松明囊　白雲仙籙

齊諧志：鄧紹八月旦入華山，見童子執五色囊，盛柏葉上露，曰：「赤松先生取以明目。」今人八月旦作眼〔一〕明囊是也。

本條未見東陽無疑齊諧記，而見南朝梁吴均續齊諧記。本條見王國良續齊諧記研究校釋「眼明袋」條（據校），亦見宗懔荆楚歲時記、太平御覽卷二四時序部九「秋上」條、類説卷六「眼明袋」條引續齊諧記。

〔一〕眼：原闕，據校釋、荆楚歲時記、類説校補。

列仙傳：劉白雲，江都人也，多陰德。遇樂子長，曰：「子有仙籍天骨，而流浪塵土中，何也？」因授以籙，且告之曰：「子先得變化而後可授道。」白雲依而行之，變化萬端，日行七百里。再遇子長，服丹，千日上昇。

本條見太平廣記卷二七神仙二十七「劉白雲」條引仙傳拾遺。羅爭鳴據廣記輯入杜光庭記傳十種輯校仙傳拾遺。本書云出列仙傳，當誤。

侯楷同塵　幽棲混俗

高道傳：侯楷字法先，十四師正懿先生學道。先生曰：「汝束心勵節，於道不懈。苟非棲隱山樊，不易得也。」楷曰：「道在方寸，何必山樊？」先生曰：「吾固知之，然神仙多託巖藪，及成真之後，出而同塵。」

本條見歷世真仙體道通鑑卷三〇侯楷傳。侯楷事亦見本書卷四「侯觀三松」條引高道傳。

又薛幽棲，開元中登進士第，勇退不仕。入鶴鳴山，訪漢天師治所。修行僅一紀，道氣愈充。天寶初遊南嶽，卜棲真之地，遊心於自得之場，曠然無所係，而能和光混俗，毀方瓦合，於三洞經教靡不該覽。故幽人逸客嚮風稟受。嘗進玄微論及注解度人經，行於世。

本條見歷世真仙體道通鑑卷三九薛幽棲傳。

王生桑田　麻姑陵陸

宣室志：王先生有道術，晦跡烏江，人皆不識之。洪農史晦之〔一〕聞其名，謁之。抵暮，先生以杖劃庭下，則雷霆震動，巖谷重疊，湖水極目。先生曰：「陵陸遽遷，而有桑田之變〔二〕。」坐客惶恐。先生曰：「所以爲娱耳。」即以幕掃庭，寂靜如故。

本條見太平廣記卷七五道術五「王先生」條、紺珠集卷五「杖花懸崖」條（作「唐先生」）、類説卷二三「紙月」條，並引宣室志。宣室志點校本據廣記輯入輯佚，題「王先生道術」。

〔一〕史晦之：廣記、類説作「楊晦之」，紺珠集作「楊隱之」。

〔二〕而有桑田之變：紺珠集作「子將安歸」，類説作「吾子安所歸乎」。

神仙傳：麻姑時降蔡經之家，入見王方平，遂拜之。姑曰：「自接待以來，見東海三爲桑田。向見蓬萊又淺於往時，至復還爲陵陸乎。」方平笑曰：「聖人皆云海中復揚塵也。」

本條見神仙傳「王遠」條（漢魏本卷二、四庫本卷三）。

玉壇風冷　瑶臺露清

稽神録：建鄴市有卜者，忽於紫微宫題壁云：「昨日朝天過紫微，玉壇風冷杏花稀。碧桃泥〔一〕我傳消息，何事人間更〔二〕不歸。」自是絶跡。人皆言其上昇。

本條見類説卷一二「紫微宫題壁」條引稽神録。白化文據類説輯入稽神録補遺。

〔一〕泥：類説作「疑」，稽神録作「昵」。「昵」字爲善。

〔二〕更：類説作「定」。

逸史：唐開成初，進士許瀍遊河中，忽得重病，不知人事〔一〕。至三日，蹶然而起，取筆大書於壁曰：「曉入瑶臺露氣清，坐中唯有許飛瓊。塵心未悟俗緣在，十里下山空月明。」書訖，復寐。及明旦，又驚起，改其第二句曰：「天風吹下步虚聲。」書〔二〕訖，兀然如醉。醒，不復寐矣。良久漸言曰：「昨夢到瑶臺，有女仙三百餘人，内一人云是許飛瓊，遣賦詩。及成，復令改，曰：『不欲世間人知有我也。』既畢，甚被賞，令諸仙皆和，曰：『君終當至此，且歸。』若有人導引者，遂得回耳。」

本條見太平廣記卷七〇女仙十五「許飛瓊」條引逸史。

〔一〕事：原闕，據廣記校補。

〔三〕書：原作「言」，據廣記校改。

李賀樓記　方朔甕銘

書法苑：李賀將死時，有緋衣人駕赤虬，持一板書，若太古篆，如霹靂古文，云召賀，了不能讀，下榻叩頭，言阿彌老且病，不願去。緋衣人曰：「帝成白玉樓，立召爲記，天上差樂，不苦也。」少頃氣絶。賀學語時，呼太夫人阿彌。

書法苑，全稱古今法書苑，宋周越撰，本十卷，已佚，存類説、紺珠集二節本。本條見類説卷五八「白玉樓記」條引書法苑。李賀白玉樓記事，亦見宋任淵後山詩注卷八黄預挽詞四首其三「天成白玉樓」一句注，云：「李商隱作李賀小傳云：賀將死時，有緋衣人持一板書召賀，曰：『帝成白玉樓，立召爲記。天上差樂，不苦也。』少頃遂絶。」古今合璧事類備要前集卷一天文門「記白玉樓」條亦載，云出李賀傳。

拾遺記：黄帝時，碼碯甕至，堯時猶存，甘露尚在其中，盈而不竭，謂之寶露，以班賜群臣。至舜時，露漸減。隨世之汙隆，時淳則露滿，時澆則露竭。秦始皇通汨羅之流，掘地得赤玉甕，可容八斗，置於舜廟。漢東方朔識之，乃作甕銘曰：「寶雲生於露壇，祥風起於月館，望三壺如盈尺，視八鴻如縈帶。」

本條見拾遺記卷一高辛。

季通丹臺　子微赤城

六帖：紫陽真人周季通入蒙山中，遇寓門子[一]，再拜，乞長生訣。寓門子曰：「名在丹臺玉室中，何憂不仙。」

本條見白居易白氏六帖事類集卷二六道士第四十五「名在丹臺」條，原出自紫陽真人内傳。

〔一〕寓門子：白氏六帖作「羨門子」，紫陽真人内傳作「衍門子」。

神仙傳：司馬天師名承楨，字子微。女真謝自然[一]汎海，詣蓬萊求師，至一山，見道士，謂曰：「天台司馬承禎名在丹臺，身居赤城，真良師也。」自然遂還求之，得度。有弟子七十餘人，一旦曰：「吾於玉霄峰東望蓬萊，常有真仙降駕，今爲青童君所召，須往矣。」俄頃蜕去。詔贈銀青光禄大夫，謚正一先生。帝親文其碑，有集行于世。

本條見續仙傳卷下及雲笈七籤卷一一三下續仙傳「司馬承禎」條。本條云出神仙傳，當誤。

〔一〕謝自然：七籤同，續仙傳作「焦靜真」。

彭蛇盤躃　王鶴飛騰

丹臺新録：彭宗字法先，年二十，服業於杜沖真人，深蒙賞接，棲真味道，精貫神人〔一〕。山中有毒蛇猛虎，宗每以氣禁之，潛伏盤躃，雖摩觸，終不得動。宗解之，方去。

彭宗事又見本書卷一四「法先神燈」條引丹臺新録。

〔一〕精貫神人：本書卷一四「法先神燈」條作「精貫入神」。

王氏神仙傳：丞相王徽女〔二〕，幼年慕道，持經撫琴。嘗曰：「洞宫有召，命當補仙職。」是題詩曰：「翫水登山無足時，諸仙頻下聽琴詩。此心不戀居人世〔三〕，唯見天邊雙鶴飛。」是夕，奄然而卒。及明，有雙鶴飛騰於庭木，音樂異香滿野。舉形就木，空衣而已。

本條見類説卷三「召補仙官」條引王氏神仙傳。另，歷世真仙體道通鑑後集卷三王氏傳與太平廣記卷七〇女仙十五「王氏女」引墉城集仙録，均述此事。羅爭鳴據仙鑑輯入杜光庭記傳十種輯校王氏神仙傳，題曰「王徽侄女」。

〔二〕丞相王徽女：類説、仙鑑、廣記均云是王徽侄女。

〔三〕人世：仙鑑後集作「塵樂」。

空洞靈瓜　嗛洲甜雪

拾遺記：後漢明帝陰貴人夢食瓜甚美，帝使求諸方國。時燉煌獻異瓜種，恒山獻巨桃核。瓜名「穹隆」，長三尺而形屈曲，味美如飴。昔道士從蓬萊山得此瓜，云是空洞〔一〕靈瓜，四劫一實，西王母遺於此地，世代遐絶，其實頗在。又説巨桃霜下結花，隆暑方熟，亦云仙人所食。

本條見拾遺記卷六後漢。

〔一〕空洞：拾遺記作「崆峒」。

又穆王東遊大騎之谷，指春霄宫，集諸方士仙術之要。西王母乘翠鳳之輦而來，前導以文虎、文豹，後列雕麟、紫麏，曳丹玉之屨，敷碧蒲之席、黄菅之薦，共玉帳高會，薦清澄琬琰之膏以爲酒，又進洞淵紅蘤、嗛洲甜雪。

本條見拾遺記卷三周穆王。

伯微金汋　仁本玉屑

丹臺新録：莊伯微，少好道，常以日入時正西北向，閉目握固，想見崑崙，積二十一年。

後服食，入山學道，猶存此法。當復十許年後，閉目乃奄見崑崙。存之不止，遂見仙人授以金汋之方，因而得道。猶是精感道應使之然也，非此術之妙矣。

本條亦見真誥卷五甄命授第一及歷世真仙體道通鑑卷七莊伯微傳。本條文字多同於真誥，丹臺新録本條内容當源出真誥。

酉陽雜俎：鄭仁本與其中表遊山〔一〕，迷路，見一人枕一襆〔二〕物〔三〕而坐。問之，乃云：「君知有七寶城〔四〕乎？常有八萬二千户修之，我其一也。」因開襆，視之有斤斧數事，玉屑飯兩裹，分遺鄭曰：「食此可以畢世無病矣。」

本條見酉陽雜俎前集卷一天咫、太平廣記卷三七四靈異「鄭仁本弟」條引酉陽雜俎；又見類説卷四二「月七寶合成」條、紺珠集卷六「修月户」條，並引酉陽雜俎。

〔一〕鄭仁本與其中表遊山：廣記云遊山者爲鄭仁本表弟與王秀才。

〔二〕襆：原作「樸」，據廣記校改。下同。

〔三〕物：國圖舊抄本無本字。

〔四〕有七寶城：酉陽雜俎、類説均作「月乃七寶合成」，廣記、紺珠集均作「月七寶合成」。

李對道德　嚴議優劣

高道傳：道士李含光者，晉陵人，年十三篤好道學，雖處暗室，如對君父。人見之，情色皆斂。明皇召見，問理化，對曰：「道德經者，君王師也。昔漢文行而躋民於仁壽。」又問金鼎，曰：「道德者，公也；輕舉者，公中之私也。雖時見其私，亦聖人存教爾。若求生徇欲，類於繫風，不亦難乎？」帝甚嘉之。

本條見道門通教必用集卷一歷代宗師略傳「李含光」條引高道傳、歷世真仙體道通鑑卷二五李含光傳。李含光事，又見本書卷一三「含光清客」條引高道傳。

又嚴達者，字道通，始髫齔已有方外志。周武建德中詔法師於便殿。是時已沙汰浮屠氏，又下議公卿，復欲去道家流。上問法師：「道與釋孰優？」曰：「主優而客劣。」上曰：「主客奚辯？」曰：「釋出西方，得非客乎？道出中夏，得非主乎？」上曰：「客既西歸，主無送耶？」曰：「客歸則有益胡土，主在則無損中華。去者不追，居者自保，又何送乎？」上嘉其對。

本條見歷世真仙體道通鑑卷三〇嚴達傳。嚴達事，又見本書卷八「田谷十老」條引高道傳。

葛呼錢飛　宋指燈滅

丹臺新録：葛仙翁嘗取錢，使人投於井中。公往井上，以器呼錢。人見其錢一一飛，從井中出，入公器中。

本條亦見歷世真仙體道通鑑卷二三葛仙公傳。葛玄事又見本書卷六「孝先水上」條引高道傳、本卷「葛公借魚」條引神仙傳（當誤）、卷一二「葛符上下」條引丹臺新録、卷一七「仙翁鞭巫」條引丹臺新録。

續仙傳：宋知白爲道士，眉目如畫，言談秀麗。夏則衣綿，冬則卧於雪中。去身一丈餘，周匝氣如蒸出，而雪不凝。又指燈即滅，指人則如隙風所吹。或食彘肉五斤，蒜薤一盆，飲酒三斗。到處住則以金帛求置一二美女，行則捨之。人以爲得補腦還元之術。後之撫州南城縣，白日上昇。

本條見續仙傳卷上、雲笈七籤卷一一三下續仙傳「宋玄白」條，又見太平廣記卷四七神仙四十七「宋玄白」條引續神仙傳。本書作「宋知白」，誤，「知」當作「玄」。宋玄白事又見本書卷六「宋香足雨」條引高道傳。

陶挂朝服　夏懸辟書

丹臺新録：陶隱居除奉朝請，頗怏怏。與從兄書曰：「昔仕宦意以體中打斷，必期四十左右作尚書郎，出爲浙東一好古縣，粗得山水，便投簪高邁。宿昔之志，謂言指掌。今年三十六矣，方除奉朝請，不如早去，無自勞辱。」欲脱朝服，掛神虎門，襲鹿巾，徑出東亭。因與王晏别，語及此事。晏曰：「主上性存〔一〕嚴治，不許人作高奇事，脱致忤旨，便恐違卿高志，如何？」先生默思良久，曰：「吾本爲身，非爲名，若有此慮，亦奚如此。」於是不詣省，直表辭而已。

本條僅見此引。本條相關内容又見歷世真仙體道通鑑卷二四陶弘景傳。陶弘景事亦見本書卷四「山中宰相」條引真誥（當爲誤引）、卷七「陶畫兩牛」條引隱居傳。

〔一〕存：國圖舊抄本無本字。

真誥：明晨侍郎夏馥，字子治，陳留人也，服朮餌，和雲母。少時被公府辟召，懸辟書著桑樹乃去。其用懷高邁如此。

本條見真誥卷一二稽神樞第二。

月支獻獸　麻村射豬

列仙傳：漢武帝幸安定，月支國遣使獻香四兩，大如雀卵，黑如桑椹。又獻猛獸一頭，形如狸，其毛黄色。帝曰：「此小物，何謂猛獸？」使者對云：「夫威於百禽者，不必計其大小。是以神麟爲巨象之王，鳳凰爲大鵬之宗，亦不在其巨細也。臣國去此三千萬里，常占東風入律，青雲干呂，謂中國將有好道之君，故以二物來獻。豈圖陛下乃不知真乎！」帝恨使者言〔一〕不遜，欲罪之，明日遂失使者猛獸所在。

本條見太平廣記卷四神仙四「月支使者」條引仙傳拾遺，羅爭鳴據廣記輯入杜光庭記傳十種輯校仙傳拾遺。本書云出列仙傳，誤。另，此事亦見本書卷一三「漢武四多」條引仙傳拾遺。

〔一〕言：國圖舊抄本無本字。

廣記：麻陽村人見一野豬，射之。至一石室中，見一老人曰：「此非真豬，速宜出去。」童子送出門，村人曰：「老人誰耶？」曰：「河上公也，上帝令爲諸仙講易。」又問童子：「汝誰耶？」曰：「我王輔嗣也，未能精通於易，被罰守門。」童子以石塞門。四顧茫然，不知所在。

本條見太平廣記卷三九神仙三十九「麻陽村人」條引廣異記，亦見類説、紺珠集、説郛等書節引。

楊君問龍　葛公借魚

真誥：楊羲夢登高山，四面皆大水。見一白龍，身長數丈，東向飛行，空中光彩耀天。又見白衣女子入口中，須臾三入三出乃止，又還羲右邊而立。又覺羲左邊有一老公，著繡裳、芙蓉冠，柱赤九節杖而立。俱視白龍。某問：「何等女子，徑入龍口耶？」公對曰：「此太素玉女蕭子夫，取龍氣以煉形也。」又問：「公何人，來登此宇？」公答曰：「我蓬萊仙公洛廣休。此蓬萊山，吾治此上〔一〕。府君故來，乃得相見我耳。」某又問：「此龍可乘否？」答曰：「此龍當以待〔二〕真人張誘世、石慶安、許玉斧、丁瑋寧也。」又問：「一龍而四人乘耶？」公曰：「此侍晨官龍，如世之軺車。」

本條見真誥卷一七握真輔第一。

〔一〕上：原作「立」，據真誥校改。

〔二〕當以待：原闕，據真誥校補。

神仙傳：葛仙公出行，於路見人賣魚，謂魚主曰：「欲借此魚到河伯所，可乎？」主曰：「魚已死。」公即書符，内魚口中，投之於水，魚即跳起。

本條不見今本神仙傳。葛玄事亦見本書卷六「孝先水上」條引高道傳、本卷「葛呼錢飛」條引丹臺新録、卷一二「葛符上下」條引丹臺新録、卷一七「仙翁鞭巫」條引丹臺新録。

襲祖輕舉　自真昇虚

高道傳：道士雙襲祖，栖白馬巖，誦黄庭經，功成閉室，七日不出。弟子驚異，視之，忽然輕舉而昇，遺仙帔於木杪及巖中臥薦，後百餘年皆不壞。

本條見歷世真仙體道通鑑卷二八雙襲祖傳。

又道士賀自真，有文〔一〕學，趣嚮高邁，居嵩山修道。一日，雲鶴音樂，雜滿空際，自真遂昇虚而去。處士陳陶與洛人瞻〔二〕之，因賦詩曰：「子晉鸞飛古洛川，金桃再熟賀郎仙。三清樂奏嵩山下，五色雲屯御苑前。朱頂舞迎低〔三〕絳節，青鬟歌引〔四〕駐香軿。誰能白晝相悲泣，太極光陰億萬年。」

本條見歷世真仙體道通鑑卷三六賀自真傳。本條標題中的「虚」字，國圖舊抄本作「空」。

〔一〕文：原闕，據仙鑑校補。
〔二〕瞻：原作「贍」，據文意改。
〔三〕迎低：仙鑑作「翻迎」。
〔四〕引：仙鑑作「對」。

劉翊陰德　韓崇仁政

真誥：劉翊家巨富，周給困窮〔一〕，好行陰德。累遷陳留太守，損己分人。遇馬皇先生，告之曰：「子仁感天地，德動鬼神。太上嘉子之用情，使我來攜子以長生。吾仙官，爾能隨吾去否？」翊從之而行〔二〕，遂授以〔三〕服五星之華法。今在華陽洞中，爲右理監〔四〕。

本條見真誥卷一二稽神樞第二。

〔一〕困窮：國圖舊抄本作「貧困」。

〔二〕行：國圖舊抄本無本字。

〔三〕以：本字後真誥多出「隱地八術」四字。

〔四〕右理監：真誥作「定録右理中監」。

又韓崇，毗陵人，遇神人王偉元〔一〕，授以流珠丹元〔二〕法，語之曰：「子行此道，可以仕宦，功成之日，無妨仙舉。」崇初爲宛陵令，行仁政以撫民，蝗不集界。後遷太守，視民如傷，政化洽普。復遇偉元，再授隱遁解形法，遂入大霍山以度世。今在華陽，爲左理〔三〕監。

本條見真誥卷一二稽神樞第二。

〔一〕偉元：真誥作「瑋玄」。

〔二〕元：真誥作「一」。

〔三〕理：本字後真誥多一「中」字。

蕭文補履　負局磨鏡

神仙傳：蕭文常在市中爲人補履。十數年，人皆不知其神仙也，只見其不老。好事者欽之，就求道術，不能得之，惟梁毋得其作火之法。一日上三亮山，與梁毋相别，列數大火而昇。

本條不見今本神仙傳。

列仙傳：有一磨鏡叟，常負一鑑局於市中，不識姓名，皆不知其神仙，只以「負局」呼之。或時貨藥，服之者皆愈。

列仙傳卷下有「負局先生」條，然與本條引文不類。

顧和執盖　淳于典柄

真誥：顧和，吴人也，少孤，有志操。仕晉爲中丞，遷尚書僕射。永和七〔一〕年尸解，太上迎，補爲執盖郎。今在華陽洞中。

本條見真誥卷一五闡幽微第一。顧和於晉書卷八三有傳。

〔一〕七：原作「元」，據真誥、晉書校改。

列仙傳：淳于，上虞人也，自少好道，長於卜〔二〕筮。入天目山隱居，遇仙人惠車子，授丹經，功成。今在洞中，爲典柄郎，主試有道之士。

本條不見於今本列仙傳。

〔二〕卜：原作「十」，據輯要本校改。

韓康避名　戴孟改姓

後漢逸史：韓康字伯休，常採藥名山，賣藥長安路，口不二價，三十餘年。時有女子買藥，康守價不移。女子怒曰：「公是韓康伯休耶，乃不二價乎？」康嘆曰：「我本爲避名，今女子皆知有我，焉用藥爲？」乃遯入霸陵山中。公車連召，不至。

本條見後漢書卷八三逸民韓康傳。

高道傳：道士戴孟，本姓燕，名濟，漢末人。以謂養生者，隱其名字，藏其所生之時，改姓戴，託仕於武帝之朝。孟少好道，事母以孝。母服除，入華山，服朮。遇裴真人，授以玉珮金瑺經，遂能輕身，周遊名山，日行七百里。

本條内容略見於歷世真仙體道通鑑卷七戴孟傳。戴孟事亦見雲笈七籤卷一一〇洞仙傳「戴孟」條。

黄符療疫　蘇香返魂

搜神秘覽：長安有黄公者，嘗售得一僕，負檐相從，幾一二歲。家貧窘，夫婦悲嘆。僕聆之，問曰：「主人所須得幾何？」曰：「得五百千。」僕云：「某有小術，可以致之。」因市好紙，并筆硯、瓦缶、蒻茭各一，明晨與俱往市中。僕乃疊紙數百重，持筆謂人曰：「今書一符在紙面，使皆津透。來年長安大疫，此符可療。每道當丐[一]五十金。」後日，果五百千矣。遂行氣吹噓，草生火，光焰相燭，以瓦缶覆其首，入坐於火中，乃不知所在。來年長安果大[二]疫，有符者免焉。

本條見搜神秘覽卷中「方技」條。

[一]丐：原作「焉」，據搜神秘覽校改。輯要本作「售」，亦通。

[二]大：原作「火」，據輯要本校改。

洞微志：有蘇德哥者，善合返魂香。但殂經八十一年已上者，即不可返。時司天主簿徐肇嘗泣告之曰：「父母曾祖皆欲一拜之。」蘇唯唯，乃懷中取一貼，如白檀香，撮於鑪中，煙氣裊裊直上，其香甚於龍腦。蘇微吟曰：「徐肇欲見先靈，願此香煙，用爲追引。」食頃，忽然驚風拂幕，見其祖、曾父母俱至。肇泣拜，熟視之，其衣冠裝著悉如平時，曰：「今日嘉會，誠亦難得。」歔[一]訖，徐徐出幕，爲煙霧而散。德哥後亦不知所之。

洞微志，北宋錢易撰，一題名賢小説，原書已佚，紺珠集卷一二摘録十條；另外見引於各種宋人著書，如詩話總龜、苕溪漁隱叢話、南嶽總勝集、事物紀原、碧雞漫志等，但以新編分門古今類事引録最多。

本條部分内容見明陳耀文天中記卷四〇「八十不返」條引洞微志：「徐肇者，徐温諸孫也。蘇德哥爲返祖先魂，云死經八十一年以上，即返之不可也。」另，宋趙彦衛雲麓漫鈔卷一〇亦提及：「翟公巽祭儀謂，或祭於昏，或祭於旦，非是，當以鬼宿渡河爲候。其意出於洞微志返魂香事。是捨三代聖人之説，取不根之言，可乎？」故知本條確出洞微志。

〔一〕歔：國圖舊抄本作「語」。

玉卮娘子　金華仙人

幽怪録：有崔書生，於東周邏谷口見一女郎，具聘娶之。崔母曰：「新婦妖美，必是狐媚，傷害於汝。」女曰：「本侍箕箒，便望終天，尊夫人待以狐媚，明日便行矣。」明日入山，遂失所在。後有胡僧曰：「君所納妻乃仙女玉巵娘子，若住一年，舉家必仙矣。」崔生歎恨而已。

本條見玄怪録卷二「崔書生」條。

大洞玉訣曰：太初天有流汨之池，池中有玉樹，周回蓮華十丈，池廣千里，水乃香美。金華仙人恒處蓮華之中，飲流汨之水，則五臟明徹，面生紫雲。

本條内容部分見於雲笈七籤卷八三洞經教部經釋「釋三十九章經」第二十二章，云：「太初九素金華景元君曰：太初天中有華景之宫，宫有自然九素之氣。氣煙亂生，雕雲九色。入其煙中者易貌，居其煙中者百變。又有慶液之河，號爲吉人之津。又有流汨之池，池廣千里，中有玉樹。飲此流汨之水，則五臟明徹，面生紫雲。」

張誤食厭　應不茹葷

括異志：龍圖張公燾，即樞密直學士奎之子也。樞直爲殿中丞日，奉朝請，在京税宅子居，常閉關。一日有人叩門頗急，大呼曰：「小師入去，何故便不放出？」張起視之，乃一老道士也。疑其狂且醉，不復與之較量，良久乃去。邑君先妊娠，是夕生燾。景祐元年第甲科。後嘗誤食犬肉，夢黄衣使者追至一府，見一道士，謂曰：「何故食厭物？」張自辯曰：「非敢故食，誤耳。」道士曰：「若然者，且止此，吾爲言。」少選復出，呼張曰：「可謝恩。」乃引至一殿前，通曰：「張壽誤食厭物。」謝既，再拜而悟，汗流浹體。公神骨清粹，衿懷夷曠，豈非仙曹被謫者歟？

本條見括異志卷七「張龍圖」條。

高道傳：道士應夷節，母夢流星入牖，驚寤，室有光，因而孕焉。既生，不喜茹葷〔一〕。受〔二〕正一、紫虚等籙，師行之精謹，嘗謂弟子曰：「吾以維持教法，不能滅迹匿端，雖〔三〕道不違人，而勤行方至。然玉京金闕，泉曲酆都，相去幾何，唯心自兆耳。爾等勉之。」

本條見歷世真仙體道通鑑卷四〇應夷節傳。

〔一〕茹葷：原作「葷茹」，據仙鑑校改。

〔二〕受：原作「授」，據仙鑑校改。

〔三〕雖：原作「能」，據仙鑑校改。

子晉窺井　士則叩門

拾遺記：大始元年，魏帝爲陳留王之歲，有頻斯國，中有丹石井，非人之所鑿，下及漏泉，水常沸湧。仙欲飲之時，以長綆引汲也。其國人皆多力，不食五穀，日中無影，飲桂漿雲霧，羽毛爲衣。髮大如縷，堅韌如筋，伸之幾至一丈，置之自縮如蠡。續人髮以爲繩，汲丹井之水。水中有白蛙，兩翅，常來去井上，仙者食之。王子晉臨井而窺，有青雀銜玉杓，以授子晉。子晉取而視之，乃有雲起雪飛。子晉以袖揮之，則雲雪自止。白蛙化爲雙鳩，入雲遂滅。

本條見拾遺記卷九晉時事。

劇談録：嚴士則，穆宗朝爲尚衣〔一〕奉御。因入山採藥，覩一茅舍，煙蘿四合，見一人偃卧石上。士則問候，答曰：「予自安史犯順〔二〕，居此避世，不知年代，仍無煙火。念君遠來，無以療飢。」乃取紙囊中如藕〔三〕豆形者，取一粒，汲泉〔四〕煮之，良久香熟，令啗之，即覺豐飽。曰：「汝得至此，亦宿有分。汝他時位至方伯，儻能脱去塵華，長生必得矣。」

劇談録，唐康駢撰，原本二卷，後亦有人析爲三卷，明清傳本多爲二卷。本條見劇談録卷下「嚴史君遇終南山隱者」條及太平廣記卷三七神仙三十七「嚴世則」條引劇談録。

〔一〕衣：劇談録作「醫」。唐代有尚藥局，設奉御二人。「醫」字亦不妥。

〔二〕順：劇談録、廣記作「闕」。

〔三〕藕：原作「褊」，據劇談録校改。

〔四〕泉：本字後國圖舊抄本多一「水」字。

三洞群仙録卷之十二

正一道士陳葆光撰集

何侯灑酒　道子潑墨

總仙記：何侯，堯時隱蒼梧山。舜南狩，止何侯家。天〔一〕帝五老來，謁〔二〕舜曰：「昇舉有期。」翌日，五帝下迎舜，白日昇天。五帝以藥一器與何侯，使投酒中，一家三百餘口，飲不竭，以餘酒灑屋宇，拔宅上昇，位爲太極真〔三〕人。今九嶷山有何侯廟，在舜廟側。

本條見歷世真仙體道通鑑卷四何侯傳。

〔一〕天：原作「大」，據仙鑑校改。

〔二〕謁：仙鑑作「謂」。

〔三〕真：仙鑑作「仙」。元佚名撰氏族大全卷七五有何侯事，云何「爲太極仙侯」。

小仙傳：吴道子得神仙術，畫妙入神。唐太宗聞之，詔入宮庭，有粉牆數尋，俾畫山水。道子即命帳幕蒙芘其牆，以墨漿潑於牆上，復以幕覆之。良久曰：「請陛下觀畫。」其山林草木，人煙鳥獸，無不具備。上顧盻久之。見巖石之下有一小洞，道子指曰：「此洞多有神仙，扣之必有應者。」於是以手擊之，洞門岩開，有童子在側。道子曰：「洞中甚有佳致，請陛下一觀。」道子乃躍入洞中，以手招上。上不敢入，洞門復閉。道子自此不知所在。

小仙傳，不詳何書，此條提及唐太宗，當宋以後人作。本條見歷世真仙體道通鑑卷三二吴道元傳。

兼瓊酒星　張魯米賊

逸史：章仇兼瓊尚書鎮西川，嘗令左右搜訪道術之士。有一鬻酒者，酒勝其黨，又不急於利，賒貸甚衆。每有紗帽杖藜四人來，飲酒皆至數斗。積債十餘石，即併還之，談諧笑謔，酣暢而去。或報章公，公遂専令探伺。自後月餘不至。忽一日又來，章乃潛駕往詣，公服至前，躍出再拜，相顧徐起，遂失四人所在。時明皇好道，章公奏其事。詔召孫公問之，公曰：「此太白酒星耳。」

本條逸史指的是盧肇逸史。本條見紺珠集卷一〇「太白酒星」條、太平廣記卷四〇神仙四十「章仇兼瓊」條，並引逸史，另見白孔六帖卷一、海録碎事卷一三上鬼神道釋部仙門「太白酒星」條，均引自逸史。

天師傳：張魯字公期〔一〕，漢中、南鄭二郡太守，每行法治疾，立復康愈。每授法治病者，令致米一斛，遂積鉅萬。魏王輔政，謂之米賊，遣將統兵來討。時諸弟子見兵馬至，驚懼，走告師。師以手板畫地，河流湍急，兵不得渡，遂用水軍。師又以手板畫空，即九重峰嶺，直接重霄，兵不得前。遂聞魏王，遣使追謝，就拜梁、益二州刺史、鎮南將軍，封閬〔二〕中侯。後飛昇。

本條見歷世真仙體道通鑑卷一九張魯傳。三國志卷八魏書八有張魯傳。

〔一〕期：三國志作「祺」，仙鑑作「旗」。

〔二〕閬：原作「闕」，據三國志、仙鑑校改。

歸真示書　伯醜譚易

湘山野録：熙寧丙辰歲，交賊寇邕，郡倅唐著作子正盡室遇害。唐，桂州人，治平中赴京調舉，至全州，中塗欲僦一僕，乃遊袁州日所役舊奴也，挈重擔，勁若健羽，雖鞭馬疾追，長先百步之外。恐他逸，遂遣去。其僕當日自全州行至唐州，凡二千七百餘里，日午已到。留書祝驛吏曰：「候桂州唐秀才至，即付之。」君後月餘方抵唐，下馬於驛，驛吏前曰：「君莫〔一〕非唐秀才否？一月前有人留一書在此。」因出書示之，曰：「歸真子謹封。」唐因起封，惟一詩，曰：「袁山相見又之全，不遇先生道未圓〔二〕。大抵有心求富貴，到頭無分學神仙。篋中靈藥宜頻施，鼎内丹砂莫妄傳。待得角龍爲燕會，好求〔三〕黄壁卧林泉。」問其形貌，乃全州黠僕。及唐遇害，當丙辰，正合詩中所謂「角龍」也。

本條見湘山野録卷下「交賊寇邕」條。

〔一〕莫：原闕，據國圖舊抄本校補。

〔二〕圓：湘山野録作「緣」。

〔三〕求：湘山野録作「來」。

仙傳拾遺：楊伯醜好讀易，隱華山。何妥嘗問易之所〔一〕學，曰：「太華下金天洞中，我羲皇所教之易，與大道玄同，理窮衆妙，豈可與世儒常譚，而測神仙之旨乎？」

本條見太平廣記卷一八神仙十八「楊伯醜」條引仙傳拾遺。羅爭鳴據廣記輯入杜光庭記傳十種輯校仙傳拾遺。楊伯醜事亦見北史卷八九、隋書卷七八楊伯醜本傳，或爲仙傳拾遺所本。

〔一〕所：國圖舊抄本無本字。

葛符上下　鄭風南北

丹臺新録：葛仙翁嘗船行，弟子見公箱中有十許符，因問曰：「此符之驗盡何事？可得見否？」公曰：「神符亦無所不爲。」弟子欲願見之，公乃取一符，投水中。水迅急，符逐水而流下。公曰：「如何？」客曰：「今凡人投之亦當爾。」復投一符，即迎水逆上。公曰：「如何？」客曰：「異矣。」復取一符，投水中，符亭亭，不上不下。須臾，上符下，下符上，會中央，三符同聚而不流。

本條見歷世真仙體道通鑑卷二三葛仙公傳。葛仙翁（葛玄）事亦見本書卷六「孝先水上」條引高道傳、卷一一「葛呼錢飛」條引丹臺新録、卷一一「葛公借魚」條引神仙傳（當誤）、卷一七「仙翁鞭巫」條引丹臺新録。

鄭洪〔一〕傳會稽記曰：射的山南有白鶴山，此鶴爲仙人取箭。漢太尉鄭洪採薪，得一遺箭。頃有人覓洪，洪還之。問何所欲，洪識其神人也，常患若耶溪載薪爲難，願旦南風，暮北風。後果然。故若耶溪風至今猶然，呼爲「鄭公風」。

本條見後漢書卷三三鄭弘傳李賢注引南朝宋孔靈符會稽記。

〔一〕洪：後漢書作「弘」。

戴洋短陋　李阿貧窮

晉史：戴洋字國流，吴興長城人。年十二，病死，五日而甦。死時天使其爲酒藏吏，授符籙，給〔一〕吏從旛麾，將上蓬萊、崑崙、積石、太室、恒、廬、衡等諸山。既而遣歸，逢一老父，謂之曰：「汝後當得道，爲貴人所識。」及長，遂善風角，妙占候卜數。無風望，好道術，爲人短陋。

本條見晉書卷九五戴洋傳。

〔一〕給：原作「結」，據輯要本、晉書校改。

神仙傳：李阿，蜀人，常乞於成都，而所得復以散貧窮。夜去朝還，人莫知其止宿。後一日語人云：「予被召崑崙，當往。」遂不復見。

本條見神仙傳「李阿」條（漢魏本卷二、四庫本卷三）。

劉寛長者　夏啓明公

真誥：後漢劉寛，靈帝時爲太尉。嘗坐客，遣蒼頭市酒，迂久大醉而還，客不堪之，罵曰：「畜產。」寛須臾遣人視之，疑必自殺，顧左右曰：「此人也，罵畜産，辱孰甚焉，故吾懼其死也。」夫人欲試寛，令恚，伺當朝會，麗服已訖，使侍婢奉肉羹，翻汙朝衣，婢遽收之。寛色不異，乃徐言曰：「羹爛汝手。」其性度如此，海内稱爲長者。

本條前半見真誥卷一二稽神樞第二。

闡幽微篇云：夏啓、文王、邵公奭、吴季札，夏啓爲東明公。此四明公，後並當昇仙階也，主領四方鬼事。

本條見真誥卷一五闡幽微第一。

李𡣍蛟室　思邈龍宫

樹萱記：李𡣍〔一〕遇神女，遺以匹素，云蛟室所織。後遇胡人，以三百萬易之，云：「此龍頷小髯織成，三十小劫方斷一綜。」

本條見類説卷一三「神女遺龍髯疋素」條引樹萱録。

〔一〕𡣍：類説作「𡣍」。

續仙傳：孫思邈見人殺蛇，解衣而贖，用藥以封，投於草中。去數月，忽有人邀至一城郭，若王者之居，見一絳衣人，相謝曰：「前者小兒蒙救。」孫潛問左右：「此何所？」答曰：「涇陽水府。」留飲，問所須。孫曰：「山居樂道，故無所欲。」「君取龍宫方三十首，此方可以濟世救人。」孫歸，歷試諸方，救人不計數。著千金方，散龍宫方於其内。唐高宗聞名，除諫議，不受。後尸解，空衣。今爲孫真人。

本條見續仙傳卷中「孫思邈」條及雲笈七籤卷一一三下續仙傳「孫思邈」條。

葛期致雨　趙炳呼風

神仙傳：黄盧子姓葛，名期〔一〕，治病，千里寄姓名爲治，治皆愈。年二百八十歲，禁水，水爲逆流，力舉千斤，行及走焉。頭上常有五色光氣，高丈餘。天大旱時，到淵中召龍出，催促使昇天〔二〕，便雨數日。一旦乘龍而去，皆與親辭別，遂不復還。

本條見神仙傳「黄盧子」條（漢魏本卷一〇、四庫本卷四）、雲笈七籤卷一〇九神仙傳「黄盧子」條、三洞珠囊卷一救導品引神仙傳卷四。

〔一〕期：漢魏本神仙傳、珠囊、七籤均作「越」。

〔二〕催促使昇天：原作「使催促昇天」，據七籤、漢魏本神仙傳校改。

總仙記：趙炳字公阿，東陽人，曾遠行，遇舊交，炳乃酌東流水爲酒，削桑皮爲脯，皆極醉飽。曾至河，欲渡，岸傍求船，船人不應。炳乃鋪盖水上，而坐呼風，亂流而濟，悉無沾濕。時人神異之。

趙炳事見於後漢書卷八二下徐登趙炳傳及藝文類聚卷一九人部三「嘯」條、白氏六帖事類集卷一八嘯第三十、太平御覽卷三九二人事部三十三「嘯」條等引搜神記。李劍國新輯搜神記據後漢書輯，認爲後漢書取自搜神記。總仙記趙炳事亦當取自此二書。

阮丘貨葱　文賓餌菊

列仙傳：黄阮丘者，睦〔一〕山道士也，衣裘披髪，耳長六七寸，口中無齒，日行四五百里。每止於山上種葱，貨藥以度世。百有餘年，人皆不識之。及朱璜指出，方知其神人，候之已不見矣。

本條見列仙傳卷下「黄阮邱」條。

〔一〕睦：列仙傳作「睢」。

又文賓者，太丘人也，賣草履爲業。一日，棄妻入山，餌菊不出。妻老，入山尋夫，見賓更少，亦不肯下山。賓曰：「汝亦好道。」遂令妻餌菊養氣。夫妻俱得道。

文賓事見列仙傳卷下「文賓」條，然本條中「一日」之後文字，與列仙傳頗不類。

謝敷少微　李至亢宿

晉逸史：謝敷字慶緒，會稽人也。入太白山十餘年，鎮軍郗愔召爲主簿，臺召博士，皆不就。初，月犯少微。少微，一名處士星，占者以隱士當之。譙國戴逵有美才，人或憂之。既而敷死，故會稽人士以嘲吴人云：「吴中高士，便是求死不得死。」

本條見晉書卷九四隱逸謝敷傳。

玉壺清話：李至南宮〔一〕嘗作亢宿賦〔二〕，其賦序曰：「予少多疾，羸不勝衣。庚寅歲，忽夢遊一道宫，金碧明焕，一巨殿，一寶牀巋然於中。一金龍盤于牀上，碧髯金鬣，光射天地。旁有緑鬢道士，轉盻若嵓電，謂予曰：『此亢宿宫也，大象無停輪，宜速拜之。汝將事此龍，積疾亦消。』予將拜，龍輒先拜。」至道初，太宗皇帝立真宗皇帝爲皇太子，命公與李亢〔三〕相並爲賓客。太宗皇帝戒真宗：「二臣皆宿儒重德，不可輕待。吾選正人輔導於汝，宗基國本，吾無慮矣。」真宗恭禀皇訓，見必先拜，符亢宫之兆也。

本條見玉壺清話卷一。玉壺清話，宋僧文瑩撰。

〔一〕李至南宫：玉壺清話作「李南陽至」。

〔二〕亢宿賦：玉壺清話作「亢宫賦」。本書乃有意將「宫」字改爲「宿」，爲與上條中之「少微」相對（均爲星宿名）。

〔三〕亢：玉壺清話作「沆」。當以「沆」爲是。

王〔一〕畫瓦龜　黄折草鹿

酉陽雜俎：王瓊有道術，取一瓦片，畫作龜甲，懷之少頃，取出置地，則成真龜，循行庭下，經數日成瓦。

本條見酉陽雜俎前集卷五詭習，亦見太平廣記卷七八方士三「王瓊」條、紺珠集卷六「瓦龜」條引酉陽雜俎。

〔一〕王：原作「玉」，據輯要本校改。

西山記：黄真君名仁賢〔一〕，字紫庭，一日受玉皇詔上昇。而二弟尚在獵所，紫庭遽往召之。乃曰：「我等受性遊逸，不堪作仙，但願兄〔二〕舉家昇騰，我等未欲去世，亦恐捕鹿，冥數未足，致此迷執。」紫庭以其分然，乃付地仙之術，教其修化，復折草化鹿，止其妄心。二弟後隱於西山。

黄真君事亦見本書卷三「黄君父屬」條、卷五「青州從事」條引西山記。

〔一〕賢：本書卷三、卷五均作「覽」。

〔二〕兄：原闕，據國圖舊抄本校補。

觀香脱網　許映解束

真誥：王觀香，靈王之女，喬之妹也，得喬飛解脱網之道，與喬入山，積三十九年，道成，受〔一〕書爲紫青〔二〕宮妃，主領東宮。

本條見真誥卷三運象篇第三。

〔二〕受：原作「授」，據真誥校改。

〔三〕青：真誥作「清」。

丹臺新録：許映，長史之兄也。映絶志山林，勤心味道，遇王世龍，受解束之道，修反〔一〕行之法，服玉液，朝腦精，二三年中，面有光華，還顔反少。但恨其所禀不饒，不得其高品之通耳。司命敕吾舉之，使奏聞上宫，移名東渚，立爲地仙。

本條見真誥卷四運象篇第四，當源出真誥。

〔一〕反：原作「返」，據真誥校改。

周驅邪魅　劉役鬼神

西山記：周真君諱廣，字惠常，入蜀，得驅邪逐魅之術，以拯救疾苦。聞許真君在旌陽，以符呪療疾，遠近赴遡，乃自蜀雲臺山至旌陽求見，願事門下。許君從之，盡得其妙要。後從許君上昇。

周廣事亦見仙苑編珠卷下「持幢周廣」條引十二真君傳。

神仙傳：劉根，漢武帝時棄官學道，入嵩山石室中。廟掾王珍因請問根學仙時本末。根曰：「吾昔入山精思，無所不到。後於華陰〔一〕山，見一人乘白鹿車，從者十餘人，左右玉女執采旄之節。余再拜稽首，求乞一言，神人告曰：『爾聞有韓衆否？』答曰：『實聞之。』神人曰：『我是也。』遂授以道要。夫道有昇天躡雲者，有遊行五嶽者，有不死者，有尸解者。藥之上者，有九轉還丹、太一金液，服之皆立登天，不積日月矣。其次有雲母雄黄之屬，雖不即乘雲駕龍，亦可役使鬼神，變化長生。其次草木諸藥，能治百病，補虚駐顔，斷穀益氣，不能使人不死也。」

本條見神仙傳「劉根」條（漢魏本卷三、四庫本卷八）及太平廣記卷一〇神仙十「劉根」條引神仙傳。劉根事亦見本書卷七「劉根召鬼」條引神仙傳。

〔一〕陰：四庫本神仙傳、廣記同，漢魏本作「陽」。

李臻晦迹　張皓登真

高道傳：李臻家甚貧。一日有道士張齊物謁臻，求寓泊之地，臻待之甚厚。張每醉，或罵詈，嘔汙卧具，奴僕皆惡之，而臻未嘗介意。張因謂臻曰：「蒙君厚顧如此，今别去，能相送數里乎？」遂與之皆行。張曰：「余周遊人間五十年，未嘗見仁厚如君者。」遂以黄白術授臻，辭以命薄，不敢受。張茫然自失，曰：「君之道，非某所及也。」於是抽簪，引以爲劍，乃劃地，隨手而裂，曰：「自此爲别。」乃投身入地而没。臻異之。

本條見歷世真仙體道通鑑卷四八張齊物傳。

張皓，漢永初中嘗詔逸人爲道士，皓年二十歲，與其選。一日封衡忽至，皓望風伏膺，求啓未悟。衡因觀其心，遣涉于深淵，則遇鮫鯨迫之而貌不變；誘之以色，試之以財，而心不動。衡曰：「可教也。」於是付青腰紫書金根上經及神丹半兩，而誡之曰：「勤則得之，替則失之。」皓俯伏受命，遂入赤城山服丹行道，至魏太初〔一〕登真。

本條見歷世真仙體道通鑑卷二一張皓傳。

〔一〕太初：曹魏、元魏皆無此年號，仙鑑作「魏明帝太和初」。

安妃貴客　孫登奇人

真誥：興寧二〔二〕年，紫微夫人與安妃同降楊真人室。紫微曰：「今日有貴客來相詣。安妃，神女，乃李夫人之女，昔往龜山學上清道成，受太上書，補爲九華真妃，賜姓安氏，以遊行於太清也。」

本條見真誥卷一運象篇第一。

〔一〕二：真誥作「三」。

抱朴子云：孫登，奇人也，無家屬，每於山間穴地而處，冬則單衣，大寒，披髮自覆其身。而真誥亦云：孫登獨弦而成八音，真奇士。

本條未見於抱朴子内外篇，而見於神仙傳「孫登」條（漢魏本、四庫本均屬卷六），及太平廣記卷九神仙九「孫登」條引神仙傳。本條前半出神仙傳，多合於漢魏本神仙傳及廣記；後半見真誥卷一三稽神樞第三。

道者樱幕　先生布巾

茅亭記：雍法志嘗供養一石老君，每誦天蓬呪不輟。一夕，夢神人於石像前取一樱幕與之，曰：「但有患者以幕掃之。」言訖而覺，自後有疾者來，以幕拂之，應手而愈。時人爲頌曰：「雍道者，掃盲能視，拂跛能履。」患者雲集。

本條見茅亭客話卷一「雍道者」條。

丹臺新録：軒轅集居羅浮山，自號羅浮先生，人傳數百歲。每入山采藥，而龍虎隨侍而行。師能分形化影，無所不至。每出入，持一布巾，見有疾病，以布拂之，應時而愈。後不知所在。

本條亦見唐蘇鶚杜陽雜編卷下，當源出杜陽雜編；亦見歷世真仙體道通鑑卷四二軒轅集傳。軒轅集事，又見本書卷七「軒集援葉」、卷一〇「金盆射鵲」、卷一四「集獻豆蔻」引高道傳。

天台劉阮　合浦元柳

神仙傳：劉晨、阮肇嘗往天台山採藥，迷失道路。因過溪，見二女子，顏色殊絶，邀至家，設甘酒，下胡麻飯、山羊脯，食之甚美。館于山中半年許，洎歸，鄉邑零落，已七百年矣。

劉晨、阮肇入天台故事最早見幽明録，見引於法苑珠林卷三一、藝文類聚卷七山部上「天台山」條、白氏六帖事類集卷二、太平御覽卷四一地部六「天台山」條引幽明録及卷九六七果部四「桃」條引幽冥録、事類賦注卷二六。六帖、御覽卷九六七作幽冥録。廣記卷六一「天台二女」條亦載此事，談本云出神仙記，明鈔本云出搜神記。本條云出神仙傳，或承自談本廣記。事亦見仙苑編珠卷上「劉阮桃源」條。

傳奇：元和中有元徹、柳實，居於衡山，欲越海。艤舟合浦，忽颶風，飄入大海，莫知所適。俄至孤島，而風止。二子登岸，忽見雙鬟女子二人，因叩頭求哀，乞返人世。二女憫之，乃引謁南溟夫人，告以姓名。夫人笑曰：「昔有劉阮，今有元柳，豈非天也？」命二女送客，以玉壺一枚贈之，題詩曰：「來從一葉舟中來，去向百花橋上去。若到人間扣玉壺，鴛鴦自解分明語。」俄有橋，長數百步，欄檻上皆有異花。二子登橋，遂抵合浦。回視已無橋矣。將歸衡山，中塗以手扣玉壺，果有鴛鴦語曰：「當欲飲食，前行自遇耳。」忽道左有盤餚，飲食豐備，二子食之，不飢。後遇一叟，曰太極先生，以壺告之，先生曰：「此〔一〕吾貯玉液壺也，亡來已久。」後二子隨叟隱祝融峰，疑自此得道也。

本條見太平廣記卷二五神仙二十五「元柳二公」條引續仙傳、類説卷三二「元徹」條引傳奇。而續仙傳無此文，廣記當誤。事亦見南嶽總勝集卷下。

〔一〕此：原闕，據國圖舊抄本校補。

少君眉目　子榮鼻口

神仙傳：李少君，齊人也，聞漢武帝好神仙，少君以神方干武帝，云：「丹砂可作黃金，服之能昇天。」時見武帝御座有銅器，曰：「此齊威〔一〕公之器也。」帝驗其刻鏤之文，果是，乃知少君數百歲。肌膚光澤，其眉目口齒如童子焉。

本條見神仙傳「李少君」條（漢魏本卷六、四庫本卷六），及太平廣記卷九神仙九「李少君」條引神仙傳。

〔一〕威：神仙傳、廣記均作「桓」。宋人避欽宗趙桓諱而改「桓」作「威」。

丹臺新録：趙瞿字子榮，時患癩疾，垂死自厭。入山，以身投虎狼，不歸。忽遇異人，授以服食法，而疾除，身體輕强。年一百七十歲，有少容。臨卧，時見二美女出入口鼻之間，耳聞琴瑟之聲。在人間三百餘年，色如童子。

本條所載趙瞿事亦見神仙傳「趙瞿」條（漢魏本卷三、四庫本卷七）；另，三洞珠囊卷一救導品亦引，云出神仙傳卷一〇。丹臺新録或本自神仙傳。

真多朝元　可居占斗

列仙傳：李真多者，神仙李脱之妹也，隨兄修煉，而兄授之以朝元之要，行僅百年，狀如二十許，遇太上降。授以飛昇之道。今蜀中有真多治是也。

本條見太平廣記卷六一女仙六「李真多」條引集仙録。羅爭鳴據廣記輯入杜光庭記傳十種輯校墉城集仙録。本書云引自列仙傳，誤。

高道傳：道士任可居者，不知何許人，年四十，木訥愿慤，負囊事道士向道榮。道榮憐其志，以鎮元策靈寶訣付之，戒曰：「十八年後方可以示人災福之驗，勿窺榮利，無妄傳授，此道得之者神仙，泄之者夭枉。」可居自後漸言人休咎，或爲人禳醮，每占，先令其人齋戒，向壁列〔一〕斗魁之像，坐其前，則禍福吉凶歷歷如見。

本條見歷世真仙體道通鑑卷四二任可居傳。

〔一〕列：本字後仙鑑多出「燈爲」二字。

李泌潑蒜　叔茂種韭

鄴侯家傳：李泌少時，身極輕，能於屏風上立。有異人云：「此兒十五必昇騰。」父母惡之。忽聞空中異香，作蒜汁潑之，恐其飛騰也。既長，辟穀，每道引，骨節珊然，人謂之鎖子骨。嘗作歌曰：「天覆吾，地載吾，天地生吾，有意無不然，絶粒昇天衢，不然鳴珂遊帝都，焉能不貴復不去，空作昂藏一丈夫。」

鄴侯家傳，全名相國鄴侯家傳，記唐李泌事跡，其子李繁撰，已佚，存節本。類説卷二節二十五條，紺珠集卷二節二十二條，説郛卷七節七條，資治通鑑考異引二十五條，太平御覽卷九六九果部六「梨」條引一條。本條見類説卷二「鎖子骨」條引鄴侯家傳，及紺珠集卷二「鎖子骨」條、「鳴珂遊帝鄉」條、「屏風上立」條引鄴侯家傳。

真誥：秦時巴陵侯姜叔茂，來住句曲山下，種五果并五辛菜，常賣以市丹砂而用之。

今山間猶有韭薤，即其遺種耶？秦孝王時封侯，今名此地爲姜巴者是矣。

本條見真誥卷一三稽神樞第三。

龍君橘社　漁父杏壇

仙傳拾遺：柳毅家于江湘，儀鳳中下第，將還鄉里。其故人客寓涇陽者，往别之。未至六七里，見美婦人牧羊於野，心甚異〔一〕之，問其故，云：「洞庭龍君小女也，嫁于涇川小龍，爲夫所薄，愬於舅姑，舅愛其子，黜之，以至於此。」因託毅寓書于洞庭之北，有巨橘，謂之橘社，鄉里祠之。至其所，以物擊木三五聲，書可達矣。毅如其言，有武夫出波間，引毅入波中，其宫闕如王者之居。於是留毅宫中，歡宴累日。既還，贈遺珍怪，不可名述。

本條僅見此引。羅爭鳴據本書輯入杜光庭記傳十種輯校仙傳拾遺。

〔一〕異：原作「昜」，據輯要本校改。

南華真經：孔子遊乎緇帷之林，休坐乎杏壇之上，弟子讀書，孔子絃歌鼓琴。奏曲未半，有漁父者下船而來，鬚眉交白，披髪揄袂，行原以上，距陸而止〔一〕，左手據膝，右手持頤以聽，曲終。

本條見莊子雜篇漁父第三十一。

〔一〕止：原作「上」，據莊子校改。

張瀨飲水　伯陽餌丹

仙傳拾遺：張瀨，武陵人，幼而好學，常注念於桃源觀，願遇靈仙，以希度世。亦髣髴通感，祕而不言。乾符中，鄭洿出牧武陵，因述詞文，虔誠禱祝，以瀨牙將之中，素勤道法，令齋其詞致齋。法事未畢，有仙樂五雲之異。良久，垂一瑠璃瓶，自空而下，瀨捧接之，及一瓶水耳。盡飲之，甘美無比，忽然騰躍昇天而去。

本條僅見此引。羅爭鳴據本書輯入杜光庭記傳十種輯校仙傳拾遺。

神仙傳：魏伯陽入山作神丹，將弟子三人。丹成，知弟子心未盡，乃試之曰：「丹雖成，當試之以犬。犬飛者，可服之，若犬死，不可服也。」乃以丹餌犬，犬食即死。伯陽曰：「吾輩〔一〕違世俗，委家入山，不得仙道，亦耻歸。死之與生，吾當服之。」丹入口，又死。餘〔二〕二弟子相顧曰：「作丹以求長生，今服卻死，何如不服。」乃出山，營棺木。二〔三〕人去後，伯陽即起，與服丹弟子姓虞及白犬而出。逢其入山伐薪人，作手書與鄉里，寄二弟子。二弟子〔四〕爾時乃醒，悔恨而已。

本條見神仙傳「魏伯陽」條（漢魏本卷一、四庫本卷二）及太平廣記卷二神仙二「魏伯陽」條引神仙傳。

〔一〕輩：神仙傳、廣記均作「背」。

〔二〕餘：原作「徐」，據神仙傳、廣記校改。

〔三〕二：原作「一」，據神仙傳、廣記校改。

〔四〕子：原闕，據國圖舊抄本校補。

騾客排闥　胡琮啓關

神仙傳：茅山黄尊師，學行〔一〕甚高。開講之次，衆方雲集，忽有一人，排闥而呼曰：「道士奴，天正熱，聚衆何爲，何不入深山學道，敢漫語耶？」師不對。良久，色稍和，曰：「豈非要錢修造乎？可盡取破釜雜鐵來。」師如其旨，即命掘地爲鑪，以熾火銷鎔，取少藥攪之。少頃去火，已成白金矣。師感謝，笑而出門，不知所之。後有人見於京師，腰插一鞭，逐一騾，其去如飛，或目之爲騾客。

本條見太平廣記卷七二道術二「騾鞭客」條引逸史、雲笈七籤卷一一三上傳（雖題爲傳，實爲唐盧肇逸史）「黄尊師」條。本書云出神仙傳，誤。

〔一〕學行：廣記、七籤均作「法籙」。

搜神秘〔一〕覽：江州太平觀道正胡用琮，雙目失明，罷職。嘗令人引行觀中，至門時，天大雪，人言有貧者，口銜一筯，坐堦砌上貨墨，一金一寸。人稀售之。琮問其故，曰：「今日大雪，不能入城，遂憩此，而人少顧者。」琮憫焉，丐之五十金，日以爲常。忽一日，叩門告辭，關揵不開，相隔而語曰：「我贈君墨一寸，請自保之，隨意而用。若有患，磨服之，不復有苦。」琮謝之，問其姓，曰：「我賣墨牌榜即姓氏也。」乃置墨而去，漸聞聲遠，啓關，無及矣。琮因磨墨飲之，即覺兩目明徹。或曰：「以筯界口，乃『吕』字。」疑其洞賓也。

本條見搜神秘覽卷中「胡用琮」條。

〔一〕秘：原闕，據搜神秘覽校補。

沈彬石槨　袁玘銅棺

賈氏録談：沈彬郎中少好道，將卒，戒其子云：「吾所居堂中，正是吉地，即葬之。」子孫不敢違，既兆其穴，開之，見石槨一所，甚寬廣。及有青石蓮燈三枚，鐫刻甚妙。又有石記云：「開成二〔一〕年開，雖開亦〔二〕不埋。漆燈猶未照〔三〕，留待沈彬來。」後人見棲於西山天寶洞。

賈氏録談，當爲賈氏談録之誤，宋張洎撰，録賈黄中所談三十餘事。近年學界已證仍存完本，爲海日樓藏舊抄本。然本條不見於賈氏談録。本條前半見於徐鉉稽神録卷五「沈彬」條及太平廣記卷五四「沈彬」條引稽神録；後半見紺珠集卷一一「沈彬石墓」條、新編分門古今類事卷一七墓兆門「沈彬石燈」條，並引乘異記。沈彬事又見本書卷一五「沈彬三舉」條引郡閣雅談。

〔一〕二：古今類事同，紺珠集作「一」。

〔二〕亦：古今類事、紺珠集作「即」。

〔三〕照：古今類事、紺珠集作「點」。

袁府君祠堂記云：府君，後漢人也。按北齊修文御覽云，陽羨初立縣時，會稽袁玘生有神異，而君始爲令於此，逆知水旱，自言死當爲神。或寢息繼日，夢與神宴會。一旦無疾暴亡，殯後風雨晦冥，忽失柩所在。有民夜聞荆南山若數千人聲，晨往視之，而柩在焉，亟抵縣白之。吏民馳至，柩已神藏，止見石壇石冢而已。於是改荆南山爲君山，至今俗呼爲銅棺山，以謂府君亡時天降銅棺，如王喬爲葉令，天降玉棺類也。

袁府君祠堂記，又名漢袁府君廟記，宋單子發紹興八年（一一三八）撰。咸淳重修毗陵志卷二九碑碣有載。同書卷一四祠廟「果利廟」條載：「果利廟在縣荆溪南，舊稱袁府君廟，即漢陽羨長袁玘。國朝皇祐三年（一〇五一）以雨應禱，虞大熙作祠銘。紹興間令王粱材始增葺之，單子發復序其事。政和初賜今額。」另單子發亦作有風土記，中有袁府君的相關内容，與本條近似。修文御覽，即修文殿御覽，北齊類書，已佚，今存敦煌抄本殘卷一種。

本條見宋樂史太平寰宇記卷九二江南東道四引風土記，云：「漢時縣令袁玘，常言死當爲神。一夕，與天神飲醉，逆知水旱，無病而卒，風雨失其柩。夜聞荆山有數千人噉聲，人往視之，棺已成冢。因改爲君山，立祠其下。山上有池，池中有三足鱉、六眸龜。」

紫雲乘風　黄梅墮井

紀聞録：唐開元二十四年春二月，駕在東京，以李適之爲河南尹。其日大風，有女冠乘風至玉真〔一〕觀，集于鐘樓。人觀者如堵，以聞於尹。尹率略人也，怒其聚衆，袒而笞之。而乘風者既不哀祈，亦無傷損，顔色不變。適之大駭，方禮謁。奏聞，敕召入内殿。訪其故，乃蒲州紫雲觀女道士也，辟穀久輕，因風遂飛至此。後因風復飛去，不返。

紀聞録，又名紀聞，十卷，唐牛肅撰，崔造注，已佚，太平廣記引凡一百二十六條。本條見廣記卷六二「紫雲觀女道士」條引紀聞。

〔一〕真：廣記作「貞」。

廣異記：黄梅縣女道士張連翹，年八九歲，常持瓶汲水，忽見井中有蓮花，如小盤，漸漸出井口，往取，便縮，不取又出。如是數四，遂墮井。家人怪久不還，往視，見連翹立井水上。自後不食，父母命出家爲道士。年十八，晝日於觀中獨坐，見天上雨錢，又雨黄藥，吞二粒，覺神情〔一〕倍於常日。

本條見廣異記卷二「張連翹」條、太平廣記卷六四女仙九「張連翹」條引廣異記。

〔一〕情：廣異記、廣記均作「清」。

魯聰致雷　王向分影

續仙傳：葉千韶，字魯聰，有道術。嘗遇歲旱，人請祈禱，師即焚香啓祝，須臾降雨。人有請致雷者，以足擦地便鳴，從地底發〔一〕轆轆聲。一日，於城市忽驅叱以振威，人詰之，曰：「我見某處火災，故救之耳。」驗之信然。

本條見續仙傳卷中「葉千韶」條。葉千韶事又見本書卷九「千韶天書」條引續仙傳。

〔一〕發：原闕，據續仙傳校補。

列仙傳：王向生而秀異，日望終南山高峰，謂父母曰：「兒長大，必居此山。」人甚器之。既冠，不願仕，以坐忘遺照爲事。遇神仙孟先生，授以道法，能變化，分形化影。

本條見歷世真仙體道通鑑卷三五王向傳。今本列仙傳未見王向事。

謝雲一川　王濤萬頃

集仙録：果州謝自然絶粒，多言道家事，詞氣高異。刺史韓佾至郡，疑其妄，延入州，閉之累月，率長幼開籥出之，膚體儼然。佾即使女自明師事之，又於大方山置壇，請道士程太虛具三洞籙，遷自然居於州郭。貞元九年，刺史李堅致任，自然告云：「居城郭非便，願依泉石。」堅即築室於金泉山。一日詣州，與李堅别，即於金泉山白日上昇。士女數千人，咸共瞻仰，須臾五色雲遮亘一川。

本條見太平廣記卷六六女仙十一「謝自然」條引集仙録。羅爭鳴據廣記輯入杜光庭記傳十種輯校墉城集仙録。

墨客揮犀：王平甫熙寧癸丑歲，直宿崇文館，夢有人邀之至海上，見中央宫殿甚盛，其中作樂，笙簫鼓吹之伎甚衆，題其宫曰「靈芝宫」。平甫欲與俱往，有人在宫側，隔水謂曰：「時未至，且令去，他日當迎之至此。」恍然夢覺時，禁中已鐘鳴矣。爲詩曰：「萬頃波濤木葉飛，笙簫宫殿號靈芝。揮毫不似人間世，長樂鐘聲〔一〕夢斷〔二〕時。」

本條見宋彭乘墨客揮犀卷六「夢到靈芝宫」條。

〔一〕聲：墨客揮犀作「來」。

〔三〕斷：墨客揮犀作「覺」。

秀川鐵扇　觀福金餅

野人閑話：祠部員外郎彭曉，字秀川，自號真一子。常謂人曰：「我籛鏗之後，世有得道者。余雖披朱紫，食禄利，未嘗懈怠於修煉。去作一代之高人，終不爲下鬼者矣。」宰金堂縣，則恒騎一白牛，於昌利山往來，似有會真之所，往往有白鶴飛鳴前後。曉注陰符經，解參同契。每篆符，謂之鐵扇子，有疾者餌之輒愈。

本條見引於清文廷式純常子枝語卷九。

集仙録：黄觀福家貧，每以柏葉爲香焚之。食柏，不嗜五穀。既笄，欲嫁之，忽謂父母曰：「門前井中極有異物。」往看之，水果洶湧。乃自投水中，良久不出。漉之，得一古像天尊，狀貌與女無異，水即澄靜。便以木像置路側，號泣而歸。其母時來視之，懷念不已。忽有綵雲仙樂，導衛甚多，與女子三人，下其庭中，爲謂〔一〕父母曰：「女本上清仙人也，有小過，謫在人間。年限既畢，復歸天上，無致憂念也。」又曰：「此〔二〕今年疾疫，死者甚多，移家益州，以避凶年。」即留金數餅，昇天而去。

本條見雲笈七籤卷一一六墉城集仙録「黄觀福」條，羅爭鳴據七籤輯入杜光庭記傳十種輯校墉城集仙録；另見太平廣記卷六三女仙八「黄觀福」條引集仙傳。

〔二〕謂：原作「爲」，據國圖舊抄本校改。

〔三〕此：本字後國圖舊抄本多一「處」字。

三洞群仙録卷之十三

正一道士陳葆光撰集

沙苑矯翅　華陽養翮

高道傳：益州城西有道觀，非修習者莫之居。徐佐卿嘗自稱青城〔一〕道士，一歲三四至。天寶中重陽日，明皇獵于沙苑，見雲間〔二〕一孤鶴翔飛。上射中之，帶箭而墜，倏然矯翅，翥于東南。是日，佐卿攜箭而來，神采不怡，謂人曰：「吾行山中，偶爲此物所加，已無恙矣。此箭非人間所有，越明年，箭主到此，當付之。」遂留於後壁，復題其時云「十三載九月九日」也。明皇狩蜀，至觀，因幸道院，見前箭，命取閲之，即御箭爾。上驚異，詢之，道士以實對，即知前歲沙苑中所射之鶴乃徐佐卿也。復覽其題，則又知當日自沙苑一翥而至於斯也。今有飛仙嶺，傳佐卿帶箭飛泊之所，下有飛仙觀存焉。

本條見歷世真仙體道通鑑卷四二徐左卿傳，唯「佐」作「左」。

〔一〕城：本字後仙鑑多一「山」字。

〔三〕間：國圖舊抄本作「中」。

真誥：姜叔茂爲巴陵侯，棄官，入句曲山修煉。道成，寄書與僚友云：「我昔學道於鬼谷，道成於少室，養翮於華陽，待舉於逸城〔一〕。時乘飆輪，宴我句曲。悟我〔二〕永嘆，代謝之速。」

本條見真誥卷一三稽神樞第三。

〔一〕城：真誥作「域」。

〔二〕我：真誥作「言」。

馮長回黄　世京守白

真誥：馮長字延壽，年十五，通陰陽占候之術。感鄧真人授書，能回黄轉赤，而面生玉澤。道成，今爲西嶽真人。

真誥卷九協昌期第一、卷一〇協昌期第二均提到馮延壽，但未有本條。

又陳世京，守玄白之道，常旦旦坐卧任意，存泥丸黑氣、心中白氣、臍中黄氣，三氣俱生如雲，以覆其身，因變成火，火燒於〔一〕身，洞徹内外。如此旦旦行之，服氣二〔二〕十過，畢，乃止。所謂知白守黑，欲死不得；知黑守白，萬邪消卻。世京後得仙。

〔一〕本條見真誥卷一三稽神樞第三。

〔二〕燒於：真誥作「又繞」。

〔三〕二：本字前真誥多一「百」字。

裴雲盤旋　戚霞焕赫

續仙傳：裴玄靜，幼而恬淡。及笄，願入道。父母曰：「女生有歸。」遂逼之以適李言爲妻。夫妻如賓。幾月，乃告於夫曰：「神人不許爲君妻，請絶之。」獨居一室，中夜嘗聞談笑之聲。夫疑而潛窺之，光明滿室。及旦，與夫別去，而雲霞盤旋，仙女奏樂，而玄靜上昇。

本條見續仙傳卷上「裴玄靜」條、太平廣記卷七〇女仙十五「裴玄靜」條引續仙傳。

戚氏號逍遥，好道，誦經不輟。及笄，父母强適蓟尋〔一〕爲妻。而逍遥獨處一室，絶粒靜坐，而人莫得而測。一夕，聞屋裂如雷聲，但見衣裳在室，仰視雲霞焕赫，而逍遥上昇。

本條見續仙傳卷上「戚逍遥」條、太平廣記卷七〇女仙十五「戚逍遥」條引續仙傳。

〔一〕尋：續仙傳、廣記均作「潯」。

正節野人　含光清客

高道傳：吴筠天師，字正〔一〕節，天寶初至京師，係道士籍。入嵩山，依潘師正，究其術。明皇聞名，召與語，甚悦。上復問道，對曰〔二〕：「深〔三〕於道者無如老子五千言。」復問神仙治鍊法，對曰：「此野人之事，積歲月求之，非人主宜留意。」筠每開陳，皆名教世務，以微言諷天子。天子重之。

本條見道門通教必用集卷一歷代宗師略傳「吴宗玄」條引高道傳及歷世真仙體道通鑑卷三七吴筠傳。

〔一〕正：仙鑑同，必用集作「貞」。

〔二〕曰：原闕，據必用集、仙鑑校補。

〔三〕深：原闕，據必用集、仙鑑校補。

道士李含光工篆隸，或稱過其父。一聞之，終身不書。後師正一先生，雲篆寶書，傾囊相付，且曰：「李含光，真玉清之客也。」

本條見道門通教必用集卷一歷代宗師略傳「李含光」條引高道傳及歷世真仙體道通鑑卷二五李含光傳。李含光事又見本書卷一一「李對道德」條引高道傳。

隱柱羅遠　入圖柳成

逸史：道士羅公遠，時明皇一日召見，問隱形術。對曰：「陛下以玉書金格簡於九清矣，豈以社稷之重，而輕徇小術耶？」上怒公，辱罵之。走入殿柱中，數上過。上愈怒，劈柱追之。既見入玉碣中，又碎碣爲十數塊，皆有公遠之形。上謝之，乃如故。上復强之不已，因教焉，然不肯盡其術。試自隱，常露衣帶，或見影迹。上怒，遂斬之。有中使輔仙玉自蜀還，逢公遠駕，與語。袖出一書及蜀當歸爲寄。仙玉具以奏，上頗加悔恨。天寶末，果西蜀之幸，當歸不誣矣。

本條見太平廣記卷二二神仙二十二「羅公遠」條引神仙感遇傳、仙傳拾遺、逸史三書。而本條所載與雲笈七籤卷一一三上傳「羅公遠」條中公遠被射事不同。羅公遠事亦見本書卷三「公遠碧落」條引本傳、本書卷六「金城絳闕」條引逸史、卷一四「太真霓裳」條引逸史、卷一八「公遠白魚」條引高道傳。

酉陽雜俎：貞元末，有畫人甯采，圖爲竹林會，甚工。坐客郭萱、柳成二秀才，每以氣相軋。柳忽眄圖，謂曰：「今欲爲公設薄伎，不施五色，令其精采殊勝，如何？」郭殊不信。柳曰：「當入彼畫中治之。」乃騰身起，入圖而滅，坐客大駭。圖表於壁，衆摸索不獲。久之，忽語曰：「郭子信矣？」聲若出畫中也。食頃，瞥自圖上墜下，指阮籍像曰：「工夫祇〔一〕及此。」衆視之，覺阮籍圖像獨異，脣若方嘯。甯采覩之，不復認，意其得道，與郭俱謝之。數日遂遁去。

本條見酉陽雜俎續集卷一支諾臯上；亦見太平廣記卷八三異人三「柳城」條、類説卷四二「竹林圖」條，並引酉陽雜俎。

〔一〕祇：原作「抵」，據酉陽雜俎、廣記校改。

子虛學古　桃俊明經

真境録：暨天師名齊物，字子虛，學古，通經傳。時有浮屠梵臻，問道釋所起之由。師爲分其同異，曰：「道無前後，杳不可稱論也。且老子即長生仙道，屬太上左宫，故老子生左腋，手舉於左，故貴左。法教服其黄，黄者陽也，得其道則存亡在已，出入無間。大劫有窮，而吾道不泯。太子即輪轉生死之道，滅度之法，屬太上右宫，故太子生右腋，手舉於右，故貴右。法教服其緇，緇者陰也，命盡而有死。其二法殊途，同歸於太上，非至人莫見其奥也。」聽者嘆服。

暨齊物傳見宋鄧牧洞霄圖志卷五「暨天師」條，然不見本條所載答浮屠梵臻問道釋所起之事。

真誥：桃俊字翁仲，少爲郡幹佐，明經術。晚爲交阯太守，遇東郭幼平，教俊〔一〕服九精鍊氣輔星在心之術。俊修之得道。今在洞中。

本條見真誥卷一二稽神樞第二。

〔一〕教俊：原闕，據真誥校補。

滕公火鈴　許君燈檠

澠水醼談：滕宗諒待制守歷陽，聞山中有逸人，隱居窮僻。滕訪之。會其方眠，呼覺，揖滕偶坐，言極有理。滕詢其山居幾許年月，曰〔一〕始避兵寇，獨處於此，但見花卉滿中〔二〕，即知爲春；草木摇落，即知爲秋；大寒大暑，即知冬夏。坐久，顧滕曰：「日向夕，當亦必飢。有山芋野栗，可以充飡。」乃撥松卉火炮芋栗遺滕。食訖，語：「以手搯火，得無苦耶？欲致一火鈴，可否？」笑曰：「久處山中，安於恬淡，不欲以物役心。鈴無用。」日暮，滕悽然而歸。後再遣人致問，已不復知所止矣。

澠水燕談卷一、卷六載滕宗諒事，然無本條所記山中逸人事。

〔一〕曰：原闕，據國圖舊抄本校補。

〔二〕中：本字國圖舊抄本作「山」。

西山記：許真君與吴君還豫章，因歸逍遥山，日與弟子講論教戒。鄉里人皆遷善遠罪，仁孝興行。嘗有以鐵燈檠詣山售者，真君買之，夜爲燈照，漆剥處，細視之，乃黄金也。遽訪其人還之。

本條見歷世真仙體道通鑑卷二六許太史傳。

伯慈疾愈　禮正身輕

真誥：范伯慈有邪勞之疾，頓卧經年，費用家財而疾不除。於是發心入道，棄俗務，静坐修養，五十日而疾愈。於是入天目山，服食精思。十九〔一〕年，感真仙降，授丹藥，服食，白日昇天，補爲玄一真人。

本條見真誥卷一四稽神樞第四。

〔一〕九：真誥作「七」。

衡山有學道者張禮正，初遇西城王君，授丹方，服食。自後目明身輕，日行五百里。東華帝君遣迎，白日乘雲上昇。

本條見真誥卷一四稽神樞第四。

漢武四多　黄帝七味

仙傳拾遺：月支使者謂武帝曰：「眼多視則貪慾，口多言則犯難，心多動則淫賊，身多飭則奢侈〔一〕。未有用此四多，而天下成治者也。」

本條見太平廣記卷四神仙四「月支使者」條引仙傳拾遺。羅爭鳴據廣記輯入杜光庭記傳十種輯校仙傳拾遺。此事亦見本書卷一一「月支獻獸」條引列仙傳，列仙傳當爲仙傳拾遺之誤。

〔一〕心多動則淫賊身多飭則奢侈：廣記作「身多動則注賊，心多節則奢侈」。

黄帝内傳：王母授帝七味之術。帝曰：「何謂七味？」王母曰：「目味即不明，耳味即不聽，口味即不爽，鼻味即不通，手味即不固，足味即不正，心味即不真。但心不亂即真矣，目不味即明矣，耳不味即聰矣，口不味即爽矣，鼻不味即通矣，手不味即固矣，足不味即正矣。是知七味，其要在一，一之稍味，六味俱塞，則一身不治，近於死也。」

本條僅見此引。黄帝事亦見本書卷七「黄帝置觀」條引黄帝内傳。

黄覺餞客　仙鳳赴會

劉貢父詩話：黄覺善詩，嘗餞客都門外，至則客已遠，不及。旅舍中，見一羽士在側，因取所攜酒肴，呼道士共飲食。既罷，道士舉皿摭水，寫「吕」字。覺始悟其爲洞賓也。道士曰：「明年江南見君。」覺果得江南官。及期，見道士，出懷中大錢七，其次十〔一〕，又三小錢，曰：「數不可益也。」予藥，可數寸許，告曰：「歲旦以酒磨服之，可保一歲之疾。」覺如其言。至七十，藥亦垂盡，作詩曰：「牀頭曆日無多子，屈指來年七十三。」果以是歲終。

劉貢父詩話，又稱貢父詩話，宋劉攽撰。本條見皇朝類苑卷四四「黄覺」條引劉貢父詩話，及詩話總龜前集卷四六神仙門上引貢父詩話，亦見貢父詩話。

〔一〕十：原闕，據三本校補。

仙傳拾遺：劉仙鳳者，九隴道士也。因入白鹿山，見神人，授隱祕之術。堋口山有大雪寺，方衆會，仙鳳與道流十餘人赴其會。既不爲之禮，鳳與道流纔出，忽聞齋處衆人驚徹，連聲不已，云：「籬外籬中有虎三十餘頭，縱横出入。」衆不暇食，憂懼，莫知所爲。僧知其術也，命衆人與衆僧望仙鳳焚香，致禮悔謝，虎乃息。

本條僅見此引。羅爭鳴據本書輯入杜光庭記傳十種輯校仙傳拾遺。

元卿麟脂　介象緇膾

續仙傳：謝元卿遇神仙，設鳳冠粟、龍精〔一〕稻、素〔二〕麟脂、班螭髓、玄洲白榇、空洞靈瓜、扶桑丹椹、清河文藻，又有瓊粭酒、桂腦芸英，又彈八琅之璈、叢霄之笙、洞〔三〕陰之磬，奏元鈞之歌，回〔四〕鸞轉鳳之舞。

本條見類説卷三「琅玕樹」條、錦繡萬花谷後集卷二七「琅玕樹」條、紺珠集卷二「琅玕樹」條，並引續仙傳。而今本續仙傳未見此條。李劍國定本條爲仙傳拾遺佚文，待考。元卿事又見本書卷一一「元卿琅玕」條引廣記。

〔一〕精：三本均作「睛」，義善。

〔二〕素：原闕，據三本校補。

〔三〕洞：本字前紺珠集多一「擊」字。

〔四〕回：本字前三本均多一「作」字。

廣記：介象字元則，與吴王論膾何者最美。象曰：「海中鯔魚爲上。」請於殿前作方坎，汲水滿之，象垂綸於坎中，食頃，得鯔魚，作膾。

本條見太平廣記卷七六方士一「介象」條引建康實録。事見建康實録卷二引吴録。

章后折爪　守一破塊

感應録：陳武帝章皇后母蘇氏，嘗遇一道士，以一小龜遺之，光彩五色，曰：「三年有應。」及期，后生，紫光照室，因失龜所在。后少美容儀，手爪長五寸，色並紅白，每有期功之服，則一爪先折。

感應録，不詳。本條見陳書卷七高祖章皇后傳。

王氏神仙傳：王守一，貞觀初自號終南山人、王布衣，賣藥於洛陽。富人劉〔一〕信生一子，眉上一肉塊。布衣壺中抔〔二〕藥一粒，傅之。須臾，肉破，有小蛇突出，五色爛然，漸及一丈許。布衣叱之，蛇躍起，雲霧昏暗，布衣乘蛇而去。

本條見類説卷三「眉上肉塊」條引王氏神仙傳、錦繡萬花谷後集卷二七「眉上肉塊」條引王氏神仙傳、歷世真仙體道通鑑卷三一王守一傳。羅爭鳴據仙鑑輯入杜光庭記傳十種輯校王氏神仙傳。

〔一〕劉：類説、仙鑑同，錦繡萬花谷作「柳」。

〔二〕抔：類説、錦繡萬花谷、仙鑑均作「探」。

王倪飛步　許鵲上昇

王氏神仙傳：王倪，即齧缺師也，得道於羲、農之間。黄帝遇之，以傳道要。歷少昊、顓帝世，常遊人間，行飛步之道。堯、舜之時猶見者，後一日昇天。

本條又見歷世真仙體道通鑑卷四王倪傳。羅爭鳴據本書輯入杜光庭記傳十種輯校王氏神仙傳。

郡閣雅談：許鶡真人，唐末遊南嶽招仙觀，壁上題歌一首，云：「洪鑪烹鍊〔一〕人性命，器用不同分皆定。妖精鬼魅鬬神通，只自干邪不干正。黄口小兒初學行，唯知日月東西生。還爲萬靈威聖力，移月在南日在北。玉是玉兮石是石，藴棄深泥終不易。鄧通餓死嚴陵貧，帝王豈是無人力。丈夫未達莫相侵，攀龍附鳳損精神。」題後數日上昇。

本條見詩話總龜前集卷四六神仙門上引郡閣雅談。

〔一〕鍊：詩話總龜作「鍛」。

子長德合　圖南道成

真誥：太上真人告長史云：「我見南陽樂子長，淳朴之人，不師不受，順天任命，亦不知修生之方，行不犯惡，德合自然。雖不得延年度世，死登福堂，煉神受氣，名賓帝録。今補修文郎，天資有分，亦由先世積德，流慶所及。若使有攝生之理，兼行太上之訣，以此求道，無往不舉矣。」

本條見真誥卷八甄命授第四。

高道傳：陳摶字圖南，舉進士不第〔一〕，肆志山水間，凡二十餘年。夜於庭間見一金甲神人，持劍曰：「子道成矣，當有歸成之地。」先生曰：「何謂歸成？」金人云：「歸成之地者，蓋秋爲萬寶〔二〕之所，斂而歸者也。」「吾其隱於西方乎？」遂遷入華山居。

本條見歷世真仙體道通鑑卷一三陳摶傳。

〔一〕舉進士不第：仙鑑無本句。

〔二〕寶：仙鑑作「物」。

淳風占日　薛曠諫星

國史異纂：唐太史李淳風校新曆，曰：「太陽合朔當蝕。」既於占不吉，太宗不悦，曰：「日或不食，卿將何以自處？」曰：「如有不蝕，臣請死之。」及期，帝使人於庭謂淳風曰：「吾放汝與妻子别。」對以「尚早一刻」，指表影曰：「至此則蝕。」如言而蝕，不差毫髮。又嘗奏曰：「北斗七星當化爲人，明日至西市飲酒，宜令候取。」太宗從之，乃使人候。有婆羅門僧七人，入自金光門，至西市酒肆，登樓而飲。使者登樓，宣敕曰：「今請師等至宫。」胡僧相顧而笑曰：「必李淳風小兒言我也。」飲畢下樓，已失胡僧所在。

國史異纂，又名隋唐嘉話、國史傳記，三卷，唐劉餗撰。本條見太平廣記卷七六方士一「李淳風」條引國史異纂及紀聞。本條前半「李淳風校新曆」部分見隋唐嘉話卷中，後半「北斗七星化爲人」事當出紀聞。

仙傳拾遺：薛頤，河東汾陰人，後居渭州〔一〕。去俗爲道士，明於天文律曆。太宗將封禪，有彗見，頤諫而止之。每奏災祥，與李淳風符契。後無疾而卒，有異香、雲鶴、天樂之異，山下及觀中咸聞見之。及葬，空棺而已。

本條僅見此引。羅爭鳴據本書輯入杜光庭記傳十種輯校仙傳拾遺。

〔一〕州：國圖舊抄本作「川」。

子華太霄　遠遊上清

真誥：山陽吕子華，陰君之弟子也，服虹丹之液，未讀内經，來從太君〔一〕授太霄隱書而誦之。常以幽館〔二〕方臺爲樂，而不願造仙位。

本條見真誥卷一四稽神樞第四。

〔一〕太君：真誥作「東卿」。

〔二〕館：真誥作「隱」。

許先生邁，改名遠遊，乃長史之兄也。君清虛懷道，幽棲野外，遇異人授返行之法，服玉液，朝腦精，而面光華，還顔返少。晉永和中嘉遁不返，後棲大滌〔一〕中峰。丹成，天降玉童白鹿下迎。今南陵院乃其遺跡。

本條内容前半（「晉永和中」之前）見真誥卷四運象篇第四、卷二〇翼真檢第二。

〔一〕滌：本字後國圖舊抄本有一「山」字。

公房舐瘡　張蒼吮乳

神仙傳：李八百，蜀人也，年八百歲，因以爲號，或隱山林，或出市里。唐公房〔一〕有至心，而不遇明師。李欲試之，爲作傭〔二〕客，公房不知是仙人。八百驅使用意，過於他客，公房甚愛之。後八百僞作病困，欲死，公房爲迎醫合藥，價數十萬，不以爲損，憂念之意，形於顔色。八百轉作惡瘡，遍身臭不可近。八百曰：「吾瘡若得君舐之，當愈。」公房即爲舐。八百曰：「君舐復不能愈，君婦舐之當愈。」公房乃使婦舐。八百曰：「然三十斛美酒浴，當即愈。」公房乃爲具酒浴瘡，體如凝脂，亦無餘痕。乃告公房曰：「吾是仙人，子至心〔三〕，故相試爾。子可教也。」以丹經一函授之。公房入雲臺山中合丹，丹成，而白日昇天。

本條見神仙傳「李八百」條（漢魏本卷二、四庫本卷三）、太平廣記卷七神仙七「李八百」條引神仙傳。本條部分内容亦見本書卷一四「公昉仙酒」條引摭遺。

〔一〕房：神仙傳作「昉」。下同。

〔二〕傭：原作「偏」，據神仙傳校改。

〔三〕至心：國圖舊抄本作「有志心」。

抱朴子：漢丞相張蒼偶得小術，吮婦人乳汁，得一百八十歲。此盖道薄者耳，而蒼爲之，猶得中壽之三倍，況於備術？行諸秘妙，何爲不得長生乎。

本條見抱朴子内篇卷五至理。

沙海石藻　唐昌玉蕊

拾遺記：黄帝使風后負書，常伯荷劍，旦遊洹沙〔一〕，夕歸陰浦，萬里一息。洹沙有石藻，一莖百葉，千年一花。其地一名「沙瀾」，沙湧起，成波瀾也，中有神龍魚鱉，皆能飛翔。仙人甯封食飛魚而死，二百年更生。故甯先生遊沙海頌云：「青藻的皪〔二〕千載舒，百齡暫死食〔三〕飛魚。」

本條見拾遺記卷一軒轅黄帝。

〔一〕沙：拾遺記作「流」。

〔二〕的皪：拾遺記作「灼爍」。
〔三〕食：拾遺記作「餌」。

劇談録：長安唐昌觀有玉蕊花，車馬尋翫者相繼。一日有女子，年可十七八，衣繡衣，垂鬟，容色婉娩，從以二女冠，三小僕，僕皆丱髻，容彩端麗無比，異香馥郁。佇立良久，令小僕取花數枝，曰：「曩有玉峰之期，此可以行矣。」舉轡，須臾已在半天，方悟神仙之遊也。

本條見劇談録卷下「玉蕊院真人降」條。

道士振衣　將軍舉麈

括異志：方道士，失其名，隱於滏〔一〕陽之西山。磁州有護國靈應公祠，每歲二三月，天下所獻奇禽異獸，巧工妙伎，珍肴異果，無所不有。人多會於祠下，遊覽宴聚，以至夏初，社人罷去。及期，方道士無歲不來，常以九蒸黄精以遺交舊。一歲忽不至，皆謂徙居他山，或以爲物故。春，城隍廟神座後有死人，塵埃厚且寸餘。官吏將檢視，忽振衣而起，乃方道士也。復陪諸君酣飲月餘，乃去。自是不復來。

本條見括異志卷七「方道士」條。

〔一〕滏：括異志作「塗」。

真誥：保命君語楊真人曰：「許子能委形冥化，從張鎮南受夜解法。」云許子即許掾是也。系師爲鎮南將軍，尸解，葬鄴〔一〕東。後四十四年，至魏時，遇大風〔二〕，木棺開，見尸如生，舉麈尾覆面而大笑。

本條見真誥卷四運象篇第四。

〔一〕鄴：原作「鄴」，據真誥校改。

〔二〕大風：真誥作「大水」。

使者迎茅　天王問許

茅山記：三天使者乘紫雲，擎玉板，披繡衣，齎命至大茅山，迎大茅君。君授命而赴赤城之任。今茅山有繡衣亭，是當時受九錫之處也。

本條見宋周應合景定建康志卷一七山川志一山阜「茅山」條引舊記。

真誥：仙人王子登位爲小有天王。東卿知許長史之慈肅，而子登問此人今何在。東卿曰：「是我鄉人也，內明真正，外混世業，乃良才也，今修上〔一〕道。」

本條見真誥卷二運象篇第二。

〔一〕上：本字後真誥多一「真」字。

插花飲酒　擊竹和歌

郡閣雅談：李夢符，梁開平初鍾傳鎮洪州日，與布衣飲酒，狂吟放逸，四時常插花。以釣竿掛一魚，向市肆蹈漁父引，賣其辭。好事者爭買，得錢便入酒家。其辭有千餘首，傳於江表，略記〔一〕其一兩首云：「村寺鍾聲渡遠灘，半輪殘月落前山。徐徐撥棹卻歸灣，浪疊朝霞碎錦〔二〕翻。」又曰：「漁弟漁兄喜到來，婆官賽卻〔三〕坐江隈。椰榆杓子木瘤杯，爛煮鱸魚滿案堆。」鍾傳以其狂妄惑衆，將罪之。夢符於獄中獻詩十餘首，其略曰：「插花飲酒無〔四〕妨事，樵唱漁歌不礙時。」鍾不之罪，遣之。後不知所在。

本條見詩話總龜前集卷四六神仙門上引郡閣雅談。

〔一〕記：原闕，據國圖舊抄本校補。

〔二〕碎錦：詩話總龜作「錦繡」。

〔三〕卻：詩話總龜作「了」。

〔四〕無：詩話總龜作「何」。

神仙傳：擊竹子，不知其姓氏，在成都酒肆中，手持一竹節相擊，鏗然有聲，歌以和之，所歌辭旨皆合道意，如此十餘年。一日，東市藥肆語黃氏子曰：「余知長者好道，今欲以誠奉託，可乎？」黄曰：「願聞其所須。」曰：「我乞士也，在七里亭橋下，今病甚，且死。死之日，幸火焚之，然愼勿觸我心。」翌日，至橋下見之，擊竹子欣然感謝，言訖而逝。黄爲置衣衾，具棺斂，焚於郊外，即聞異香馥郁，鳥鳴至晚。其心不化，且如斗大。黄氏子以日暮欲歸，誤以杖觸其心，忽炮聲如雷，人馬驚駭，見有人長尺餘，自煙焰中出〔一〕，即擊竹子也，手擊其竹，嘹然有聲，杳杳入雲中而去。

本條見太平廣記卷八五異人五「擊竹子」條引野人閑話。本書謂出神仙傳，誤。

〔一〕出：原闕，據廣記校補。

厲畫一鷂　董歎二鵝

高道傳：道士厲歸真，唐末遊洪州信果觀，見三官殿功德塑像，乃明皇詔以夾紵製作，甚妙。然主者不甚嚴護，常有雀鴿糞點污。歸真遂於壁畫一鷂，自此雀鴿無復栖止。後有人見歸真於羅浮山登真。

本條見歷世真仙體道通鑑卷四二厲歸真傳。

晉逸史：董養字仲通〔一〕，陳留浚儀人。泰始初到洛下，不干禄求榮。永嘉中，洛城東北步廣里中地陷，有二鵝出焉，其蒼者飛去，白者不能飛。養聞，嘆曰：「昔周時所盟會狄泉，即此地也。今有二鵝，蒼者胡象，白者國家之象，其可盡言乎？」顧謂謝鯤、阮孚曰：「易稱知機，其神乎！君等可深藏矣。」乃與妻荷檐入蜀，莫知所終。

本條見晉書卷九四隱逸董養傳。

〔一〕通：晉書作「道」。

德誠蛇劍　陶侃龍梭

仙傳拾遺：鄧德誠者，撫州臨川人，世崇於道，每焚香，常誓佐國扶教。入道於麻姑山。親友聞其志，或謂曰：「夫佐國之功，非文武不可也，吾子退爲道士，何以遂斯志邪？」笑曰：「此志非世人所知也。」忽一日，自山中還私第，中道逢巨蛇横路，掬水以噀之，曰：「汝若龍也，當隨水飛騰，勿障行徑。」蛇忽化爲劍，持之以歸。一旦有道士見之，曰：「此神劍也。」乃教以所用之法。明皇耽味至道，博訪道術，詔至京師。暇日，因謂德誠曰：「石堡之城，頗爲邊患。」德誠曰：「臣以草野之賤，荷非次之恩，敢不效用，以安聖慮？」乃然七燈以象斗形，焚香冥祝，乃有一燈飛去，勢若流星，石堡之城爲灰燼矣。

本條僅見此引。羅爭鳴據本書輯入杜光庭記傳十種輯校仙傳拾遺。

真誥云：陶侃爲西河侯。侃嘗捕魚，得一梭，因掛著壁間。有風雷，梭成赤龍，從屋而躍出。事見劉欽異苑。

本條出真誥者，僅「陶侃爲西河侯」一句，見卷一六闡幽微第二；後文出劉敬叔異苑卷一。

玉源寶馬　芙蓉素騾

青瑣：劉丞相赴舉京師，過獨木鎮，有老叟贈詩曰：「今年且跨窮騾去，異日當乘寶馬歸。」又曰：「公自是羅浮山玉源道君。」

本條見青瑣高議前集卷一「玉源道君」條，副標題爲「羅浮山道君後身」，又見詩話總龜前集卷二九書事門引青瑣集、類説卷四六「玉源道君」條引青瑣高議。

歐陽詩話：石曼卿死後，人有恍惚見之者，云：「我今爲仙〔一〕，主芙蓉城。」騎一素騾如飛。後又降於舉子家，留詩云：「鶯聲不逐春光老，花影長隨日脚移〔二〕。」

本條見宋歐陽修撰六一居士詩話。

〔一〕仙：六一居士詩話作「鬼仙」。

〔二〕移：六一居士詩話作「流」。

煙蘿三友　竹溪六逸

真誥：鄭遨字雲叟，舉進士不第，唐末振衣遠去，入少室山，爲道士。有二青童，一鶴一琴，從之遊處。與梁室權臣李振友善，振欲禄之，拒而不諾。既而振得罪南遷，遨徒步千里往省之。由是聞者益高其行。遨聞華山有五粒松脂淪地，千年化爲藥，能去三尸，因徙居華山，與道士李道盛〔一〕、羅隱之三人爲煙蘿友，世目之爲三高士。

本條見新五代史卷三四鄭遨傳及歷世真仙體道通鑑卷四三鄭遨傳。本書云出真誥，誤。鄭遨事亦見本書卷九「李釣不餌」條引高道傳。

〔一〕盛：本書卷九及仙鑑同，新五代史作「殷」。

唐李白善縱横術，擊劍爲任俠，輕財重施。客任城，與魯中諸生孔巢父、韓準、裴政、張叔明、陶沔居徂來山，日沉飲酣歌，號「竹溪六逸」。

本條見錦繡萬花谷續集卷二八、别集卷一八「竹溪六逸」條，古今合璧事類備要前集卷九地理門「竹溪六逸」條，續集卷七類姓門「號竹溪六逸」條，諸史提要卷一四「竹溪六逸」條，事文類聚前集卷三三退隱部「竹溪六逸」條。

王探投簪　韋節還紱

丹臺新録：王探字養伯，太原人也。神標穎秀，幽樞潛密，靈規洞洽，絳精凝皓，景粲霄衢，誠凝玉陛，所以瑶林翳會，仙浪瀠渟，故能驤首拔藻，延頸入素。初因吕后攝政，權任中常之職。至文帝龍飛，乃投簪鳳闕。天子禮賢以道，稱爲逸人。

本條僅見此引。王探事，亦見仙苑編珠卷中「王探雲昇」條引樓觀傳、類説卷三「澤瀉丸方」條引王氏神仙傳、歷世真仙體道通鑑卷九王探傳。

神仙傳：法師韋節，後魏莊帝時爲陽夏守，師道士趙通〔一〕法師，遂還簪紱於朝，受三洞靈文、神方秘訣。後卜居華山之陽，人因號爲華陽子。

本條見歷世真仙體道通鑑卷二九韋節傳。本書云出神仙傳，不詳爲何書，而固與葛洪之神仙傳爲二書。

〔一〕通：本字前仙鑑多一「静」字。

澤民燕堂　杜沖寢室

翰林名談：張澤民，元豐中死而復生，云至一處，若瓊瑶世界，有堂榜曰「五相清燕之堂」。詢門吏：「可得入乎？」吏曰：「此神仙所聚爾，不可入。」問五相姓名，曰：「吕夷簡、李迪、劉寵、龐籍、富弼也。」俄呵道，自中出，其乘馬者貌劉夔侍郎，呼澤民與語。張曰：「公今去世爲仙乎？」劉曰：「吾今爲土地主，比人間守令。功行未至，何敢望仙。被會督役，今方畢工。軒窗階砌，皆明王也。已命王元澤作記，邵疏篆矣。」張曰：「富相當安，何故先有此堂？」劉曰：「更三年至矣。」

本條見錦繡萬花谷前集卷二六「五相清燕堂」條引翰府名談，「林」應爲「府」之誤。

丹臺新録：杜沖師文始先生。經二十年，感展真人降於寢室，授沖丹方，謂沖曰：「地司舉子之功，老君遣我授子仙經。」沖依奉修煉，行之有驗，能驅策虎豹，役使鬼神，爲通幽洞冥，莫測其端矣。

杜沖事亦見仙苑編珠卷下「杜沖九華」條引樓觀傳。杜沖傳見雲笈七籤卷一〇四太極真人傳、歷世真仙體道通鑑卷九杜沖傳。

干吉療病　法滿寢疾

江表傳：吴孫策時，有道士干吉，讀道書，制作符水以療病，吴會多事之。策嘗〔一〕會客郡樓，吉趨度門下，諸將賓客三分之二下樓拜之，止之不能。策即收之。策母曰：「干先生亦助軍作福，醫護將士，不可殺之。」策不從。俄見吉卒，後葬之，失尸所在。

江表傳，西晉虞溥撰，佚，主要存於三國志裴注所引。本條見後漢書卷三〇下襄楷傳注引江表傳。

〔一〕嘗：原作「常」，據後漢書注校改。

真境録：法師朱君緒，字法滿，居玉清觀，即解紛異俗，尚行全真，閉户閑庭，下帷虚室。器宇宏雅，泰定發乎天光；情性淵默，雷聲洊乎江表。爰以玉清本觀，地迫諠煩，天柱古壇，境遠閑静，乃拂衣不駐，策杖攸往。數年之間，諸業未就，忽寢微疾。一朝倏起，命水澡浴，具冠服，焚香端坐，語弟子曰：「吾於彭殤存亡，齊之久矣。然道〔一〕妙寂寂，感者通焉；神理冥冥，契者昭焉。吾言之矣，汝知之矣。經法戒行，爾其勉諸。」言訖，奄然而逝。

本條見宋鄧牧洞霄圖志卷五「朱法師」條。

〔一〕道：國圖舊抄本作「元」。

三洞群仙録卷之十四

正一道士陳葆光撰集

清虚小有　寒華大茅

王氏神仙傳：王褒字子登，鹿巾披褐，遍游名山，精感昊穹。夜半，忽聞林中人馬之聲，簫鼓亂音，須臾千乘萬騎，浮空而至。神人乘三雲之輦，手把虎符，停駕而告言曰：「子玄録上清，金書東華，名編清虚，位登小有，必當掌括寶籍，爲天王之任耳。」

本條内容略見於歷世真仙體道通鑑卷一四王褒傳。王褒事亦見本書卷九「王褒神策」條引王氏神仙傳。羅爭鳴據本書輯入杜光庭記傳十種輯校王氏神仙傳。

茅山記：「孫寒華即吴〔一〕帝之孫女，於茅山修道，道成，沖虚而去。因號其山爲華姥山。」真誥曰：「寒華乃神仙杜契之弟子，行玄白法，而得少容。」今在大茅之間，時或出入，有見之者。

本條云引茅山記内容見景定建康志卷一七山川志一山阜「茅山」條，云引自真誥的内容見卷一三稽神樞第三，而文字有異。

〔二〕吴：本字後建康志多一「大」字。

王錫甘露 田生神膠

總仙祕録：真人王錫嘗因大疫，入息山採藥散施，活人無數。忽遇一道士，謂曰：「子有風骨，而又積德多矣。」因授以飡風飲露之術。一日，天降甘露於所居之側竹木枝葉上，真人得以飲之，遂昇天。

總仙祕録，即宋樂史撰總仙記。本條僅見此引。王錫事，亦見清秦嘉謨月令粹編卷一三「甘露降」條引郴陽仙傳，云：「王錫，郴州人，生於唐宣宗朝，遇異人於山中，迎至其家，傳以秘書，曰：『咸通十二年之秋，甘露降，服之，可以上昇。』至咸通十二年八月一日，甘露果降於竹林中。錫日服之，不復火食。後白日羽化。」

仙傳拾遺：田先生隱於鄱亭，作小學。時饒守齊推有女嫁李生者，數月而孕。李生赴舉長安，其婦將産，忽爲鬼所害而卒。李生下第，歸饒，於野中見其妻，訴鬼所害之事，曰：「可於鄱亭告田先生，或可再生。」李如其言，即往村學見先生，哀祈之。先生曰：「但屋舍已壞矣。」先生即從舍出，乃呼地界而問曰：「刺史女因産爲鬼所殺，屋舍已壞，如何？」一吏曰：「只追李妻魂魄，合爲一體，以神膠塗之，即生矣。」李妻乃活。遂失先生所在。

本條見太平廣記卷四四神仙四十四「田先生」條引仙傳拾遺。羅爭鳴據廣記輯入杜光庭記傳十種輯校仙傳拾遺。

遐周詩讖　忠恕字嘲

高道傳：李遐周有道術，開元中召入禁掖。久之，天寶末，一旦遁去，但於所居壁上題詩，讖禄山僭竊及幸蜀之事，人莫能曉，而後皆有所驗。其末篇云：「燕市人皆去，函關馬不歸。若逢山下鬼，環上繫羅衣。」「燕市人皆去」者，假幽薊之衆而起也；「函關馬不歸」者，哥輸翰潼關之敗，匹馬不還也；「若逢山下鬼」者，即「嵬」字，馬嵬驛名也；「環上繫羅衣」者，貴妃小字玉環，馬嵬時高力士以羅巾縊之。其所先見皆此類也。

本條見歷世真仙體道通鑑卷四二李遐周傳。

玉壺清話：郭忠恕惟縱無檢，多突忤於人。聶崇義建隆初拜學官，河洛之師儒也，趙韓王嘗拜之。郭使酒詠其姓，玩之曰：「近貴全爲『聵』，攀龍即是『聾』。雖然三箇耳，其奈不成聰。」崇義應聲反以「忠恕」二字解其嘲曰：「勿笑有三耳，全勝蓄二心。」郭大慚，終以此敗。後坐謗時政，擅貿官物，流登州。中途卒，藁葬於官道之傍。他日親友殮葬，發土視之，若蟬蜕，殆非區中之物也。

本條見玉壺清話卷二。郭忠恕事又見本書卷九「忠恕稱猫」條引志林。

脱空王老　詐死馬郊

神仙傳〔一〕：有王老者，莫知年歲，自言姓王，不知何許人。或示死於此，即生於彼，屢於人間蟬蜕〔二〕。時人謂之「脱空王老」。

本書卷八「王老打麥」條引神仙傳（實出續仙傳）提及一宜君王老，然與本條王老似爲二人。宜君王老見續仙傳，因醫治一生瘡道士而隨之升仙；而本條之「脱空王老」，事見雲笈七籤卷五九諸家氣法「太清王老口傳服氣法」、卷六二諸家氣法「太清王老口傳法序」，其所善以服氣爲主，並因常遊楊府而稱「楊府王老」。本條涉及之「脱空王老」，亦不見於神仙傳。

〔一〕傳：原闕，據國圖舊抄本校補。

〔二〕蟬蜕：本字後七籤卷五九、卷六二均多出「轉脱」二字。

江淮異人録：司馬郊，一名疑〔一〕，躡履而行，一日可千里。性麄暴，人無敢近之者。能詐死，以至青腫臭腐，俄而復活。嘗止宣城逆旅，召主人與飲。因而凌辱，而更擊〔二〕之。既而互相搏擊，郊忽掊地。視之已死，體冷色變。一市皆聚觀，乃召鄉里，縛其主人，將送於官。時已向夕，欲明旦乃行。至夜，復聞店中喧然，曰：「失司馬尊師矣。」而人方悟郊詐死也。

本條見江淮異人録「司馬郊」條。

〔一〕疑：江淮異人録作「凝正」。

〔二〕擊：原作「繫」，據江淮異人録及文意改。

文侯布穀　郭璞散豆

高道傳：道士牛文侯，性識穎拔，學洞古今，多誨人爲善。每冬凛，則布穀於地，使禽蟲有所食。陰功密惠，大以及於人，小以及於物，修身積德，久而愈篤。

本條見歷世真仙體道通鑑卷三〇牛文侯傳。

方術傳：郭璞至廬江太守胡孟康家，將趣裝去之，愛主人婢，無由而得。乃取小豆三升，繞主人宅散之。主人晨見赤衣人數千，圍其家，就視則滅。其〔一〕惡之，請璞爲卦。璞曰：「君家不宜存此婢，可於東南二十里賣之，慎勿爭價，則此妖可除。」主人從之。璞陰令人買此婢，復爲符投於井中，數千赤衣人皆反縛，一一自投于井。主人大悦。

本條見晉書卷七二郭璞傳。

〔一〕其：晉書作「甚」，義勝。

王纂飛章　張殖易奏

王氏神仙傳：王纂，當晉室擾攘之時，憫斯民之苦，每夜飛章以告上帝。俄感太上自空而下，告之曰：「子憫生民，形于章奏，吾得鑒聽于子。」遂命侍童取三五齋訣，授於纂，曰：「勉而行之，真仙可冀。」

王纂事亦見歷世真仙體道通鑑卷二八王纂傳、太平廣記卷一五神仙十五「道士王纂」條引神仙感遇傳。羅爭鳴據本書輯入杜光庭記傳十種輯校王氏神仙傳。

廣記：張殖者，彭州導〔一〕江人，遇道士姜真〔二〕辨，授以六丁驅役之術。大曆中，西川節度使崔甯〔三〕嘗〔四〕有密切之事，差人走馬入奏。發已三日，忽於案上文籍中見所奏淨本猶在，其函中所封乃表草耳。計人馬之力，不可復追，憂惶不已，莫知爲計。知殖有術，召而語之。殖曰：「此奏可易，不足憂耳。」乃炷香一爐，以所寫淨表置香煙上，忽然飛去。食頃，得所封草墜於殖前。及使回，問之，並不知覺，進表之時，封印如舊。崔公深異之。

本條見太平廣記卷二四神仙二十四「張殖」條引仙傳拾遺。羅爭鳴據廣記輯入杜光庭記傳十種輯校仙傳拾遺。

〔一〕導：原作「道」，據廣記校改。導江縣，唐代隸彭州。

〔二〕真：廣記作「玄」。

〔三〕甯：原作「宓」，據廣記校改。

〔四〕嘗：原作「常」，據廣記校改。

師皇龍針　崔煒蛇灸

列仙傳：馬師皇，即黄帝馬醫也，識馬生死之診，治之無不愈者。忽見一龍下，向之垂耳張口，師皇曰：「此龍有疾，知我能治。」遂取針，以針其唇，其龍乃去。後數年，數數有龍見，負師皇去。

本條見列仙傳卷上「馬師皇」條。

廣記：崔煒於貞〔一〕元間遇一老嫗，自稱鮑姑，授艾少許云：「每遇疣贅，不過一炷。」言訖不見。煒莫之曉。一夕，忽墮於枯井中，無計而出，旁見一白蛇，蟠屈數丈，煒視其脣亦有疣。偶因野燒延火，飄入井中，煒取火，依鮑姑之言以灸之，其疣應手而墜。煒知龍也，遂跨其背，而蛇身光燭，相照昇騰。行至一洞中，見一青衣童子，曰：「玉京子也，已送崔君來。」煒至，問童子鮑姑何人，曰：「鮑靚女，洪之〔三〕妻也，多行灸道於南海。」煒方駭之，又問玉京子何人，曰：「安期生常跨斯龍朝玉京，號玉京子也。」

本條見太平廣記卷四二神仙四十二「崔煒」條。

〔二〕貞：原作「正」，據廣記校改。

〔三〕洪之：廣記作「葛洪」。

賀乞鑑湖　葛求句漏

高道傳：賀知章字季真，越州永興人，性曠夷，初擢進士第，累遷賓客，授秘書監。晚節尤誕放。天寶初病，夢遊帝居，數日寤，乃請爲道士，還鄉里，詔許宅爲千秋觀。又乞官湖爲放生池，又詔賜鑑湖剡川一曲。既行，帝賜詩寵行。人比之爲二疏。

本條内容略見於新唐書卷一九六隱逸傳賀知章本傳。賀知章事，又見本書卷五「通和青紫」條引高道傳。

神仙傳：葛洪字稚川，本姓諸葛。遠祖征江漢，次丹陽之句容，因止，而嘆曰：「獨我在此，何諸之有。」遂去「諸」字。葛姓之興，始於此也。究覽典籍，尤好神仙。親友薦洪才器宜長國史，選爲散騎常侍，洪固辭不受，加以年老，欲合丹藥，聞交趾出丹砂，乃求爲句漏令，遂將子姪俱行焉。

本條前半（由「本姓諸葛」至「遂去『諸』字」）見元張鉉至正金陵新志卷一三下之下「葛仙翁」條，後半（始於「究覽典籍，尤好神仙」）見晉書卷七二葛洪傳。本書謂出神仙傳，未曉何據。葛洪事亦見本書卷三「稚川金闕」條引本傳、卷一〇「稚川除虎」條引神仙傳。

公昉仙酒　法先神燈

摭遺：唐公昉，興元府人。興元有斗山觀，自平川内聳出一山，四面壁立，其上方如斗底，故以名之。薛蘿杉柏，景象奇妙。昔公昉飲李八百仙酒，舉家拔宅上昇。故後人題云：「霞盃〔一〕欲舉醉陶陶，不覺全家住絳霄。沿〔二〕宅只知雞犬在，上天誰信路岐遥。三清寥廓抛塵夢，八景雲霓〔三〕事早朝。惟有故林蒼柏在，露華煙靄〔四〕鎖鷩〔五〕飆。」今有故基存焉。

本條僅見此引。另，此事亦見太平廣記卷三九七山「斗山觀」條引玉堂閒話，及本書卷一三「公房舐瘡」條引神仙傳。

〔一〕盃：廣記作「衣」。

〔二〕沿：廣記作「拔」。

〔三〕霓：廣記作「煙」。

〔四〕煙靄：廣記作「涼葉」。

〔五〕驚：廣記作「金」。

丹臺新録：彭宗字法先，嘗服業於杜沖真人，棲真味道，精貫入神。一日夜間行道，有神燈數枝，浮空映席，凝輝流耀。人皆異之。

彭宗事，又見本書卷一一「彭蛇盤躃」條引丹臺新録。

君賢易姓　拱壽塗名

馬君内傳：馬明生本姓和，字君賢，少爲縣吏，捕賊爲賊所傷，當時殆死。忽道傍見一女人，年可十六七，衣服奇麗，姿容絶世，行步於其間。明生知是神仙，因叩頭乞治。女人即與藥一粒，大如小豆，與服之，於是即愈。明生乃棄職，易姓名，隨神女還岱宗。神女知其可教，乃令安期生授金液丹方。明生後服丹上昇。

馬君内傳，當指早期上清傳記馬陰二君内傳。此傳已佚，部分内容存於雲笈七籤卷一〇六馬明生真人傳、太平廣記卷五七女仙二「太真夫人」條引神仙傳。有關研究參考曾達輝論文太清金液神丹經與馬君傳。

本條見七籤卷一〇六馬明生真人傳及卷九八太真夫人贈馬明生詩二首並序。君賢，七籤卷一〇六作「君寶」。

括異志：范公仲淹倅陳州時，郡守母病，召道士奏章。公笑曰：「庸人安能達章帝所耶？」道士秉簡伏壇，終夜不動。試捫其軀，則僵矣。五更手足微動，良久，謂守曰：「夫人壽有六年，所苦勿慮。」守問：「今夕拜章，何其久也？」曰：「方出天門，遇放明年進士春牓，觀者駢道，以故稽留。」公問：「狀元何姓？」曰：「姓王，二名，下一字墨塗，旁注一字，遠不可辨。」既而郡守母病愈。明春，狀元乃王拱壽，御筆改爲拱辰。公始歎道士之通神。

本條見括異志卷六「范參政」條。

鬼谷犬履　山陰鵝經

仙傳拾遺：鬼谷，晉平公時人，隱居嵩陽鬼谷，因以爲號。先生姓王名誗〔一〕。蘇秦、張儀從之學縱橫術，智謀相傾奪，不可化以至道。臨別去，先生與一隻履，化爲犬，以引二子，即日到秦矣。先生在人間數百歲，後不知所之。

本條見太平廣記卷四神仙四「鬼谷先生」條引仙傳拾遺。羅爭鳴據廣記輯入杜光庭記傳十種輯校仙傳拾遺。鬼谷事亦見本書卷一七「誗號鬼谷」條引王氏神仙傳。

〔一〕　詠：廣記作「利」。

真誥注：王逸少即王廙兄曠之子，有風味〔一〕，善書，後爲會稽太守。永和十一年去郡，不復仕。先與許先生周旋，頗亦慕道。又晉書：羲之愛鵝，時山陰道士好養鵝，羲之往觀焉，意甚悦，因求市之。道士云：「爲我寫黄庭〔二〕，舉群相贈耳。」羲之欣然寫畢，籠鵝而歸。

本條前半見真誥卷一六闡幽微第二，後半見晉書卷八〇王羲之傳。

〔一〕　味：真誥作「炁」。

〔二〕　黄庭：國圖舊抄本後多一「經」字，晉書作「道德經」。

偓佺松實　永瓆茯苓

列仙傳：偓佺，槐山採藥人也，好食松實，形體生毛，行走如飛，年三百歲。劉向爲之頌曰：「偓佺餌松，體逸眸方。足躡鸞鳳，走超騰騜。」

本條見列仙傳卷上「偓佺」條。

仙傳拾遺：永瓆常居蜀之上清山，志希度世。巨松之下，時有夜光，因得茯苓，其狀如人形，鍊而食之，能飛行變化。丹成服之，白日昇天。因號上清山爲葛瓚山。

本條僅見此引。羅爭鳴據本書輯入杜光庭記傳十種輯校仙傳拾遺。

天師鬼降　真君牛闘

高道傳：天師張道陵，昔〔一〕成都與鬼戰，奪二十四獄，俱爲福庭〔二〕，降二十八宿，以通正氣。時有鬼帥，尚居青城山下，爲人鬼貿易之所，謂之鬼市。天師至，則化爲寶座以居之，兵固不能刃，火亦不能焚，於是鬼帥降焉。

本條見歷世真仙體道通鑑卷一八張天師傳。道門通教必用集卷一歷代宗師略傳「張天師」條引高道傳，述張道陵事，未見本條内容。

〔一〕昔：本字後國圖舊抄本多一「入」字。

〔二〕庭：國圖舊抄本作「地」。

西山記：許真人遜，還豫章，周覽城邑。忽遇一美少年，自稱姓慎，來謁，禮貌勤厚，詞語辨捷，欲少留之，遽告去。真君謂門人曰：「此非人，乃蜃精〔一〕耳，得非聞吾有除害之意，來見試耶？若不誅之，終爲大患。」遂乘高迹其所之。乃往江滸，化爲黄牛，戲龍沙上。真人遂剪紙，化黑牛，往闘之。令弟子施岑持劍至其所，且戒之曰：「俟牛闘酣，即以劍揮其黄者。」施君如命，一揮中其左股。遂奔入城西門外横泉井中，而黑牛復化爲紙矣。

本條見歷世真仙體道通鑑卷二六許太史傳。

〔一〕蜃精：仙鑑作「老蛟之精」。

王授琵琶　集獻豆蔻

秘閣閑談：王保義爲荆南高從誨行軍司馬，生女，不食葷血，五歲能誦黄庭經。及長，夢渡水登山，見金銀宫闕，云是方丈山，女仙數十人，曰麻姑，相結姊妹，授以琵琶數曲。自是數夜一遇，歲餘得百餘曲。其尤妙者有獨指商，以一指彈一曲。後夢麻姑曰：「即當相邀。」明日，庭中有雲鶴音樂，奄然而卒。

秘閣閑談五卷，宋吴淑撰，原書已不見傳，引用較多者，類説卷五二摘有十三條，分門古今類事引十條（皆與類説所引不相重）。

本條見類説卷五二「方丈山麻姑」條引秘閣閑談。

高道傳：道士軒轅集，居羅浮山，宣宗嘗召入内。時京師素無豆蔻、荔枝花，上因語及，俄頃二花皆至，枝葉芳茂，如裁剪者。

本條見歷世真仙體道通鑑卷四二軒轅集傳。軒轅集事，又見本書卷七「軒集授葉」條、卷一〇

「金盆射鵠」引高道傳，卷一二「先生布巾」條引丹臺新録。

道源推步　虚中章奏

本傳：丘濬字道源，能通陰陽太極數。早歲欲遊華陽洞天，求爲句容令，任滿，以詩寄茅山道友云：「鳴鳳相邀覽德輝，松蘿從此與心違。孤峰萬仞月正照，古屋數間人未歸。欲助唐虞開有道，深慚茅〔一〕許勸忘機。明朝又引輕帆去，紫朮年年空自肥。」濬嘗語家人曰：「吾壽終九九。」一日朝起盥沐罷，索筆作春草詩一章，詩畢，端坐而逝。是年八十一。及殮，空然，衆謂尸解。池守光禄滕公甫元發記其事，葬於九華。後數年，有黄衣急足，持濬書抵于滁陽〔二〕，家人啓封，黄衣忽不知所在。書中云：「吾本預仙籍，以推步象數，謫爲泰山主宰。」

本條見宋羅願〔淳熙〕新安志卷八。

〔一〕茅：新安志作「巢」。

〔二〕陽：新安志作「州」。

獨異志：唐貞〔一〕元中丹陽令王瓊，三年調集，皆黜落，甚惋憤。乃詣茅山道士葉虚中，求奏章以問吉凶。虚中爲奏其章，隨香烟飛上，縹緲不見。食頃，復墜地，有朱書批其末云：「受金百兩，折禄三年，枉殺二人，死後處分。」後一歲，瓊無疾暴終。

本條見李亢獨異志卷上，亦見太平廣記卷七三道術三「葉虚中」條引獨異志。

〔一〕貞：原作「正」，據獨異志、廣記校改。

可交酒斟　文祥栗嗅

續仙傳：王可交，秀州華亭〔一〕人，以耕釣爲業。一日，鼓枻江行，忽見一綵畫花舫，中有道士七人，呼可交姓名。可交驚異，有侍從總角者，引交上船。七人面前，各有青玉盤、酒器，果實瑩徹。一人曰：「好骨相。今生於凡賤間已多破矣。」一人曰：「與酒喫。」侍者瀉酒樽中。酒再三斟，不出。一人曰：「與栗。」其栗青光如棗，長二寸許，肉脆而甘。命一黄衣人送之。瞑目間，忽坐〔二〕於天台山瀑布寺前，離家已半年矣。

本條見續仙傳卷中「王可交」條。

〔一〕秀州華亭：續仙傳作「蘇州崑山」。

〔二〕坐：國圖舊抄本作「至」。

雲笈七籤：殷文祥名道筌，自號七七。嘗預官僚公宴，一日有佐〔一〕酒倡優者侮之。七七語主人曰：「以二栗爲令，可乎？」衆皆忻然。乃以栗巡行，嗅之皆聞異香，惟佐酒笑七七者二人嗅之，化作石綴於鼻，掣不落，但言穢氣不可堪。二人共起狂舞，花鈿委地，相次悲啼，粉黛交下。優伶輩一時亂舞，鼓樂自作聲，頗合節奏，曲止而舞不已。一席之人，笑皆絶倒。主人祈謝之。有頃，石自鼻落，及花鈿粉黛悉如舊焉。

本條見雲笈七籤卷一一三下續仙傳「殷文祥」條、續仙傳卷下「殷文祥」條。

〔一〕佐：原闕，據七籤及續仙傳校補。

元女華幄　太真霓裳

拾遺記：燕昭王時，廣延國來獻二女，一名旋波〔一〕，一〔二〕名提琰〔三〕。王好神仙之道，故二女託形下降，並玉質凝膚，體輕氣馥。王處以單綃華幄，飲以珉瑛〔四〕之膏。二女皆善舞，其所至之處，香風欻起，徘徊翔轉，殆不自支。王以纓拂之，皆舞，容冶妖麗，綺靡鸞翔。王復以袖麾之，舞者皆止。王知其神異，乃處以崇霞之臺，及設麟文之席，散荃蕪〔五〕之香，香出波弋國。

本條見拾遺記卷四燕昭王。

〔一〕波：拾遺記作「娟」。

〔二〕一：原作「二」，據拾遺記校改。

〔三〕捉琰：拾遺記作「提謨」。
〔四〕珉瑛：拾遺記作「瓀珉」。
〔五〕荃蕪：原作「茶毒」，據拾遺記校改。

逸史：天寶初〔一〕，中秋夜，羅公遠曰：「陛下能從臣月中遊乎？」取桂枝〔二〕，擲空爲大橋，色如白金。上行至月宫〔三〕，女仙〔四〕數百，素衣飄然，舞於廣庭。上問何曲，曰：「霓裳羽衣也。」又天寶四載，册太真宫女真楊氏爲貴妃，后服進見之日，奏霓裳羽衣曲。劉禹錫詩云：「開元天子萬事足，惟恨當時光景促。三鄉陌上望仙山，歸作霓裳羽衣曲。仙心從此在瑶池〔五〕，三清八景相追隨。天上忽乘白雲去，世間空有秋風詞。」

本條見雲笈七籤卷一一三上傳「羅公遠」條、歲時廣記卷三二「登銀橋」條引逸史。羅公遠事亦見本書卷三「公遠碧落」條引本傳、卷六「金城絳闕」條引逸史、卷一三「隱柱羅遠」條引逸史、卷一八「公遠白魚」條引高道傳。

〔一〕天寶初：歲時廣記作「開元中」。
〔二〕桂枝：七籤作「拄杖」。
〔三〕宫：國圖舊抄本作「中」。
〔四〕女仙：國圖舊抄本作「仙女」。

〔五〕池：國圖舊抄本作「臺」。

太子服液　長胡獻媚

丹臺新録：釋道微、竺法蘭問葛仙翁曰：「道豈〔一〕無先無後，不可稱論？不審老子、太子孰爲先後？」公答曰：「微乎，子之所問，乃合正真〔二〕。道素無先無後，無左無右，存亡高下貴賤，無形無像，所以字之曰道，不可稱言也。太子生老子後，前世有功德，得服太上金液一升，身若紫金光聚，故號金仙氏爾。」

本條僅見此引。

〔一〕豈：原作「起」，據國圖舊抄本校改。

〔二〕正真：國圖舊抄本作「真正」。

真誥：北戎長胡大王獻帝舜以白琅之霜、十轉紫華，服之使人長生飛仙，與天地相傾。舜即服之，陟方死，葬蒼梧之野。蓋龍奏靈阿，鳳鼓雲池，而猶尸解託死，欲斷生死之情，示民有終始之限耳。

本條見真誥卷一四稽神樞第四。

隱仙白石　盧生黄糧

神仙傳：白石先生不肯修昇仙之法，但取不死而已，不失人間之樂。彭祖問之，答曰：「天上多至尊相奉，苦於人間。」時呼爲隱仙。

本條見漢魏本神仙傳卷二「白石先生」條、四庫本神仙傳卷一「白石生」條、太平廣記卷七神仙七「白石先生」條引神仙傳。

枕中記：開元中〔一〕，道者吕公，經邯鄲道上，邸舍中有邑少年盧生，同止於邸。主人方蒸黄糧〔二〕，共待其熟。盧不覺長嘆，翁問之，具言生世困厄。翁取囊中枕，以授盧曰：「枕此當榮適如願。」生俛首，但記身入枕穴中，遂至其家。未幾，登高第，歷臺閣，出入將相五十年〔三〕，子孫皆列顯仕，榮盛無比。上疏曰：「臣年逾八十，位歷三台，空負深恩，永辭聖代。」其夕卒。盧生欠伸而寤，吕翁在旁，黄糧尚未熟。生謝曰：「此先生所以窒吾欲也，敢不受教。」再拜而去。

本條見唐沈既濟枕中記。枕中記，一題吕翁枕中記，今傳有二本，一爲文苑英華卷八三三收，一爲太平廣記卷八二異人二收（題「吕翁」）。從文字看，本條當出廣記。

〔一〕中：廣記作「十九年」，文苑英華作「七年」。

〔二〕糧：廣記作「粱」，下同。

〔三〕五十年：廣記作「三十餘年」，文苑英華作「五十餘年」。

魯公尸解　顔回坐忘

紀異録：真卿問罪李希烈，内外知公不還，親族餞於長樂坡。公醉，跳躑前楹曰：「吾早遇道士陶八八，受刀圭碧霞丹，至今不衰。」又曰：「七十有厄，即吉，他日待我於羅浮山。」得非今日之厄乎？」公至太梁，希烈命縊殺之，瘞于城南。希烈敗，家人啓柩，見狀貌如生，徧身金色，爪甲出手背，鬚髮長數尺。歸葬偃師北山。後有商人至於羅浮山，有二道士圍棊。一曰：「何人至此？」對曰：「小客洛陽人。」道士笑曰：「幸寄一書達吾家。」遣童取紙筆作書。至北山，顔家子孫得書，大驚曰：「先太師親翰也。」發塚開棺，已空矣。

紀異録，宋秦再思撰，本十卷，原書久佚。本條見類説卷一二「顔魯公尸解」條引紀異録，亦見青瑣高議前集卷一「顔魯公」條（副標題爲「顔真卿羅浮尸解」）。

丹臺新録：顔回爲明泉侍郎、三天司直〔一〕。嘗謂仲尼曰：「回益矣，回坐忘矣。」仲尼蹵然曰：「何謂坐忘？」「墮肢體，黜聰明，離形去智，同於大通，此之謂坐忘。」仲尼曰：「同則無好也，化則無常也，而果其賢乎？丘請從其後也。」見莊子。

本條首句見元始上真衆仙記，後文見莊子内篇大宗師第六。

〔一〕直：元始上真衆仙記作「真」。

趙高懷雀　陶淡養鹿

拾遺記：秦王子嬰沉趙高於井，七日不死；以鑊湯煮，七日不沸，乃戮之。獄吏曰：「高初囚時，懷中有一青圓，大如雀卵。」方士云：「高先世受韓衆〔一〕丹法，冬臥堅冰，夏臥爐上，不覺寒熱。」高死，一青雀從屍中飛入雲中，九轉之驗也。

本條見拾遺記卷四秦始皇。

〔一〕衆：拾遺記作「終」。

晉隱逸：陶淡字處静，太尉侃之孫也。淡幼孤，好導養之術，謂仙道可期。年十五六，便服氣絶穀，不婚娶。家累千金，僮客百數，淡終日端拱，曾不營問。頗好讀書〔一〕，善筮〔二〕，於長沙臨湘山中結廬居之，養一白鹿以自偶。親故有候之者，輒移渡澗水，莫得近之。州舉秀才，淡聞，遂轉逃羅縣埤山中，終身不反，莫知所終。

本條見晉書卷九四隱逸陶淡傳。

〔一〕書：晉書作「易」。

〔三〕笠：本字前國圖舊抄本、晉書有一「卜」字。

王母瑶池　老君玉局

列子：周穆王昇崑崙之丘，以觀黄帝之宫，而封之，以貽後世。遂賓于西王母，觴於瑶池之上。又穆天子傳：吉日甲子，天子執白珪玄璧，見西王母，獻錦組百純，白組三百純。西王母再拜受之。觴於瑶池之上。西王母爲謡曰：「白雲在天，山陵自出。道里〔一〕脩遠，山川間之。將子無死，尚能復來。」天子答曰：「予歸東土，和治諸夏。萬民平均，吾顧見汝。」

本條前半見列子卷三周穆王篇，後半見穆天子傳卷三。

〔一〕里：原作「理」，據穆天子傳校改。

天師傳：永壽元年，老君降蜀都〔一〕，地神湧出一玉局座。於是老君昇玉局座，授與天師南北二斗經訣，令天師普濟衆生，以救下民。

本條見宋祝穆事文類聚前集卷三四道觀「成都玉局觀」條、古今合璧事類備要前集卷五一道教門「成都玉局觀」條、方輿勝覽卷五一成都府路成都府「道觀」條「玉局觀」小注引彭乘記。

〔一〕都：國圖舊抄本無本字。

梁妻更衣　袁女改服

漢隱逸傳：梁鴻同縣孟氏有女，狀醜而黑，力舉石臼，擇對不嫁。至年三十，父母問其故，女曰：「欲得賢如梁伯鸞者。」鴻聞而娉之。及嫁，始以裝飾入門。鴻曰：「吾欲裘褐之人，可與俱隱深山者，爾今乃衣綺縞，傅粉墨〔一〕，豈鴻所願哉？」妻曰：「以觀夫子之志爾。妾自有隱居之服。」乃更爲椎髻，著布衣，操作而前。鴻大喜曰：「此真梁鴻妻也，能奉我矣。」後共入霸陵山中〔二〕。

本條見後漢書卷八三逸民梁鴻傳。

〔一〕墨：國圖舊抄本作「黛」。

〔二〕中：本字後國圖舊抄本多一「焉」字。

真誥：張激子者，亦少名發〔一〕，袁隗歎其高操，妻以女。女服飾奢麗，激子不顧，婦改服，乃成室家也。入剡山，遇山圖公子，周襄〔二〕王時大夫，仙人也，授激子以九雲水强梁棟柱〔三〕法，激子修此得〔四〕道。

本條見真誥卷一二稽神樞第二。

〔一〕名發：真誥作「發名字」。

〔二〕裹：真誥作「哀」。
〔三〕楝柱：真誥作「鍊桂」。
〔四〕此得：原作「得此」，據真誥校改。

子雲養神　昭素寡欲

真境録：夏侯天師名子雲，親植芝蘭於藥圃，自言古聖以上藥養神，中藥養性，下藥遣病，可使人神靈，可使人性明，可使人病愈。故常施藥於鄽市，皆隨人淺深而遇之。其藥圃詩云：「緑葉紅英遍，仙經自討論。偶移嵓下〔一〕菊，鋤斷白雲根。」師羽化，一日有樵者窺圃中，見師鞭乘一獸，似虎非虎，不可識，入東山去，其疾如風矣。

本條見宋鄧牧洞霄圖志卷五「夏侯天師」條。

〔一〕下：洞霄圖志作「畔」。

玉壺清話：王昭素，酸棗縣人，學古純直，行高於世，市物隨所索價償其直。李穆薦於太宗，召至便殿〔一〕。年七十七，顔如渥丹，目若點漆，鰥居絶欲四十年，家無女侍。賜國子博士致仕。留禁中月餘，詢治世養身之術。昭素曰：「治世莫若愛民，養身無如寡欲，此外無他。」上愛其語，書屏几中。年八十九終。

本條見玉壺清話卷三。

〔二〕薦於太宗召至便殿：玉壺清話作「薦於朝，温旨召至便殿」，然注曰「一云『薦於太宗，召至便殿』」，故本書亦有本。

麻姑鳥爪　羲皇蛇身

集仙録云：麻姑，孝明〔一〕帝時，與神仙王遠降於蔡經家。將至，一時頃聞簫鼓人馬之聲。姑年十八九許，於頂中作髻，餘髮垂之至腰。其衣有文章，而非錦綺，皆世所無。姑爪如鳥爪。蔡經見之，心中默念言：「背大痒時，得此爪以爬背，當佳。」遠已知經心念，使牽經鞭之。

本條見墉城集仙録卷四「麻姑」條，又見太平廣記卷六〇女仙五「麻姑」條引神仙傳。墉城集仙録當取自神仙傳。

〔一〕明：墉城集仙録、廣記均作「桓」。

拾遺記：禹鑿龍關〔一〕之山，亦謂之龍門，至一空巖，深數十里，幽暗不可復行。禹乃負火而行。有獸狀如豕，銜夜明之珠，其光如燭。又有青犬，行吠於前。禹計可十里，迷於晝〔二〕夜。既覺，漸明，見向者豕犬變爲人形，又見一神，蛇身人面。禹因與〔三〕語，神即示禹八卦之圖，列於金板之上，又有八神侍側。禹曰：「華胥生聖子，是汝邪？」答曰：「華胥是九河神女，以生余也。」乃探玉〔四〕簡授禹，長一尺二寸，以合十二時數，使度量天地。禹即執持此簡以治定水土。蛇身之神，即羲皇也。

本條見拾遺記卷二夏禹。

〔一〕闕：原作「門」，據拾遺記校改。

〔二〕晝：原作「書」，據拾遺記校改。

〔三〕與：原闕，據拾遺記校補。

〔四〕玉：原作「王」，據拾遺記校改。

成子五石　葛起千斤

仙傳拾遺：崔成子者，修五石雲腴之道於岻山洞室中。服之十年，解神而去，藏形於洞中。有遊者見其形骨不散，而芳香逾甚，細視藏有五物〔一〕，白如雞子，因探取而歸。忽自震懼，已失五石所在。明日卻入洞中，見成子踞坐室内，奮髯而言曰：「道在積功累行，德及含識，地司所舉，名簡帝君，然後神丹可成，真師可遇。子無毫分之善，懷殘毒之行，竊我雲腴神薤之藥，而欲度世，不亦難乎？此固神明所責〔二〕，吾以愍物爲心，不欲加罪，恐山神不赦，爾可速去。」自是尋獲惡疾。歲餘，成子夜降其家，教以洗心悔過之訣，所疾復愈。

本條僅見此引。羅爭鳴據本書輯入杜光庭記傳十種輯校仙傳拾遺。

〔一〕物：輯要本作「石」。

〔三〕責：原作「貴」，據輯要本校改。

抱朴子：葛起力舉千斤〔一〕，頭有五色之氣，高丈餘。一日乘龍上昇。

本條未見抱朴子内外篇。神仙傳有葛越傳，葛越又名黄盧子。本條見神仙傳「葛越」條（漢魏本卷一〇、四庫本卷四），亦見仙苑編珠卷中「方術葛越」條引神仙傳。「起」，或爲「越」之誤。

〔一〕斤：編珠同，漢魏本神仙傳作「鈞」。

自在掬水　劉政興雲

野人閑話：利州鄽中有一人，被髮跣足，衣布短襦。人與語，縱答，皆説天上事，人多不曉。會夜，則於神廟中立睡，盛暑凝嚴，則莫我知也。人謂之「天自在」。州之南門外有市，則商賈交易之所也，人甚闐咽。一夕，火起亘天，燒熱屋宇，城内人皆登高望之。見天自在吁歎，獨語云：「此方之人縱意奢淫，莫知善道，爲惡既久，天將殺之。」遂以手掬堦前石盆中水望空澆灑，逡巡有黑氣，自廟門出，變爲大雨，盡滅其火。天自在遂潛遁去。

本條見太平廣記卷八六異人六「天自在」條引野人閑話。

神仙傳：劉政有道術，能以一人作千人，千人作萬人，又能噓水興雲，聚壤成山，刺地成淵。

本條見神仙傳「劉政」條（漢魏本卷八、四庫本卷四），亦見太平廣記卷五神仙五「劉政」條引神仙傳。

李竦閑客　龜蒙散人

指元圖序：李竦自稱三仙門弟子、天下都閑客，嘗作指元序云：「欲叩玄關，須憑匠手，不遇真仙，難曉大道。僕遊江南，於南京應天遇華陰施真人肩吾希聖者，青巾紫履，皂帶寬衣，光彩射人，望之儼然可畏。及其談論，指喻天機，開陳大道，古今不特見有矣。遂授僕修真元圖一十五式〔一〕，顯然明白，可謂真仙之祕本矣。」

本條見修真太極混元圖。

〔一〕修真元圖一十五式：修真太極混元圖作「修真指玄」。

本傳：唐陸龜蒙，少高放，舉進士，一不中。居松江甫里，往從張博〔一〕。不喜與遊俗交，雖造門，不肯見。不乘馬，升舟，蓬席，齎束書、茶竈、筆床、釣具往來，時號江湖散人。

本條見新唐書卷一九七陸龜蒙傳。

〔一〕博：新唐書作「搏」。

三洞群仙録卷之十五

正一道士陳葆光撰集

河公道尊　元君仙最

神仙傳云：河上公者，莫知其姓名也，漢孝文帝時，結草爲庵於河上，常讀老子經。文帝好老子之言，遣人齎不解之義問之。公曰：「道尊德貴，非可遥問也。」帝即駕乘而從之，乃下車稽首，問其奥義。公曰：「常以百姓心爲心也。」

本條見神仙傳「河上公」條（漢魏本卷三、四庫本卷八），另見太平廣記卷一〇神仙十「河上公」條引神仙傳，及仙苑編珠卷上「河上傳經　漢文得旨」條引葛仙公。

雲笈七籤：任生隱於嵩山讀書，一夕見黄衣人，執手牒追去，曰：「子命已盡。」約行數十里，幢節旛蓋，迆邐不絶。有女子乘翠輦，侍衛數十人，黄衣者與生辟易，隱於牆下。女子遥見，問何人。黄衣具以實對。女子取牒視之，曰：「今既相遇，不能無情。」索筆判云：

「更與三年。」生再拜謝之，因問使者，黄衣云：「此三素元君，仙之最貴也。」生果再甦，後三年乃卒。

本條見雲笈七籤卷一一三上傳「任生」條（出盧肇逸史），亦見詩話總龜前集卷四七神仙門中引盧肇逸史。

麟伯屋穿　紫霄石碎

天師内傳：張子祥字麟伯，博通群經，仕歷洛陽尉。棄官，與妻退隱龍虎山，志在修煉。能吐腹中丹，置掌上玩弄，或投器中，光芒穿屋，復吞之。年百有餘歲後卒，葬之，空棺而已。

本條見歷世真仙體道通鑑卷一九張子祥傳。

神仙傳：五代時，江南道士譚紫霄有道術，能醮星象，禹步魁罡，禁制鬼魅，住廬山棲隱洞。時鄰〔一〕僧於溪滸創亭宇，有爲頑石所礙，雖致工百倍，不能平之。師往見，曰：「斯固易矣。」以指捻訣，以水噀之，命鎚之，其石應手粉碎矣，一旦平焉。

譚紫霄事見宋馬令南唐書卷二四，亦見歷世真仙體道通鑑卷四三譚紫霄傳。本書謂出神仙傳，不詳何書，與葛洪所撰固爲二書。

〔一〕鄰：原作「鄰」，據仙鑑校改。

月娥竊藥　江妃解佩

神仙傳：羿有不死之藥，妻竊服之，奔月，爲姮娥。

羿妻奔月事見淮南子卷六覽冥訓、搜神記卷一四等。本書謂出神仙傳，不詳何書，與葛洪神仙傳實爲二書。

集仙録：江妃二女出遊江濱，皆麗服華裝，佩十兩明珠，大如荆雞之卵。鄭交甫見而與語，求之，解其佩與交甫。交甫懷之，去數十步，俱無見焉。又韓詩内〔一〕傳云：「昔鄭交甫將之南楚，適彼漢高〔二〕臺下，乃遇二女，佩二珠，大如雞卵。交甫與言曰：『欲子之佩兮。』二女解佩與之。交甫既行，二女忽不見，佩亦失之。」

集仙録此條，僅見引於本書。羅爭鳴據本書輯入杜光庭記傳十種輯校墉城集仙録。

本條前半部分當源自列仙傳卷上「江妃二女」條，亦見文選卷二三阮籍詠懷詩（二妃游江濱）李善注引列仙傳；後半部分見文選卷四張衡南都賦「遊女弄珠於漢皋之曲」李善注引韓詩外傳，不見於今存韓詩外傳。

〔一〕内：文選作「外」，當以「外」爲是。

〔二〕高：文選作「皋」。

武夷設席 祝融召會

武夷山記：秦始皇二年八月十五日，武夷君會鄉人於幔〔一〕亭峰上，男女千餘人，東西各設地席，施紅雲之茵，紫霞之褥，奏賓雲左仙之曲。酒行，令歌師彭令〔二〕昭唱人間會別〔三〕之曲，詞曰：「天上人間兮會合幾〔四〕稀，日落西山兮夕鳥歸飛，百年一餉兮志與願違，天宫咫尺兮恨不相隨。」歌罷，忽綵雲四合。鄉人與仙人相别，乃下山，回顧峰頂，無復一物矣。

本條見雲笈七籤卷九六人間可哀之曲一章並序、方輿勝覽卷一一福建路建寧府「山川」條「幔亭峰」小注引古記。

武夷山記，雲笈七籤云唐陸鴻漸撰。而直齋書録解題著録有「武夷山記一卷，杜光庭撰」。崇文總目亦著録，曰杜光庭撰。或與雲笈七籤所謂陸鴻漸撰者爲二書。

〔一〕幔：原作「慢」，據方輿勝覽改。

〔二〕令：七籤、方輿勝覽均作「令」。

〔三〕會别：七籤、方輿勝覽均作「可哀」。

〔四〕幾：七籤、方輿勝覽均作「疏」。

高道傳：薛季昌，居衡山，研真窮妙。明皇嘗召入禁掖，問以道德，而談極精微。上喜，恩寵優異。一日忽謂弟子曰：「祝融峰今夕天真之會，予被召當往。」遂凌空而去。

本條見歷世真仙體道通鑑卷四〇薛季昌傳。

賓聖白犬　萬祐青豬

高道傳：杜光庭字賓聖，一日忽謂門人曰：「昨夢朝上帝，以吾爲岷峨主司。今青城已創真宮，恐不久於世矣。」光庭嘗畜一白犬，目之曰吠雲，令以胡麻油塗足，繒布裹之，曰：「吾聞油塗犬足，可日行萬里。」及真宮成，遂披法服升堂，集門弟子，囑別而化。異香滿室，吠雲亦號叫而斃。

本條見歷世真仙體道通鑑卷四〇杜光庭傳，亦有部分內容見道門通教必用集卷一歷代宗師略傳「杜天師」條引高道傳。杜光庭事又見本書卷七「杜拜庭秋」條引高道傳。

廣記：萬祐修道於黔南無人之境，每三二十年出成〔一〕都市藥。蜀王建迎入宮，盡禮事之。問其服餌，皆祕而不言，曰：「吾非神仙，亦非服餌之士，但虛心養氣，仁其行，尠其過。」問其齒，則曰：「吾只記夜郎王蜀之歲，蠶叢氏都郫之年，時被請出，但見烏兔交馳，花開木落，不記其甲子矣。」後堅辭歸山，建泣留不住，問其後事，皆不言之。既去，於所居壁間見題字曰：「莫教牽動青豬足，動即炎炎不可撲。鷩獸不欲兩頭黄，黄〔二〕即其年天下哭。」智者不能詳之。至乙亥年起師，東取秦、鳳。乙亥是爲青豬，爲焚爇之期也。後三年，歲在戊寅土而建殂。方知寅爲鷩獸，干與納音俱是土。土，黄色，是以言鷩獸兩頭黄。此言不差毫髮。

本條見太平廣記卷八六異人六「黄萬佑」條，談本廣記云出録異記，類説亦引，亦云出録異記；而明鈔本廣記云出野人閑話。羅爭鳴據廣記輯爲録異記疑似佚文，而認爲本篇文字必非杜光庭口吻。

〔一〕成：原作「城」，據廣記校改。

〔二〕黄：原作「色」，據廣記校改。

桓闓執爨　柳浩掌厨

神仙傳：宋桓闓字清遠〔一〕，事陶隱居於茅山華陽館十餘年，立性端謹寂默〔二〕，若無所爲。一日有二青童、一白鶴自空而下，集于庭，隱居忻然而接，爲己當之〔三〕。青童曰：「太上所命者，桓先生也。」隱居默計，門人皆無姓桓者，索之，唯得執爨闓焉。詰其所致，則曰：「常修默朝之道，已九年矣。故有今日之召。」闓服天衣，駕白鶴昇天。

本條見太平廣記卷一五神仙十五「桓闓」條引神仙感遇傳。此處所謂神仙傳，當爲神仙感遇傳之省稱，而非東晉葛洪之神仙傳。

〔一〕字清遠：廣記無。

〔二〕默：國圖舊抄本作「寂」。

〔三〕爲己當之：廣記無。

仙傳拾遺：柳浩者，家世奉道，焚修精恪，年八十餘，身嘗無疾。鄉里疑道力之所及也。忽一旦謂其家曰：「吾昨奉天符，太上有勑，使我於九仙寶室洞掌仙官厨饍百年，來日當行。」至期，無疾而終，異香盈庭，數日始絶。

本條僅見此引。羅爭鳴據本書輯入杜光庭記傳十種輯校仙傳拾遺。

柳融粉鼀　張果紙驢

神仙傳：南極子柳融取粉塗盃，呪之成鼀，煮取其肉食之，呪其殼，復爲酒盃。又能含粉成雞子，吐之數十枚，煮而啖之。雞子中黄皆有少許粉。又取水呪之，即成美酒，飲之皆醉。

本條見漢魏本神仙傳卷一〇「柳融」條、四庫本卷四「南極子」條，亦見類説卷三「龜杯」條引神仙傳、紺珠集卷二「龜杯」條引神仙傳，及歷世真仙體道通鑑卷五柳融傳。

高道傳：張果常乘一白驢，日行數百里，休則疊之，其厚如紙，置於巾箱中。乘則以水噀之，復成驢矣。

本條見歷世真仙體道通鑑卷三七張果傳。張果事又見本書卷七「張果擊齒」條引明皇雜録、卷一〇「銅牌誌鹿」條引高道傳。

魯逢修舍　奚山造車

仙傳拾遺：魯逢者，善於木工，往來齊岱之間。壽張令别業舍壞二十餘間，使吏召匠以修之。吏執逢，驅行。逢邀吏就肆飲酒。去莊三十餘里，日暮，而逢已醉卧。令頗剛躁，吏甚爲憂。洎明日又召酒飲，吏促之使行。逢曰：「本爲修莊舍，舍已正矣，何見促之甚？」吏不能解其意。良久，村童自莊所至，云：「昨夜似有風雨，舍已修整矣。」吏以事白令，召而謝之，唯唯而已。

本條僅見此引。羅爭鳴據本書輯入杜光庭記傳十種輯校仙傳拾遺。

又奚樂山，不知何許人，大和中長安大雪月餘，負販小民求食無路。樂山因冒雪往造〔一〕車之家，謂之曰：「我善作車輻，可立致百所，計功〔二〕三百文。」其家使爲之，燃燈運斤，日昃而作，未逾三鼓，百所成矣。凌晨得〔三〕錢三十千，歸以拯〔四〕飢貧者。雪霽，告發，不知所之。

本條僅見此引。羅爭鳴據本書輯入杜光庭記傳十種輯校仙傳拾遺。奚樂山事，當採自集異記。

〔一〕造：原闕，據國圖舊抄本校補。
〔二〕功：國圖舊抄本作「工」。
〔三〕得：原闕，據國圖舊抄本校補。
〔四〕拯：國圖舊抄本作「賑」。

列子御風　可雲卧雪

南華真經：列子御風而行，冷然善也，旬有五日而後反。彼於致福者未數數然也。此雖免乎行，猶有所待也。若夫乘天地之正，御六氣之辨，以遊無窮者，彼且惡乎待哉？

本條見莊子内篇逍遥遊第一。

續仙傳：杜子昇字可雲，自言杜陵人，莫測其年壽。飲酒三斗不醉，能沙書。冬卧雪中三兩日，人以爲僵死，或撥看之，徐起，抖擻雪而行，如醉睡醒。唐杜孺休爲蘇州刺史，忽聞可雲在城市，乃延入州，拜呼道翁，賓僚訝之。孺休曰：「先君出鎮西川日，與道翁相善，別來四十年，而裝飾顔貌一如當時。」後入杭越間去。

本條見續仙傳卷下及雲笈七籤卷一一三下續仙傳「杜昇」條。

夸父追日　太白捉月

大荒經云：有人珥兩黄蛇，名曰夸父。又列子云：夸父不量力，欲追日影，逐之於嵎〔一〕谷之際。渴，欲得飲。赴飲渭河〔二〕，渭河不足。將走，北飲大澤。未至，道渴而死。棄其杖，尸膏肉所浸，生鄧林。鄧林彌廣數千里焉。

本條引大荒經的内容見山海經大荒北經，引自列子的内容見列子卷五湯問篇。

〔一〕嵎：列子作「隅」。

〔二〕渭河：列子作「河渭」，下同。

摭遺：子美後説：李太白宿江上，於時高秋澄流，若萬頃寒玉。太白見水月，即曰：「吾入水捉月矣。」尋不得尸，説者云水解。此神仙之事也。

本條僅見此引。

雲漿元道　石髓王烈

高道傳：葉法善字元道〔一〕，括蒼人，世爲道士。母留氏晝夢流星入口，吞之有娠，十五月而生。七歲溺大江，三年而還。父母詢其故，曰：「青童引我飲以雲漿，復朝太上，故少留耳。」

本條見歷世真仙體道通鑑卷三九葉法善傳。葉法善事又見本書卷五「法善龍輦」條引高道傳。

〔一〕元道：仙鑑作「道元」。

王氏神仙傳：王烈字長休，中散大夫嵇叔夜甚欽愛之，數數就學，共入山遊戲採藥。後烈獨之太行山中，忽聞山東北有聲如雷，烈不知何等，往視之，乃見山破石裂，有青泥流出，如髓，烈取食之。即與叔夜往視之，則斷山已復如故。按仙經云：神山〔一〕五百年輒一開，其中石髓出，得而服之，壽與天相畢。烈前得者必是也。

本條見太平廣記卷九神仙九「王烈」條引神仙傳。杜光庭王氏神仙傳中之王烈傳，當源出神仙傳。羅爭鳴據本書輯入杜光庭記傳十種輯校王氏神仙傳。本條部分内容亦見仙苑編珠卷下「王烈石髓」條引神仙傳，及太平御覽卷四〇地部五「太行山」條引神仙傳、歷世真仙體道通鑑卷三一王烈傳。

〔一一〕山：原作「仙」，據仙苑編珠、御覽校改。

沈彬三舉　董威百結

郡閣雅談：沈彬字子文〔一〕，好神仙。少孤，西遊，以三舉爲約。初一舉，作夢仙謡云：「玉殿大開從容入，金桃爛熟没人偷。鳳驚寶扇頻翻翅，龍懼〔二〕金鞭迴〔三〕轉頭。」第二舉憶仙謡：「白榆風颭〔四〕九天秋，王母朝回宴玉樓。日月漸長雙鳳睡，桑田欲變六鼇愁。雲迷〔五〕簫管相隨去，星觸旌幢各自流。詩酒近來狂不得，騎龍卻憶上清遊。」第三舉納省卷贈劉象，爲首云：「曾應大中天子舉，四朝風月鬢〔六〕蕭疏〔七〕。不隨世祖重攜劍，卻〔八〕爲文皇再讀書。十載戰塵消舊業，滿城春〔九〕雨壞貧居。一枝何事於君惜，仙桂年年幸有餘。」主司覽彬詩，是年特放象及第。彬後南遊湖外〔一〇〕，亦有道者也。

本條見詩話總龜前集卷三五紀夢門下引雅言雜載。雅言雜載即郡閣雅談，參卷三「王鼎物外」條題解。沈彬事亦見本書卷一二「沈彬石槨」條引賈氏録談（當爲賈氏談録）。

〔一〕文：詩話總龜作「美」。

〔二〕懼：詩話總龜作「悮」。

〔三〕迴：詩話總龜作「忽」。

〔四〕颭：詩話總龜作「占」。

〔五〕迷：詩話總龜作「翻」。

〔六〕鬢：國圖舊抄本作「髮」。

〔七〕疏：國圖舊抄本作「條」。

〔八〕卻：詩話總龜作「知」。

〔九〕春：詩話總龜作「風」。

〔一〇〕湖外：詩話總龜作「湖湘及嶺表」。

逸士傳：董威在洛陽居白社，以殘絮縷帛爲衣，號爲百結。

逸士傳，晉皇甫謐撰，已佚，隋志、新唐志著録爲一卷，類説、錦繡萬花谷等書存節本。本條見類説卷二「百結衣」條引逸士傳、錦繡萬花谷後集卷二一「百結衣」條引逸士傳。

修通行者　袁滋士流

雲笈：道士聶師道聞梅真人、蕭侍郎皆隱玉〔一〕笥山，時人多見之。師道乃至玉笥，寓清虚觀，三遊郁木坑，或冀一見。堅心以去，山行極深。忽見一人布衣，烏紗帽，自稱行者，問師道何往，聶以尋梅、蕭爲答。行者曰：「聞爾精勤慕道，遍訪名山，情亦非易。爾宿業甚靜，已應玉籍有名，雖未便飛昇，亦當度世。我，謝修通。」

本條見雲笈七籤卷一一三下續仙傳「聶師道」條。

〔一〕玉：原作「王」，據七籤及本條後文校改。

又袁相公滋，未達時，因暇日登復州青溪，有一人儒服，與語甚狎。袁公曰：「此境山泉奇異，當有靈仙之所都府。」儒生曰：「有道士五六人，間或一來，亦不知所居處。彼惡人知，然得美酒，庶或一見也。」公後得美酒而往。歷數宿，道流果來，儒生爲列席致酒。儒生乃引袁公出拜，道士相顧失色，乃怒。儒生〔一〕曰：「此人誠志，況是士流。」良久遂意解。因目袁生曰：「此人似西華坐禪僧，去來已四十七年矣。」問公之歲，適四十七矣。撫掌曰：「公福禄已至。」公後果拜相焉。

本條見雲笈七籤卷一一三上傳「袁滋」條、太平廣記卷一五三定數八「袁滋」條引逸史。

〔一〕生：原闕，據國圖舊抄本校補。

左慈眇目　許畫偏頭

三洞神仙記：魏左慈能變化，後入東吴。吴有徐墮者，居丹徒。慈過之，墮門下有宿客詆云：「徐公不在。」慈知客詆〔一〕已，便即去。客見牛在楊木杪，行適上木，則不知〔二〕所在；下木，即得牛在木上。又車轂皆生荆棘，長一二尺〔三〕，斫之不斷，推之不動也。客大懼，即報徐公，説有一眇目老翁，吾欺之，言公不在；及去，車牛如此。徐曰：「此左慈也，汝曹那得欺之。」諸客分布逐慈，叩頭謝之。慈意解，即遣去。還，見車牛如故。

三洞神仙記，無著録，惟宋黄鶴注補注杜詩提及此書，在寄司馬山人十二韻一詩注中云「壺公詳見真人謝元三洞神仙記」。本條見太平廣記卷一一神仙十一「左慈」條引神仙傳及神仙傳「左慈」條（漢魏本卷五、四庫本卷八）。

〔一〕詆：原作「狂」，據本條前文校改。

〔二〕知：國圖舊抄本作「見」。

〔三〕二尺：國圖舊抄本作「尺二」。

括異志：成都畫師姓許，善傳神。一日有貧人，弊衣憔悴，來求傳神。許笑曰：「君容壯若此，而求傳寫，何也？」其人解布囊，出黄道服，鹿皮冠，白玉簪，頂冠易衣〔一〕。危坐，以手摩面，則童顏矣；引其鬚，應手而黑，乃一美丈夫也。許驚曰：「不知神仙降臨。」道士曰：「君傳吾象，置肆中，有求售，止取千錢。」後有識者曰：「此靈泉朱真人也。」求者輻輳。許貪畫直，每象輒取二千。夢道士曰：「汝福有限，不可妄取，安得忽吾言？將促其壽也。」

因批其頰。既寤，頭遂偏，乃號許偏頭。

本條見括異志卷六「許偏頭」條，亦見類説卷二四「許偏頭」條引括異志。

〔一〕衣：國圖舊抄本作「服」。

子推黄雀　君達青牛

神仙傳：介子推，晉人也，隱而無名，趙成子與之遊。旦有黄雀在門上，晉重耳異之。與出居外十餘年，勞而不辭。及還介山，有伯子者常來呼推曰：「可去矣。」推乃從伯子遊。後文公遣人以玉帛徵禮之，而不去。

本條不見於今本神仙傳，而見於列仙傳卷上「介子推」條。

高道傳：封衡字君達，常駕一青牛，因號青牛道士。人有病，不問識與不識，便以腰間竹管中藥與之，或下針，應手立愈。魏武帝問養性大略，師曰：「體欲常勞，食欲常少，勞勿過極，少勿過虚。去肥濃，節酸鹹，減思慮，損喜怒，除馳逐，慎房室，春夏施寫，秋冬閉藏，則幾於道矣。」

本條見歷世真仙體道通鑑卷二一封衡傳。

上林獻棗　河陰市榴

東方朔傳曰：武帝時上林獻棗。上以杖擊未央前殿檻，呼朔曰：「叱來叱來，先生知篋中何物？」朔曰：「上林獻棗四十九枚。」上曰：「何以知之？」朔曰：「呼朔者，上也；以杖擊檻，兩木〔一〕，林也；朔來，來來，棗也；叱叱者，四十九。」上大笑，賜帛十疋。

本條見後魏賈思勰齊民要術卷一〇「棗」條、藝文類聚卷八七菓部下「棗」條、太平廣記卷一七四俊辯二「東方朔」條、太平御覽卷九六五果部二「棗」條引東方朔傳。

〔一〕木：原作「大」，據齊民要術、廣記、御覽校改。

高道傳：道士張元化，不知密修何道。鄉人一旦皆夢元化來别，云：「且暫遠遊。」是夕果羽化。達旦，人有疑而來訪者，大小皆同。既葬之後，塚上有一竅，可容臂。識者云：「此蟬蛻矣。」未幾，有客自河陰來，貨石榴於汝墳，中途遇一道士，自云：「我乃汝墳張觀主，託附一書。」仍市石榴數十顆，獻于北極殿。客諾之。既至，其徒曰：「此書乃師之墨迹也。」引客至影堂，客曰〔一〕：「向所見者，與此略無異焉。」

本條見歷世真仙體道通鑑卷四八張元化傳。張元化事，又見本書卷一七「元化叱鬼」條引高道傳。

〔一〕曰：國圖舊抄本無本字。

攜琴負壺　浮家泛宅

高道傳：道士李真，隱華山岐州之西。王祐者，家巨萬計，常設館以待四方，嘉肴旨酒，無不備具。真攜琴負藥壺謁，祐遂延于館。真曰：「我聞人之好樂皆有以，師縱横者必有游説之志，讀韜略者必有戰敵之心。吾攜一張琴、一壺藥，豈無旨哉？攜琴者，我知琴有古風，欲使人還淳朴，省澆浮也。負藥壺者，我知人之多病，欲使人少疾苦，常安平。且我之琴，非止自化也，化人也；我之藥，非止自保也，保人也。君雖能以有餘濟於人，固與不義而誅剥以富者則異矣，比古之豪貴待士則未也。要在賢不肖有别，則君之身名可保，無累矣。」真乃命酒自酌，達曉，遽辭去。祐潛伺之，見真化一大鹿，西走，不知所之。

本條見歷世真仙體道通鑑卷四三李真傳。

唐史屬辭：張志和字子同。顔真卿爲湖州刺史，志和來謁。真卿以舟弊陋，請更之，志和曰：「願爲浮家泛宅，往來苕、霅間。」李德裕稱志和隱而有名，顯而無事，不窮不達，嚴禮以敬〔一〕。

本條見新唐書卷一九六張志和傳。張志和事亦見續仙傳卷上「玄真子」條、本書卷一六「志和水戲」條引續仙傳。

〔一〕嚴禮以敬：新唐書作「嚴光之比云」。

三洞群仙録卷之十六

正一道士陳葆光撰集

志和水戲　夏統耦耕

續仙傳：張志和，會稽山陰人也。時顏真卿東遊平望驛，志和酒酣，爲水戲。鋪蓆於水上，獨酌嘯詠。其蓆往來，後有雲鶴隨其上。真卿親賓寮佐，觀者莫不驚異。尋水上揮手，以謝真卿，上昇而去。

本條見續仙傳卷上及雲笈七籤卷一一三下續仙傳「玄真子」條。張志和事亦見本書卷一五「浮家泛宅」條引唐史屬辭。

晉隱逸：夏統字仲御，會稽永興人。幼孤貧，養親以孝聞。每採稆〔一〕求食，星行夜歸，或至海邊拾蠊蛾以資養。雅善談論。宗族勸之仕，謂之曰：「卿清亮質直，可作郡綱紀，與府朝接，自當顯至，如何甘辛苦於山林，畢性命於海濱也？」統勃然作色曰：「諸君待我乃至此乎？使統屬太平之時，當與元凱平議出處；遇濁代，當與屈生同汙共泥；若汙隆之間，自當耦耕沮溺，豈有辱身曲意於郡府之間乎？」

本條見晉書卷九四隱逸夏統傳。夏統事又見本書卷一七「夏統風至」條引晉逸史。

〔一〕稆：原作「梠」，據輯要本校改。

季平可活　隱瑶再生

宣室志：上黨程逸人有符術。唐劉悟爲澤潞節使，臨洺〔一〕縣民蕭季平家甚富，一日暴卒。逸人嘗受季平厚惠，聞其死，馳傳視之，語其子曰：「爾父未嘗死，蓋爲山神所召，治之尚可活。」乃朱書一符，向空擲之。食頃，果甦。曰：「初見一緑衣人，云：『霍山神召。』約行五十餘里，適遇一丈夫，朱衣，杖策怒目，從空而至，謂季平曰：『程斬邪召，可疾去。』於是緑衣者懼而走，朱衣人牽其袂偕來，遂醒。」其家驚異，因問逸人：「斬邪謂誰？」曰：「吾學於師氏，歸依龍虎斬邪籙。」因解其所佩籙囊示之。後遊閩越，不知所在。

本條見太平廣記卷七三道術三「程逸人」條引宣室志。宣室志點校本據以輯入輯佚，題「程逸人回生有術」。

〔一〕洺：原作「洛」，據文義校改。澤潞節度使，又名昭義節度使，轄區包括唐代的邢州（今河北邢臺)、洺州(今河北永年東南)、磁州(今河北磁縣)、澤州(今山西晉城)、潞州五州,而臨洺縣屬於洺州。故文中提到的蕭季平當爲臨洺縣民。

仙傳拾遺:周隱瑤,洞庭〔一〕道士也,居焦山,學太陰煉形之道,死於崖窟。夢謂其弟子曰:「檢視其尸,勿令他犯。六年後再生,當以衣裳迎我。」弟子視之,則臭穢蟲壞,唯五藏不變,依言〔二〕閉護。至六年,往看,乃身全卻坐。弟子備湯沐,以新衣迎之。髮鬢而黑,髭而直,若獸鬣焉。十六年又死,如前,更七年復生。如此三度,狀貌益壯。煬帝召至東都,懇乞歸山。尋亦遂其意。

本條見太平廣記卷六神仙六「周隱遥」條引仙傳拾遺,唯「瑤」作「遥」。羅爭鳴據廣記輯入杜光庭記傳十種輯校仙傳拾遺。另[紹定]吴郡志卷四〇亦引,亦作「周隱遥」。

〔一〕庭:本字後廣記、吴郡志均多一「山」字。

〔二〕言:原闕,據廣記校補。「依言」,吴郡志作「如言」。

肩吾三住　墨狄五行

西山會真記:施肩吾字希聖,嘗作三住銘云:「太易曰:『精氣爲物,遊魂爲變。』凡在萬形之中,其所保者,莫先於元氣。元氣若住則形住,形住則神住。此三者既住,則我命在我，不在於天也。」大理昭然，玄居者無〔一〕不信之矣。

西山會真記，即西山群仙會真記。道樞有會真篇（見卷三八），是對會真記各篇的節選。然本條未見於會真記及道樞會真篇，而見道樞卷三〇三住篇。

〔一〕無：原闕，據國圖舊抄本校補。

神仙傳：墨子名狄〔二〕，仕宋爲大夫。年八十二，乃歎曰：「世事已可知，榮位非長保，將委流俗，以從赤松遊耳。」乃入周狄山精思，忽見一人，乃問之曰：「君豈非山岳之靈氣乎？將度世之神仙乎？願且少留，誨以道教。」神人曰：「知子有志好道，故來相候爾。」於是授以素書，朱英丸〔三〕方，墨子拜受合作，遂得其驗。乃撰集其要，以爲五行記。後得地仙，隱以避戰國。

本條見神仙傳卷四「墨子」條（漢魏本卷八、四庫本卷四）。

〔二〕狄：神仙傳作「翟」。

〔三〕朱英丸：原作「未央圓」，據神仙傳校改。

邢公丹竈　周貫藥鐺

談選：九嶷山中絶頂，人迹所不及，舊傳有仙隱於其上。近有本郡監兵子曹雄，因獵山間，遂深入，至峰頂，見結茆三兩間，中一人隱几而坐。雄再拜問之，答曰：「吾邢仙翁也，自唐僖宗時隱此。」因延雄，訪以世間事。雄視其所居，唯一書閣，及丹竈几案，有所著詩。雄求録其詩，得十數篇。今録出一篇云：「虛皇天詔下仙家，不久星潢〔一〕借客槎。壁上風雲三尺劍，床〔二〕前龍虎一鑪砂。行乘海嶼千年鶴，坐折壺宮〔三〕四序〔四〕花。爲愛陰符問玄義，更隨綵仗〔五〕入烟霞。」雄後追復舊遊，幾月方到。環視，居室雖存而仙已去矣。

談選，不詳。本條見宋王明清撰玉照新志卷五，亦見歷世真仙體道通鑑卷五一邢仙翁傳。而本條中的訪者曹雄，上二書均作李侯與舉子李彥高。

〔一〕潢：玉照新志作「横」。

〔二〕床：玉照新志作「林」。

〔三〕宮：玉照新志作「中」。

〔四〕序：玉照新志作「季」。

〔五〕綵仗：玉照新志作「驪海」。

冷齋夜話：周貫，不知何許人，自號木雁子。治平〔一〕間嘗往來西山，又至袁州，見市井李生者有秀韻，欲攜以歸林下，而李嗜酒色，意欲無行。貫指煮藥鐺，作偈示之：「頑鈍天教合作鐺，縱生三脚豈能行。雖然有耳不聽法，只愛人間戀火坑。」尋死於西山，方將化，人問其幾何歲，貫曰：「八十西山作酒仙，麻鞋孔〔二〕斷布衣穿。相逢甲子君休問，太極光陰不記年。」後有人見於京師州橋，附書與袁州李生云：「我明年中秋夕當上謁也。」至時果造李生。生時以事出，乃以白土大書其門而去，曰：「今年中秋夕，來赴去年約。不見折足〔三〕鐺，彈指空剥剥。」李果墮馬，折一足。

本條見冷齋夜話卷八「周貫吟詩作偈」條。

〔一〕平：本字後夜話多出「熙寧」二字。

〔二〕孔：夜話作「軋」。

〔三〕折足：夜話作「破鐵」。

童子錦帷　尚父綉幄

西山記：孝武寧康二年八月一日，許真君晨起，忽有雲物自天而下。仙降於真君之庭，乃宣上帝詔：「賜學仙童子許遜紫綵羽袍、瓊旌寶節、玉膏金丹各一合，詔至奉行。」是月十五日中，忽聞音樂來自天際，青童綵仗、龍車羽盖來迎，許君與家屬四十二口及雞犬，皆乘雲上昇。頃之有錦帷自空飛下，復有雞栖墜於宅東南。

本條見歷世真仙體道通鑑卷二六許太史傳。

神仙感遇傳：郭子儀初從軍沙塞間，因入軍催軍食，至銀州十數里。日暮，忽風沙陡暗，行李不得，遂入道傍空屋中，藉地將宿。既夜，忽見左右皆有赤光，仰視空中，見軿輜車，繡幄中有一美女，坐床垂足，自天而降。子儀拜祝云：「七月七日，必是織女降臨，願賜長壽富貴。」女笑曰：「大富貴，亦壽考。」言訖，冉冉昇天。後子儀立功貴盛，拜太尉中書〔一〕尚父，年九十而薨。

本條見太平廣記卷一九神仙十九「郭子儀」條引神仙感遇傳。羅爭鳴據廣記輯入杜光庭記傳十種輯校神仙感遇傳。另見錦繡萬花谷後集卷四「空中車幄」條引感遇集。

〔一〕中書：廣記作「尚書令」。

王賈玉符　天寵金鑰

廣記：婺州參軍王賈，舉孝廉擢第，授婺州參軍。時杜暹爲婺州參軍，與賈同列，相得甚懽。與暹同部領使洛陽，過錢唐江，登羅刹山觀潮。謂暹曰：「大禹真聖者，當理水時所有金匱玉符以鎮川瀆。此杭州城不鎮壓，尋當壞矣。」暹曰：「何以知之？」賈曰：「此石下是，相與觀焉。」因令暹閉目，執其手，令暹跳下。暹忽開目，已至水底，其空處如堂，有石匱，高丈餘，鎖之。賈手開其鎖，去其蓋，引暹手登之，因入匱中，又有金匱，可高三尺，金鎖〔一〕之。賈曰：「玉符在中，非有緣不能見也。」因引手復出，則已至岸矣。仍告暹曰：「君有宰相禄，當自保愛。」因示其拜官歷仕，及於年壽，周細語之。暹後遷拜，一如其説。

本條見太平廣記卷三二神仙三十二「王賈」條引紀聞。

〔一〕鎖：本字後廣記多一「鎖」字。

閑中雜記：崇寧間南康軍進士彭天寵者，初未嘗學道，忽自言天人降其家，且得天書。一日沐浴，語人曰：「我昇天矣。」閉户不出，有須，失所在。後四十二日，忽渡江歸，且曰：「我初去時泛一金船，載雲中，如在綿上，迤邐昇天。見一道士曰：『子在晉時爲彭澤令，有功及民，故係仙籍。』因指白氣示之，曰：『此父母思汝之愁氣，盍歸？爾九十年當復來。』及遺金銀鑰匙各一，使復〔一〕泛舟下。至蔡州，以金鑰賣之，得錢歸。至江，將渡，錢盡。又賣銀鑰匙，得錢買舟，至其家，錢盡。」父母驚喜，他日令娶婦，亦無他異。

〔一〕復：國圖舊抄本無本字。

洛下癡羊　山中病鶴

雞跖集：洛下有洞穴，有人誤墮其中，見宫殿人物非凡，處又有大羊，羊〔一〕髯有珠，人取食之。不知所以，問張華，華曰：「此乃地仙九館也，大羊乃癡龍也。」

雞跖集，郡齋讀書志兩載，一爲十卷本，云不詳撰人，一爲二十卷本，云宋景文（宋祁）撰。書已佚，佚文散見事文類聚、紺珠集、錦繡萬花谷等書，然未見引本條。

本條亦見類説卷四九「九館癡龍」條引殷芸小説，而引文較詳，云：「洛下有洞穴，深不可測，一婦人欲殺其夫，推墮穴中。此人顛倒，良久方甦。旁得一穴，行百餘里，覺所踐如塵，聞秔米香，啖之芬美，復遇如泥者，味似向塵。入一都郭，雖無日月，明踰三光。人皆被羽衣，奏奇樂。凡過此九處，有長人指柏下一羊，跪捋羊鬚，得二珠，長人取之，後一珠令啖之，甚得療飢。請問九處，答曰：『問張華可知。』其人隨穴得出，詣華問之。云：『如塵者，黄河下龍涎泥，是崑崙山下泥。九處，地仙名。九館羊，爲癡龍，初一珠食之，壽等天地，次者延年；後一丸充飢而已。』」

〔一〕羊：國圖舊抄本無本字。

雲笈：唐相李石未達時，頗好道。嘗遊嵩山，荒草中聞有人呻吟聲，視之，乃病鶴。鶴乃人語曰：「某已爲仙，厄運所鍾，爲樵者見傷，一足將折，須得三世〔二〕人血數合，方能愈也。」李公解衣，即欲刺血，鶴曰：「世上人少，公且非純人。」乃授一眼睫，曰：「持往東都，但映照之，即知矣。」李公中路自視，乃馬首也。至洛陽，所遇頗衆，悉非全人，或犬彘驢馬首。偶於橋上見一老翁騎驢，以睫照之，乃人也。李公拜揖，具言病鶴之事。老翁忻然下驢，宣臂刺血。李公以小瓶盛之，持往鶴所，濡其傷處，裂帛裹之〔三〕。鶴謝曰：「公即爲明〔三〕時宰相，後當輕舉，相見非遥，慎勿墮志。」李公拜之，鶴沖天而去。

本條見雲笈七籤卷一一三上傳「李石」條。

〔一〕三世：雲笈七籤無此二字。

〔二〕之：原闕，據國圖舊抄本校補。

〔三〕明：本字後七籤多一「皇」字。

景翼邪正　興明苦樂

道學傳：孟景翼字輔明，軻之後也，性至孝。齊竟陵王盛洪釋典，廣集群僧，與景翼對辨二教邪正。景翼隨事剖析，辭理無滯，雖藺生拒嬴，來公折隗，蔑以加焉。

本條陳國符輯入道藏源流考道學傳輯佚。三洞珠囊卷一救導品引孟景翼事一條，云出道學傳卷七，然本條内容與珠囊並不相同。

仙傳拾遺：陳興明遊名山，遇神人，告之曰：「世人修道，多不能勤久，故罕覩其成功。汝之積功，亦可佳也。如無退志，何慮不列于玉籍？然前苦後樂，苦即有窮，樂即無極。夫林谷幽棲，禽獸爲伍，飢渴必至，寒暑辛勤，割世辭榮，離親捨愛，可謂苦矣。壽同天地，變化無方，策空駕虚，坐生雲翼，可謂樂矣。得不勉於修礪乎？」興明拜曰：「永佩聖言，畢志於道，不敢怠慢。」修之十八年，晉太始〔一〕元年三月一日於衡岳昇天。

本條見歷世真仙體道通鑑卷三三陳興明傳。羅爭鳴據本書輯入杜光庭記傳十種輯校仙傳拾遺。

〔一〕太始：仙鑑作「太康」。按仙鑑，興明修行於南嶽元陽宫，是太始年間，故離世當在太康年間。

歸真馴兔　顔闔飯牛

横山觀記：國朝大中中，有宋歸真者，棄官服道，結廬山側，茹芝絶粒，三十餘年。晨昏諷誦，輒有白蛇、白兔馴伏如聽。太守趙需目其廬曰「廣寒室」，嘗留詩以贈焉。

本條見宋史能之咸淳重修毗陵志卷二五仙釋「宋歸真」條，後有注云出徐鍇記。同書卷二九著録横山登仙觀記，開寶七年南唐集賢殿學士徐鍇撰，即是也。本書所引横山觀記，當即爲横山登仙觀記之省稱。

南華經：魯君聞顔闔得道之人也，使以幣先焉。顔闔守陋閭，苴布衣而自飯牛。魯君之使者至，顔闔自對。使者曰：「此顔闔之家與？」顔闔對曰：「此闔之家也。」使者致幣，顔曰：「恐聽者謬而遺使者罪，不若審之。」復來求之，則不得已。

本條見莊子雜篇讓王第二十八。

茂實乘虎　太白跨虬

廣記：王旻，南陽張茂實之僕也。一日辭去，謂茂實曰：「感君恩遇，深欲奉報。旻家甚近，其中景趣可觀，能一遊乎？」茂實曰：「可，然不欲家人知。潛一遊，可乎？」旻曰：「甚易。」乃截竹枝，其上書符，曰：「君杖此入室，稱疾，潛置於衾中，抽身即出。」乃相與南行數里餘，有黄頭執青麒麟一、赤文虎二，俟於道。茂實驚，欲回，旻曰：「無苦，但前行。」旻即乘麟，茂實乘虎，上仙掌，越壑凌山，殊不覺峻嶮。至一山下，物象仙媚，樓臺松石，非世所有。紫衣吏數百人，迎於道側。既入，青衣數十人，容色皆殊，執樂拜引。宴於中堂，歌鸞舞鳳，及諸聲樂，皆所未聞。情意高逸，不復思人寰間事。因教以至道，贈金百鎰，令送之到家。家人方環泣，云卒已七日矣，以心間尚煖，未殮也。茂實遂棄官，遊名山，不知所終。

本條見太平廣記卷五三神仙五十三「麒麟客」條引續玄怪録，亦見續玄怪録卷一「麒麟客」條。

異人録：元和初，有人海上見李太白，與一道士在高山上笑語久之。道士於碧霧中跨赤虬而去，太白聳身健步追及，共乘之東去。

本條不見於江淮異人録，乃出自柳宗元龍城録卷上「李太白得仙」條。類説卷一二録異人録二十五條，前七條出江淮異人録，後十八條全取自龍城録。本條與類説該卷「太白跨赤虬」條全同，當襲用之。

高士善卷　仙官馬周

高士傳：善卷，舜時高士。舜欲以天下遜之，卷曰：「冬衣皮毛，夏爲葛絺，春耕足以肆力，秋斂足以休食，日出而作，日入而息，逍遥於天地之間，而心意自得，吾何以天下爲哉？」遂不受，而入深山，莫知其處。

高士傳，晉皇甫謐撰。本條見高士傳卷上「善卷」條。

列仙傳：馬周少時多困於酒。一日，出城，遇一老人，揖坐林間，與語曰：「太上命汝輔佐聖孫，何爲沉困於酒？自掇困餓，五神已散，旦夕將死，何不省悟？」復曰：「汝本華山素靈宫仙官，今〔一〕召汝入宫。」周同行，果見其宫室，姓字存焉。遂啓户而入，見爐火鼎器備具，忽見五人立於前，曰：「向先生酒酣而我奔散。今請閉目，復入神室。」明日謁天崗〔二〕，崗曰：「子有所遇，位至丞相，宜自勉之。」周果歷台輔。數年，真仙下降其室，曰：「佐國功成，太一徵召，無復留也。」遂解化。

本條見太平廣記卷一九神仙十九「馬周」條引神仙拾遺，當爲仙傳拾遺。羅爭鳴據廣記輯入杜光庭記傳十種輯校仙傳拾遺。本書云出列仙傳，誤。

〔一〕今：本字後廣記多出「太華仙王」四字。

〔二〕崗：廣記作「綱」。按：指袁天綱，亦作袁天罡。

伯元冥視　梁諶夢遊

真誥：霍山有學道者鄧伯元同王玄甫，受〔一〕神人〔二〕呑日丹景之法，積三十四年，乃能冥視夜書。道成，太帝遣羽車，同玄甫白日上昇。

本條見真誥卷一四稽神樞第四。

〔一〕受：原作「授」，據真誥校改。

〔二〕神人：真誥作「服青精石飯」。

高道傳：道士梁諶，字考成，一日相者見之，曰：「此子目流白光，貌集真氣，非常人也。」後果樂仙道。咸熙初，事鄭法師於樓觀，常夢與仙人遊，或登名山，或飲石髓，由是自有所悟。欽奉者多，諶厭之，乃深入巖谷。目能視地中物，耳能聽數里聲。一旦，忽謂門人曰：「有朋待吾於南峰，今須往矣。」乃冠服而出，則雲氣迷繞，不見其形，唯聞鼓吹音，隱隱于空。時太興元年戊寅歲也。

本條見歷世真仙體道通鑑卷三〇梁諶傳。梁諶事亦見仙苑編珠卷中「梁諶入雲」條引樓觀傳、本書卷一〇「孝成束帶」條引丹臺新録。

山甫吉凶　守信禍福

神仙傳：伯山甫，雍州人也，居華山，常服食黄精〔一〕，二百餘歲。每至人家，則知人先世善惡，有如臨見，吉凶言之皆效。

本條見神仙傳「伯山甫」條（漢魏本卷二、四庫本卷三）、太平廣記卷七神仙七「伯山甫」條引神仙傳。伯山甫事又見仙苑編珠卷下「奇哉伯山」條引神仙傳。

〔一〕常服食黄精：漢魏本神仙傳、廣記、仙苑編珠均作「精思服食」（四庫本神仙傳「食」作「餌」）。

東齋筆録：秦〔一〕州徐二翁〔二〕，名守信，日持一箒以掃堂殿，未嘗與人言。有問則不對而走，忽發一言則應禍福。吕參政惠卿既除喪，將赴闕，便道訪二翁，拜而問之。翁驚走，吕追之，忽回顧曰：「善守善守。」吕意謂善守富貴，及還朝，除知建州，徐禧、沈括新敗，懇辭不行，又乞與兩府同上殿，神宗怒，落職知單州，即「單守」之應也。二翁崇觀間眷遇優厚，賜號冲和先生，建仙源萬壽宫以居焉。

本條見宋魏泰東軒筆録卷一三。本書作「東齋」，誤。

〔二〕秦：東軒筆録作「泰」。

〔三〕翁：東軒筆録作「公」，下同。

陳絢市鮓　棲真啖肉

江南野録：陳絢善天文，長於雅誦。嘗吟曰：「一鼎雌雄文武〔一〕火，十年寒暑鹿麑皮〔二〕。寄語東流任斑鬢，向隅終守鐵蓑衣。」又：「乾坤見了文章懶，龍虎成時〔三〕印綬疏。」晚絶縉紳之望，以修養爲事，隱居西山種藥。開寶中嘗與一鍊師舁藥入城，鬻之獲貲，則求鮓，就鑪對飲，傍若無人。歌曰：「藍采和，塵事紛紛事更多，爭如賣藥沽酒飲，歸去空巖〔四〕拍手歌。」疑其爲夫婦也，或云得仙矣。

江南野録，又名江南野史，宋龍衮撰，今存十卷本。本條見江南野史卷八及詩話總龜前集卷四六隱逸門引江南野録及北夢瑣言。

〔一〕文武：詩話總龜作「金液」。

〔二〕皮：詩話總龜作「衣」。

〔三〕時：江南野史作「來」。

〔四〕空巖：詩話總龜、江南野史均作「深崖」。

本朝蒙求：賀蘭棲真，不知何許人，爲道士，自言百餘歲。善服氣，不憚寒暑，往往不食。或時縱酒，遊市鄽，啖腐肉數斤。後召至闕下，真宗賜之以詩。

本條見皇朝類苑卷四四「賀蘭捷真」條引范蜀公蒙求，即范鎮本朝蒙求，文同，唯「棲」作「捷」。

爾朱浮石　鮑焦抱木

五代史補：爾朱先生功行甚至，遇異人，與藥一粒，曰：「若見浮石，而後服之，則仙道成矣。」先生如教，每遇一石，必投諸水。後峽山將渡江，有叟艤舟相待。問其姓，曰：「石氏。」問地所屬，曰：「涪州。」先生豁然而悟，遂服藥，即時輕舉。

五代史補五卷，宋陶嶽撰。本條見五代史補卷一梁「爾朱先生上昇」條。

隱逸傳：鮑焦，不知何許人，不食五穀，不衣絲麻，居深山，食木實，衣木皮。人或問之：「木實木皮，亦天所生，何異五穀絲麻哉？」焦遂更不食，抱枯木枝而死。

隱逸傳，不詳。本條見金王朋壽重刊增廣分門類林雜説卷二廉儉篇第十「鮑焦」條。

嚴東一瓢　道徽百鮮

高道傳：道士嚴東，不知何許人，齊建元中，詣晉陵，依道士李景游。東自晦若愚，或與之談論，則所造精微。每齎一瓢隨行。在晉陵五六年，一日，將別，援筆注度人經，辭不停翰，窮日而終。後入溧陽〔一〕山中，不知所之。

本條見歷世真仙體道通鑑卷二八嚴東傳。

〔一〕陽：本字後仙鑑多一「甑」字。

賢己集：孔道徽，守志業不仕。父祐，至行，通神明〔一〕，隱於四明山。嘗見谷中數百斛錢，視之如瓦石不異。採樵者競取，入手即成沙礫。有鹿中箭，投祐，祐爲之養，瘡愈，然後去。

本條見南史卷七五孔道徽傳，當爲賢己集所本。

〔一〕明：南史無本字。

仙君橘井　神女竹壇

郴江集：蘇仙君，一日太上有召，將補真官。臨別，告其母曰：「明年此郡當有疾疫，可取庭前井水一盃，橘葉一枝，以救人疾苦，必有奇驗，亦少資甘旨。」言畢出門，衆仙擁衛，幢節羽儀，森列左右，冉冉昇天而去。明年果大疫，母以井水橘葉救之，無不立愈。至今橘井存焉。

本條僅見此引。蘇仙君即蘇耽。蘇耽事亦見太平廣記卷一三神仙十三「蘇仙公」條引神仙傳、仙苑編珠卷上「蘇鹿牛形」條引蘇君傳，及本書卷二「蘇母思鮓」條引蘇仙傳、卷四「蘇菴兩竹」條引郴江集、卷八「蘇耽鶴櫝」條引郴江集。本條内容符合廣記所載。

集仙録：雲華夫人名瑶姬，西王母女也，能飛騰變化。禹遇之，疑其怪誕，非真仙也，問諸童律，曰：「天地之本者，道也；運道之用者，聖也。聖之品次，真人、仙人矣。其有禀氣成真，不修而得道者，木公、金母是也。雲華夫人，乃金母之女也。」其後禹遂禮之，乃得理水疏決之道，策鬼召神之書。神女乃化爲石。今巫山有神女石，即其所化也。又有神壇，壇側有竹，垂之若篲。或飛物著壇上者，竹則因風而掃之，終歲常瑩潔焉。

本條見墉城集仙録卷三「雲華夫人」條，又見太平廣記卷五六女仙一「雲華夫人」條引集仙録。雲華夫人事，亦見本書卷八「巫山雲雨」條引集仙録。

劉商囊藥　樂天鑪丹

神仙傳：劉商每歎光景甚促，筋骸漸衰，朝馳暮止，但自勞苦，浮榮世宦，何益於己，於是託病，免官入道。遊及廣陵，於城街逢一道士賣藥，見商，目之甚相異。乃罷藥，攜手登樓，以酒爲歡。道士出一小藥囊贈商，并戲吟曰：「無事到揚州，相攜上酒樓。藥囊爲賜別，千載更何求。」乃別去。商開囊視之，紙裹一葫蘆，得藥九粒，如麻子。依訣服之，頓覺神爽不飢。後往義興，愛罨畫溪之景，乃入湖〔一〕，漁隱於山中。人多見之，曰：「我劉郎中也。」有胡笳十八拍行於世。

本條見續仙傳卷中及雲笈七籤卷一一三下續仙傳「劉商」條。神仙傳當爲續仙傳之誤。

〔一〕湖：續仙傳、七籤均作「胡父渚」。

仇池筆記：樂天作廬山草堂燒丹，而鑪鼎敗。明日忠州刺史除書到，乃知世間〔二〕事不兩立也。

仇池筆記，宋蘇軾撰。本條見類説卷一〇「樂天燒丹」條引仇池筆記下。仇池筆記卷下「樂天燒丹」條云見志林卷一。檢東坡志林卷一，確有「樂天燒丹」條。

〔二〕世間：類説、東坡志林作「世間、出世間」。

張碩羽帔　原憲華冠

列仙傳：張碩，洞庭人，遇女仙杜蘭香降其室，授以舉形飛化之道，留玉簡以爲登真之信命。玉女齎羽帔，絳履玄冠，以授於碩，且曰：「此上仙之服，非洞天所有也。」碩乃白日飛昇。

本條未見今本列仙傳，而見太平廣記卷六二女仙七「杜蘭香」條引墉城集仙録。

南華真經：原憲居魯，桑樞而甕牖。子貢乘大馬，軒車不容巷，往見原憲。原憲華冠屣〔一〕履，杖藜應門。子貢曰：「嘻，先生何病？」憲曰：「憲聞之無財謂之貧，學而不能行謂之病。今憲貧也，非病也。」子貢逡巡而有愧色。原憲笑曰：「夫希世而行，比周而友，學以爲人，教以爲己。仁義之慝，輿馬之飾，憲不忍爲也。」

本條見莊子雜篇讓王第二十八。

〔一〕屣：莊子作「縰」。

遊嶽卻粒　仲都禦寒

高道傳：孫遊嶽，字穎達，嘗茹芝卻粒，又專服穀仙丸，顔采精爽，老而愈少。

本條見歷世真仙體道通鑑卷二四孫遊嶽傳。

王氏神仙傳：王仲都，遇太白真人，授以虹丹，能禦寒暑，已二百許年。冬月單衣，乘駟馬車，從帝於昆明池，環水馳走。帝御狐裘，而猶覺寒，仲都貌無變色，背上氣蒸，休休然。又當盛夏，曝之日中，圍以十爐火，口不稱熱，身亦不汗。後亦仙去。

本條亦見歷世真仙體道通鑑卷七王仲都傳、仙苑編珠卷下「仲都耐熱」條節引。羅爭鳴據仙鑑輯入杜光庭記傳十種輯校王氏神仙傳。

孫博成火　譚峭入水

神仙傳：孫博，河東人，有清才，能屬文，著詩百篇，誦經數十萬言。晚學道，治墨子之術，能使草木金石皆爲火，光照數里中，亦能使身成火。行見〔一〕中，使從者數百人，皆不燒。病者指之皆愈。後合神丹得仙。

本條見神仙傳「孫博」條（漢魏本卷八、四庫本卷四）、雲笈七籤卷一〇九神仙傳「孫博」條、太平廣記卷五神仙五「孫博」條引神仙傳。

〔一〕見：漢魏本神仙傳、廣記均作「水火」。

續仙傳：譚峭字升叔〔一〕，博聞强記。遊歷名山，辟穀養氣，以酒爲樂。後入南嶽，煉丹得成，入水不濡，入火不灼，變化隱形。

本條見續仙傳卷下及雲笈七籤卷一一三下續仙傳「譚峭」條。

〔一〕升叔：續仙傳、七籤均作「景昇」。

定辭涮腸　鮑助拍齒

高道傳：塗定辭，每到中春，人服疏藥時，渠即臨流，於小灘下裸露，使水自七竅入，謂之「涮腸」。一日平坐而化，家人環哭，卻活，曰：「坐去，難爲葬具。」言訖，卧化。數夕，顔色如生。及就壙，棺甚輕，識者以爲尸解。

本條見歷世真仙體道通鑑卷四八塗定辭傳。

真誥：鮑助，不知學道法術，年四十，得面風氣，口目不正，兩齒上下，正相切拍有聲，晝夜不止，得壽年百二十七歲。後遇寒，過大水〔一〕，墮長壽河中死。北帝中間比遺煞鬼及日遊神地殃，使取之，而終不敢近。鬼官問其故，天煞答云：「此人乃多方術以制於我，常叩齒，鳴天鼓，以警身中諸神，神不得散，鬼氣不敢入。是以無緣取得。」若助不行水渡河，亦可出千歲壽不啻也。當是遇大寒，步行冰上，口噤不能叩齒，是故鬼因溺著河中。患風病而齒自動叩者，猶能辟死卻煞鬼，況道士真叩齒，鳴天鼓集神耶？

本條見真誥卷一五闡幽微第一。

〔一〕水：此處及後文「竹水渡河」之「水」，真誥作「冰」。

靈膠續弦　神芝活死

仙傳拾遺：漢武帝巡北海，祠恒山，王母遣使獻靈膠四兩。帝以付外庫，不知靈膠之妙也。一日射虎於華林苑，而弩弦斷，使者請以膠一分，口濡其膠，以續弩弦。續訖，乃使武士數人牽之，終日不脱。帝驚異焉。膠出鳳麟洲，蓋鳳喙麟角合煎之，名曰集弦膠。

本條見太平廣記卷四神仙四「王母使者」條引仙傳拾遺。羅爭鳴據廣記輯入杜光庭記傳十種輯校仙傳拾遺。

廣異記：徐福字君房，不知何處人，時始皇大苑中多枉死者横道，有鳥啣草，覆死人面，皆登時活。有司奏聞始皇帝，即遣使賫此草，以問鬼谷先生。先生曰：「此是東海祖洲上不死之草，生瓊田中，一名養神芝，葉似菰，一株可活千人。」帝乃遣徐福及童男童女各三千人，乘樓船入海，尋祖洲，採芝草，後不返。

本條見太平廣記卷四神仙四「徐福」條引仙傳拾遺及廣異記。按廣記「徐福」條，包括三件不同時段的事情，一爲秦始皇遣徐福入海尋祖洲仙草事，採自十洲記；二爲徐福迎沈羲成仙事，採自神仙傳；三爲唐開元間徐福藥救病事。前二事當廣記引自仙傳拾遺，最後一件事才是引自廣異記。本條所述爲第一事，或當出自仙傳拾遺。方詩銘輯校廣異記卷一「徐福」條僅録第三事。

徐登婦人　丘曾男子

晉史：徐登，閩人也，本是婦人，化爲丈夫，有道術，能禁人，令坐而不起，禁水不流，虎狼伏地。與趙丙〔一〕爲方外友，同行其道。道成，登仙。

本條見後漢書卷八二下方術下徐登趙炳傳。本書云出晉史，誤。

〔一〕丙：後漢書作「炳」。

靈寶本行經云：北室有精進賢者王福度，有女名阿丘曾，年十六，在密室，香湯自洗，見金光曲照，疑有不常，遂出淨室登高，望見道真神仙，精光輝爍。丘曾乃作禮稱名：「今睹天尊，願轉身爲男子。」俄頃之間，已見其身形化爲男子。元始天尊即命南極尊神爲丘曾之師，授其真文，給金童玉女。道語丘曾曰：「汝得師南極，豈不高乎？功滿德備，自當令汝位及至真，超身三界〔一〕，迅足九霞，朝宴太上〔二〕也。」

本條見太上洞玄靈寶赤書玉訣妙經卷下。無上秘要卷六五亦引，云出洞玄玉訣經。本書云出靈寶本行經，當誤。

〔二〕超身三界：玉訣妙經作「超凌三清」。

〔三〕上：玉訣妙經作「玄」。

蔡經狗竇　宋卿雞窠

王氏神仙傳：總真王君名遠，字方平，遊括蒼山，過道民蔡經家。君知其骨相合道，往而度之。謂經曰：「汝應得度世，以補仙官。但汝少不知道，氣少肉多，唯可尸解。此法須臾如過狗竇中耳。」言訖而去。經忽身熱如火，欲得水灌之。舉家捷水，如沃焦狀，三日之中，消瘦骨立。乃入室，以被自覆，因失其户。視被中之身，頭足俱全，如蟬蜕耳。

本條見類説卷三「總真真人」條引王氏神仙傳。羅爭鳴據類説輯入杜光庭記傳十種輯校王氏神仙傳。王遠傳見歷世真仙體道通鑑卷五王遠傳、蔡經傳，當源出神仙傳。王遠事亦見本書卷二○「王遠題門」條引王氏神仙傳。

洞微志：李守中爲承旨，奉使南方，至瓊州界，道逢一翁，自稱楊〔一〕遐舉，年八十一。邀守中詣其居，見其父，曰叔連，年一百二十二。又見其祖，曰宋卿，年一百九十五。語次，見雞窠中有小兒，出頭下視。宋卿曰：「此九代祖也，相傳數世，不語不食，不知其年多少。朔望取下，子孫列拜而已。」

〔一〕楊：紺珠集作「揚」。

洞微志，又名名賢小説，宋錢易撰。本條見紺珠集卷一二「雞窠中九代祖」條引洞微志。

梁須徹視　李元飡和

抱朴子：道士梁須，不知何許人，聞柠木實〔一〕赤者卻老還少，令人夜間徹視見鬼。須年七十乃服之，轉更少壯。年至一百四十，行及走馬。後隱青雲〔二〕山。

本條見抱朴子内篇卷一一仙藥。

〔一〕木實：原作「檳」，據抱朴子校改。

〔二〕雲：抱朴子作「龍」。

仙傳拾遺：李子元居隸上山石室中，習讀丹經，專精念道。忽有神仙乘羊而降，授其食氣飡和之訣。修之數年，白日昇天。今所居山即第十化也，下有綿水，山中石上多有神羊之跡在焉。

本條僅見此引。羅爭鳴據本書輯入杜光庭記傳十種輯校仙傳拾遺。

荀環駕鶴　阮瓊碎鼃

遂異記：荀環遊江夏黄鶴樓上，望西南有物，飄然而來，乃駕鶴之客也，羽衣虹裳。賓主歡對，已而辭去，跨鶴騰空，眇然而滅。

本條見述異記卷上，亦見類説卷八「黄鶴樓」條引述異記。本書云出遂異記，當爲述異記之誤。

野人閑話：趙尊師善飛符救人。百姓阮瓊家有女，爲精怪所惑，父母召人醫療，必先知其姓名。瓊乃請師垂救，師曰：「不消吾親去，但將吾符貼於户牖間，自有所驗。」瓊得符，貼於門上，其夜一更，聞有巨物，似中擊之聲，遂攢燭照之，廼一巨鼃，宛轉在地，逡巡即死。其符遂不見。瓊遂碎鼃之首，棄於溝壑，女亦尋愈。

本條見太平廣記卷七九方士四「趙尊師」條引野人閑話。

俠士舞劍　廉貞持戈

北夢瑣言：道士羅少微，頃在茅山紫陽觀寄泊，有丁秀才同寓惢宫。冬之夜，霰雪方甚，一二道友圍爐，有肥羜美醞之羡。丁曰：「致之何難。」遂開户奮袂而去。至夜分，蒙雪而回，提一銀榼酒，熟羊一足，云浙帥厨中物。由是驚訝歡笑，擲劍而舞，騰躍而去。迨曉，莫知所往。道士後以銀榼納於本邑也。

本條見太平廣記卷一九六豪俠四「丁秀才」條引北夢瑣言。北夢瑣言賈二强點校本據繆荃孫所輯列爲佚文。

逸史：裴令公少時，術士云：「命屬廉貞將軍〔一〕，宜祭以清酒，當爲助。」裴自此不懈。及爲相，事繁，乃遺忘。後有女巫云：「廉貞將軍遣某傳語：『大無情，卻不相知也。』將軍怒甚，相公何不謝之。」公沐浴祭奠，見一人金甲持戈，長三文餘，向北而立〔二〕。公驚悚，自此復遵奉也。

本條見太平廣記卷三〇七神十七「裴度」條引逸史、雲笈七籤卷一一三上傳「裴令公」條、類説卷二七「北斗廉貞將軍」條引逸史。

〔一〕廉貞將軍：廣記作「北斗廉貞星神」，七籤作「北斗廉貞星將軍」，類説作「北斗廉貞將軍」。

〔二〕立：原闕，據兩校本及類説、廣記校補。

三洞群仙録卷之十七

正一道士陳葆光撰集

田宣塊石　羊愔片竹

神仙傳：田宣隱居鶴鳴山〔一〕，遇一白衣神人，將一塊石與之，曰：「吞此可以不飢。」宣食之，自此得道，入山不出。

本條未見於今存本神仙傳。田宣事亦見本書卷二「仲倫留連」條引王氏神仙傳。本條云出神仙傳，所指當爲王氏神仙傳。有關此事的完整記載見於酉陽雜俎前集卷二玉格，及歷世真仙體道通鑑卷二一王中倫傳。

〔一〕鶴鳴山：酉陽雜俎、仙鑑均作「高唐縣鳴石山」。

續仙傳：羊愔擢進士第，除台州樂安令。棄官入山〔一〕，遇一絳衣人，自稱靈英，引入洞中，得靈芝服食，曰：「爾有仙分。」復引見茅君。君曰：「愔有仙骨，未得飛昇，宜地上修煉。」遂引出。愔自後絶食，身輕，抖擻骨節，如片竹叩板之聲。飲酒三升，日行三百里。

本條見續仙傳卷下及雲笈七籤卷一一三下續仙傳「羊愔」條。羊愔事又見本書卷四「羊愔雲芝」條引續仙傳。

〔一〕除台州樂安令棄官入山：續仙傳作「兄忱爲台州樂安令，愔幽棲括蒼山」。七籤「忱」作「忻」。

剛稱天門　詡號鬼谷

王氏神仙傳：王剛自稱天門子，明補養之法，著經云：「陽生於寅，純木之精；陰生於申，純金之精。以木投金，無往不傷。陰人用脂粉者，法金之白也。是以真人留心玄妙，審其盛衰。我行青龍，彼行白虎也；彼前朱雀，我後玄武〔一〕。不死之道也。」天門子行此道，壽一百八十歲，顔如童子。今升入玄洲，爲真人。

本條見太平廣記卷五神仙五「天門子」條引神仙傳。羅爭鳴據本條輯入杜光庭記傳十種輯校王氏神仙傳。王剛事亦見神仙傳「天門子」條（漢魏本卷八、四庫本卷四）、歷世真仙體道通鑑卷五王剛傳。

〔一〕彼前朱雀我後玄武：廣記作「取彼朱雀，煎我玄武」。「武」字後，國圖舊抄本多一「也」字。

又王詡學道於老君，入石梁山，採藥服食，顔如童子。後還鬼谷山，自號鬼谷子。時蘇秦、張儀問學於先生，詡曰：「聞道易，修道難。」二子就學三年，辭去。君曰：「足下勤勞四馬，功名赫然。子不見河邊之木乎？僕馬折其枝，波浪漱其根，此所居者然也。子不見嵩山之柏乎，華陰之桂乎？葉干青雲，而無斧鋸之患，玄狐赤豹隱其下，文鳥丹鳳棲其嶺。此所居者然也。悲夫，二子輕喬松之永壽，而貴一旦之浮華，可惜哉！」

本條見類説卷三「聞道易修道難」、「養神芝」二條引王氏神仙傳，及歷世真仙體道通鑑卷六鬼谷先生傳，二書均作「王詡」。羅爭鳴據仙鑑輯入杜光庭記傳十種輯校王氏神仙傳。鬼谷事亦見本書卷一四「鬼谷犬履」條引仙傳拾遺。

又弇州山人四部稿卷一一二讀鬼谷子云：「按，鬼谷子，楚人，隱鬼谷，不著名氏。嘗有書責儀、秦。夫既教之矣，又何責焉？續仙傳曰：『鬼谷子即王誗也，得道爲地仙。』此誕辭也。」檢今續仙傳無此條，不知何據。

南昌免官　元瑜逃禄

真誥：郗南昌公先爲北帝南朱陽天〔一〕門靈關侯，後又轉爲高明司直。昔坐與劉慶孫爭〔二〕，免官，今始當復職也。

本條見真誥卷一六闡幽微第二。

〔一〕天：真誥作「大」。

〔二〕爭：原作「事」，據真誥校改。

晉隱逸傳：郭瑀字元瑜，少有超俗之操，隱于臨松薤谷，鑿石窟而居，服柏實以輕身。張天錫遣使者孟公明持節，以蒲輪玄纁備禮召之。公明至山，瑀指翔鴻以示之曰：「此鳥安可籠哉？」遂深逃絶迹。公明拘其門人，瑀嘆曰：「吾逃禄，非避罪也，豈得隱居行義，害及門人？」乃出而就召。

本條見晉書卷九四隱逸郭瑀傳。

山叟書符　道人畫簇

傳奇：高昱艤舟昭潭，夜窺潭上三大芙蕖，有三美女据其上，相謂曰：「昭潭無底橘洲浮，信不虚語。」各請〔一〕言所好。一曰習釋，次曰習道，次曰習儒。又曰：「各算明日得食何物。」曰：「各從所好。」平旦，果有一僧，渡至中流而溺，又有道士一、儒生一〔二〕溺死，不逾時而溺三子。俄有舟載一叟，云是祁陽山叟，昱遂述其事，怒〔三〕曰：「焉敢如此。」取丹筆書符，命弟子捧入潭底，若履平地。睹大石穴，有三白猪卧石上，見符至，化三白衣女，曰：「啓天師，容三日搬去。」叟怒曰：「明日須離此，不然使六丁仗劍斬之。」明日黑雲風雨，有三大魚沿流而去。

本條見太平廣記卷四七〇水族七「高昱」條、類説卷三二「高昱」條，並引傳奇。

〔一〕請：原作「謂」，據類説校改。

〔二〕一：原闕，據類説校補。

〔三〕怒：本字前國圖舊抄本多一「叟」字。

搜神記：許懋，吴人，好黄白術。一日遇一道人，將一畫扇簇挂於壁上，有藥爐童子在上。道人呼童子，而童子跪於爐前，畫扇頻動，鑪火光炎，少頃藥成。道人曰：「黄白之術，役天地之數，非積功累行，不可求之。」遂告懋曰：「五十年後當於茅山相尋。」遂不知所在。

本條汪紹楹輯入搜神記佚文，然按云：「本條文句，疑非本書。」李劍國則據本書輯入新輯搜神記卷二。

吴剛斫月　蔡誕鋤芝

酉陽雜俎：舊傳月中有桂，高百丈，其下有人〔一〕斫之，創痕即合。其人姓吴名剛，學仙有過。或言月中桂即地影也，空處即水影也，本無物。此理差近。

本條見類説卷四二「吴剛伐樹」條、紺珠集卷六「吴剛斫桂」條，並引酉陽雜俎。

〔一〕人：原闕，據紺珠集校補。

抱朴子：蔡誕好道，棄家入山，不堪其苦而還。欺其家人曰：「吾爲地仙，位卑，爲老君牧龍。因群仙博戲，輸一五色班龍。緣此被謫崑崙山，芸鋤芝草。」

本條見抱朴子内篇卷二〇祛惑。

君平卜筮　望之巫醫

仙傳拾遺：嚴遵字君平，蜀郡成都人也，留情黄老，博覽群書，常以卜筮爲業。與人子言依於孝，與人弟言依於悌，與人臣言依於忠。遵之善屬文，依老子莊生之旨，著書十餘萬言，名曰指歸。後舉家昇天，宅舍亭臺亦隨飛去。

本條僅見此引。羅爭鳴據本條輯入杜光庭記傳十種輯校仙傳拾遺。

高士傳：漢安丘望之字仲都，長陵人，少治老子，恬静不求進，時號安丘丈人。成帝聞名，欲見之，望之辭，不肯見，爲巫醫於人間。

本條見高士傳卷中「安丘望之」條。

接輿木實　仇公松脂

列仙傳：接輿，楚人也，好養生，食草木之實〔一〕。遊峨嵋山，世世人見之，歷數百年。劉向爲之頌曰：「接輿樂道，養性潛輝。見諷仲尼，諭以鳳衰。納元以和，存心以微。高步靈岳，長嘯峨嵋。」

本條見列仙傳卷上「陸通」條。

〔一〕草木之實：列仙傳作「橐盧木實及蕪菁子」。

又仇生，不知何許人，當湯時爲木匠〔二〕，已三百年矣，而色更壯。人皆知其壽也，咸共師之。只見常食松脂而已。

本條見列仙傳卷上「仇生」條。

〔二〕匠：列仙傳作「正」。

噲參療鶴　靈璝乘龜

述異記：噲參養母至孝。有仙〔一〕鶴中箭，參收養療治，瘡愈，放之。後鶴雌雄雙至，夜啣明月珠爲謝。

本條見述異記卷上，亦見類説卷八「玄鶴中箭」條引述異記。

〔一〕仙：述異記、類説均作「玄」。

高道傳：俞靈蹟居衡山十餘年，遇神人〔一〕授以回風之術〔二〕，行之，坐見天下事如視諸掌。自晦，不爲異以驚俗，而人莫知之。常養一大龜，謂之元龜，廣四五尺，見者懼之。師一日乘此龜入九嶷山，不出。採樵者時或見之。

本條見歷世真仙體道通鑑卷四二俞靈蹟傳。

〔一〕神人：仙鑑作「南嶽赤君」。

〔三〕回風之術：仙鑑作「回風之道及守明梁之法」。

從善借馬　朱沖還犢

高道傳：劉從善字順天〔一〕，祥符中師道士王太和於建隆觀。至和三年正月，仁宗不豫，召從善於大慶殿奏章，命執政代拜。伏章訖，執政問曰：「章達否？」曰：「章已達。」時仁宗仙仗已行數刻，忽復精神明爽，傳宣問：「葛將軍何神也？」從善對曰：「三天門下有神曰葛將軍。」復傳宣，速令設位供養。翌日，聖體遂康，諭左右曰：「朕昨夜至天門，有葛將軍者，云：『皇帝未合來，急借馬遣回。』遂寤。」

本條見道門通教必用集卷一歷代宗師略傳「劉先生」條引高道傳，及歷世真仙體道通鑑卷四八劉從善傳。

〔一〕天：仙鑑同，必用集作「夫」。

晉逸史：朱沖字巨容，少有至行，閑靜寡欲，好學而貧，常以耕藝爲事。鄰人失犢，認沖犢以歸。後得犢於林下，大慚，以犢還沖，沖不受。每聞詔書至，輒逃入深山，時人以爲梁管之流。

本條見晉書卷九四隱逸朱沖傳。

董道畫床　王遥作獄

仙傳拾遺：董仙道乞酒踏歌，周遊天下。大中年多在河中府，市肆之人，或董生醉宿其門傍者，即賈市頓售，人皆欽異。仙道或徉狂自歌：「藕絲織得萬重羅，仙道用心多。」或遇大雪，以杖畫爲床，即寢於雪中，人或問其寒否，答曰：「深山松柏木，不畏雪漫漫。」發言成章，率多此類。

本條僅見此引。羅爭鳴據本條輯入杜光庭記傳十種輯校仙傳拾遺。

王氏神仙傳：王遥字伯遼，鄱陽人也。頗能治病，病無不愈。亦不祭祀，不用符水針藥。其行治病，但以八尺布敷地坐，不飲不食，須臾病愈，便起去。其有邪鬼作禍者，遥畫地作獄，因召呼之，皆見其形物在獄中，或狐狸黿蛇之類也，乃斬之，或燔燒，病者即愈。

本條見歷世真仙體道通鑑卷五王遥傳。羅爭鳴據本條輯入杜光庭記傳十種輯校王氏神仙傳。王遥事亦見仙苑編珠卷上「王遥篋子」條引神仙傳。

王果厭塵　元鑒絶俗

王氏神仙傳：王果，楚之賢人也，厭穢風塵，臊羶名利，隱遁山林，靜退諸行，一旦乘雲而去。

本條又見歷世真仙體道通鑑卷六王果傳。羅爭鳴據本條輯入杜光庭記傳十種輯校王氏神仙傳。

真境録：唐威儀白先生名元鑒，不詳其字，西川成都人。明皇幸蜀之年，别制得度，住上皇觀，志在絶俗，逍遥遐舉，隨風冷然，綿歷星紀。相川陸所宜，得前賢高蹈之躅，至餘杭天柱觀止焉，元和間遁化。

本條見宋鄧牧洞霄圖志卷五「白威儀先生」條。

子明瓦金　李脱石玉

天師傳：張慈〔一〕字子明，天師十六代孫也。襲真人之法，歲以三元傳度諸階祕籙。有道術，點瓦爲金，或投於水中而火起，或化爲瓦。後解化，而空中聞仙樂之聲。

本條見歷世真仙體道通鑑卷一九張慈正傳。

〔一〕慈：仙鑑作「慈正」。

野人閑話：漢州昌利山李真人，諱脱，自西周之初，於此山中煉水玉及九華丹，三往三反，八百餘年，人謂之李八百。丹成，塗石成玉，變砂爲珠。至今因雨往往拾得五色真珠者。後漢建武中餌藥，騎龍上昇。煉丹之處，依然存在，其石壁藥氣所逼，盡成金玉之色，光彩異常。有一方長尺餘，似人脚跡，後於是處起佛寺。僧徒誕言是迦葉之迹，年代深遠，人皆傳之，其實李脱真人煉水玉之處也。

本條僅見此引。

元化叱鬼　仙翁鞭巫

高道傳：道士張元化，不知何許人。一日有客召入酒肆，元化辭以不飲，與之茹葷，又辭以佩法籙。客稍怒，元化熟視之，知其非人也，謂曰：「暫請歸，願子少待。」即取劍而誘出郊，叱使坐而戮之，即鬼也，朱髮藍面，如五六歲小兒。攜其首以示人，且曰：「此〔一〕輒欺吾，故戮之，以去民害。」

本條見歷世真仙體道通鑑卷四八張元化傳。張元化事又見本書卷一五「河陰市榴」條引高道傳。

〔一〕此：本字後國圖舊抄本多一「兒」字。

丹臺新録：仙翁葛玄行過武康主人，主人病劇，令女巫下神。神令公飲酒，公不飲，輒言語不遜。公曰：「何敢爾？」即叱五〔一〕伯捉曳出鞭脊。不見人，如有引之去。至中庭，已見抱木解衣。但聞鞭聲，舉身流血。主人疾亦愈。

本條亦見於歷世真仙體道通鑑卷二三葛仙公傳。葛玄事亦見本書卷六「孝先水上」條引高道傳、卷一一「葛呼錢飛」條引丹臺新録、卷一一「葛公借魚」條引神仙傳（當誤）、卷一二「葛符上下」條引丹臺新録。

〔一〕五：仙鑑作「社」。

祖龍驅石　玉女投壺

述異記：始皇作石橋海上，欲觀日出。有人〔一〕驅石，去不速，神人鞭之流血，今石橋色猶赤。又真境録：臨安洞霄宫路側石崖之上按記云：秦始皇驅山嶽，擬塞東海，常役鬼兵來移此山，山勢欲動，忽有仙人來叱鬼，直以身靠定，使不前去。至今崖上有肩帔簪冠印，成深跡焉。

本條所引述異記内容見該書卷上，亦見類説卷八「神人驅石」條引述異記；所引真境録内容見宋鄧牧洞霄圖志卷四「仙跡巖」條。

〔一〕人：本字前述異记多一「神」字。

列仙傳：東王父與玉女投壺，每一投千二百梟〔一〕。設有不入者，天爲嚂呼監切。嘘笑也。

本條見類説卷三「玉女投壺」條引神仙傳，又見神異經「東王公」條（李劍國唐前志怪小説輯釋神異經）。本書云出列仙傳，不知何據。

〔一〕梟：類説作「梟」。

穆王八駿　鄴令雙梟

本傳：周穆王好神仙之道，駕八駿之馬，造於昆侖之山，食王木〔一〕之實，謁西王母，而得昇天之訣，後托身解化，示民有終。

本條見太平廣記卷二神仙二「周穆王」條引仙傳拾遺。羅爭鳴據廣記輯入杜光庭記傳十種輯校仙傳拾遺。

〔一〕王木：廣記作「玉樹」。

王氏神仙傳：王喬，漢明帝時爲鄴縣令，有神術，每月朔望，常詣京朝帝〔一〕。帝怪其來數而不見車騎，密令太史伺之。言臨至必有雙鳧從東南飛來。於是候鳧至，舉網得之，乃一對舃也，蓋四年時所賜尚書履也。

本書卷一一「王喬玉棺」條與本條所涉爲同一人。本條有關内容可在歷世真仙體道通鑑卷二〇王喬傳中找到。羅爭鳴據仙鑑輯入杜光庭記傳十種輯校王氏神仙傳，題葉令王喬。此王喬事見搜神記卷一「葉令王喬」條、雲笈七籤卷一一一洞仙傳「王喬」條、仙傳拾遺卷一「王喬」條、王氏神仙傳「葉令王喬」條等，亦見仙苑編珠卷中「王喬飛舃」條（未有出處）、本書卷一一「王喬玉棺」條引王氏神仙傳，當原出後漢書卷八二上王喬傳、應劭風俗通義正失第二「葉令祠」條。

〔一〕帝：原闕，據國圖舊抄本校補。

太虚受印　道全佩符

仙傳拾遺：程太虚者，果州西充人，潛心高靜，居南岷山，絶粒坐忘。一夕迅風拔木，雷電大雨，庭前坎埳之地，水猶沸涌，以杖攪之，得碧玉印兩紐，用之頗驗。每歲遠近祈求，或受符籙者詣其門，以印印籙，則受者愈加豐盛，所得財利，拯貧救乏，無不稱嘆。

本條僅見此引。羅爭鳴據本書輯入杜光庭記傳十種輯校仙傳拾遺。程太虛事亦見歷世真仙體道通鑑卷四二本傳、本書卷七「程戒二虎」條引高道傳。

又尹道全者，於衡山修洞真還神徹視之道，兼佩五帝六甲左右靈飛之符，天真降焉，謂之曰：「夫白日昇騰者，當有其才而後成其道者。漢武帝劉徹感降天真，授五岳真形、靈飛十二事，纔得尸解之道，而不得形骨俱飛。汝受其一而有沖舉之望，斯乃勤苦所資，亦宿分所稟矣。」因問靈飛十二事，曰：「靈飛昔金母所授，欲使武帝安五岳，福萬民，而卒不究無爲之至化，黷武窮兵，殺傷流血，自敗其福，故不得如軒皇夏禹乘虬駕龍，解形隱景。斯爲失矣。」

本條僅見此引。羅爭鳴據本條輯入杜光庭記傳十種輯校仙傳拾遺。尹道全事又見歷世真仙體道通鑑卷三三本傳、本書卷一〇「道全勤苦」條引神仙傳（當作仙傳拾遺）。

周撫亭長　丁度館主

真誥：南門亭長，今用周撫代郗鑒。一門有二亭長，輒有四修門郎，一天門凡八修門郎。

本條見真誥卷一五闡幽微第一。

括異志：慶曆中，有朝士冒晨赴起居，至通衢，見美婦三十餘人，靚妝麗服，兩兩並馬而行，若前導。俄見丁觀文度擁徒按轡，繼之而去。朝士驚曰：「丁素儉約，何姬侍之衆多邪？」有一人最後行，朝士問曰：「觀文洎宅眷將遊何處？」對曰：「非也，諸女仙迎芙蓉館主耳。」時丁已在告，頃之聞丁卒。

本條見括異志卷七「芙蓉觀主」條。

南極老人　西河少女

真誥注：七聖玄紀中云〔一〕，赤君下教，變迹作沙門，與六弟子俱，顯名姓者也。又云〔二〕：在元氣爲元君，在元〔三〕宫爲元帥〔四〕，在南辰爲南極老人，在太虚爲太虚真人，在南岳爲赤松子，此乃天帝四真人之師，太一之友。

本條見真誥卷一四稽神樞第四。

〔一〕云：原闕，據真誥校補。

〔二〕又云：此後内容在真誥中爲正文。

〔三〕元：真誥作「玄」。

〔四〕元帥：真誥作「玄師」。

女仙傳：西河少女者，神仙伯山甫外甥也。學道精思，服食二百餘年，容貌益少。見其外甥年少多病，與之藥，時年已七十，稍稍還少，色如嬰兒。漢遣使行經西河，於城東見一女子笞一老翁，頭髮皓白，跪而受杖。使者怪而問之，答曰：「此妾兒也，昔妾舅伯山甫得神仙之道，愍妾多病，以神藥授妾，漸復少壯。今此兒，妾令服藥，不肯，致此衰老。妾怒之，故杖之爾。」使者問女及兒各年幾許，女子答曰：「妾年二百三十歲矣。」

本條見太平廣記卷五九女仙四「西河少女」條引女仙傳。西河少女事亦見神仙傳「西河少女」條（漢魏本卷七）。

姚坦銀花　卬蹏石乳

丹臺新録：姚坦字元泰，晉襄公嘗屈膝北面稱師。滄風味道，彌歷年載。一日，弟子出，見天雨銀花，繽紛委地，良久方消。其日，太素元君遣仙人下迎，受書爲玄洲真人，蒞白水宫。

本條見歷世真仙體道通鑑卷九姚坦傳，部分内容亦見仙苑編珠卷下「姚坦銀花」條引樓觀傳。

姚坦事亦見本書卷七「元泰龍軒」條引丹臺新録。

列仙傳：卭疏者，周封史也，能行氣鍊形，煮石髓而服之，謂之石鍾乳，至數百年。往來太室〔一〕中，室中〔二〕卧石床枕焉。

本條見列仙傳卷上「卭疏」條。

〔一〕室：本字後列仙傳多一「山」字。

〔二〕室中：列仙傳作「有」。

夏統風至　劉慶雲舉

晉逸史：夏統字仲御，會稽人。時上巳，洛中王公已下，並至浮橋，士女駢闐，車服燭路。統坐舟中不顧。太尉賈充怪而問之，統徐應之曰：「會稽夏仲御也。」充曰：「昔堯亦歌，舜亦歌，子與人歌而和之，可乎？」統曰：「先公朝會萬國，恩澤雲布，聖化猶存，百姓感詠，遂作慕歌。」於是以足扣船，引聲喉囀，清激慷慨，大風應至，叱吒則雷電冥集，長嘯則沙塵煙起。諸公相顧曰：「若不遊洛，安得見是人？」統歸會稽，後不知所終。

本條見晉書卷九四隱逸夏統傳。夏統事又見本書卷一六「夏統耦耕」條引晉隱逸。

吴天師玄綱論云：或問：「古有神仙，今胡爲而不見？」答曰：「清濁殊流，真凡異境，安可得而見也？」又曰：「令威千載而暫歸，混〔一〕元至今而屢降，何謂不復見乎？」又問：「今仙者爲誰乎？」答曰：「自唐已來，可略而言之。劉慶雲舉於蜀土，韋俊龍騰于嵩陽，道合蟬蛻於太一，洞玄骨飛于異〔二〕方。」

本條見唐吴筠宗玄先生玄綱論以有契無章第三十三。

〔一〕混：玄綱論作「玄」。

〔二〕異：玄綱論作「冀」。按：太平廣記卷六三女仙八「邊洞玄」條引廣異記云洞玄羽化於冀州。

皇化卻老　齊一反真

抱朴子：皇化號靈子，得還元〔一〕卻老之術，其經云：「此術可以辟兵，營衛家門，保子宜孫，人見則喜，不見則思。仰〔二〕神明〔三〕之心，得百姓之意。」在人間五百餘年，顔色愈少。

本條未見於抱朴子内外篇，而見於神仙傳「皇化」條（漢魏本卷一〇、四庫本卷四），亦見仙苑編珠卷上「九靈卻禍」條引神仙傳、歷世真仙體道通鑑卷五皇化傳。

〔一〕元：神仙傳作「年」。

〔二〕仰：神仙傳作「傾」。

〔三〕明：神仙傳作「靈」。

高道傳：道士張契真，字齊一，錢塘人。時忠懿王精崇道法，每三籙〔一〕齋，俾綜其事。太平興國中，太宗建太一宫，詔天下戒潔士以居之，而契真與選。召對禁中，復稱旨。已而上以道書魚魯未定，詔兩街〔二〕優學者刊正，而師復與焉。一日因就寢，彷彿有朱衣吏持符而至，曰：「奉命張某宜速淨穢，往彼執事。」遲明，召門人諭之〔三〕曰：「吾且行矣，子其志之。」泊然返真。

本條見歷世真仙體道通鑑卷四八張契真傳。

〔一〕籙：原作「八録」，據仙鑑校改。

〔二〕街：本字後仙鑑多出「道録選」三字。

〔三〕諭之：仙鑑作「徐思簡」。

孟生魂魄　王老精神

真誥：山世遠受孟先生法，暮卧，先讀黄庭經〔一〕一過乃瞑，使人魂魄自制練。但行此道二十一年，亦仙矣。是爲合萬過也。得〔二〕三過四過，乃佳。北岳蔣夫人云〔三〕讀此經，亦使人無病，是不死之道也。

本條見真誥卷九協昌期第一。

〔一〕黄庭經：真誥作「黄庭内景經」。

〔二〕得：本字前真誥多一「夕」字。

〔三〕云：原闕，據真誥校補。

王氏神仙傳：王老者，不知何許人，與封君達爲友。訪道名山，遇神人告之曰：「子精神動天，太上遣我來授子度世之訣。然仙道不遠，近取諸身，無思無慮，不吐不納，真一充於内，而長生飛昇矣。思慮營營，勞汝之形，太上綿綿若存，用之不勤，是真道矣。」言訖昇天。

本條亦見歷世真仙體道通鑑卷二一王老傳。羅爭鳴據仙鑑輯入杜光庭記傳十種輯校王氏神仙傳，云仙鑑文全。然本條中「然仙道不遠，近取諸身，無思無慮，不吐不納，真一充於内，而長生飛昇矣。思慮營營，勞汝之形」一段文字，爲仙鑑所無。

將符救友　奉先會親

仙傳拾遺：穆將符好道，不慕聲利。與長安東肆姚生友善，時往其家，則飲酒話道，彌日累夕。忽姚生暴卒，舉家蒼惶，使人奔訪將符。際夜方至，家號告之，笑曰：「可救也。」遂解衣，與姚同衾而卧，戒令勿得驚呼，待唤即應，撤燭而寢。中夜燭之，姚已起坐矣。曰：「適爲黄衣使者追去，頃間聞傳呼云『太一有敕，使追回』。」自是姚生平復如初。將符遁去，不知所適。

本條見太平廣記卷四四神仙四十四「穆將符」條，云引神仙拾遺，當爲仙傳拾遺之誤。羅爭鳴據廣記輯入杜光庭記傳十種輯校仙傳拾遺。

又黄奉先，濛陽人。嘗入葛璝山，遇道士教以變化之術。同縣富人宋氏以女妻之，宋親屬甚廣，爲奉先宴饌者，逾月而未周。一旦，諸親戲謂奉先曰：「不知黄郎會親之席何如爾？」奉先遽答曰：「明日聊備酒饌，望諸親皆至。」於是隣親賓客八十餘人，來日詣其家。奉先素未預備，其日忽見庭宇嚴潔，筵饌精豐，陳設圖繪，皆非西蜀所有，無非珍異，觀者駭目。音樂徐張，衆賓醉飫。有欲逃席者，出門見柱上二蛇，賓客驚懼，皆不敢出。已而，既爲衆人所知，不安栖止，後移家入東川太華山。

本條僅見此引。羅爭鳴據本書輯入杜光庭記傳十種輯校仙傳拾遺。

微子合氣　道真乘雲

真誥：微子乃張慶之女也，微子在易遷宫中，常服霧氣，自云霧氣是山澤水火之精華，金石之盈氣，久服能散形影入空，與雲氣合體也。

本條見真誥卷一三稽神樞第三。

王氏神仙傳：王道真，漢時人，得道，居鬼谷山東古柏臺，常有白雲出於臺中，遠望如百尺樓。道真常乘此雲遊戲山頂，暮歸臺中，白雲亦斂入此臺内。即荆州北清溪鬼谷山也。或謂此爲陽臺，非也。

本條與歷世真仙體道通鑑卷二〇王道真傳文同。羅爭鳴據仙鑑輯入杜光庭記傳十種輯校王氏神仙傳。另見類説卷三「白雲如百尺樓」條引王氏神仙傳。

尹失恃怙　吴闕甘旨

高道傳：道士尹通，字靈鑒，博通經史，常嗟幻化非固，每仰天而嘆。父母未之信，迫以婚宦，乃跪伏曰：「竊聞張真昇天，鎮南嗣美；茅君得道，太守投誠。況高祖太極真人之遺德，可無隆紹？願從所志。」父母許之，遂飄然而去。及恃怙已失，孝履既盡，其希真守一之心與日俱往。魏太武聞名，尤欽奉焉。

本條見歷世真仙體道通鑑卷三〇尹通傳。

古今詩話：吴仁壁遊羅浮〔一〕，學老莊於張先生，得其大旨。辭歸，謀入京取應。先生曰：「觀子氣法，可住此，吾授子長生之道。」仁壁辭以老母闕甘旨，俟名遂身退，學亦未晚。是年中第，入浙謁錢武肅，殊禮之。辟入幕，不就，以詩謝之。其略云：「弊貂不稱芙蓉幕，衰朽仍慚玳瑁簪。十里溪光一山月，可堪從此負歸心。」武肅令撰羅城記，不從。武肅怒，沉之於江。吴人惜之。建隆初，甯昱等就羅浮設醮，醮畢，遊諸嵓洞。至山頂，見一石門，有老叟，衣薜蘿，據門而坐。昱問其由，云是羅浮先生宅。再問叟爲誰，云：「吴先生也，名仁壁。」言訖，户闔，了無所見。

古今詩話，已佚，郭紹虞輯得四百四十四條，編入宋詩話輯佚，然未收本條；另郭在宋詩話考判定成書於北宋。學者陸續有所異議，李裕民在古今詩話成書年代考一文中判斷「古今詩話應爲建炎元年（一一二七）至紹興五年（一一三五）間所編，比郭氏所稱『北宋之季』要晚一些」。

本條見詩話總龜前集卷四七神仙門下引雅言雜載。

〔一〕浮：本字後詩話總龜多一「洞」字。

王廓酒醇　允升橘美

王氏神仙傳：王廓，咸通中自荆渚隨船，將過洞庭，風甚，泊舟君山下，與數人登岸而行。忽聞酒香，問諸同行者，皆無所聞。忽路側有洞穴，遂入穴。行數步，窪穴中有酒，味極醇美。掬而飲之，陶然似醉。自此充悦無疾，漸厭五穀，乃入名山學道。後看仙經云：「君山有天酒，飲者昇仙。」廓所遇即此酒也。

本條見神仙感遇傳卷五「王廓」條、歷世真仙體道通鑑卷二二王廓傳。羅爭鳴據本書輯入杜光庭記傳十種輯校王氏神仙傳。

異人録：陳允升入龍虎山。天祐中，人見於麻姑山。計去家七十年矣，顔貌如初。刺史迎置郡中，夜坐嘗曰：「豐城橘美，頗思之。」允升少選攜百枚至。

本條見江淮異人録「陳允升」條。

鄧郁觀鳥　商丘牧豕

本傳：鄧郁隱居衡山，斷穀三十餘年，夜誦大洞經。上感南嶽魏夫人降，告之曰：「君有仙分，特來相訪。」一日〔一〕忽見三青鳥如鶴，鼓舞飛鳴，移時方去。郁觀之，謂弟子曰：

「青鳥既來，朝會至矣。」遂解化。

本條見南史卷七六鄧郁傳。南史云：「武帝後令周捨爲鄧玄傳，具序其事。」本條所引本傳，或即周捨鄧玄傳。本條題目、正文中「鳥」原作「烏」，據南史校改。

〔一〕一日：南史作「天監十四年」。

神仙傳：商丘子胥好牧豕，常吹鐵笛〔一〕。年七十，無妻子，顔色不老，邑人奇異之。有道術，人或問其要，只曰：「食菖蒲〔二〕，飲水，自然不飢。」如此，年三百餘歲矣。

本條見列仙傳卷下「商邱子胥」條。本書云出神仙傳，誤。

〔一〕鐵笛：列仙傳作「竽」。

〔二〕菖蒲：列仙傳作「朮、菖蒲根」。

服閭黄瓜　展公白李

神仙傳：服閭者，不知何許人，常止莒，往來海邊諸祠中。忽有三仙人於祠中博戲賭瓜，雇閭擔黄白瓜數十顆，教令瞑目。及覺，乃在方丈山、蓬萊之南。

本條見列仙傳卷下「服閭」條。本書云出神仙傳，誤。

真誥：昔高辛時有仙人展上公者，於茅山伏龍地植李，彌滿其地。展公今爲九宫内右司保，其常向人説：「昔住華陽下，食白李，味甚美。憶之未久，而忽已三千年矣。」

本條見真誥卷一三稽神樞第三。

三洞群仙録卷之十八

正一道士陳葆光撰集

陸生掘瓮　屈氏埋錢

廣記：盧山人者，有道術。一日，過復州界，維舟於陸〔一〕秀才莊門。或語盧山人非常人也，陸乃謁之，以決休咎。盧曰：「君今年不動，憂旦夕禍作。君所居堂後，有錢一甀，覆以板，非君有也。錢主今始三歲。君慎勿用一錢，用必成禍。能從吾戒乎？」陸矍然謝之。及盧生去，水波未定，陸笑謂其妻曰：「盧生言如是，吾更何求乎？」乃命家童掘地，深數尺，果遇板，徹之，有巨瓮，散錢滿焉。陸喜甚，妻亦裙運〔二〕，紉草貫之。將及一萬，兒女忽暴頭痛，不可忍。陸曰：「豈盧生言將驗乎？」因奔馬追及，且謝違戒。盧生怒曰：「君用之必禍，骨肉與利，輕重自度也。」棹舟去之不顧。陸馳歸，醮而瘞焉。

本條見太平廣記卷四三神仙四十三「盧山人」條引酉陽雜俎，亦見酉陽雜俎前集卷二壺史。

〔一〕陸：本字後廣記、雜俎均多一「奇」字。

〔二〕亦裙運：國圖舊抄本作「曳裙」。

真誥云：良常山，漢時其山下有屈氏，家大富，財有巨億，埋銅器於此，於今在也。亦有錢，錢在西北小山上向也。

本條見真誥卷一一稽神樞第一。

賢安紫棕　伯兒紅蓮

本傳：南〔一〕魏夫人名華存，字賢安。季冬夜半，太極真人降夫人之室，設酒肴，陳玄雲紫棕。

魏華存傳見太平廣記卷五八女仙三「魏夫人」條，但未見本條内容。

〔一〕南：本字後少一「嶽」或「真」字。

仙傳拾遺：張伯兒，西晉時修道於蜀石斛山，精思感神仙忽降，謂之曰：「此山有長生夜光之芝，得食一枚，白日沖天。其芝生於水側，夜視如紅蓮者是也。」苦求數年，得而食之，能飛行徹視。後乘赤虎而去，莫知其所。

本條僅見此引。羅爭鳴據本書輯入杜光庭記傳十種輯校仙傳拾遺。

歸舜鸚鵡　文祥杜鵑

幽怪録：柳歸舜自巴陵泛舟，遇風，至君山。登岸，行數里，有鸚鵡數千，相呼姓字，曰：「柳十二遭風，得臻異境，所謂因病致妍耳。」忽有二道士曰：「君舡風便，何不急回？」授一尺綺，曰：「以此掩眼，即去矣。」歸舜忽飛達舟所。

本條見玄怪録卷二「柳歸舜」條，又見太平廣記卷一八神仙十八「柳歸舜」條，誤作出續玄怪録。

續仙傳：商文祥，自號七七，周寶鎮浙西，遇之甚厚。寶謂曰：「鶴林寺杜鵑花，天下稱奇。嘗聞汝醉歌云：『解造逡巡酒，能開頃刻花。』子能開花赴重九乎？」商曰：「諾。」乃前一日往鶴林寺宿，中夜有女子來語曰：「妾爲上蒼所命，下司此花，此花亦非久歸閬苑矣。今爲道者開之。」至重九日，其花果爛熳。後遭兵火，信歸閬苑矣。

本條見續仙傳卷下及雲笈七籤卷一一三下續仙傳「殷文祥」條。本書「殷」作「商」，避宋諱。

筠卿三笛　太真一絃

廣異記：呂筠卿月夜泊君山，飲酒吹笛。忽一漁舟來相並，有老人持一笛，大如合拱，示呂曰：「此天樂也，不可吹。」次出一笛，如世所用，曰：「此洞府仙樂也。」又一小者，如筆管，曰：「此人間笛也。」遂吹其小者。一兩聲，波濤洶涌；又三五聲，舟楫掀舞。呂大恐，老人止笛，吟曰：「湘中老人讀黄老，手援紫藟坐碧草。春至不知湘水深，日暮忘卻巴陵道。」

本條見太平廣記卷二〇四樂二笛「呂鄉筠」條、詩話總龜前集卷四七神仙門中，並引博異志（後者訛作傳異志）。本書云出廣異記，誤。博異志，一題博異記，唐鄭還古撰，本三卷，殘存一卷。呂筠卿，廣記作「呂鄉筠」，詩話總龜作「呂卿雲」。

抱朴子：太真乃西王母之女也，與東嶽夫人往來於岱山〔一〕，重嵓深隱，人所不到，去地千餘丈，中有玉几金寶之物。每彈一絃之琴，則百鳥翔集，鼓舞而至。

本條未見於抱朴子内外篇。本條見太平廣記卷五七女仙二「太真夫人」條引神仙傳，然實出墉城集仙録。現存葛洪神仙傳中有馬鳴生傳，然未提及太真。本條云出抱朴子，乃因廣記題出神仙傳，故又誤作抱朴子耳。按本書云出抱朴子者共十九條，除本條之外，另有十一條實出神仙傳。

〔一〕與東嶽夫人往來岱山：廣記未提及東嶽夫人，而作「夫人還入東嶽岱宗山」。

崔君破鎖　零子發匱

宣室志：揵爲郡東十餘里深崗中有一觀，有顔道士居之。有石函三尺，緘鎖甚固。相傳尹真人上昇時，以石函〔一〕付門弟子，戒約慎不得啓之，必有大禍。有崔守者至郡，聞之，命破其鎖，開函視之，但有符籙而已。崔忽暴卒，三日而悟，曰：「吾爲冥官所攝，何爲開真人石函？今上帝令削吾壽禄，又奪五任官，今獨有二年在〔二〕矣。」崔果得二年乃卒。

本條見太平廣記卷四三「尹真人」條引宣室志。宣室志點校者據廣記輯入輯佚。

〔一〕函：原作「品」，據廣記校改。

〔二〕在：廣記作「任」。

丹臺新録：范零子少好仙道，如此積年。後遇司馬季主，季主將入常山中。積七年，石室中東北角有石牖，季主出行，則語之曰：「慎勿開之。」如此數數非一。零子忽發視之，下見其家父母大小，近而不遠，零子悲思。季主還，乃遣歸。後復取之，使守一銅匱，季主出，則叮嚀勿發。零子復發之，如前見其家。季主遣之，遂不得道。

本條亦見真誥卷五甄命授第一，當源出真誥。

緑華絶整　少玄端麗

真誥：蕚〔一〕緑華者，自云是南山人，不知是何仙〔二〕也。女子年可二十，上下青衣，顔色絶整。以升平三年十一月十日夜，降羊權家，贈詩一篇，并致火浣布手巾、金玉條脱各一枚。訪問此人，曰是九嶷山得道女羅郁也。此女已九百歲矣。

本條見真誥卷一運象篇第一。

〔一〕蕚：真誥作「愕」。

〔二〕仙：真誥作「山」。

廣記：崔少玄〔一〕者，唐汾州〔二〕刺史崔恭之小女也。其母夢神人，絳綃衣，駕虬龍，持紫函，授於碧雲之際乃孕，十四月而生少玄。既生，而異香襲人，紺髮覆目，耳璫及頤，端麗殊絶。昔居無欲天，爲玉皇左侍書耳。

本條見太平廣記卷六七女仙十二「崔少玄」條引少玄本傳。按少玄本傳即崔少玄傳，虞初志自廣記收入，題唐王建撰。此傳賴廣記得傳。

〔一〕玄：原作「元」，據廣記校改。本條標題「少玄端麗」及本條下文同此改正。

〔二〕州：原作「洲」，據廣記校改。

丘公鶴跡　方平蟬蜕

神仙傳：浮丘公昔接王喬遊王屋山，歇鶴於路。王屋山有憩鶴臺，臺上鶴跡存焉。有浮丘公隱處，今南峰號爲南嶺是也。

列仙傳有浮丘公與王子喬事，而無本條所載之事。文選卷二一郭璞游仙詩之三李善注引列仙傳云：「浮丘公接王子喬以上嵩高山。」本書云出神仙傳，不詳何書，與葛洪神仙傳當爲二書，或本條與下條出處互倒。

列仙傳：道士王遠知〔一〕，字方平，舉賢良方正，累遷中散。明天文，隱居山林。至漢，帝〔二〕累召不出，令郡守辟，詣京師，而方平閉口不言。謂弟子曰：「吾數將盡，明日當行。」及期解化，無尸，如蟬蜕耳。

本條見葛洪神仙傳「王遠」條（漢魏本卷二、四庫本卷三）。本書云出列仙傳，誤，或本條與上條出處互倒。

〔一〕知：神仙傳無本字。

〔二〕帝：神仙傳作「孝桓帝」。

蒯京練精　籛鏗閉氣

修真祕訣云：道人蒯京，年一百七十八，甚丁壯，朝朝服玉泉，琢齒。玉泉者，口中津液也。朝旦未起，早漱津，令滿口，吞之，琢齒二七過，名曰練精。

修真秘訣，已佚，佚文較多保存於醫方類聚。然醫方類聚所引未見本條。本條可見孫思邈備急千金要方卷二七養性篇。

神仙傳：籛鏗，即彭祖也，有道引術。每有疾，則閉氣，以攻所患。其氣雲行體中，下達指末，尋即體和。嘗云：「上士别牀，中士異被，下士服藥。服藥百裹，不如獨卧。」後人集其採納之術，爲彭祖經，行於世。

本條見葛洪神仙傳「彭祖」條（漢魏本卷一、四庫本卷一），亦見太平廣記卷二神仙二「彭祖」條引神仙傳。

脉望何諷　猨子袁晁

原化記：唐末書生何諷，嘗買得古書一卷。讀之，卷中得髪捲規，四寸，如環無端。斷絶處，兩頭滴水升餘，燒之作髪氣。諷嘗〔一〕言於道者，道者曰：「吁，君固俗骨，遇此不能羽化，命也。據仙經，白〔二〕魚三食『神仙』字，則化爲此物，名曰『脉望』，夜以規映〔三〕當天中星，星使立降，可求還丹。取此水，和而服之，即换骨上昇。」因取古書閲之，數處蠹漏，尋義讀之，皆「神仙」字。諷方歎伏。

本條見太平廣記卷四二神仙四十二「何諷」條引原化記。

〔一〕嘗：原作「常」，據廣記校改。

〔二〕白：輯要本、廣記作「蠹」。

〔三〕映：原闕，據廣記校補。

廣異記：唐廣德二年，臨海縣賊袁晁寇永嘉，其舡遇風，飄去數千里。遥望一山，青翠森然，有城壁，五色照耀。回舵〔一〕就泊，見精舍無人，房中唯有胡猻子二十餘枚，及蜀錦黄金，器物甚多。賊既不見人，乃競取物。忽有一婦人從金城中出，謂曰：「汝非袁晁黨耶？何得至此？此器預爾何事，輒然取之？」回視猻子：「汝謂此爲狗乎？非也，是龍耳，宜速還之！」賊等各送物歸還，因問此是何處，曰：「此是鑑湖慈心仙人修道處也。」

本條見太平廣記卷三九神仙三十九「慈心仙人」條引廣異記。方詩銘輯校廣異記據廣記輯。

〔一〕舵：原作「妃」，據廣記校改。國圖舊抄本作「帆」。

陶侃鶴弔　道合蝗消

賢己集：陶侃居母憂，嘗有二客來吊，不哭而退，化爲雙鶴，沖天而去。時人異之。

本條見晉書卷六六陶侃傳，當爲賢己集所本。

高道傳：道士劉道合，遇神人告之曰：「聞子好道，志節不屈，以盟威攝召符與之。」道合受〔一〕而吞之。自是道法所施無不驗。高宗將封泰山，雨不止，帝令道合禳祝，俄霽。得寵賜，輒散貧乏。洛陽苦飛蝗，道合以符示官吏，俾散帖境内，則蝗立消滅。

本條見歷世真仙體道通鑑卷二九劉道合傳。仙苑編珠卷下「道合蜕殼」條引靈驗傳叙婁道合事，似與本條劉道合爲同一人。

〔一〕受：原作「授」，據仙鑑校改。

岐暉返室　慧虚渡橋

高道傳：道士岐暉，事蘇法師，得三洞法、卧斗之術。師行之歷年之久，湛然自得。嘗以仙經云：「欲爲仙客入太白。」於是擇門人志道者俱往。既至而返，則室中嘗有神仙談笑。

本條見歷世真仙體道通鑑卷二九岐暉傳。

廣記：慧虚即天台國清寺之僧也。時與同侣遊行，至一石橋，慧虚渡過，徑上石壁，見一老人，問曰：「世傳過橋見羅漢，不知羅漢何在？」老人曰：「此處乃神仙之福地，天帝之下府，金庭不死之鄉，桐柏上真王君主之，列仙三萬人，上真三百。太上一年三降此宫，較定天下學道之人功行，非羅漢所居也。」僧曰：「神仙可學否？」老人曰：「積功累行，白日昇天。」遂引數步，老人不見，忽在國清寺前。慧虚自後易道家服，好丹藥。修鍊終南山，遇老人，得丹，服乃獲昇舉。人云老人乃張果老耳。

本條見太平廣記卷四九神仙四十九「陳惠虚」條引仙傳拾遺。羅爭鳴據廣記輯入杜光庭記傳十種輯校仙傳拾遺。

聶遇彭蔡　謝會梅蕭

高道傳：聶師道居南嶽招真〔一〕觀，一日，入山尋蔡真人。行抵暮，見一樵者，問之：「子何往？」「聞蔡真人隱此，願一禮謁。」樵曰：「今暮矣，不可到，前有人家可宿。」師前行，見一草舍，有一農者，問：「子何往？」曰：「尋蔡真人。」農者曰：「前所見樵者，乃蔡真人也。」師嘆曰：「遇仙聖而不識，命耶？」農者留宿，遂就寢。日高，主人未興，師乃潛行。逢一老人，邀坐石上，問：「何往？」具前以對。老人曰：「夜宿農舍，即真人之子也。」老人曰：「子道氣甚濃，但仙骨未就。」折草與食。舉目而老人不見。歸以告道衆，衆曰：「子一入山，逢三仙。老人者，必彭真人也。既見蔡真人父子，又見彭真人，豈非修真之至者？」

本條見歷世真仙體道通鑑卷四一聶師道傳。

〔二〕真：仙鑑作「仙」。

續仙傳：謝修通詣衡山，感神人告之曰：「廬陵玉笥山乃司命之别府，宜往彼修鍊。」修通從之。一日，深入溪源，忽遇一大館舍，見一青童出，問：「子非謝修通乎？蕭梅二真人待子久矣。」即引見二真人。修通再拜曰：「塵世螻蟻，貪慕生道，枯骨重生，獲期元會。」真人乃賜松葉并嘉禾五穗與食。修通後得道尸解。

本條未見於續仙傳及雲笈七籤卷一一三下。李劍國唐五代志怪傳奇叙録續仙傳中亦云「非本書」。原出處不詳。

天活無恙　常攛有疾

高道傳：陶天活者，南安人，居海濱，海水忽溢，家人悉驚走避難。天活始生，其母挈去不能得，舉家皆泣之。洎水落而歸，其子在桑之交枝，無恙，因名之曰天活。及長，慧悟而真氣内足。自唐憲、穆、恭、文四宗朝，充内供奉道士，時公卿大夫無不欽尚，後歸海濱，不復出。

本條見唐趙璘因話録卷四。

談苑：常摐有疾。老子問曰：「先生疾甚，無遺教以語弟子乎？」摐曰：「過故鄉而下車，子知之乎？」老子曰：「非謂其不忘故耶？」摐曰：「嘻，是已。過喬木而趍，子知之乎？」老子曰：「非謂其敬老耶？」摐曰：「是矣。」張口曰：「吾舌存乎？」曰：「然。」「吾齒存乎？」曰：「亡。」「舌存以柔，齒亡以剛。」摐曰：「是已。天下之事已盡矣。」

本條見劉向説苑卷一〇敬慎。本書作談苑，誤。

章僕金硯　謝仙鐵筆

廣記：吳郡蔣生隱居四明，好鍊丹藥，積年不成。一日於貧子中雇得一僕，名章全素，所談神丹之事，蔣叱之曰：「汝傭人，無妄言。」章就出一瓢子，取藥一粒，謂蔣曰：「此丹藥能化土爲金，借先生之石硯以傳〔一〕之，可乎？」蔣未之信。是夕，章忽卒，未殮，已不見尸，唯衣帶存焉，而石硯已化紫金矣。

本條見太平廣記卷三一神仙三十一「章全素」條引宣室志，亦見宣室志卷八「好神仙而不識神仙」條。

〔二〕傳：廣記、宣室志均作「傳」。

摭遺：何仙姑居永州零陵邑，滕子京謫守岳陽。一夕大雷雨，既霽，華容西峰石壁上有三字存焉，曰：「謝仙火。」字體怪異。公命模字，詢之，皆莫有知者。或曰：「零陵何仙姑必知之。」乃遣使往問之。仙姑曰：「此雷部中一鬼耳，兄弟二人，好以鐵筆書字，其人長三尺。」公遣人往西峰驗之，果然。

本條僅見此引。

張寬對星　善勝吞日

六帖：漢武時有女子浴於渭水中，乳長七尺。上怪其異，遣問之，曰：「第七車者知我所來。」時蜀人張寬爲侍中，寬對曰：「天星主祭祀也，齋戒不潔，則女人星現。」

本條見白居易白氏六帖事類集卷二渭第四十八「星見」條。

真武經：昔善勝皇后夢吞日光，而生真武。生而神靈，長而勇猛，不統王位，惟務修行，輔助玉帝。誓斷天下妖魔，救護群品。日夜於王宫中發此誓願。父王不能禁制，遂捨家辭父母，入武當山中修道。四十二年，功成果滿，白日登天。

本條見元始天尊説北方真武妙經。

屈原見斥　賈誼被黜

拾遺記：屈原以忠見斥，隱於沅湘，披蓁茹草，混同禽獸，不交世務。採柏實，以和桂膏〔一〕，用養心神。被王逼逐，乃赴清泠之水。楚人思慕，謂之水仙。其神遊於天河〔二〕，精靈降於湘浦。楚人爲立祠，至漢末猶在。其山中有靈洞，採藥之人入之，迥然天清霞輝，花芳柳暗，丹樓瓊宇，宫殿異常，衆女霓裳，冰顔豔質，與世殊别，飲以瓊漿，贈以丹醴之訣，遂絶飢渴。洎歸里邑，各非故鄉鄰，尋得九代孫，問之，云：「遠祖入洞庭山採藥不還，今經三百年也。」

本條見拾遺記卷一〇洞庭山。

〔一〕膏：原作「骨」，據拾遺記校改。

〔二〕河：原作「洞」，據拾遺記及文意校改。

真誥：西明都禁郎賈誼，昔爲治馬融事不當，被黜，守泰山。泰山君近請爲司馬，已被可。

本條見真誥卷一五闡幽微第一。本條標題中「黜」字原作「默」，據輯要本及文意改。

少君石像　太真金釵

拾遺記：漢武帝詔李少君，謂曰：「朕思李夫人，可得見乎？」君曰：「可遥見，不可同於幃幄。闇海有潛英之石，其色青，輕如羽毛，寒盛則石温，暑盛則石冷，刻之爲像，不異真人。使此石像往，則夫〔一〕人至矣。」帝後得石，即命工圖刻作夫人形像。刻成，乃置於輕紗幕裏，宛若生時。帝大悦。

本條見拾遺記卷五前漢上。

〔一〕夫：原作「真」，據拾遺記校改。

仙傳拾遺：楊幽通本名什伍，幼遇道士，教以考召之術。明皇幸蜀，馬嵬之後，屬念妃子不已，乃召什伍至行朝。上問其事，對曰：「雖天上地下，冥寞之中，鬼神之内，皆可歷而求之。」上即命什伍遍加求訪，然莫知其所。後於蓬萊山南宫西廡，有群仙所居，上元女仙張太真即貴妃也。什伍往見之，曰：「我太上侍女，隸上元宫，聖上即太陽朱宫真人，偶以宿緣，世念頗重，謫於人間。此後一紀，自當相見。」乃取開元中所賜金釵鈿合各半、玉龜子，寄以爲信：「聖上見此，自當省憶。」言訖流涕而別。什伍以此物進之，上潸然良久。

本條見太平廣記卷二〇神仙二十「楊通幽」條引仙傳拾遺。羅爭鳴據廣記輯入杜光庭記傳十種輯校仙傳拾遺。

玄子奉戒　季偉長齋

真誥：玄子少好道，遵奉戒法，至心苦行。日中菜食，鍊形守精，不接外物。州府辟聘，一無降就。或遊山林，屏棄風塵，志願憑子晉於緱岑，侶陵陽於步玄，故改名爲玄子，自字爲延期矣。

本條見真誥卷一六闡幽微第二。

登真隱訣云：季偉昔長齋三年，竭誠單思，乃能服日月光芒之氣〔一〕，於是神光映身也。

本條見三洞珠囊卷五長齋品引登真隱訣卷四。

〔一〕氣：珠囊作「液」。

魯子納屨　何娘織鞋

南華真經云：曾子居衛，緼袍無表，顔色腫噲，手足胼胝，三日不舉火，十年不製衣。

正冠而纓絶，捉衿而肘見，納屨而踵決。曳蹝而歌商頌，其聲滿天地，若出金石。天子不得臣，諸侯不得友。故養志者忘形，養形者忘利，致道者忘心矣。

本條見莊子雜篇讓王第二十八。

廣記：廣州何二娘者，以織鞋爲業，年二十，與母居，素不修仙術。忽謂曰：「住此悶，意欲行遊。」後一日便飛去，上羅浮山，亦往來蕭寺。山北循州，去南海四百里，有楊梅木，大數十圍，何氏每採其實，及齋而返。開元中敕令遣使召，至途中，使者悅其色而未言。忽云：「使者有此心，不可留矣。」言訖，湧身而去，不知所之。

本條見太平廣記卷六二神仙六十二「何二娘」條引廣異記。方詩銘輯校廣異記據廣記輯。

關卒抱石　江叟遇槐

見聞録：鄂州黄鶴樓下有石，光徹，名曰石照。其〔一〕石，世傳以爲仙人洞也。有守關老卒，每晨起必拜洞下。一夕，月如晝，見三道人自洞中出，吟笑久之，將復入洞，卒即從之。道士曰：「汝何人耶？」卒具言其所以，且乞富貴。道士曰：「此洞間石，速抱一塊去。」卒持而出，明視，石乃金也。

本條出北宋王鞏聞見近録，非出王氏見聞録。本書云出見聞録，誤。

〔一〕其：本字後聞見近録多出「右巨」二字。

傳記：有江叟者，善吹笛，能作龍吟。後適閿鄉，至盤豆館，道傍大槐下醉寢。夜見一人數丈，曰：「荆山館中一郎來看大兄。」便聞槐上有人下來與語。及明，至荆山館中，見庭槐十圍，疑附神物。乃曰：「某好道，不逢師，木神有靈，乞與指教。」神曰：「但入荆山，求鮑仙姑〔一〕，必獲度世。」叟入山，果遇仙師，曰：「子有琴高之相矣。今贈子美玉笛，吹三年，可致洞中龍持水丹來，吞之，便爲水仙叟。」後三年，岳陽寺樓吹笛，果有龍化爲人持丹而來，餌之，遂變童顔，入水不濡。

本條見太平廣記卷四一六草木十一木怪下「江叟」條引傳奇，亦見類説卷三二「江叟」條引傳奇。本條傳記當爲傳奇之誤。

〔一〕姑：類説作「師」。

古忘宦情　韓謹臣節

神仙傳：古元之因飲酒而卒，三日再生，云遊和神國，異花珍菓，四時不凋。田疇盡長大瓠，瓠中實皆五穀，甘香珍美，非中國稻粱之比。四時之氣，常熙熙和淑，如二三月，國人日攜遊覽之，歌詠陶然，暮夜而散。元之既蘇，疏放人事，都忘宦情，遊行山水，自號知和子。後不知所終。

本條見太平廣記三八三再生九「古元之」條引玄怪録。古元之，後魏時人，本書謂出神仙傳，必非葛洪所撰者。

神仙感遇傳：唐宰相韓滉廉問浙西，强悍自負，常有不軌之志。有適〔一〕客李順者，泊舟於京口，夜窗〔二〕燈斷，忽飄至一山下，上岸尋求，行五六里，見宫闕華麗。有烏巾岸幘者，語之曰：「欲寓金陵韓公一書，無辭勞也。」因問此何處也，答曰：「此東海廣桑山，是魯公宣父仲尼得道，爲真官，理於此山。韓公即仲由也，性强自恃。夫子恐其掇刑網〔三〕，致書以諭之。」順得書，即還舟中，逡巡則達舊所，既而投所得之書。公發書視之，古文九字，了不可識，乃拘縶順，以爲妖妄。有一客，龐眉古服，言善識古文。公出書示之，客曰：「此孔子書，乃夏禹科斗文也。文曰：『告韓滉，謹臣節，勿妄動。』」公異之。韓自是拱默，克保終始。

本條見太平廣記卷一九神仙十九「韓滉」條引神仙感遇傳。羅爭鳴據廣記輯入杜光庭記傳十種輯校神仙感遇傳。

〔一〕適：廣記作「商」。

〔二〕窗：原作「恩」，據輯要本校改。

〔二〕綱：原作「綱」，據輯要本、國圖舊抄本、廣記校改。

巽二起風　葛三避雪

幽怪録：晉州刺史蕭至忠，將以臘日畋遊。有樵者於霍山見一長人，俄有虎、兕、鹿、豕、狐、兔駢匝。長人曰：「余玄冥使者，奉北帝命。臘日蕭使君獵，汝等若干合鷹死，若干合箭死。」有老麋屈膝求救，使者曰：「東谷嚴四善謀。」群獸從行，薪者隨覘之。茅堂中有黄冠一人，老麋哀請，黄冠曰：「若令滕六降雪，巽二起風，則蕭使者不復獵矣。」薪者回，未明，風雪彌日，蕭使君不出。

本條見玄怪録卷三「蕭至忠」條，亦見太平廣記卷四四一畜獸八雜獸「蕭至忠」條引玄怪録。

廣記：崔希真善攻畫，好修養。一日，大雪中見一老人，蓑衣避雪門下。崔邀之家，與老人同入，至幃幄前，老人顧望，倏忽不見。覓之無蹤，遂歸。幃中有畫，松木一株，仙人、藥笈在下。崔未之曉，請問李含光先生。先生曰：「此葛仙公〔一〕第三子之所畫也，意謂得道者壽若松柏之謂也。」

本條見太平廣記卷三九神仙三十九「崔希真」條引原化記。崔希真事亦見類説卷七「松花酒」條、紺珠集卷七「松花酒」條、歲時廣記卷三七「獲仙藥」條、能改齋漫録卷六「松花酒」條、東坡先生詩集注卷一九次韻定慧欽長老見寄八首其二注，並引原化記。

〔二〕葛仙公：廣記作「真人葛洪」。

抱一嘯傲　盧鴻磬折

武仙童碑云：抱一〔一〕：「嘯傲昇平，輕欺富貴。扶疏丹桂，難藏明月之光；峭絶青山，莫滯白雲之迹。言之不足，道在其中。」詞多不録。又詩一首云：「聖主搜羅物外人，總求〔二〕金闕見虚〔三〕真。餘余不願彰名姓，别得田元〔四〕道可親。」仙童昔持此書與茅山朱自英先生，先生得書，而使者忽不見。疑即仙童自至也。仙童姓武，名抱一，人呼爲武仙童。

本條前半（「仙童昔持此書」之前）見茅山志録金石第十一篇下卷之十三，題武仙童書碑，爲抱一致朱自英書信，政和八年刻石於茅山。

〔一〕一：本字後茅山志多一「啓」字。

〔二〕求：茅山志作「來」。

〔三〕虚：茅山志作「靈」。

〔四〕元：輯要本作「園」。

北夢瑣言：明皇召嵩山隱士盧鴻，三詔乃至。及謁見，不拜，但磬折而已。問其故，鴻對曰：「老子云：『禮者，忠信之薄。』可不足依。山臣鴻敢以忠信奉見。」帝異之。

本條見大唐新語卷一〇隱逸，亦見太平廣記二〇二高逸「盧鴻」條引大唐新語。本書云出北夢瑣言，誤。

潘老肴饌　玉仙麯糵

原化記：唐嵩山少林寺，元和間嘗因風雨，後有一老人策杖，叩門求宿。寺人以閉門訖，指寺外空屋令宿，亦無床薦。入更後，僧人見寺外燈火，怪而問之，見其屋内設茵幕華盛，陳列肴饌，老人飲噉自若。及曉，老人睡起，漱盥訖，取床薦帳幕，内葫蘆中，空屋如故。問其姓名，云姓潘氏，從南嶽北遊太原。後時有見之者。

本條見太平廣記卷七五道術五「潘老人」條引原化記。

青瑣：太原府助教張世寧，暴疾將終，吟曰：「翠羽旌幢仙子宅〔一〕，紫雲樓閣〔二〕玉皇家。人間風物〔三〕易分散，回首武陵空落花。」既卒，神降其妹曰：「我籍係上天第十八洞玉仙人也，因會瑤池考視塵中地仙功行簿，聞人間麯糵香，徘徊不進，遂犯後至之罰。西王母啓其事，爲我有人間酒分，宜謫償之。寓迹浮生，今還本籍。」因歌曰：「休休休，偷得休時便好休，歡喜寃家無徹頭。」

本條見類説卷四六「張世寧神降」條引續青瑣高議，也見詩話總龜前集卷四七神仙門下引青瑣後集，作「王世寧」。

〔一〕宅：類説作「室」，詩話總龜作「隊」。

〔二〕閣：類説作「殿」。

〔三〕物：詩話總龜作「雨」。

仙宗赤鯉　公遠白魚

高道傳：傅仙宗隱資陽山，明皇召見。時利州江舡多溺，津人告苦。師投符於江，翌日果有二鯉魚死於灘上，肚上有丹書，字云：「赤鯉赤鯉，生於河水，不避仙官，宜得其死。」刺史奏聞，詔立生祠於江側。

本條見道門通教必用集卷一「傅仙宗」條引高道傳，及歷世真仙體道通鑑卷四一傅仙宗傳。

又羅公遠，在唐時已數百歲，乍老乍少，人莫識之。時太守〔一〕醮屬吏於郡之園亭，士庶競至。忽一白衣來，有一小童叱之曰：「汝擅離本處。」白衣人去。吏執小童以白太守，問〔二〕名，答曰：「羅公遠。適見龍王，爲公逐之。」刺史〔三〕未之信，曰：「可見本形否？」

曰：「不難。」遂穿一穴，以水引之，一白魚隨流而躍，青煙如線，頃之，黑氣横天，雷雹而雨，化白龍飛去。

本條見歷世真仙體道通鑑卷三九羅公遠傳。羅公遠事亦見本書卷三「公遠碧落」條引本傳、卷六「金城絳闕」條引逸史、卷一三「隱柱羅遠」條引逸史、卷一四「太真霓裳」條引逸史。

〔一〕太守：仙鑑作「鄂州刺史」。

〔二〕問：本字後國圖舊抄本多一「其」字。

〔三〕史：原作「吏」，據國圖舊抄本、仙鑑校改。

赤須墮髮　紫霞生鬚

神仙傳：赤須子者，豐人，云秦穆公時主魚吏也。食松實、天門冬，齒落復生，髮墮更出。後去上吴山七十餘年，莫知所之。

本條見列仙傳卷下「赤須子」條，亦見初學記卷二三、文選卷五左思吴都賦、太平御覽卷九八九藥部六「天門冬」條等引列仙傳。本書云出神仙傳，誤。

酉陽雜俎：東陵聖母廟主女道士康紫霞，自言少時夢中被人録於一處，言天符令攝將軍巡南嶽，遂〔一〕以金鎖甲，令騎，導從千餘人馬，蹀向〔二〕南去。須臾至，嶽神拜迎馬前。夢中如有處分，嶽中峰巒〔三〕溪谷無不歷也。恍惚而返，雞鳴驚覺。自是生鬚數十莖。

本條見酉陽雜俎前集卷八夢。

〔一〕遂：本字後酉陽雜俎多一「擐」字。

〔二〕向：酉陽雜俎作「虚」。

〔三〕巒：酉陽雜俎作「嶺」，此處疑作「巒」。

鮑靚兄弟　積薪婦姑

真誥：司命君曰：「女真鮑靚〔一〕，其〔二〕七世祖李湛、張慮，本在渭橋爲客舍，積行陰德，好道希生，故今福逮於靚〔三〕，使人易世變煉〔四〕更生，合爲兄弟。根胄雖異，德廕者同，故當生氏族，今在洞天中〔五〕，仙矣。」

本條見真誥卷一二稽神樞第二。

〔一〕女真鮑靚：真誥作「鮑靚，靚及妹」。

〔二〕其：本字前真誥多出「並是」二字。

〔三〕靚：本字後真誥多一「等」字。

〔四〕煉：本字後真誥多出「改氏」二字。

〔五〕今在洞天中：真誥作「今並作地下主者，在洞中」。

廣異記：翰林棊者王積薪，從明皇西幸蜀，宿深溪之家。有婦姑，止給水火。纔暝，闔户，積薪夜聞姑〔一〕謂婦曰：「良宵無以爲適，與子圍棊，可乎？」堂内無燭，婦姑各在東西室。婦曰：「起東五南九置子矣。」姑曰：「東五南十二置子矣。」婦又曰：「起西九〔二〕南十置子矣。」姑曰：「夜及四更，其下止三十六。」姑曰：「子已北矣，吾止勝五〔三〕枰耳。」達明，請問於姥。姥顧婦曰：「是子可教以常勢耳。」婦乃指示攻守殺奪、救應防拒之法，甚略。姥曰：「止此已無敵於人間矣。」積薪行去數步，回顧，已失向室廬矣。

本條見集異記卷一「王積薪」條，亦見太平廣記卷二二八博戲奕棊「王積薪」條引集異記。本書云出廣異記，誤。

〔一〕姑：原作「如」，據輯要本、集異記校改。

〔二〕九：集異記作「八」。

〔三〕五：集異記作「九」。

周寶改葬　騎生結廬

稽神録：周寶爲浙西節度使，治城隍。至鶴林門，得古冢，棺櫝將腐，發之，有女子面如生，衣服皆不敗。掌役者以告，竇親視之，曰：「此當是嘗餌靈藥，待時而發，發則解化之期矣。」即命改葬之。具車轝聲樂以送，竇與僚屬登望之。行數里，有紫雲覆輀車之上。衆咸見一女子出自車中，坐紫雲冉冉而上，久之乃没。開棺，則空矣。

本條見稽神録卷五「周竇」條，亦見太平廣記卷七〇女仙十五「周竇」條引稽神録。

列仙傳：騎龍鳴，年少時於池〔一〕中得一龍子，狀如守宫。騎生結廬以養之。及龍大，壞廬而去，不知所在。至五十年許，忽見龍鳴騎龍而至，曰：「今年五百里有水災。」人以爲妖。及期，果大水，死者萬計。

本條見列仙傳卷下「騎龍鳴」條。

〔一〕池：原作「地」，據列仙傳及文意校改。

三洞群仙録卷之十九

正一道士陳葆光撰集

德休魚饗　子鶱脯祭

續仙傳：曹德休常謂人曰：「若家有疾苦，就求德休符藥，不必惠以財帛，但以江魚爲膾一盤，並〔一〕美酒一壺饗吾，則疾自痊。」鄉人欽之如神。一日告人曰：「我捨此入〔二〕天寶洞去。然來年牛疫頗甚，我留姓名與汝傳道〔三〕。牛疫之時，以膾饗，書其字，帖牛角上，自當無苦。」其後牛果大疫。一境之内，帖其字者免灾，不帖者皆斃。

本條見續仙傳卷下「曹德休」條。德休事又見本書卷一〇「德休霹靂」條引神仙傳（當爲續仙傳之誤）。

〔一〕並：國圖舊抄本無本字。

〔二〕入：本字後續仙傳多出「西山」二字。

〔三〕道：續仙傳作「寫」。

武夷山記：玄靈〔一〕老君華真仙師遣弟〔二〕子名屬仁，乘雲駕鶴，游歷此山，人多呼爲控鶴仙人。昔魏王名子騫，與張湛、孫綽等同在此山修道。會天亢旱，魏王置酒脯，祭仙人，祈雨，感控鶴仙人乘雲跨白馬，從空中而下，遂霈雨澤。張湛等既獲見，即獻詩一絶，云：「武夷山上武夷君，白馬垂鞭入紫雲。空裏只聞三奠酒，龍潭波上雨霧霧。」仙人得詩甚喜。

本條見方輿勝覽卷一一福建路建寧府「山川」條「武夷山」小注及清董天工武夷山志卷二〇，並引古記。

〔一〕靈：勝覽、武夷山志均作「虚」。

〔二〕弟：勝覽、武夷山志均作「第七」。

蘇林吐納　先賢服餌

神仙傳：蘇林遇涓子，告之曰：「欲作地上真人，必先服食〔一〕。當去三尸，殺滅穀蟲。不去三尸而服食〔二〕者，穀雖斷而蟲不死者，徒絶五穀〔三〕，勤勞吐納，而蟲生，求不死，不可得也。」遂授之以三元真一之道。乃曰：「非有仙籙者不得授，此書秘密，非人勿傳。」

漢魏本神仙傳卷九有「蘇仙公」條，然無本條内容。本條見雲笈七籤卷一一四玄洲上清蘇君傳。

〔一〕食：本字後七籤多出「藥物」二字。
〔二〕食：七籤作「藥」。
〔三〕穀：七籤作「味」。

仙傳拾遺：楊先賢歷訪名山，周遊洞府，從葛永璝得道。因其化跡處，築室居之逾年。忽一夜見光明如晝，群仙降焉，問所修之道。先賢稽首曰：「糞壤之質，見歲月易遷，常恐奄謝，志期度世耳。」群仙憫之，遂賜丹華。服餌，白日上昇。

本條僅見此引。羅爭鳴據本書輯入杜光庭記傳十種輯校仙傳拾遺。

通微清爽　李根奇異

續仙傳：道士鄔通微，不知何許人，神氣清爽，多遊名山，人多識之。或時不見，莫之〔一〕能測。及丹成，服食，即於酒樓上飛昇去。

本條見續仙傳卷上及雲笈七籤卷一一三下續仙傳「鄔通微」條。

〔一〕之：原作「知」，據輯要本校改。

抱朴子：李根，許昌人，能變化隱形〔一〕，入〔二〕水火中。人皆奇異之〔三〕。有女弟子竊根素書以觀，得根記其學道之年日，計已七百年矣。或云根兩目方瞳。按仙經云，年八百歲者，童子乃方。根常與弟子云：「我雖未得與天地齊，亦不爲下土之士矣。」

本條未見於抱朴子内外篇，而見於神仙傳「李根」條（漢魏本卷一〇、四庫本卷一〇）。

〔一〕隱形：神仙傳無。

〔二〕入：本字前國圖舊抄本多一「出」字。

〔三〕人皆奇異之：神仙傳無。

弱翁黄犢　自然丹哥

西清詩話：鍾弱翁傳帥平涼，有方士通謁，從牧童牽黄犢立庭下。弱翁異之，指牧童曰：「道人頗能賦此乎？」笑曰：「不煩我語，是兒能之。」乃大書曰：「草鋪横野六七里，笛弄晚風三四聲。歸來飽飯黄昏後，不脱蓑衣卧月明。」既去，郡人見方士擔兩大甕，長歌出郭，迹之不見。甕乃二口，豈吕洞賓耶？

本條見西清詩話卷中，亦見苕溪漁隱叢話前集卷五八、詩話總龜後集卷四〇神仙門引西清詩話。

祕閣閑談：池州鳳凰山道士趙自然，夢陰真君與柏葉一枝，食之。因而不食，神氣異常。爲詩曰：「嘗欲棲山鳥〔一〕，閑眠玉洞寒。丹哥〔二〕時引舞，來去跨雲鸞。」或問：「何名丹哥？」曰：「鶴也。」

本條見類説卷五二「鶴名丹哥」條、天中記卷五八引秘閣閑談。另，本條所引趙自然詩，亦見於洪邁萬首唐人絶句卷二四，題夢陰真君趙自然一首。趙自然事又見本書卷一〇「自然綸巾」條引本朝蒙求。

〔一〕鳥：輯要本、類説、天中記引文及萬首唐人絶句均作「島」。

〔二〕哥：天中記引文作「歌」。下同。

允當慰虎　君平牧鵝

道學傳：歷陽謝允當見餓虎閉在檻穽，允當愍虎之窮，開而出之。虎伏地良久，乃去。

本條僅見此引。陳國符據本書輯入道藏源流考道學傳輯佚。

幽閑鼓吹：鵝羊山在長沙縣北二十里，本名東華山，亦謂之石寶〔一〕山，上有仙壇丹竈。湘中別記云：昔郡人成君平，年十五，兄使牧鵝羊，忽遇一仙翁，將入此山。兄後尋至山中，見君平，因問牧鵝羊何在，指白石曰：「此是也。」遂驅起，隨兄去。旬日卻還山下，復化爲石。今猶存焉。畢田詩云：「羽客何年此煉丹，尚留空竈鎮孱顔〔二〕。雲中雞犬仙應遠〔三〕，山下鵝羊石髓〔四〕頑。湘渚幾因滄海變，遼城無復令威還。何年仙馭重〔五〕來此，盡遣飛昇〔六〕上九關。」

幽閑鼓吹，唐張固撰。本條見詩話總龜前集卷一六留題門下引幽閑鼓吹，湘中别記所引成君平事亦見歷世真仙體道通鑑卷六成君平傳、明胡應麟少室山房筆叢卷四五壬部玉壺遐覽四。

〔一〕石寶：筆叢作「寶」，國圖舊抄本作「寶石」。

〔二〕孱顔：筆叢作「青山」。

〔三〕遠：筆叢作「有」。

〔四〕髓：總龜、筆叢作「轉」。

〔五〕重：筆叢同，總龜作「還」。

〔六〕昇：總龜、筆叢作「騰」。

金訪蓬子　針寄田婆

神仙傳：唐王處士者，洛陽尉王琚之姪四郎也。琚赴調入京，過天津橋，四郎布衣草履，形貌山野。琚初不之識，四郎曰：「叔今赴選，姪少物奉獻。」即出金五兩，色如雞冠。「可訪金市張蓬子，計之當領錢二百千。某比居王屋小有洞，今將家往峨嵋山。」琚訪之，則已行矣。金市果有蓬子，出金示之，驚喜：「此道者王四郎所化金也，且無定價。」因如其數酬之。

本條見太平廣記卷三五神仙三十五「王四郎」條引集異記。古小説叢刊本集異記據廣記輯入補編。本書云出神仙傳，當誤。

傳奇：許栖巖入蜀，登危棧，忽與馬俱墜于崖穴中，因遇太一元君〔一〕，君曰：「子所乘馬乃吾洞中之龍也。以作怒傷稼，謫在人間負〔二〕荷。子有仙骨，故得值之。子歸，放之渭曲，勿復駕也。」有一玉女曰：「龍子回日，虢縣田婆針與寄少許來。」遂跨馬如飛，食頃已達虢縣之莊。詢訪田婆，市針百枚，繫于馬鬣，放之渭濱，果化爲龍去。田婆者，蓋亦仙人也。

本條見太平廣記卷四七神仙四十七「許棲巖」條引傳奇，亦見本書卷二「棲巖洞室」條引傳記（當爲傳奇）。

〔一〕太一元君：廣記作「太乙真君」。

〔二〕負：原作「貧」，據廣記校改。

夏侯美睡　禮和善歌

仙傳拾遺：夏侯隱者，大中末遊茅山、天台間，常攜布囊竹杖而已。或露宿於壇中林下，人覘之，但見雲氣蓊鬱，不見其身。每登山渡水，而閉目美睡，同行者聞其鼻鼾之聲，而步不蹉跌，足無蹶礙，至所止即覺。時號爲睡仙。

本條見太平廣記卷四二神仙四十二「夏侯隱者」條引神仙拾遺傳。神仙拾遺傳，當即爲仙傳拾遺。羅爭鳴據廣記輯入杜光庭記傳十種輯校仙傳拾遺。

真誥：傅禮和，常服五星氣而得道。禮和善歌，歌則鳥獸飛聚而聽聲焉。

本條見真誥卷一三稽神樞第三。

欽真力勤　合靈睡懶

女仙傳：唐楊欽真，本田家女也，適王渭〔一〕爲妻。夫貧力田，楊氏婦職甚謹，夫族目之爲勤力新婦。一日忽沐浴，著新衣，逝去。是夜，鄰人皆聞有天樂異香自西北來。次日，夜復聞音樂之聲，異香酷烈。縣令李邯聞之，率衆來看，則婦宛在床矣。邯問去來之由，答曰：「向仙仗來迎，至華山雲臺峰，峰上有四女真先在彼，與語甚洽。曰：『同生濁世，共是凡身，一旦倐然，遂與塵隔。今夕何夕，歡會于斯，宜各賦詩，以道其意。』於是更相唱和。欽真詩曰：『人世徒紛擾，其生似舜〔二〕華。誰言今夕裏，俛首視煙〔三〕霞。』」欽真後復仙去。

本條見海録碎事卷一三上鬼神道釋部仙門「勤力新婦」條引女仙傳、太平廣記卷六八女仙十三「楊敬真」條引續玄怪録、紺珠集卷五「四真」條引幽怪録。欽真，上述三書均作「敬真」。

〔一〕渭：海録碎事、廣記均作「清」。

〔二〕舜：廣記作「夢」。

〔三〕煙：廣記作「雲」。

郡閣雅談：吴合靈爲道士，居南岳，俗呼爲吴猱。好睡，經旬不食。嘗言：「人若要閑，即須懶；如勤，即不閑也。」素不攻文，忽作上昇歌云：「玉皇有詔登仙職，龍吐雲兮鳳著力。眼前驀地見樓臺，異草奇花不可識。我向大羅觀世界，世界只如指掌大。當時不爲上昇忙，一時提向瀛洲賣。」

本條見宋何汶竹莊詩話卷二一方外空門「上昇歌」條及詩話總龜前集卷四六神仙門上引郡閣雅談，均作「吴含靈」；另見類説卷二七「吴猱」條引南唐野史，作「吴合靈」。

劉遁同舟　公垂共簡

名賢詩話：晉公舊有園在京師保康門外。園内有仙游洞，景趣〔一〕瀟洒。道士劉遁作仙遊亭詩贈公，云：「屢上仙遊亭上醉，仙游洞裏杳無人。他時鶴駕遊滄海，同看蓬萊島上春。」公莫曉其詩。洎南遷，遁往見公於崖。公方思其詩，乃知遁異人也。與之同泛舟海上而飲，公曰：「今日之謫，子之詩意也。」

名賢詩話，全稱唐宋分門名賢詩話，又稱唐宋名賢詩話、唐宋詩話、分門詩話，撰者不詳。宋史藝文志載，題唐宋名賢詩話二十卷。此書已佚，然諸書載佚文不少。本條見皇朝類苑卷四三「劉遁」條引名賢詩話，又見宋王象之輿地紀勝卷一二七廣南西路吉陽軍「詩」條、宋祝穆方輿勝覽卷四三廣西路吉陽軍「題詠」條「聞道崖州一萬里」小注引名賢詩話。

〔二〕趣：原作「最」，據類苑、輿地紀勝、方輿勝覽校改。

續玄怪録：故淮海節度李紳，嘗見一老父曰：「年少識我否？」曰：「我唐若山也。子非李紳乎？」對曰：「某姓李，不名紳。」對曰：「子合名紳，字公垂，在仙籍矣。今夕羅浮群仙有會，能隨我一遊乎？」乃袖出一簡，若笏形，縱横曳之，覺長闊數尺，宛若舟船。父與紳俱登其中，戒令閉目。但覺風濤洶湧，似泛江海。逡巡，俄抵一山，樓殿參差，簫管寥亮。端雅士十餘人來迎，曰：「公垂果能來。人世凡濁，苦海非淺，自非名繫仙籍，何路得來？」曰：「子能留此乎？」紳曰：「身未立家，不獲辭，恐若黄初平，貽憂於兄弟。」曰：「子既念歸，雖仙録有名，而俗緣尚重。然美名崇宦，亦皆得矣。宜勉之。」乃遣歸。自是改名紳，字公垂。果登甲科，歷任將相之重。

續玄怪録，唐李復言撰。本條見太平廣記卷四八神仙四十八「李紳」條引續玄怪録。程毅中續玄怪録點校本據廣記輯入補遺。

盧娘緑眉　阮籍青眼

杜陽編：唐永貞年，南海貢盧眉娘，年十四，眉緑且長，故有是名。眉娘幼而惠，工巧無比，能於一尺絹上綉靈寶經八卷〔一〕，字如粟粒，而點畫分明。又善作飛雲〔二〕蓋，以絲一絇，分爲三段，染成五色，結爲金蓋。其中有十洲三島、臺殿麟鳳之像，而執幢捧節童子，亦不啻千數。順宗歎其工，謂之神人。度爲道士，歸南岳〔三〕，仍〔四〕號逍遥。

杜陽編，即杜陽雜編。本條見杜陽雜編卷中，亦見太平廣記卷六六女仙十一「盧眉娘」條引杜陽雜編。

〔一〕靈寶經八卷：杜陽雜編作「法華經七卷」。

〔二〕雲：杜陽雜編作「僊」。

〔三〕南岳：杜陽雜編作「南海」。

〔四〕仍：本字後杜陽雜編多一「賜」字。

晉阮籍字嗣宗，爲步兵校尉，不拘禮節，能爲青白眼。嘗於蘇門山遇孫登，與商略終古及栖神導氣之術，登不應，籍因是長嘯而退。至半嶺間，有聲若鸞鳳之音，響乎巖谷，乃登之嘯也。

本條未注出處，或承前出杜陽雜編，然未見今本杜陽雜編，而見晉書卷四九阮籍傳。

昭武銀鼎　士良玉版

洞微志：封昭武者，餘杭酒徒也，因乘舶船，爲暴風漂至島上。俄聞異香，遠望有道士坐於西岸。昭武急趨作禮，道士坐石下有一銀鼎，鼎面浮一大珠。道士曰：「汝何來？」武對以窮困，欲投新羅。道士曰：「視君之面，無外夷禄。可卻乘舟，吾與好風，送還明州。」昭武祈之曰：「生平爲酒所泥，飲食微尠，支體瘦瘠。」道士笑曰：「但飲此湯。」遂於鼎中以銀瓢取半瓢，與飲之，真甘露液也。又告以理生之計，曰：「但販馬，當自給。」因問先生姓，曰：「我陰真人也。」逡巡風起，道士催登小舟，又飄一夕，日出已在明州矣。

本條見新編分門古今類事卷四異兆門中「昭武販馬」條引洞微志。

唐逸史：元和初，萬年縣有〔一〕馬士良犯事，王爽爲京尹，嚴酷，必殺之。士良亡命太白山〔二〕，至於炭谷湫岸，藏於大柳木下。纔曉，有五色雲自空降，仙女在中。水濱有金槌玉版，連扣數下，青蓮湧出，每葉旋開。開畢，仙女取擘三四食之，卻乘雲而去。士良見槌板尚在，扣之，少頃復出。士良食七八枚，頓覺身輕。

本條見太平廣記卷六九女仙十四「馬士良」條引逸史。

〔一〕有：原作「所由」，據廣記校改。

〔二〕太白山：廣記作「南山」。

郭憲噀酒　斑孟潄墨

賢己集：郭憲，武德〔一〕七年爲光禄勳，從駕南郊。憲在位，忽回向東北，含酒三噀。詔問其故，對曰：「齊國失火，故以此厭之。」後果然。

本條見後漢書卷八二郭憲傳，當爲賢己集所本。

〔一〕武德：後漢書作「建武」。

三洞珠囊：斑〔一〕孟，或云女子也，能飛行終日。又能坐虚空中與人語。又能入地中，去初時没足至胸，漸漸但餘冠幘，良久而盡没不見。又能含墨著口中，舒紙著前，嚼墨潄之，皆成字，竟紙各有意義。服丹，年四百歲，更少。入大冶〔二〕山去。

本條未見於三洞珠囊，而見神仙傳「班孟」條（漢魏本卷一〇、四庫本卷四）。太平廣記卷六一女仙六「班孟」條有引，亦云出神仙傳。唐徐堅初學記亦云出自神仙傳。

〔二〕班：輯要本、廣記、神仙傳均作「班」。

〔三〕治：神仙傳、廣記作「治」。

道榮虎坑　龍威鳥跡

感應録：北齊由吾道榮，少爲道士，因遇南嶽仙人，符水禁呪、陰陽曆數、天文藥性，無不悉解。嘗至遼陽，有虎去馬止十餘步，人皆驚走。道榮徐以杖劃地，成大〔一〕坑，虎遽去矣。

本條見北齊書卷四九、北史卷八九由吾道榮傳。

〔一〕大：北齊書、北史均作「火」。

仙傳拾遺：龍威丈人隱居包山，亡其姓氏。吴王闔閭十二年，觀兵於敵國，途由包山。山有洞穴，吴王欲知其深淺，請隱居窮究之。遂秉燭，晝夜行，一百七十四日而還。見金城玉宇，有光如晝，紫玉流黄，間爲窗牖。其城門榜曰「天后别宫」，藻錦甚盛。玉房中得素書一卷，皆鳥跡篆籀之文。歸，以書奏吴王。王後使賫其文以問孔子，曰：「寡君昔遊包山，有赤烏銜此書於車前，使下臣賫靈文奉謁，願告休戚。」孔子發函，遽曰：「昔夏禹理水，功畢，乃遊於鍾山之阿，得黃帝、帝嚳等所受太上靈寶真經，藏一通於名山石磧中，一通付於水神，當有得道之士以獻於王。若云赤烏所銜，丘未聞也。」

本條亦見仙苑編珠卷中「龍威洞穴」條。羅争鳴據本書輯入杜光庭記傳十種輯校仙傳拾遺。此事當源出道經太上靈寶五符序。

崇嶽拜松　姚光熘狘

名賢小説：道士吴崇嶽辟穀，嘗登松梢禮拜。福建轉運使周渭〔一〕因請隨行，抵于德化縣，縣東有古松一株，高八九十尺，上有鶴巢。乃命嶽登之，宛若猿猱，容易直上。出鶴巢之外，端身飛步，手無攀緣，就纖枝拜如平地。其松枝柔軟，隨步低昂，了無損處。渭贈詩云：「楮皮〔二〕冠子布爲裳，吞得丹霞壽最長。混俗性靈常樂道，出塵風格早休糧。枕中經妙誰傳與，肘後方新自寫將。百尺松頭〔三〕幾飛步，鶴棲枝上禮虛皇。」

名賢小説，即洞微志。本條亦見詩話總龜前集卷三二道僧門引郡閣雅談。清厲鶚撰宋詩紀事及清鄭方坤撰五代詩話沿之，均題出自郡閣雅談。

〔一〕渭：宋詩紀事同，詩話總龜、五代詩話作「謂」。

〔二〕皮：詩話總龜作「爲」。

〔三〕頭：詩話總龜作「梢」。

感應録：吴姚光善火術。吴王積荻數千束，使光坐其上，又以數千束裹之，因猛風燔之。燔訖，謂光已化爲燼。而光端坐灰中，振衣而起。

本條見三國志卷六三吴書十八「評曰」裴松之注引抱朴子。

得一寶符 伯威仙籍

仙傳拾遺：史得一者，自言咸通中因秋雨浹旬，山水泛溢，一旦微霽，見江濱一物隨水横流，以杖引之，得焉。開視，乃老君三部符也，浮水中而不濕，心甚異之，收還家。其夜有光，仿佛二童隨之，與語云：「我侍符童子也。太上寶符，久傳人間，繕寫訛謬，迨失宗旨。文字既誤，鬼神無所稟伏，由是行之少效。今此正文，以付得道之子。」救民疾苦，無不應驗。後數年，童子告白：「太上降駕太白山，可往朝拜。」因入太白不還。

本條僅見此引。羅爭鳴據本書輯入杜光庭記傳十種輯校仙傳拾遺。

真誥：趙伯威〔一〕，少學邯鄲張先生，得道。晚在中嶽，授玉佩金璫經於范〔二〕丘林子。今亦得道，入華陽洞天，主管仙籍，并記學者之姓名焉。

本條見真誥卷一三稽神樞第三，亦見太平御覽六六二道部四「天仙」條引真誥。

〔一〕趙伯威：御覽同，真誥作「趙威伯」。

〔二〕范：原作「苑」，據真誥校改。

漢兒劃地　秦婦築城

丹臺新録：漢初有四五小兒，路上劃地戲。一兒歌曰：「著青裙，入天門，揖金母，拜木公。」時人莫知之，唯張子房知之，乃往再拜。此乃東王公之玉童也。所謂金母者，西王母也；木公者，東王公也。仙人拜王公，揖王母。

本條亦見於真誥卷五甄命授第一，當源出真誥。

廣記：唐開元中，代州都督以五臺多客僧，恐妖僞事起，非住持者悉逐之。客僧懼逐，多竄山谷。有法朗〔一〕者，深入雁門山幽澗之中，有石洞，容人出入，涉水渡岸，行二里，至草屋中，有婦人，並衣草衣，容色端麗。見僧愕然，問云：「汝是何輩？」僧曰：「我人也。」婦人笑曰：「寧有人形骸如此？」僧曰：「我事佛弟子。佛須擯落鬚髮，故爾。」僧問：「此何處？」婦云：「我是秦人，隨蒙恬築長城，被其苦，乃逃至此。食草根，以得不死。」僧辭出。它日備糧更去，則迷不知其所矣。

本條見太平廣記卷六二女仙七「秦時婦人」條引廣異記。

〔一〕朗：原作「明」，據廣記校改，「明」當爲諱改字。

伯庸鶴唳　藏質雞鳴

皇朝類苑：王參政伯庸得疾，既委頓，是夕有靈鶴十餘隻，空中嘹唳。八月二十夜，月甚明，時其弟純臣差知亳州，公吏來接。皆以爲怪訝。須臾公薨，群鶴遂散。時人以爲伯庸當作仙官爾。

本條見皇朝類苑卷四三「王參政」條。

高道傳：道士葉藏質，字含象，精於符術。婺州牧爲邪物所撓，詣請符，至中路，犯穢，忽失之。牧親造，見案上有筒，封篋甚固，乃前請之符也。因焚香，致匣捧歸，邪物遂絕。牧表其賢，懿宗優詔石門山居爲玉霄觀。一日命酒，召其友人，語及平生事，然後告以行日。及期，竊題於門曰：「雞鳴時去。」門人遂聞環佩雜簫管聲于空中，須臾雞唱，視之已化，年七十四矣。

本條見歷世真仙體道通鑑卷四〇葉藏質傳。

三洞群仙録卷之二十

正一道士陳葆光撰集

青丘元老　紫微小星

異人録：台州道士王遠知善易，知人死生禍福，作易總十五卷。一日，雷雨，雲霧中一老人叱曰：「所泄者書何在？上帝命吾攝六丁雷電追取。」遠知惶懼據地，旁有六人，青衣，已捧書至。老人責曰：「上方禁文，自有飛天保衛，祕藏玄都。汝是何者，輒〔一〕藏緗袟？」遠知對曰：「青丘元老傳授。」老人曰：「上帝敕下，汝仙品已及授度期，展四年二已數也〔二〕。」師後於光宅中尸解〔三〕。

本條未見於江淮異人録，而見柳宗元龍城録卷上「上帝追攝王遠知易總」條。

〔一〕輒：原作「轍」，據龍城録校改。

〔二〕展四年二已數也：龍城録作「展二十四年，二紀數也」，當是。「已」，當作「紀」。

〔三〕師後於光宅中尸解：龍城録無。

湘中野録：太祖〔一〕居潛日，與趙韓王普遊長安市。忽逢陳希夷，曰：「可市飲乎？」太祖曰：「可，與趙學究同之。」希夷睥睨韓王曰：「也得，也得。」既入酒舍，韓王足痺，偶坐席左。陳怒曰：「紫微垣一小星，輒據上次，可乎？」斥之，便居席右。

本條見湘山野録續録。湘中野録，爲湘山野録之誤。

李虞論語　顧歡孝經

逸史：信州李虞員外與楊稜遊華山，俄至一小洞，見川巖草木，不似人間。有紫衣人邀入居處，若公府，多竹屋，堂室甚潔。自言姓杜，名子華，因避世，便遇仙侶，居此已數百年矣。因留宿，飲饌皆甚精豐，内〔二〕有馳羊，其狀如牛。書有論語〔三〕。留連累日，各遺銀器數事，遣使者導之而返。曰：「此可住否？」二子色難，子華笑，執手而別。後尋其洞穴，不可見矣。

本條見太平廣記卷四二神仙四十二「李虞」條引逸史。

〔二〕内：原作「肉」，據國圖舊抄本、廣記校改。

〔三〕書有論語：廣記作「晝夜論語」。本意爲主客日夜談論，疑本書編者爲湊成本條目「李虞論語　顧歡孝經」而將「晝夜」改爲「書有」，從而將論語之談説義改成五經之一的論語。

道學傳：宋顧歡善道術。弟子鮑雲綬門前有一株木，大十餘圍，上有精魅。歡印木，木即枯死。又有病邪者問歡，歡曰：「家有何書？」答曰：「唯有孝經。」歡曰：「可取仲尼居置病人枕邊，恭禮之，自差。」而後病者果愈。

本條陳國符輯入道藏源流考道學傳輯佚。顧歡事又見三洞珠囊卷一救導品引道學傳卷八，與本條内容不同。

王遠題門　隱容濬井

王氏神仙傳：王遠字方平，明天文圖讖，逆知吉凶。漢武帝〔一〕問災祥，不答，乃題宫門四百餘字，預説方來。帝惡之，令人削除。外字雖滅，内字復見，墨蹟徹入板裏。

本條見類説卷三「總真真人」條引王氏神仙傳。羅爭鳴據類説輯入杜光庭記傳十種輯校王氏神仙傳。王遠傳見歷世真仙體道通鑑卷五王遠傳、蔡經傳兩篇，當源出神仙傳。王遠事，亦見本書卷一六「蔡經狗竇」條引王氏神仙傳。

〔一〕漢武帝：類説作「漢桓帝」。

廣記：房州竹山縣陰隱容〔一〕家濬井千餘尺而無水。工人捫壁，見别一天地日月世界，榜曰天柱山〔二〕。門内兩童，皓齒鬒鬟，問：「汝胡爲至此？」工人具陳本末。須臾有緋衣傳勅曰：「以禮遣之。」引至清泉洗浴，白泉漱飲，甘美似酒。行半日，見宮室皆金玉，題云「梯仙國」。工人詢曰：「此國如何？」答曰：「諸仙初得仙者，關送此國修行。」

本條見太平廣記卷二〇女仙二十「陰隱客」條引博異志，亦見博異志「陰隱客」條及類説卷二四「天柱山梯仙國」條引博異志。

〔一〕容：廣記、博異志、類説均作「客」。

〔二〕天柱山：廣記、博異志均作「天桂山宫」。

王皎破腦　楊公擊頂

酉陽雜俎：王皎先生善伎術。天寶中偶與客夜中露坐，指星月曰：「時將否矣。」爲隣人所傳。時上春秋高，頗拘忌，爲人所奏，上令殺之。刑者钁其頭數十，方死，因破其腦，骨厚一寸八分。皎先與達奚侍郎還往，及安史平，皎杖屨至達奚家，方知異人也。

本條見酉陽雜俎前集卷二壺史。

北夢瑣言：淄齊間有道士楊仙公者，莫知其年壽，耆老自童稚見之。每出閭巷，兒童聚而觀之。或就鐵鋪借鐵椎，自擊其頂，或令人極力擊之，一無所損，唯言甚快。入山林，與虎豹爲戲，以手擊之，猛獸爲之偃仆。多勸人行陰德。長興中入蜀，居峨嵋〔一〕去也。

本條未見於今本北夢瑣言。本條見明王圻續文獻通考卷二四二仙釋考道家姓氏中「楊仙公」條。

〔一〕嵋：本字後國圖舊抄本多一「山」字。

祈嘉呼遁　仲甫吸景

晉逸史：祈嘉字孔賓，年二十許，好學經史。夜靜忽於窗間聞有聲呼之曰：「祈孔賓，隱去來，修飾人間事甚苦，不可諧，所得未毫銖，所喪已山崖。」嘉遂遁去，西遊海渚，教授門生三千餘人。

本條見晉書卷九四隱逸祈嘉傳。

王氏神仙傳：王仲甫，少好道術，得吸景餐霞之法，行之四十餘年。一夕夢神人告之曰子所以不得升度者，謂其腦宮虧減，靈津未溢。遂授以服食之法，方得上昇。今在玄洲矣。

本條亦見歷世真仙體道通鑑卷三四王仲甫傳。嚴一萍據本書輯入道教研究資料第一輯王氏神仙傳，羅爭鳴亦據本書輯入杜光庭記傳十種輯校王氏神仙傳。

成師挈囊　伊尹負鼎

高道傳：成道士，不知何許人。明皇聞其名，召入，館于蓬萊院。問道術所修，皆不對。未幾，乞歸山。上允，乃挈布囊而去，人皆笑之。而後因撤幕，壁上有題詩，曰：「蜀路西行，燕師北至。本擬白日昇天，且看黑龍飲渭。」其字刮洗愈明。不數月，禄山起，明皇乃入蜀。

本條見歷世真仙體道通鑑卷四一成道士傳。

仙傳拾遺：伊尹，商人也。其先佐夏，爲諸侯。母將孕，遊於西川之上。大水遽至，母驚，奔避水，乃拱而立，化爲枯桑。水退，父來求之，謂已溺死。忽見枯桑，非昔所有，疑妻所化，以石扣之，聞空桑中有兒聲，取養之，遂以伊爲姓。及長，明緯候、聲律、陰陽，探幽察微，志救天下。負鼎干湯，湯大悦，用之爲相。年八十，棄位絶粒，示死於家。太上命太和真人蒙谷希授以解形之法，入蒙秦山石室修之，白日上昇。

本條僅見此引。羅爭鳴據本書輯入杜光庭記傳十種輯校仙傳拾遺。

玄達夢鳥　文子擊蜺

三洞珠囊：鄧郁之，字玄達，南陽新野人。嘗夢一鳥吐印以與之。自是民間有疾，輒以印治救，求〔一〕爲符章，病者自愈。

本條見三洞珠囊卷一救導品引道學傳卷一八。鄧郁之事，珠囊卷二貧儉品亦引，亦出道學傳卷一八。

〔一〕求：珠囊作「不」，似是。

漢郊祀志注：列仙傳曰：「崔文子，學仙於王子喬。子喬化白蜺，文子驚，引戈擊之，俯而見之，王子喬之尸也，須臾化大鳥飛去。」

本條見漢書卷二五上郊祀志「形解銷化」句應劭注。

玉蘭疈腹　上仙蛻皮

集仙録：張玉蘭，天師之孫也，幼不茹葷。年十七，夢赤光自天而下，光中金字篆文，隨光入口中，因而有孕。母氏責之，終不言所夢，唯侍婢知之。一旦謂曰：「吾不能忍耻而生，死後當剖腹，以明我心。」其夕無疾而卒，見一物如蓮花，疈腹而出。視之，乃素書金字本際經十卷，傳於世間。遂葬玉蘭，忽大風雲雨，棺飛在木上，失經及玉蘭所在。今墓在益州温江縣，女郎觀是也。

本條見太平廣記卷六〇女仙五「張玉蘭」條引傳仙録，「傳」字訛。羅爭鳴據廣記輯入杜光庭記傳十種輯校墉城集仙録。

又董上仙，遂州方義女也。年十七，神姿豔雅，故號上仙。一旦紫雲垂布，天樂下於其庭，二青童引之昇天。父母素愚，號哭，呼之不已。去地十數丈，復下，還家。居數月，又復如是。後因蜕其皮於地，形衣不解，乃飛而去。

本條見太平廣記卷六四女仙九「董上仙」條引集仙録。羅爭鳴據廣記輯入杜光庭記傳十種輯校墉城集仙録。

杜瓊作賦　許堅能詩

真誥：酆都山上，林木水澤如世間，但稻米粒幾大，味如芡〔一〕。其餘四穀不爾，但〔二〕稻爲重思耳。杜瓊作重思賦曰：「霏霏春茂，翠矣重思。靈氣交被，嘉穀應時。四節既享，祝人以祀。神禾鬱乎浩京，巨穗横我元臺。爰有明祥，帝者以熙。」此之謂矣。

本條見真誥卷一五闡幽微第一。

〔一〕芡：真誥作「菱」。
〔二〕但：本字後真誥多一「名」字。

雅言雜載：許堅，江左人，多居三茅，不知其年歲，形容不變。多談神仙事，能詩，如題茅山觀云：「常〔一〕恨清風千載郁，洞天今得恣遊遨。松楸古色玉壇靜，鸞鶴不來青帝高。茅氏井寒丹已化，明皇〔二〕碑斷夢仍勞。分明有箇長生路，休向紅塵嘆二毛。」又一絶寄舍人徐鉉云：「幾霄煙月〔三〕鎖樓臺，欲寄侯門薦禰才。滿面天〔四〕埃人不識，謾隨流水出山來。」

本條見詩話總龜前集卷四六神仙門上引雅言雜載。

〔一〕常：詩話總龜作「嘗」。
〔二〕明皇：詩話總龜作「玄宗」。
〔三〕月：詩話總龜作「日」。
〔四〕天：詩話總龜作「塵」。

丘伯相鶴　桐君碎雞

相鶴經，云浮丘伯〔一〕昔授之於王子晉。後崔文子學道於子晉，得其文，藏之嵩山石室。淮南〔二〕公採藥得之，遂傳于世。經云：鶴，陽鳥也，稟金火之氣以生，三年頂赤；七年善飛；又七年，十二時鳴；六十年，茸毛生，泥不能汙；一百六十年，雌雄相視而孕；一千六百年，不食而胎生。其相以長頸脩竦則善鳴，龜背鱉腹則能舞，乃仙人騏驥也。

本條見相鶴經，亦見文選卷一四鮑照舞鶴賦之李善注。

〔一〕伯：相鶴經同，文選作「公」。

〔二〕南：本字後相鶴經、文選均多一「八」字。

卓異記：建安三年，咠圖〔一〕國獻鳴〔二〕石雞，色如丹，大如燕，常在地中〔三〕，應時而鳴，能遠徹。其國聞其鳴，乃殺牲以祀之。當聲處掘，則得此雞。若天下太平，翔飛頡頏，以爲嘉瑞，亦謂之寶雞。又聽地中，以候晷刻。道士云，仙人桐君採石，入穴數里，得丹石雞，舂碎爲藥，服，令人有聲氣，後天而死。寶鼎元年，四方貢異珍，有琥珀燕，置之靜室則鳴翔。此之類也。

卓異記，唐李翺撰，一説唐陳翰撰，郡齋讀書志、直齋書録解題有著録。本條見太平廣記四六一禽鳥二雞「沉鳴雞」條引拾遺記，及拾遺記卷七魏。另本條亦見歷世真仙體道通鑑卷七桐君傳。本書謂出卓異記，不知何據。

〔一〕咠圖：廣記作「胥圖」，拾遺記作「胥徒」。

〔二〕嗚：廣記作「沉嗚」，拾遺記作「沉明」。

〔三〕中：原作「上」，據廣記、拾遺記校改。按下文云「當聲處，掘地得此雞」，「人聽地中，以候晷刻」，當以「中」爲是，故改。

員外穢夫　屯田役卒

逸史：唐大曆中，有王員外郎者，好道術，雖在朝列，布衣山客，日與周旋。一日，會除穢裴老，與語，王君異之。其妻呼罵曰：「身爲朝官，與穢夫交結。」遣人逐之而去。居一日，復來，布袍曳杖，頗有隱逸之風，曰：「員外非真好道，乃是愛藥耳。」因取王君一鐵合，可二斤許，解小藥裹，兩粒如麻粟，撚散合上，卻堆火燒之。食頃，取出，乃上金，色如雞冠。王君驚嘆。乃别去，後不知所之。

本條見太平廣記卷四二神仙四十二「裴老」條引逸史。

括異志：屯田郎〔一〕曾公奉先，嘉祐中知惠州。居有蔬圃，役老卒守之，灌蒔尤力。凡所欲之物，必先致之。曾問曰：「汝常逆知吾意，何也？」卒曰：「偶然耳。」曾自此亦待之善。一日，白曾曰：「荷使君厚顧，某非碌碌者，今夜三鼓，請乞一到園中，有祕術上聞。」公忻然許諾，將具公裳詣之。家人皆曰：「豈有郡守夜半公裳謁一老卒哉？」遂止。黎明，報園子物故，仍於腰下得白金數兩。曾爲買棺，殯于野。數月，有人自廣州來，卒附書爲謝。發其塚，但布袍巾屨存焉。

本條見括異志卷七「曾屯田」條。

〔一〕屯田郎：括異志作「屯田外郎」。

毛女食松　何娘採橘

神仙傳：毛女字玉姜〔一〕，隱華山，形體生毛。自言秦時宫人，後流亡入山，道士教食松葉，遂不飢寒，身輕如飛。陳摶常與遊華山，樵人多見之。有詩贈曰：「藥苗不滿笥，又更上危巔。回首〔二〕歸去路，相將入翠煙。」其二曰：「曾折松枝爲寶櫛，又編栗〔三〕葉代羅襦。有時問著秦宫事，笑撚仙花望太虚。」

毛女事見列仙傳卷下「毛女」條，文選卷一五張衡思玄賦有引。此處題神仙傳，誤。後半提及陳摶事，見歷世真仙體道通鑑卷四七陳摶傳。墉城集仙録亦有毛女傳，羅爭鳴據太平御覽卷六七〇（引作集仙録）輯入杜光庭記傳十種輯校墉城集仙録。

〔一〕玉姜：原作「正美」，據列仙傳校改。

〔二〕首：仙鑑作「指」。

〔三〕栗：仙鑑作「櫟」。

續仙傳：何阿六者，徐州女也，華陰雲臺觀爲諸女冠採薪汲水數年。諸女冠因話江吴間有甘橘美果，而秦川難求。阿六笑曰：「此不難致，近亦有之。」言訖出門。食頃，袖出甘橘五六枚，與諸女冠，因曰：「廣州柑子甚美。」又致十餘枚，分食之。後三年，有崔錬師自羅浮山遊華陰，因話及前年廣州官園内有婦人盜採柑子，擒之忽失。衆乃驗阿六非常人也。

本條未見於續仙傳及雲笈七籤卷一一三下。李劍國唐五代志怪傳奇叙録亦云非續仙傳。出處不詳。

元放乞骸　竇峙藏骨

丹臺新録：左慈，字元放，得九丹變化之術。曹公求之，不與，公欲殺之。求乞骸骨，公爲設酒。慈曰：「今當遠曠，乞分杯飲酒。」公曰：「善。」慈拔簪，以劃杯酒，酒中斷。慈即飲半，半送與公。公不喜，未即飲。慈乞盡自飲。飲畢，以杯擲屋棟，動摇〔一〕如飛鳥狀。衆舉目矚視，已失慈所在。

本條亦見神仙傳「左慈」條（漢魏本卷五、四庫本卷八）、歷世真仙體道通鑑卷一五左慈傳。丹臺新録左慈事當出神仙傳。左慈事又見本書卷九「曹視束茆」條引丹臺新録。

〔一三〕動揺：漢魏本神仙傳作「杯懸揺動」。

真誥：茅君云：女仙竇瓊英，其七世祖峙，每以藏枯骨活死爲事，其陰德有及於瓊英之身，而得進於華陽洞府〔一〕。

本條見真誥卷一三稽神樞第三。

〔一〕得進於華陽洞府：真誥無，本句乃本書據真誥文意歸納而出。真誥卷一三云「易遷中有高業而蕭條者」數人，其中即有竇瓊英。

宋江鬼堆　衡山仙窟

天師符記：益昌之東有縣曰嘉川，又東北二十里有水曰宋江。江中有聚石，曰「天師殯鬼堆」。江傍巨石有文突起，曰「天師符」，如刓如刻，如鈎如勒，如籀篆，而尊雄勁毅，如甲冑猛士，仗劍而立，兇邪視之，孰不股慄。士人以紙墨印，用能辟邪。元和七年仲春，安行罷官卭南，道由益昌。華人張當世，時知綿谷縣，輒以天師符見贈，曰：「非吾鄉屬不可得也。」於是置其符書篋中以歸。半年發篋，而鼠碎群書，獨符無毫髮傷，吁其異也。宣德郎知鳳翔府扶風縣李安行記其事。

天師符記，不詳。天師殯鬼堆事，亦見宋張嵲紫微集卷四。

王氏神仙傳：王道長，不知何許人，居利景谷縣楊謨鄉，直縣西二十里。渡嘉陵江，泝〔一〕安樂溪，抵其山下，峰巒峭拔，溪之東曰「仙窟」，長於此修道，舉家得仙。其宅基瓴甓猶存焉。

本條僅見此引。羅爭鳴據本書輯入杜光庭記傳十種輯校王氏神仙傳。

〔一〕泝：原作「沂」，據文意校改。

尹君飲堇　杜巫吐丹

仙傳拾遺：尹君者，不知何許人，嘗隱晉山，不食五穀。時尚書李説〔一〕鎮北門，馮翊嚴綬爲從事。嚴尚奇好異，雅重神仙，迎致尹君於官舍，日與同席。常有異香自肌中出，嚴益重之。嚴有女弟爲尼，常怒其兄與尹君同遊處。忽一日，密以堇斟使尹飲之。既飲，驚起曰：「酒非佳。」俄吐一物，堅而有香。嚴剖視之，即真麝臍也。尹其夕卒，嚴即瘞之。明年秋，有朱太虛，遇尹君於晉山，曰：「吾頃於北門遇鴆酒，示之以死。然鴆安能敗吾真邪？」太虛異其事，歸以告嚴，公曰：「吾誠知其尸解矣。」

本條僅見此引。羅爭鳴據本書輯入杜光庭記傳十種輯校仙傳拾遺。尹君事，取自宣室志卷一「尹君」條。太平廣記卷二一神仙二十一「尹君」條亦云引宣室志。

〔二〕李説：宣室志、廣記皆誤作「李詵」。

玄怪録：杜巫尚書年少未達時，曾於長白山遇道士，貽丹一粒，即令服。訖，不欲食，容色悦澤，輕健無疾。後任商州刺史，自知既登郡守，班位已崇，而不食，恐驚於衆，於是欲去其丹。歲餘，一道士至，教食猪血肉，巫從之。食訖，須臾即吐丹出。

本條見太平廣記卷七二道術二「杜巫」條引玄怪録。程毅中玄怪録點校本據廣記輯入補遺。

裴氏盤石　韋翁古壇

廣記：裴氏子事親以孝，雖貧而好救人。一日，行遇一老人，相拉入太白山。見一大盤石，老人以杖擊之，石開，引裴入洞。洞中森羅萬象，仙童玉女。老人復引裴出，且告之曰：「此去二十年，可來此避世。」及期，果有安史之禍。裴氏一族隱于西巖，遂皆得免焉。

本條見太平廣記卷三四神仙三十四「裴氏子」條引原化記。

異聞集：代宗時韋侍御奉使華山，拜黄帝壇。至山下邸中，見一老父，問壇所在。老人曰：「蓮花中峰西南上，有一古壇，髣髴餘址，此當是也。」問何姓，答云姓韋。自述世系，乃侍御之高祖也。相與入山，老人策杖先行，韋鞭馬追之不及。至石室，見二老媪，曰：「爾之祖母、祖姑也。」俱雙鬟，以木葉爲衣，喜曰：「年代遷變，一朝遂見玄孫。」尋與老父上山。拜壇畢，辭歸。後再尋求，忘失舊路。山下人云：「此老二三年一來，不知其所。」

異聞集，唐陳翰編，郡齋讀書志有著録，云十卷。書當已佚。本條見類説卷二八「韋仙翁」條、紺珠集卷一〇「韋仙翁」條，均引自異聞集。太平廣記卷三七神仙三十七「韋仙翁」條引全文，亦注出異聞集。此事亦見歷世真仙體道通鑑卷四三韋老傳。

子玉白首　昌容紅顔

續仙傳：蘇子玉，幼而敏惠，博覽群書。見黄帝採首山之銅，鑄鼎煉丹，得昇天之事，乃拾卷而歎曰：「先儒之書，五常之要，拘以禮樂，束以名教。區區未幾，忽成白首。身苟逝矣，虚名何益。」因仰挹霞津，内融真寂，呼吸道氣，欲及其和。後遇正一真人，授以瓊文紫字天真上訣。勤行佩服，遂通神明，忽爾騰昇。

本條未見於續仙傳及雲笈七籤卷一一三下。李劍國唐五代志怪傳奇叙録亦云非本書。出處不詳。

廣記：昌容入恒山修煉，自號昌容子。二百餘歲，其顔愈紅，如二十許。一云商王女，食蓬虆根，往來上下，世世人見之。

本條見太平廣記卷五九女仙四「昌容」條引女仙傳，但文字有異。

通元望闕　徐則還山

墨客揮犀：真廟時，有道士柴通元者，居陝州承天觀，壽百餘歲，耐寒暑，日縱酒，往往不食。祀汾陰，隨輦自羅山至太一洞〔一〕。一日，臨終，召官寮士庶，言死生之要，夜分盥濯，望闕而逝，舉體甚輕，若蟬蜕焉。

本條見續墨客揮犀卷一「望闕而逝」條。

〔一〕自羅山至太一洞：續墨客揮犀作「自號羅山太一洞主」。

仇池筆記：東海徐則隱居天台，絶粒養性。太極真人徐君降，曰：「汝年八十，當爲王者師，然後得道。」晉王廣聞名，召之。則曰：「吾今年八十三，來召我，徐君之言驗矣。」遂詣楊州，王請授道，辭以時日不利。後數日，死，道路皆見其徒步還山，云得放還。乃得經書，分遺弟子而去。

本條見東坡志林卷三異事下「徐則不傳晉王廣道」條。本書云出仇池筆記，不知何據。

左徹朝像　高遠辭帝

仙傳拾遺：左徹，黄帝臣也。黄帝升天，徹刻木爲黄帝之像，率諸侯而朝之七年。黄帝不還，徹顓帝時亦登仙而去。人間刻木爲象，自此始也。

本條亦見續事始「刻木爲人形」條、事物紀原卷一〇「木人」條，均引自仙傳拾遺。羅爭鳴據本書輯入杜光庭記傳十種輯校仙傳拾遺。此事當出古本竹書紀年。

仙傳拾遺：蒲高遠者，巴西人，黄籙先生王普進之弟子也。言意詭譎，持操無準，皆謂之狂。大同十二年七月十六日，於南峰絶頂乘雲，徑詣金陵辭謁。梁武帝方宴坐，忽集其殿，帝問其故，對曰：「復居巴西，得道上清，將歸天，來辭帝耳。」言畢，飛去。時益州刺史王蕭紀以〔一〕事上奏，帝亦詔問，命郎中劉孝先撰碑，旌其事跡。今尚存焉。

本條僅見此引。羅爭鳴據本書輯入杜光庭記傳十種輯校仙傳拾遺。

〔一〕以：本字後國圖舊抄本多一「其」字。

韓泳策蹇　子真乘驥

采異記：古成之自廣次于湘潭，聞有韓泳者，高人，乃謁之。韓一見若故人，謂曰：

「君有道氣，可罷此行否？」古以干祿爲辭。韓曰：「子此行必成名，他日可於京師闤闠門外相見。」乃別去。至次春，成之果登第。暇日有故，出闤闠門。見一人策蹇，目之，乃泳也。成之記前約，乃大神之，相與市飲。韓乃贈詩云：「德行文章已出群，的將仙道付於君。浮名若乃真休得，占取閑中一片雲。」復別去，自此絶無音問。古其後不食，亦頗有奇異焉。

采異記，北宋宋汴撰，節存。説郛卷五節録三條（「伏龜山鐵銘」、「石匣」、「銘記」），均與本條不同。據李劍國宋代志怪傳奇叙録，本條所載古成之事又見於永樂大典卷一〇八八九引惠州府惠陽志，文詳，當即採自采異記。古成之事亦見輿地紀勝卷九九廣南東路惠州「人物」條、明黄佐廣州人物傳卷五「宋知縣古公」條。

高道傳：潘師正奉母至孝。母喪，乃廬于墓側。道士劉愛道見而奇之，云：「三清之驥，非汝，誰乘之邪？」

本條亦見歷世真仙體道通鑑卷二五潘師正傳。

景度玉冠　紫元錦帔

王氏神仙傳：玉〔一〕司王〔二〕君，諱景度，衣絳章單衣，九色鳳章，頭戴太〔三〕天飛神玉冠，手執九色之節，治南朱陽之臺，主人生死之籍。知其名，存其神，修行九年，致神草不死之藥，丹霞飛雲，下迎兆身，上昇玉清宮矣。

本條僅見此引。羅爭鳴據本書輯入杜光庭記傳十種輯校王氏神仙傳。本條亦見太真玉帝四極明科經卷三太玄都左宮女青四極明科律文，或爲王氏神仙傳來源。

〔一〕玉：原作「王」，據四極明科經校改。

〔二〕王：四極明科經作「玉」。

〔三〕太：四極明科經作「平」。

又南極王夫人，王母第四女也，號紫元夫人，著錦帔青羽裙。漢平帝時常降於陽洛山石室中。

本條僅見此引。羅爭鳴據本書輯入杜光庭記傳十種輯校王氏神仙傳。本條又見墉城集仙録卷二南極王夫人、歷世真仙體道通鑑後集卷三南極王夫人傳。嚴一萍據仙鑑後集輯入道教研究資料第一輯。

道成始珍　屬文可記

高道傳：張始珍居南嶽，遇神人授以明鑑〔一〕之道，使修之。曰：「夫照物理者，天也；

照物形者，鑑也。天之道以清，鑑之道以明。人能存天清鑑明，澄心靜神，而内外調暢，至道成矣。若以内役其志，外勞其形，心不澄，神不清，則至道遠矣。古人所謂虛其室，白自生，定其心，道自至。」始珍修之九年，道成，上補真人，於梁天監中白日上昇。

本條又見歷世真仙體道通鑑卷三三張如珍傳。「張始珍」，仙鑑作「張如珍」。

〔一〕明鑑：仙鑑作「明鏡洞鑑」。

續仙傳：金可記，新羅人，博學善屬文。入終南山，務行陰德。唐大中十一年十二月忽上表言：「臣奉玉皇詔，爲英文臺侍郎，二〔一〕月二十五日當上昇。」宣宗遣使召入内，固辭不就。又求見玉皇詔，辭以別仙所掌，不留人間。遂賜宮女四人，香藥金綵，又遣中使二人看侍。至二月二十五日，春景明媚，花卉爛熳，天有五雲唳鶴，翔鸞白鵠，笙簫金石，羽蓋瓊輪，旛幢滿空，仙仗昇天而去。

入聖超凡，積功所致，筆此仙蹤，永昭盛世〔二〕。

本條見續仙傳卷上及雲笈七籤卷一一三下續仙傳「金可記」條。

〔一〕二：本字前續仙傳、七籤均多出「明年」二字。

〔二〕入聖超凡積功所致筆此仙蹤永昭盛世：續仙傳、七籤均無此語，當爲編者自加全書結末之語。

附録一　作者資料

（咸淳）重修毗陵志卷二五仙釋

陳葆光，受業天慶觀，夢真武舉白璧授之，遂善符篆，治病輒愈。撰神仙蒙求三卷。晚住茅峰，主章醮，天燈嘗示現云。

附録二　歷代著録題跋

鐵琴銅劍樓藏書目録卷一八子部六

三洞群仙録二十卷，舊鈔本，宋陳葆光撰，前有紹興甲戌臀里竹軒序，謂葆光江陰静應庵道士，懲末學之夫怠於勤修，乃網羅九流百氏之書，下逮稗官俚語，凡載神仙事者，裒爲此書，以曉後學。其書作四言韻語，而以所援諸書事蹟詳爲之注，亦同仙苑編珠之書。中「真」字減筆，當從宋刻傳録。後附成化辛丑彭華寶極觀記。

天一閣書目卷三之二子部

三洞群仙録十卷，藍絲闌鈔本。宋陳葆光撰。

道藏目録詳注卷四

筵字號計十卷，三洞群仙籙卷一之十，正一道士陳葆光撰集。言上古大羅天仙，始自盤古，以及歷代飛昇登天神仙真人等，第分爲三洞。

設字號計十卷，三洞群仙籙卷十一之二十，正一道士陳葆光撰集。

四庫全書總目提要卷一四七子部五十七道家類存目

三洞群仙録二十卷，浙江吴玉墀家藏本，宋陳葆光撰。葆光，江陰道士。是書採摭古來仙人事實，集爲四字儷語，而自注之，蓋王松年仙苑編珠之續。然所載但取怪異，不盡仙人事也。

文選樓藏書記卷五

三洞群仙録三卷，宋陳葆光著，抄本。是書採輯歷代神仙事蹟。

鴻慶居士集卷三二跋陳道士群仙蒙求己卯　覿

今世道士能讀醮儀一卷中字，歌步虚詞一二三章，便有供醮祭，衣食足了一生矣，然猶有不能者。常州天慶觀道士陳君葆光，好古嗜學，蓋超然出於其徒數千百輩中者。讀通藏，道儒書，與夫傳記小説，靡不記覽。著書二十卷，號三洞群仙録，貫穿古今，屬辭比事，以類相從，雖老師宿學者不如；偶儷精切，協比聲律，悉成韻語，雖章句之儒有不逮。余讀其書而異之。夫道家者流，清淨無爲者也，飽食終日，無所用心，或彈琴圍棊，以自娱；或煉丹藥，以玩物之變；或治符籙，以訶百鬼，療疾病，固賢於其徒矣。如葆光者，博及群書，上自千載之前，遠至六合之外，條分彙聚，配合奇偶，相比成文，自爲一家，此余所謂超然出於其徒數百千輩者也。

鐵琴銅劍樓藏舊抄本三洞群仙録附録寶極觀記

安成彭華撰

成化辛丑春，大德顯靈宫弘道真人昌師道亨奏：「杭州玄元菴，臣之師周思得發身之所。菴距府治北七里許，元延祐五年道士張無爲創浚，汪月海、蔡原真頗開拓之，至人異士接踵其間，赤脚張亦嘗留宿月餘。臣師爲人介直清修，精五雷法。太宗皇帝召至京，御便殿親試其能，深加奬勵，建天將廟居之。扈從北征，效勞尤多。風祈雨暘，伐妖邪，袪瘟疫，靡不響應。宣宗皇帝改廟爲大德觀，封臣師爲履和養素崇教弘道高士，管道録司事，兼朝天宫、大德觀住持。景泰庚午乞歸老玄元庵，年九十三以終。訃聞，遣行人許篪諭祭，追號闡法通靈真人。出其門以顯者不下百餘人，而臣荷蒙皇上奬賚尤厚，臣不敢昧所自，請大其菴，乞賜額。」制曰：「可。」其改爲寶極觀。」道亨稽首拜命，請遣其徒道録司左至靈、陳應禇賚資橐，往興事。詔馳驛往，且勑鎮守太監張公慶助其後。明年壬寅夏四月朔，始落成，中爲祐聖殿，左爲崇恩殿，右爲隆恩殿，後爲太清閣，其前爲四將殿，繚以門垣，翼以廊廡，覆碑有亭，庖湢庋藏有所。其像設崇嚴，棟宇弘壯，采繪鮮麗，巍然焕然矣。仍作玄元庵，於周真人墓右買田二十畝，供歲時祀事，擇賢主之，俾世世不得鬻人。皆稱昌真人可謂敦崇其本者。真人曰：「秋毫皆上之賜也。」謁予文，以昭示永久。

仰惟皇上賜名之義，大矣深矣。夫易有太極焉，書有皇極焉，易論天道之原，書言人道之備也。夫聖人能全乎太極，有中正仁義之德，則皇極以建，而衆人能歸，于皇極無偏陂反側之私，則亦不悖于太極矣。太極未嘗不寓于人道中，皇極未始不以天道爲本，道固無二也。極指道之極至而言耳。老氏之教，大率教民相安相忘而無爲無爭，順乎自然之道也。後世爲其徒者，乃又有祈禱祛除之術，則亦以天人鬼神之相爲流通。故爾道固無乎不在也。噫，誠使習其教者，皆清心寡慾，珍重乎道而不忽，保守乎道而無違，亦足以裨治化而資利濟矣。聖天子欲納吾民于蕩蕩平平之域，以縣宗社億萬年之景運，蓋庶幾其樂所助也。列聖之崇其教而不廢者，意亦如此，夫豈徒哉？昌真人得其師傳，益闡其道，必有以昌其後，以副聖朝崇重之意哉焉！

成化十八年歲次壬寅夏五月癸未望，道士王道昌、住持林應祥立石。

附録三　參考文獻（首字筆畫排序）

三五曆記，吴徐整撰，續修四庫全書第一二〇六册據清馬國瀚輯玉函山房輯佚書本影印，上海：上海古籍出版社，二〇〇二年。

三水小牘，唐皇甫枚撰，北京：中華書局，一九五八年。

三洞珠囊，唐王懸河撰，道藏第二五册，北京：文物出版社、上海：上海書店、天津：天津古籍出版社，一九九八年。

三國志，晉陳壽撰，宋裴松之注，北京：中華書局，一九五九年。

三輔黄圖，清孫星衍、莊逵吉校定，叢書集成初編第三二〇四册據經訓堂叢書本排印，北京：中華書局，一九八五年。

大唐新語，唐劉肅撰，許德楠、李鼎霞點校，北京：中華書局，一九八四年。

上清道類事相，唐王懸河修，道藏第二四册。

山海經校注，袁珂校注，成都：巴蜀書社，一九九二年。

天中記，明陳耀文撰，明陳文燭補，臺北：文海出版社，一九六四年。

元始上真衆仙記，晉葛洪撰，道藏第三册。
元始天尊説北方真武妙經，道藏第一册。
五代史補，宋陶嶽撰，叢書集成續編據豫章叢書本影印，臺北：新文豐出版公司，一九八九年。
五代詩話，清王士禛原編，清鄭方坤删補，美李珍華點校，北京：書目文獻出版社，一九八九年。
太上洞玄靈寶赤書玉訣妙經，道藏第六册。
太上靈寶五符序，道藏第六册。
太平御覽，宋李昉等撰，北京：中華書局，一九六〇年（影印本）。
太平廣記，宋李昉等編，北京：中華書局，一九六一年。
太平寰宇記，宋樂史撰，王文楚等點校，北京：中華書局，二〇〇七年。
太真玉帝四極明科經，道藏第三册。
少室山房筆叢，明胡應麟撰，上海：上海書店出版社，二〇〇一年。
仇池筆記，北宋蘇軾撰，華東師範大學古籍研究所點校注釋，上海：華東師範大學出版社，一九八三年。

月令粹編，清秦嘉謨撰，續修四庫全書第八八五册據清嘉慶十七年秦氏琳琅仙館刻本影印。
六一居士詩話，宋歐陽修撰，叢書集成初編第五四七册據百川學海本排印，北京：中華書局，一九八五年。
六研齋二筆，明李日華撰，四庫全書第八六七册，上海：上海古籍出版社，一九八七年。
文苑英華，宋李昉等編，北京：中華書局，一九六六年。
文選，梁蕭統撰，唐李善注，上海：上海古籍出版社，一九八六年。
方輿勝覽，宋祝穆撰，宋祝洙增訂，施和金點校，北京：中華書局，二〇〇三年。
玉海，宋王應麟撰，清康熙二十六年刊本影印本，京都：中文出版社，一九八六年。
玉壺清話，宋文瑩撰，楊立揚點校，北京：中華書局，一九八四年。
玉照新志，宋王明清撰，汪新森、朱菊如校點，上海：上海古籍出版社，一九九一年。
古小説鈎沉，魯迅校録，濟南：齊魯書社，一九九七年。
古今合璧事類備要，宋謝維新撰，四庫全書第九三九—九四一册，上海：上海古籍出版社，一九八七年。
古今詩話成書年代考，李裕民著，晉陽學刊一九九八年第一期。

北史，唐李延壽撰，北京：中華書局，一九七四年。
北堂書鈔，唐虞世南撰，臺北：文海出版社，一九六二年。
北夢瑣言，五代孫光憲撰，賈二强點校，北京：中華書局，二〇〇二年。
北齊書，唐李百藥撰，北京：中華書局，一九七二年。
甲申雜記，宋王鞏撰，一九二二年上海古書流通處影印清鮑氏知不足齋叢書刊本影印本，臺北：興中書局，一九六四年。
史記，漢司馬遷撰，北京：中華書局，一九五九年。
仙苑編珠，道藏第一一册。
白氏六帖事類集，唐白居易撰，臺北：新興書局，一九九六年。
白孔六帖，唐白居易撰，宋孔傳續撰，臺北：新興書局，一九六九年。
玄怪録，唐牛僧孺撰，程毅中點校，北京：中華書局，一九八二年。
西山群仙會真記，施肩吾撰，李竦編，道藏第四册。
西清詩話，宋蔡絛撰，收入張伯偉編校稀見本宋人詩話四種（據明鈔本整理），南京：江蘇古籍出版社，二〇〇二年。
列子集釋，楊伯峻撰，北京：中華書局，一九七九年。

列仙傳，漢劉向撰，清王照圓校，鄭國勳輯龍谿精舍叢書第九八册，潮陽鄭氏刻本，一九一八年。
夷堅志，宋洪邁撰，何卓點校，北京：中華書局，一九八一年。
至正金陵新志，元張鉉撰，宋元地方志叢書第三册，臺北：大化書局，一九八〇年。
至順鎮江志，元俞希魯纂修，續修四庫全書第六九八册據宛委別藏本影印。
因話録，唐趙璘撰，上海：上海古籍出版社，一九七九年。
竹莊詩話，宋何汶撰，常振國、絳雲點校，北京：中華書局，一九八四年。
全唐文紀事，清陳鴻墀纂，北京：中華書局，一九五九年。
全唐詩，清彭定求等編，北京：中華書局，一九六〇年。
江南野史，宋龍衮撰，叢書集成續編第二七四册據豫章叢書本影印。
江淮異人録，宋吴淑撰，道藏第一一册。
江漢叢談，明陳士元纂，叢書集成初編第三一一〇册，北京：中華書局，一九八五年。
杜光庭記傳十種輯校，羅爭鳴輯校，北京：中華書局，二〇一三年。
杜陽雜編，唐蘇鶚撰，北京：中華書局，一九八五年。
李文饒文集，唐李德裕撰，四部叢刊初編據上海商務印書館縮印常熟瞿氏藏明本影印，臺北：臺灣商務印書館，一九六六年。
酉陽雜俎校箋，唐段成式撰，許逸民校箋，北京：中華書局，二〇一五年。
冷齋夜話，宋惠洪撰，收入張伯偉編校稀見本宋人詩話四種（據日本五山版整理），南京：江蘇古籍出版社，二〇〇二年。
宋本東觀餘論，宋黄伯思撰，北京：中華書局，一九八八年（影印本）。
宋史，元脱脱等撰，北京：中華書局，一九七七年。
宋代志怪傳奇叙録，李劍國撰，天津：南開大學出版社，一九九七年。
宋詩話考，郭紹虞著，北京：中華書局，一九七九年。
宋詩話輯佚，郭紹虞輯，北京：中華書局，一九八〇年。
初學記，唐徐堅等著，北京：中華書局，一九六二年。
武夷山志，清董天工撰，續修四庫全書第七二四册據天津圖書館藏清乾隆刻本影印。
青瑣高議，宋劉斧撰，四庫全書存目叢書子部第二四六册據南京圖書館藏清紅藥山房鈔本影印，臺南：莊嚴文化事業有限公司，一九九五年。
范文正公别集，宋范仲淹撰，四部叢刊初編據明翻元刊本影印。
直齋書録解題，宋陳振孫撰，徐小蠻、顧美華點校，上海：上海古籍出版社，一九八七年。

苕溪漁隱叢話，宋胡仔撰，叢書集成初編第二五五九—二五七〇册據海山仙館叢書本排印，上海：商務印書館，一九三七年。

茅山志，元劉大彬編撰，明江永年增補，王崗點校，上海：上海古籍出版社，二〇一六年。

茅亭客話，宋黄休復撰，李夢生校點，上海：上海古籍出版社，二〇一二年。

述異記，梁任昉撰，百子全書本，上海：掃葉山房，一九二五年。

述異記，梁任昉撰，明程榮輯漢魏叢書明刻本影印本，臺北：新興書局，一九六六年。

述異記，梁任昉撰，南陵徐氏小檀欒室隨庵徐氏叢書刊本，光緒三十年（一九〇四）。

東坡志林，宋蘇軾撰，華東師範大學古籍研究所點校注釋，上海：華東師範大學出版社，一九八三年。

東軒筆録，宋魏泰撰，李裕民點校，北京：中華書局，一九八三年。

事物紀原，宋高承撰，四庫全書第九二〇册，上海：上海古籍出版社，一九八七年。

事類賦注，宋吴淑撰注，冀勤、王秀梅、馬蓉校點，北京：中華書局，一九八九年。

抱朴子内篇校釋，王明撰，北京：中華書局，一九八五年。

尚書故實，唐李綽編，叢書集成初編第二七三九册據寶顔堂秘笈本排印，北京：中華書局，一九八五年。

明皇雜録，唐鄭處誨撰，田廷柱點校，北京：中華書局，一九九四年。
周氏冥通記，梁陶弘景撰，王家葵校釋，北京：中華書局，二〇二〇年。
法苑珠林校注，唐釋道世著，周叔迦、蘇晉仁校注，北京：中華書局，二〇〇三年。
宗玄先生玄綱論，唐吴筠撰，道藏第二三册。
建康實録，唐許嵩撰，孟昭庚、孫述圻、伍貽業點校，上海：上海古籍出版社，一九八七年。
荆楚歲時記，梁宗懔撰，明陳繼儒輯，寶顔堂秘笈本影印本，上海：文明書局，一九二二年。
茶香室三鈔，見清俞樾撰，貞凡、顧馨、徐敏霞點校茶香室叢鈔，北京：中華書局，一九九五年。
胡子衡齊，明胡直撰，續修四庫全書第九三九册據中國科學院圖書館藏明萬曆曾鳳儀刻本影印。
南史，唐李延壽撰，北京：中華書局，一九七五年。
南唐書，宋馬令撰，叢書集成初編第三八五一—三八五二册據墨海金壺本排印，上海：商務印書館，一九三五年。
南嶽總勝集，南宋陳田夫撰，叢書集成續編第二一九册據一九〇六年郎園先生全書本影印。

相鶴經，浮丘公撰，明周履靖校梓，叢書集成初編第一三六二册據夷門廣牘本影印，北京：中華書局，一九九一年。

［咸淳］重修毗陵志，宋史能之纂修，續修四庫全書第六九九册據北京圖書館藏明刻本影印。

括異志，宋張師正撰，白化文、許德楠點校，北京：中華書局，一九九六年。

拾遺記，晉王嘉撰，梁蕭綺録，齊治平校注，北京：中華書局，一九八一年。

重刊增廣分門類林雜説，金王朋壽撰，續修四庫全書第一二一九册據民國九年嘉業堂叢書本影印。

重修政和證類本草，宋唐慎微撰，金泰和甲子（一二〇四）張存惠原刻晦明軒本影印本，北京：人民衛生出版社，一九五七年。

修文殿御覽，北齊祖珽等輯，續修四庫全書第一二一二册據法國國家圖書館藏敦煌伯二五二六號文書影印。

修真十書，道藏第四册。

修真太極混元圖，宋蕭道存撰，道藏第三册。

後山集，宋陳師道撰，叢書集成續編第一二五册據適園叢書本影印。

後漢書，南朝宋范曄撰，唐李賢等注，北京：中華書局，一九六五年。
弇州山人四部稿，明王世貞撰，明萬曆世經堂刻本影印本，臺北：偉文圖書出版社，一九七六年。
洞真西王母寶神起居經，道藏第三三册。
洞霄圖志，宋鄧牧撰，叢書集成初編第三一六七—三一六八册據知不足齋叢書本影印，上海：商務印書館，一九三六年。
宣室志，唐張讀撰，張永欽、侯志明點校，北京：中華書局，一九八三年。
神仙感遇傳，五代杜光庭撰，道藏第一〇册。
神仙傳，晉葛洪撰，四庫全書第一〇五九册，上海：上海古籍出版社，一九八七年。
神仙傳，晉葛洪撰，明程榮、明何允中、清王謨輯精校大字漢魏叢書九十六種（第十一卷），上海：大通書局，民國期間刻。
郡齋讀書志校證，宋晁公武撰，孫猛校證，上海：上海古籍出版社，一九九〇年。
貢父詩話，宋劉攽撰，叢書集成初編第二五四七册據百川學海本排印，北京：中華書局，一九八五年。
莊子集釋，清郭慶藩輯，王孝魚整理，北京：中華書局，一九六一年。

真誥，梁陶弘景編撰，道藏第二〇册。
桂苑叢談，唐馮翊撰，叢書集成初編第二八三五册，北京：中華書局，一九八五年。
晉書，唐房玄齡等撰，北京：中華書局，一九七四年。
高士傳，晉皇甫謐撰，叢書集成初編第三三九六册據古今逸史本影印，北京：中華書局，一九八五年。
高道傳，宋賈善翔撰，見説郛三種影印所收宛委山堂本説郛，上海：上海古籍出版社，一九八八年。
唐文粹，宋姚鉉撰，四部叢刊初編據上海商務印書館縮印校宋明嘉靖刊本影印。
唐五代志怪傳奇叙録（增訂本），李劍國著，北京：中華書局，二〇一七年。
唐前志怪小説輯釋（修訂本），李劍國輯釋，上海：上海古籍出版社，二〇一一年。
海録碎事，宋葉廷珪撰，李之亮校點，北京：中華書局，二〇〇二年。
陳書，唐姚思廉撰，北京：中華書局，一九七二年。
通志二十略，宋鄭樵撰，王樹民點校，北京：中華書局，一九九五年。
通志，宋鄭樵撰，臺北：新興書局，一九六三年。
能改齋漫録，宋吴曾撰，叢書集成初編第二八九—二九一册據聚珍版叢書本排印，上海：商務印書館，一九三九年。
純常子枝語，清文廷式撰，續修四庫全書第一一六五册據民國三十二年刻本影印。
異苑，南朝宋劉敬叔撰，范寧校點，北京：中華書局，一九九六年。
崇文總目輯釋，宋王堯臣等撰，清錢東垣等輯釋，續修四庫全書第九一六册據上海辭書出版社圖書館藏清嘉慶刻汗筠齋叢書本影印。
翊聖保德傳，宋王欽若編，道藏第三二册。
清波雜志校注，宋周煇撰，劉永翔校注，北京：中華書局，一九九四年。
淮南子集釋，何寧撰，北京：中華書局，一九九八年。
淳熙新安志，宋羅願撰，中國方志叢書華中地方第二三四號據清光緒十四年（一八八八）重刊本影印，臺北：成文出版社，一九七四年。
隋唐嘉話，唐劉餗著，程毅中點校，北京：中華書局，一九七九年。
隋書，唐魏徵等撰，北京：中華書局，一九七三年。
紺珠集，宋朱勝非撰，明刊本影印本，臺北：臺灣商務印館，一九七〇年。
紹定吴郡志，宋范成大撰，叢書集成初編第三一四七—三一五二册據守山閣叢書本排印，上海：商務印書館，一九四一年。

博物志校證，晉張華撰，范寧校證，北京：中華書局，一九八〇年。
博異志，唐谷神子撰，北京：中華書局，一九八〇年。
萬曆郴州志，明胡漢纂修，天一閣藏明代方志選刊第五八册，上海：上海古籍書店，一九八二年。
朝野僉載，唐張鷟撰，趙守儼點校，北京：中華書局，一九七九年。
雲笈七籤，宋張君房編，李永晟點校，北京：中華書局，二〇〇三年。
雲溪友議校箋，唐范攄撰，唐雯校箋，北京：中華書局，二〇一七年。
雲麓漫鈔，宋趙彦衛撰，傅根清點校，北京：中華書局，一九九六年。
搜神秘覽，宋章炳文撰，續修四庫全書第一二六四册據民國二十四年涵芬樓續古逸叢書影印宋刻本影印。
紫陽真人内傳，道藏第五册。
紫微集，宋張嵲撰，叢書集成續編第一二七册據湖北先正遺書本影印。
開元天寶遺事，五代王仁裕撰，曾貽芬點校，北京：中華書局，二〇〇六年。
景定建康志，宋周應合撰，中國方志叢書華中地方第四一六號據清嘉慶六年（一八〇一）刊本影印，臺北：成文出版社，一九八三年。

無爲集，宋楊傑撰，古逸叢書三編第三六册據北京圖書館藏南宋刊本影印，北京：中華書局，二〇〇四年。
備急千金要方校釋，李景榮等校釋，北京：人民衛生出版社，一九九七年。
集異記，唐薛用弱撰，北京：中華書局，一九八〇年。
道門通教必用集，宋吕太古集，道藏第三二册。
道教研究資料第一輯，嚴一萍編，臺北：藝文印書館，一九七四年。
道教靈驗記，五代杜光庭撰，道藏第一〇册。
道樞，宋曾慥集，道藏第二〇册。
道藏源流考，陳國符著，北京：中華書局，一九六三年。
湘山野録，宋文瑩撰，鄭世剛點校，北京：中華書局，一九八四年。
補注杜詩，宋黄希注，宋黄鶴補注，四庫全書第一〇六九册，上海：上海古籍出版社，一九八七年。
登真隱訣輯校，梁陶弘景撰，王家葵輯校，北京：中華書局，二〇一一年。
蓬窗日録，明陳全之撰，續修四庫全書第一一二五册據復旦大學圖書館藏明嘉靖四十四年刻本影印。

蒙求集注，叢書集成初編第九七八册據學津討原本影印，北京：中華書局，一九八五年。
賈氏談録，宋張洎撰，清錢熙祚輯守山閣叢書影印本，上海：上海博古齋，一九二二年。
歲時廣記，宋陳元靚撰，叢書集成初編第一七九—一八一册據十萬卷樓叢書本影印，上海：商務印書館，一九三九年。
嵩書，明傅梅撰，續修四庫全書第七二五册據上海圖書館藏明萬曆刻本影印。
詩人玉屑，宋魏慶之著，王仲聞點校，北京：中華書局，二〇〇七年。
詩話總龜，宋阮閱撰，明嘉靖二十四年（一五四五）月窗道人刻本影印本，臺北：廣文書局，一九七三年。
新五代史，宋歐陽修撰，宋徐無黨注，北京：中華書局，一九七四年。
新唐書，宋歐陽修、宋宋祁撰，北京：中華書局，一九七五年。
新編分門古今類事，宋委心子撰，金心點校，北京：中華書局，一九八七年。
新編古今事文類聚，宋祝穆撰，元富大用輯，元刻本影印本，北京：書目文獻出版社，一九九一年。
新輯搜神後記，宋陶潛撰，李劍國輯校，北京：中華書局，二〇〇七年。
新輯搜神記，晉干寶撰，李劍國輯校，北京：中華書局，二〇〇七年。

新雕皇朝事實類苑，宋江少虞撰，見金程宇編和刻本中國古逸書叢刊據日本國立國會圖書館藏元和七年（一六二一）古活字本影印，南京：鳳凰出版社，二〇一二年。
墉城集仙録，五代杜光庭撰，道藏第一八册。
聞見近録，北宋王鞏撰，一九二一年上海古書流通處影印清鮑氏知不足齋叢書刊本影印，臺北：興中書局，一九六四年。
説苑，漢劉向撰，四部備要本，上海：中華書局，一九三六年。
説郛三種，影印本，上海：上海古籍出版社，一九八八年。
廣異記，唐戴孚撰，方詩銘輯校，北京：中華書局，一九九二年。
齊民要術校釋，後魏賈思勰原著，繆啓愉校釋，北京：農業出版社，一九八二年。
齊乘，元于欽纂修，清乾隆四十六年（一七八一）刻本。
漢武帝内傳，道藏第五册。
漢武帝別國洞冥記，叢書集成初編第二六九七册據顧氏文房小説本排印，北京：中華書局，一九九一年。
漢書，漢班固著，唐顔師古注，北京：中華書局，一九六四年。
賓賓録，宋馬永易撰，四庫全書第九二〇册，上海：上海古籍出版社，一九八七年。

劇談録，唐康駢撰，清張海鵬輯學津討原張氏照曠閣刊本影印本，揚州：江蘇廣陵古籍刻印社，一九九〇年。
墨客揮犀，宋彭□撰，孔凡禮點校，北京：中華書局，二〇〇二年。
稽神録，宋徐鉉撰，白化文點校，北京：中華書局，一九九六年。
諸史提要，宋錢端禮撰，四庫全書存目叢書史部第一三一册據北京圖書館藏宋乾道紹興府學刻本影印，臺南：莊嚴文化事業有限公司，一九九六年。
緯略，宋高似孫撰，叢書集成初編第三〇八—三〇九册據守山閣叢書本排印，上海：商務印書館，一九三九年。
歷世真仙體道通鑑，元趙道一撰，道藏第五册。
歷代名醫蒙求，宋周守忠撰，續修四庫全書第一〇三〇册據南京圖書館藏一九三一年故宫博物院影印宋刻本影印。
還丹肘後訣，道藏第一九册。
穆天子傳，晉郭璞注，清洪頤煊校，影印本，臺北：臺灣中華書局，一九七八年。
錦繡萬花谷，明嘉靖十五年（一五三六）錫山秦氏繡石書堂刻本影印本，臺北：新興書局，一九六九年。

録異記，五代杜光庭撰，四庫全書存目叢書子部第二四五册據北京圖書館藏明鈔本影印，臺南：莊嚴文化事業有限公司，一九九六年。
録異記，五代杜光庭撰，道藏第一〇册。
録異記，五代杜光庭撰，續修四庫全書第一二六四册據津逮秘書本影印。
獨異志，唐李冗撰，張永欽、侯志明點校，北京：中華書局，一九八三年。
龍城録，唐柳宗元撰，續修四庫全書第一二六四册據明萬曆商氏半埜堂刻稗海本影印。
澠水燕談録，宋王闢之撰，吕友仁點校，北京：中華書局，一九八一年。
舊唐書，後晉劉昫等撰，北京：中華書局，一九七五年。
魏書，北齊魏收撰，北京：中華書局，一九七四年。
輿地紀勝，宋王象之撰，清咸豐五年（一八五五）南海粤雅堂刻本影印本，臺北：文海出版社，一九六二年。
鴻慶居士集，宋孫覿撰，叢書集成續編第一二七册據常州先哲遺書本影印。
藝文類聚，唐歐陽詢撰，汪紹楹校，上海：上海古籍出版社，一九八二年。
醫方類聚（重校本），朝鮮金禮蒙等編，浙江省中醫研究所、湖州中醫院原校，浙江省中醫藥研究院、盛增秀、陳勇毅、王英等重校，北京：人民衛生出版社，二〇〇六年。

類說，宋曾慥輯，北京：文學古籍刊行社，一九五五年。
寶刻叢編，宋陳思輯，叢書集成初編第一〇六五册據十萬卷叢書本排印，上海：商務印書館，一九三七年。
續文獻通考，明王圻纂輯，北京師範大學圖書館藏萬曆年間刻本影印本，北京：現代出版社，一九八六年。
續仙傳，五代沈汾撰，道藏第五册。
續玄怪録，唐李復言撰，程毅中點校，北京：中華書局，一九八二年。
續齊諧記研究，王國良著，臺北：文史哲出版社，一九八七年。續齊諧記，梁吴均撰，叢書集成初編第二七〇四册排印本，北京：中華書局，一九九一年。